中华文明历史长卷

淡妆浓抹总相宜

山水卷

DANZHUANGNONGMOZONGXIANGYI
SHANSHUI JUAN

我国的疆域广袤辽阔，我国的历史源远流长。在这辽阔的疆土上，分布着众多的高山巨川。流传着关于这些山川河流的美丽传说与故事。

刘思远◎编著

北京工业大学出版社

图书在版编目（CIP）数据

淡妆浓抹总相宜：山水卷/刘思远编著.—北京：
北京工业大学出版社，2013.1
（中华文明历史长卷）
ISBN 978-7-5639-3316-7

Ⅰ.①淡… Ⅱ.①刘… Ⅲ.①山—介绍—中国
②水—介绍—中国 Ⅳ.①K928

中国版本图书馆CIP数据核字（2012）第276414号

淡妆浓抹总相宜——山水卷

编　　著：刘思远
责任编辑：孙　澍
封面设计：宋双成
出版发行：北京工业大学出版社
　　　　　（北京市朝阳区平乐园100号 100124）
　　　　　010-67391722（传真）bgdcbs@sina.com
出 版 人：郝　勇
经销单位：全国各地新华书店
承印单位：三河市元兴印务有限公司
开　　本：787 mm×1092 mm　1/16
印　　张：25
字　　数：445千字
版　　次：2013年1月第1版
印　　次：2021年1月第2次印刷
标准书号：ISBN 978-7-5639-3316-7
定　　价：58.80元

版权所有　翻印必究
（如发现印装质量问题，请寄本社发行部调换010-67391106）

总　　序

在世界文明的历史长河中，中华文明作为最浩浩荡荡的一条支脉，曾为世界注入过滚滚洪流。至少3000年以前，中华文明就已经开始对周边地区产生主导性的影响，带动周边广大地区逐渐走上高等文明之路。马克思关于"四大发明"对世界历史进程影响的论述，仍然是可以成立的："火药把骑士阶层炸得粉碎，指南针打开了世界市场并建立了殖民地，而印刷术则变成了新教的工具……"在这个文明中，读书写字被上升到审美的高度，于是汉字拥有了这世界上独一无二的头衔——书法艺术。在这个文明中，家不仅是安身立命的居所，也是寄情抒怀的天地，于是胸中丘壑化为园林楼台，虽由人作，宛自天开。在这个文明中，人们从艰难到从容地活在每一方水土之上，于是点土成金，向世界奉献了瓷器这朵绚烂的花……无数事实证明，中华文明在诸古代文明中堪称绝无仅有。

正因如此，我们精心编写了这套"中华文明历史长卷"丛书，它包括：《人间巧艺夺天工——发明创造卷》、《挥毫落纸如云烟——书法卷》、《淡墨挥毫暗生香——绘画卷》、《巧剜明月染春水——陶瓷卷》、《书卷多情似故人——经典名著卷》、《人间有味是清欢——饮食卷》、《今朝放歌须纵酒——酒文化卷》、《至精至好且不奢——手工艺卷》、《多少楼台烟雨中——古迹卷》、《一尘一刹一楼台——寺庙卷》、《自是林泉多蕴藉——园林卷》、《淡妆浓抹总相宜——山水卷》、《宫阙并随烟雾散——墓葬卷》、《龙章凤姿照鱼鸟——图腾卷》共十四卷。这些辉煌灿烂的古代文明让我们如数家珍，每个领域的每一项成就，如同人类文明天空中的璀璨明星，透射出中华民族耀眼夺目的卓越华魂。

作为炎黄子孙，传承并发扬这些文明成果，是我们光荣而神圣的历史使命。虽然有那一百年的备受欺凌，但我们用今天崭新的面貌告诉世界：我们的文明没有中断，智慧仍在传承，这个持续了五千年的古老文明依然具有强盛的生命力！

前　言

我们伟大的祖国素以 5000 年的悠久文明历史以及 960 万平方千米疆域上星罗棋布的名山胜水而著称于世。古老的民族文明史和壮美的河山都是我们中国人引以为骄傲和自豪的宝贵财富。

历史因为有了山水的存在而产生了许多故事，如历代帝王大多都去泰山封禅、游历；渭水岸边，姜子牙曾一边钓鱼，一边等待时机。山水也因为历代帝王、名人雅士的登临而扬名。同时，山水也就成了人类文明史的重要载体。从黄帝君山铸鼎到大禹王在衡山岣嵝峰上留碑，从周幽王在骊山东绣岭上烽火戏诸侯的举火楼遗址，到朱元璋与徐达在莫愁湖对弈的胜棋楼，从微山湖中微山岛上商代"仁人"微子的墓地，到崇祯皇帝自缢而亡的煤山（今景山），从汨罗江边楚国三闾大夫屈原在江边徘徊的旧踪，到嘉兴的南湖中国共产党第一次代表大会胜利闭幕的纪念红船……

历史上的一幕一幕就这样在事件发生的瞬间被那些名山胜水所收藏存储。而今天当我们又一次面对这些承载着历史信息的山水古迹时，不仅可以欣赏、领略到鬼斧神工的大自然所造山水之神奇、美妙，还可以静下心来感受上至远古时代，下至 20 世纪之间各个历史时期在那些青山碧水间发生的一个又一个历史事件的余韵。那一幕幕的精彩瞬间会在你的脑海中被还原、重现。不过，这里面还需要有一个前提条件，那就是要了解山川河岳人文的历史知识和熟悉名胜古迹所关联的历史人物事件，而阅读此书则正好可以帮助你解决这个问题。

本书从我国不计其数的山水飞瀑、名泉名井中精选出 177 处名山名水，详细地介绍了它们的位置、渊源、传说、风光景致以及人文历史等各方面的知识。

本书会带你走进一个千姿百态、雄奇险峻、旖旎绚丽的山水世界。这里有具有"亚洲脊柱"之称、横空出世的莽莽昆仑；有冰峰铺琼砌玉与谷中一泓碧水相映成趣的天山博格达峰的高山平湖奇景；有雄峙华北平原，像一位端坐着的巨人般俯视齐鲁大地的泰山；有"衔远山，吞长江，浩浩汤汤，横无际涯，朝晖夕阴，气象万千"的八百里洞庭湖；有号称"百里山水百里画廊"的漓江；有因"山顶有湖，惊涛丛生，秋雁宿之"而得名的雁荡山；有响声如雷、惊涛卷雪、动人心魄的黄河壶口瀑布；有久富盛名的五岳；有四大佛教名山和四大道教名山；有以奇松、怪石、云海、温泉而著称于世的黄山；有西湖的三潭映月、苏堤春晓、曲院风荷、断桥残雪；有南国梵净山、鼎湖山、苍山雪、洱海月；有北国的松花江、长白山、五大连池……

古人云：仁者乐山，智者乐水。未游山水者读此书，可以在脑海中领略名山大川的风光；而遍游天下山水者读此书，则一定会有故友重逢的美好感觉，并且还会有新的收获。

仰高山者而生凌云之志，俯大海者而开万里胸怀。古人推崇"读万卷书，行万里路"，其意旨在于师法名山大川，祝每一位读者都能从山水中得其浩气、灵气并承其大气。

目　录

中国山水文化

宗教传说与山水 …………………………………………… 1
山水与哲学结合的方式 …………………………………… 4
山水和崇尚自然的审美趣味 ……………………………… 7
美学的自然形成 …………………………………………… 8
原道：自然美和艺术美 …………………………………… 13
山水游记 …………………………………………………… 17

山水画的界说与孕育

山水画界说 ………………………………………………… 30
山水景观中的书法艺术 …………………………………… 32

北京市

香山 ………………………………………………………… 40
北海 ………………………………………………………… 44
昆明湖 ……………………………………………………… 47

天津市

盘山 ………………………………………………………… 50

河北省

苍岩山 ……………………………………………………… 52
景忠山 ……………………………………………………… 54
封龙山 ……………………………………………………… 55
白洋淀 ……………………………………………………… 58

山西省

五台山 ……………………………………………………… 60
恒山 ………………………………………………………… 62
雁门山 ……………………………………………………… 63

绵山 67
壶口瀑布 69

内蒙古自治区

居延海 72
呼伦湖 73

辽宁省

凤凰山 75
千山 78
五女山 80

吉林省

长白山 84
松花湖 86

黑龙江省

镜泊湖 89
五大连池 91
兴凯湖 93

上海市

淀山湖 95

江苏省

茅山 98
云台山 100
钟山 103
云龙山 104
太湖 108
洪泽湖 111
玄武湖 113
徐州云龙湖 115
扬州瘦西湖 117

浙江省

普陀山 120

雁荡山	121
莫干山	125
天台山	127
千岛湖	128
西湖	131
绍兴东湖	135
绍兴鉴湖	137
嘉兴南湖	139
海盐南北湖	141
牛头山湖	143

安徽省

黄山	145
九华山	149
天柱山	151
齐云山	152
琅琊山	154
巢湖	156
镜湖	159

福建省

武夷山	160
太姥山	162
清源山	164
万石山	166
仙游九鲤湖	167

江西省

庐山	169
龙虎山	172
三清山	174
井冈山	176
鄱阳湖	177
甘棠湖	180

山东省

| 泰山 | 182 |

崂山	186
千佛山	190
微山湖	196
大明湖	197
济宁北湖	200
东昌湖	201

河南省

嵩山	203
鸡公山	210
云台山	212
王屋山	216

湖北省

武当山	219
九宫山	225
大洪山	228
洪湖	230
磁湖	232
长江三峡	233

湖南省

衡山	237
岳麓山	239
张家界	244
九嶷山	248
韶山	251
洞庭湖	254

广东省

丹霞山	257
罗浮山	258
鼎湖山	261
西樵山	263
星湖	265
惠州西湖	268

广西壮族自治区

伏波山	270
花山	273
桂平西山	275
榕湖	277
漓江	278
德天瀑布	281

四川省

峨眉山	283
青城山	286
贡嘎山	291
四姑娘山	293
西岭雪山	295
邛海	297
泸沽湖	298

重庆市

缙云山	302
金佛山	304

贵州省

梵净山	306
东风湖	308
红枫湖	310
黄果树瀑布	312

云南省

梅里雪山	314
玉龙雪山	317
鸡足山	318
滇池	320
洱海	322
翠湖	324
抚仙湖	326

西藏自治区

珠穆朗玛峰 ································ 329
纳木错 ···································· 331
班公湖 ···································· 333

陕西省

华山 ······································ 335
吴山 ······································ 339
王顺山 ···································· 340
骊山 ······································ 342

甘肃省

麦积山 ···································· 345
崆峒山 ···································· 348
鸣沙山 ···································· 350
敦煌月牙泉 ································ 351

青海省

青海湖 ···································· 352

宁夏回族自治区

六盘山 ···································· 356
贺兰山 ···································· 358
震湖 ······································ 360

新疆维吾尔自治区

天山 ······································ 362
昆仑山 ···································· 364
火焰山 ···································· 368
天池 ······································ 370
博斯腾湖 ·································· 373
喀纳斯湖 ·································· 374
艾丁湖 ···································· 377
赛里木湖 ·································· 378

台湾省

阿里山 ···································· 381
日月潭 ···································· 382

中国山水文化

宗教传说与山水

　　山水崇拜是原始自然宗教中重要的组成部分,它同其他的自然神崇拜,如天、地、日、月、火及动物神一样,都是作为一种具有无限威力和神圣的力量,高悬在人类头顶的。宗教徒隐入山林栖居,在对山水开发及利用的过程中,为了扩大宗教的影响,坚定对宗教的信仰,创造了很多富有宗教意义及神秘色彩的宗教传说。这些传说作为宗教徒创造的人文内容,具有浓郁的文化色彩。当它们和山水景观结合在一起时,极大地丰富了山水文化的内涵,也增加了山水景观魅力。

　　首先,宗教徒为了宣扬自己宗教的开山历史,表明此山绝非他属的意义,总是要创造一些传说,将开山的历史神圣化。

　　以峨眉山为例,佛道二教都曾在此建过寺庙或道观。开始流行的是道教,东汉时,道教创始人张道陵入山修道,著有《峨眉山灵异记》一书。道教还封峨眉为三十六洞天中的第七洞天。为使人们相信道教入山历史的悠久,道教宣扬黄帝轩辕氏就曾来此访道,天皇真人广成子就曾在宋皇坪授予他"九仙三一五牙经",如今在纯阳殿后面的宋皇坪上还存有授道台。事实上,道教始于东汉,黄帝之时是没有道教的。佛教大约在东汉时传入峨眉山,可是起初规模并不大,东晋时全国佛教大盛,峨眉山也不例外隋唐时道观纷纷改为寺院,至清代顺治年间,佛教完全执掌全山。佛教徒为了争夺开山名分,也创造了许多宗教传说,并把峨眉当做普贤道场,所以,许多地方的景观也就与普贤菩萨的传说联系在一起。如普贤石,相传普贤骑象游山时,曾在此石上休息。普贤船又名菩萨神船,是一块长20米左右的船形巨石,此石色呈紫黄,顺卧龙门洞索桥底下的山溪中,据说普贤曾用此船来运佛经到峨眉山,并把它藏在此处,如今在山半腰的岩石上还刻有"藏舟于壑"四个大字。而洗象池景点,相传是普贤洗象并让象喝水的地方。山上生长的一种藤缠植物松萝,也与普贤联系起来,据说是普贤专门在悬崖峭壁上布下这些长线,让游人好沿着这些长线攀上金顶朝佛拜佛的,故此还称其为普贤线。

普陀山的山水、草木以及名胜，大部分都与观音的传说有关。相传普陀山为观音大士的传法之地，据说观音最初在普陀山东边的小岛洛迦山上修身养性，可是霸占普陀山的却是一条危害生灵的千年蛇王。大慈大悲的观音决心将蛇王赶出普陀山，遂由洛迦山一脚跳到普陀山，上岛来与蛇王斗法，蛇王最后败走，从此岛上没有蛇的踪迹。现在在潮音洞南海滩的一块巨石上留有一个似脚形的凹坑，相传便是观音当年跳落岛上留下的第一只脚印，此地遂取名为"观音跳"。紫竹林还有一座不肯去观音院，取此名的缘故同样和观音的传说有关。相传五代后梁贞明二年，日本僧人慧锷由五台山请观音像回国，路过普陀山时被大风阻拦，无法赶路。和尚们认为这是观音的旨意，不愿离开此地远适他国，因此便在紫竹院结一茅舍住下来，这茅舍后改建成禅院，不肯去观音院便由来于此。在潮音洞内，海潮由两个石门涌入，与石块相激，好像白蛟飞腾，响声如雷，气势惊人。传说这里为观音现身的地方，因此，石崖上还刻有"现身处"三个大字。宋元时，许多佛教信徒为了叩求观音现身，纷纷来此地燃香跪拜，却常有人在此产生幻觉，以为看到了观音前来迎接他，且跳海丧命。遂清末特地在洞旁立"莫舍身碑"并建亭，以示劝阻。

嵩山少林寺，据说也是因菩提达摩渡江北上首先到此坐禅而创建的，达摩被奉为禅宗始祖。如今五乳峰上还有"达摩面壁洞"，传说当初达摩就是在这里面壁坐禅的，现在里面尚存达摩面壁的影子。少林寺中还有立雪亭，又称之为达摩亭，相传这是禅宗二祖慧可立雪等待达摩授禅学佛的地方。

其次，自然景色因为附加上宗教传说，常常能激发或引导人们的想象力，进而赋予自然景色以历史或宗教的人文意义。

与此同时，因为宗教传说向自然景色的渗透，使自然景色进一步完成了它向人文渗透的使命，从而为审美主体与审美客体的融合提供了条件，也使山水文化的人文内涵变得更加丰富多彩。

西岳华山中有些地方的命名与道教传说中某些神仙的故事有关。譬如仙掌峰，形状像一个手掌，据说华山与中条山本是一座山，因为挡住了黄河东流入海的去路，使得水积成灾。很久以前，有一位巨灵神，为了拯救普天之下的生灵，手劈脚踏，将华山与中条山分离开来。这座仙掌峰就是当时巨灵神推山时留下的手印。再如聚仙台，相传为仙人聚集在一起下棋的地方，曾有一位上山砍柴的樵夫在此观棋，手中斧头的木柄烂掉了也没有发觉。"观棋烂柯"的故事在道教神仙故事里流传甚远甚广，而与华山风景相连，便使得华山与道教的历史变得更为悠久起来。到此处的游人，想到神仙曾聚此下棋，也不免有飘逸之感。华山上的玉女峰，也与萧史、弄玉升天成仙的传说联系在一起。萧史是春秋时的隐士，以吹箫名扬四海。弄玉是秦穆公的女儿，曾奉父亲之命去跟萧史学吹箫，弄玉特别爱慕萧史的才能，便嫁给了他。后来，夫妻二人成仙，从华山之上双双乘风飞去。玉女峰便是弄玉成仙前的居住地。华山之上，和玉女相关的景点还有玉女祠、玉女洗头盆、玉女梳妆台、玉女室、品箫台及引凤亭等。这些景点均被附会为萧史、弄玉当年生活过和成仙时的遗址，激起游人美好的想象，在观光景点的同时又得到一种文化的熏染。

故事说华山上的三圣母曾经爱上了一个名叫刘彦昌的书生，便违背天条与他结为伉俪。她的哥哥是天庭中的二郎神，硬将他们拆散，还把她压在华山下。她的儿子沉香长大后知晓此事，立志救母。他刻苦学道，练得一身武艺，于是来到华山，用斧子一下劈开了华山，母亲从此得救。现在在莲花峰顶还有一块状如莲花的巨石，旁边立有一块由中间裂开的大石，如同斧子劈开的一般，被称为斧劈石，后来有人还铸广巨斧，立于石旁。沉香劈山救母的故事在民间广为流传，游人登华山观此景，联想神话故事，沉浸于这种美妙的虚构之中。

庐山之上，山峰奇特，景色壮观迷人。像天桥石，一石横空如桥，可是就在该石要将两边悬崖连接的时候却突然断裂，成为天下奇观。据说，东晋时道士吴猛和弟子游庐山，经由此桥时，见一老翁端坐于桂树下，用玉杯盛甘露泉饮，吴猛讨了一杯喝。又走一程，有几个仙人设宴款待吴猛，端出玉膏等仙饮。吴猛的弟子起了贪心，偷了席上一宝，想拿回去炫耀。这时，石桥突然变得好似手指一般大小，吴猛和弟子均动弹不得，无法返程。吴猛便叫弟子将宝送还，而后让弟子闭上眼，他手牵弟子，方走过天桥。这奇特的天桥得到这一宗教传说的辅助，使得更增加神异色彩。

庐山上的棋盘石，也是天然奇观。这一高达20多米形如宝塔状的巨岩，岩顶却如棋盘般平整。然而更奇怪的是，在棋盘状的岩面上，还有数块如棋子似的小岩石。相传，唐代道士李腾空与蔡寻真，常在此下棋。道术学成以后，李腾空要北赴昭德观修炼。分手之时，二人依依不舍，携手来到石牛山中下棋话别。因为没有心绪，临走时连棋子也忘了收拾，二人挥泪相辞涧边。自此，这些棋子与棋盘就化为石头永久地留在石牛山中了。这显然是后人的丰富想象，其所表达的重友谊的传统美德能给人以某种教育和启示。

此外，山水胜景中一些奇异的自然现象，也常常被宗教徒加上宗教传说，染上浓厚的宗教色彩和人文内容，所以使自然景观变得更为扑朔迷离，幽邃难测，增添了某种神秘色彩。

譬如佛光，在许多名山如黄山、九华山、齐云山、五台山、庐山及峨眉山等均可见到，而峨眉金顶的佛光最为著名。佛光本是一种自然界的光学现象，因为在高高的陡崖之下常有一层云雾，当阳光明朗之时，光线在一定的角度能把人或物的身影投射到云层上，形成一定的光环，光环内也就有人或物的影子产生。佛教徒将此现象作为佛祖显光。据说佛祖在这个时候将通过光环把凡夫俗子引向西方极乐世界，故此叫佛光。过去有一些虔诚的信徒，一旦看到佛光出现，便以为自己与佛有缘，立即跳入光环，丧身崖下。庐山的大天池在月明星隐的夜晚，黑黝黝的山谷间，会涌出点点荧光，时现时隐，时大时小，忽东忽西，忽明忽灭。佛教徒将此作为文殊菩萨的化身之光，因此，此景取名为"天池佛灯"，夜观佛灯也便成为天池胜景之一。

除此之外，有些名山中的泉水，因为清洌可口，加之又含有微量元素，对人体有保健功能，山上和尚饮此泉水，长寿者颇多，因此这种泉水也常被神圣化，由此也就创造出和其有关的宗教传说。例如峨眉山神水阁旁的泉水被称之为"神水"，传说春秋时有仙人陆通于此修身，朝夕诵经，天女为之感动，引来瑶池玉液，供他饮用，所以留下此泉。隋代有个高僧智者客居峨眉时，喜欢在神水旁静坐，说"饮此水能洗涤圣心，乃我佛赐人世之水"。他返至湖北当阳玉泉寺以后，曾有一日，忽然思饮峨眉神水，不一会儿，见一少女立于面前，自称龙女，愿为他去取水。智者将信将疑，说："当年我有铜钵和锡杖寄放在峨眉中峰寺内，你能同时取来，方是峨眉神水。"第二天，大师来至寺内泉边取水，见钵杖果真浮于水面，泉水也由此变得甘洌异常。现在于神水阁泉边，还刻有"神水通楚"四字。登峨眉，饮此泉，观山景，倍增游兴。

由上观之，可以说，在我国古代，因为佛道历史的久远以及传播的广泛，宗教传说对山水胜景具有很强的影响力。当佛、道二教领略了名山胜水之后，宗教传说便随之而产生，中国宗教文化的特征也就在山水文化中曲折地体现出来。

山水与哲学结合的方式

山水，作为一种与人类社会有着密切关系的物质存在，自一开始就与人类认识世界、改造世界、了解自我及改造自我的社会实践活动息息相关。在中国古代文明的发展史上，山水不仅作为古时候人们的物质对象，为人类提供了丰富的山泽水产资源、舟楫灌溉之便，而且还以各种方式、各种层次和人类的精神生活、意识形态展开了广泛而深刻的对话，它们形成了中国人民"精神的无机界"，即精神食粮。在我国文明发展的一开始，因为对自然山水认识水平的不足以及生产力发展水平的低下，人类将自然山水看作天的化身，遂产生了以祭祀、崇拜山川神祇为特点的原始宗教。而后，随着人类对自然外界认识能力的提高，山水逐渐走出宗教的谜团，成为人们进行哲学思维与审美观照的对象。

  山水和中国古代哲学，呈现着一种双向交感、互相渗透的关系。其一，山水等自然物质因素，它们的结合、分解、改变，直接使我国古代人民在征服自然、改造人类社会的实践过程中，远取诸物，近取诸身，形成了深具中国特色的宇宙形成观念，反映了朴素唯物主义思想。而后，山水等自然物质的特点又启迪了哲人们对玄深微妙的哲理的直观感悟。由此而言，我国古代哲学是从参证物质世界的基础之上领悟并产生的智慧结晶。其二，随着理性思维的提高，哲学思维全面铺开，古代哲学家往往将自己的哲学智慧"外化"至包含山水在内的自然物质世界，使自然山水的物质存在与变化染上了某派哲学思想的色彩，进而造成了这样一种现象：一样的山水由于思想家的不同而呈现出不同的哲学意义。宋人罗大经于《鹤林玉器》中讲："大抵登山临水，足以触发道机，开豁心志，为益不少。"这种"登山临水"的活动，自山水而"道机"，是讲山水对哲理的启迪。可是另一方面，罗大经又讲到："观山水亦如读书，随其见趣之高下"。"见趣之高下"，又决定了对山水感悟的深浅。而孔子之后的儒家门徒将仁、义、礼、智、勇等道德观念比附于自然山水，便是一种"见趣"，是一种道德哲学观念对客观外在的山水世界的"外化"。山水和中国哲学，常以这两种交融的方式获得联系。

  在中国哲学与山水的交往发展历史中，还存在一个十分有趣的现象：在山水二者中，水对于哲学的意义远远超过山。山与水结合成词，共同形成外在于人、外在于社会的自然对象，那是在中国哲学发展到很高程度、达到一定水平以后的事。虽然孔子第一次将"山"与"水"对举，一动一静、一仰观一俯察，使山水和他的道德哲学感悟结合起来，可是"山水"这一词的广泛应用，还是从晋宋时期才开始的。而且，虽然晋宋时期的山水与玄学的哲学体脉相通，可是却更多地散发着美学色彩。关于后来郭熙所言："山以水为血脉，以草木为毛发，以烟云为神彩。故山得水而活，得草木而华，得烟云而秀媚。水以山为面，以亭榭为眉目，以渔钓为精神，故水得山而媚，得亭榭而明快，得渔钓而旷落，此山水之布置也。"其意是说，山与水结合成词、共同组成外在于社会的自然界之时，其哲学意义已退到十分次要的位置。而对哲学思辨有着重要意义的，就是在山与水组合成词之前，以及山水主要作为一种物质元素在为人们利用之时。而当人们将山水作为一种运动着的物质元素来使用时，水对于哲学的启悟便显得比山突出。水的流动不居，启示哲人"不舍昼夜"的时间感慨；水的至柔处下，启迪老子柔弱超越刚强、处下不争的辩证法思想；水的质色清浊，引发出水清至平、虚静犹明的静观认识论哲学；水的流势，成为孟子"性善"人性论的有力论证，庄子也以"鱼与水相忘于江湖"来展开他人生逍遥游的哲学思维；而水的滋养万物，不但使儒家代表人物对其"仁爱"美德深受启导，更直接使绝大部分哲人或朦胧、或有意识地将水作为世界万物的起源。关于和水有关而又在中国文化中具有崇高意义的龙、蛇以及鱼等，更是比比皆是。难怪儒家的创始人孔子要"亟称于水"，还连连感叹"水哉，水哉！"而道家创始者老子也称"上善若水"，并认为水"几于道"了。

造成中国哲学上的"水性"特点，主要有两个原因。一是我国是一个以水为主、以农为本的文明古国。我们的祖先在河谷地区聚族生活，即使遇到自然灾害、被迫迁居时，也总是"观其流泉"、"度其隰原"，寻找水源充足的肥沃平原来定居和生产。所以，中华民族的文明，也可称为黄河文明。"河出图，洛出书"，此类神话式的传说，从某种意义上体现了农业文明中水的重要意义。和中国古代农业文明的文化特点相联系，我国古代又是一个以治水著名的文明古国。远古时，"洪水横流，泛滥于天下"，遂"禹疏九河，瀹济漯，而注诸海；决汝汉，排淮泗，而注之江，然后中国可得而食也。"

古代传说中大禹治水的故事，也体现出水作为一种自然物质力量所具有的两重性：作为自然灾害，它使人类深受其害；而作为一种自然资源，它为人们提供了灌溉、舟楫之便。古代劳动人民征服、利用水来发展工农业、造福人类社会的实践活动，一直贯串于中华民族的文明发展史。所以，可以说水启发了中华民族古代人民的智慧和创造力，孕育了中华民族的悠久文明。哲学作为一种理论思维形式，是人类社会生产斗争的经验总结和抽象，与水有着深厚的渊源关系。从某种意义上，甚至可以说，水以及和水有关的社会实践活动，是中国古代哲学的起源。

水的特点也和中国哲学的许多特点相通。正是这一相通，促使中国哲人由水的特点中直观领悟出一些抽象的观点，同时又使得这种抽象的哲学内容由于水的具体形象而通俗化。水，它可感而不可抓捉，有形而又好像无形，相通于道家哲学中玄妙不可测的"道"；它无私地滋润万物而不求任何功名，既有似于老庄哲学中的自然无为，还相通于儒家宽厚广博的仁爱理想。更有甚者，水永生不息，日夜不匮，万世不竭，这种富于变化而又具有旺盛生命力的特征，深深孕育、滋养了中国哲学，也促成了中国哲学的许多民族特色的形成。一曰"动"、一曰"活"，两者包含着水的无限深奥的哲学内容，水简直就成了中国哲学的象征，成了中国文化尽管几经变化但生生不息的象征！"动"者，流动不息、变幻莫测；"活"者，变化而生新、灵活且不执滞者也。流水不腐，则活；滞水、死水、臭水，则不活。大约有鉴于此，罗大经指出："古人观理，每于活处看。故《诗》曰：'鸢飞戾天，鱼跃于渊。'夫子曰：'逝者如斯夫，不舍昼夜。'又曰：'山梁雌雉，时哉时哉！'孟子曰：'观水有术，必观其澜。'又曰：'源泉混混，不舍昼夜。'明道不除窗前草，欲观其意思与自家一般。又养小鱼，欲观其自得意，皆是于活处看。"不单单罗大经如此体悟，大理学家朱熹也深有见于水之活，其小诗《观书有感》曰：半亩方塘一鉴开，天光云影共徘徊。问渠哪得清如许，为有源头活水来。

"源头活水"既是读书的境界，又是中国哲学与文化的境界。

山水和崇尚自然的审美趣味

崇尚自然、追求自然，是中华民族在历史长河中形成的具有民族特色的审美趣味。早在山水审美意识大觉醒、大发展的六朝，人类就开始意识到"芙蓉出水"的美远远超出于"错彩镂金"的美了。待到唐代，由李白"清水出芙蓉，天然去雕饰"的理论主张与艺术实践，到司空图对自然平淡美学风格的极力鼓吹，奠定了自然美在中华民族审美趣味中的重要地位。

当然，中华民族审美趣味所崇尚的"自然"，其含义是特别丰富的。总而言之，有三点内涵：一是艺术创作要有感而发，而不要矫揉造作；二是创作过程中追求自然感兴、"直致所得"，且不要苦吟雕润；三是美学形态上偏嗜自然清真乃至自然平淡，不可堆金积玉、一味求奇。并且，此种追求、崇尚自然的审美趣味的形成，其原因也是十分复杂的。它不仅是中国传统文化，尤其是道家思想深入影响到艺术美的结果，也是艺术传统，尤为以陶渊明、王维为代表的山水田园诗派在文坛上取得的重大成果。通过对自然美的内涵及其成因的考察，人们发现，在讲求有感而发这方面的内涵以外，自然美的其他所有内容都与山水有着十分密切的联系。

山水在这一审美趣味的形成过程中也起着举足轻重的作用：它不仅成为老庄自然之道进入艺术审美的主要中介，并且成为诗文、绘画的重要表现对象，而这又直接开启了自然美的形成。宋人龚相写有一首题名为《学诗诗》的论诗诗，其中写道："点铁成金犹是妄，高山流水依自然。"前一句是斥责人工雕琢补衲的，而后一句便直接以高山流水来形象地展示自然美的内涵。可见,崇尚自然与自然的山山水水的确有着密切的联系。

美学的自然形成

崇尚与追求自然美,可追溯到先秦道家身上。老子认为"道法自然",庄子更是进一步说道:"天地有大美而不言,四时有明法而不议,万物有成理而不说。"(《庄子·知北游》)"朴素而天下莫能与之争美。"(《庄子·天道》)有关此类自然无为的境界,庄子同时还在《齐物论》中对"天籁"进行了非常形象的阐述,指出它"咸其自取,怒者其谁邪!"将任何人力的推动予以否定,充分肯定了它的自生、自发、自然。老庄如此的自然主义哲学思想对后辈们的审美观的影响尤为深刻。

可是,"自然"一词在老庄思想中,仍然主要是一种带有抽象意义的哲学范畴。这一朴素而自然的状态,尽管庄子以生动、具体的寓言加以说明,可还是带有某种玄虚、神秘的成分。特别是他往往将自然之道与天地等一些容易使人产生神秘感的概念混用,更使这种玄虚、抽象的色彩愈来愈浓。但是,后代道家思想的继承者和阐释者们则尽可能地将老庄的自然之道具体化到外在自然界上,尤其是将自然的山山水水具体化。由于山水是自然生成的,没有人为造作的痕迹,充分体现了大自然的鬼斧神工。产生于汉初的道家思想著作《淮南子》在解释老庄的自然之道时这样记载说:"譬若水之下流,烟之上寻也,夫有孰推之者?"然则魏晋玄学家阮籍说得更为透彻:"山静而谷深者,自然之道也。"东晋玄学家郭象通过《庄子注》,把《庄子》一书中与"道"尽管名字不同可实际一样,但看起来容易引起人们误解的一些词的玄虚成分加以完全清除,归还于大千世界。他在《逍遥游》注中记载道:"天地者,万物之总名也。天地以万物为体,而万物必以自然为正。自然者,不为而自然者也。"在《齐物论》注中还记载说:"自己而然,则谓之天然。天然耳,非为也,故以天言之,所以明其自然也。""故天者,万物之总名也。"他们都明确地把以山水为主的自然界当做自然之道的化身,自然之道也依凭山水而具体化、形象化。这种对老庄自然之道的认识与后来"高山流水依自然"的美学思想的逻辑基础赢得了大同。

可是,这种哲学上的自然之道向艺术审美中的自然之美的完全移植和转化,除了上述以具体而形象的山水来解释自然之"道"进而形成的类似于"山水是道"

的观念外，尤为直接的则是文学艺术创作实践的动力。作为理论形态的审美趣味形成的一种，它首先肯定是审美创造的实践经验的总结和抽象。一览中国古代自然美观念的提出和形成，可以明确地说，它和以山水、田园为表现对象的艺术流派的创作成就及经验的联系较为直接，而这些艺术流派的主导者又深受老庄思想的波及。随着六朝山水审美意识的进一步明了，在艺坛上表现出以模山范水为主体内容的山水诗画。对于山水诗，梁朝的刘勰曾作过颇为精彩的概括："宋初文咏，体有因革，庄老告退，而山水方滋；俪采百字之偶，争价一句之奇，情必极貌以写物，辞必穷力而追新。"（《文心雕龙·明诗》）"自近代以来，文贵形似，窥情风景之上，钻貌草木之中。吟咏所发，志惟深远，体物为妙，功在密附。故巧言切状，如印之印泥，不加雕削，而曲写毫芥。"（《文心雕龙·物色》）可以说，刘勰的这一概括表现出早期山水文学在创作上的片面性：它追求形似、新奇、曲写毫芥，离自然清真的境界还相差甚远。然而，一旦山水步入艺术表现之中，随着人类对山水艺术表现技巧、欣赏趣味的进一步提高，必然带来山水文化向更高层次发展。

华夏古代美学史上最早倡导自然美的当数刘勰。"夫岂外饰，盖自然耳。"这是刘勰在综合观察天文、人文之美后所作出的总体概括。可是，刘勰的自然观，重心却在"为情而造文"，不赞成"采滥忽真"、"为文而造情"。"故有志深轩冕，而泛咏皋壤，心缠几务，而虚述人外。真宰弗存，翩其反矣。"强调的是感情的真实自然，也就是人们所说的古代审美趣味所推崇的"自然"内涵中的第一个层面。而真正从自然纯洁质朴、感性的层面对自然美进行极力赞赏的则是与刘勰同时代的钟嵘。他在他所著的《诗品》中，从创作感兴上提出了"即目"、"所见"的"直寻"，在审美形态上倡导"自然英旨"，极力反对"补假"、"繁密"、"拘挛补衲"、"蹇碍"、"拘忌"而"伤其真美"的人工雕作。然而，在崇尚自然的审美历程中，钟嵘《诗品》中最具有代表性的言论要数他在品评颜延之时所引用的汤惠休所谈及的那段话：

汤惠休曰："谢诗如芙蓉出水，颜如错彩镂金。颜终身病之。"这段话尽管是汤惠所言，实则代表了钟嵘的审美趣味。钟嵘就曾斥责颜延之"喜用古事，弥见拘束。"而他所倡导的"自然英旨"，也全同于"芙蓉出水"。由此段摘录中，一个写诗"喜用古事"、形成"绮密"风格的诗人，对别人点评自己的诗"错彩镂金"，居然"终身病之"！足见即使在颜延之认为，"错彩镂金"的美也赶不上"出水芙蓉"的美。而且，在《南史》中，讲这话的不是汤惠休而是钱鲍照："延之尝问鲍照，己与谢灵运优劣。照曰：'谢公诗如初发芙蓉，自然可爱。君诗如铺锦列绣，亦雕绩满眼'。延年终身病之。"无论是不是汤惠休抄袭了鲍照之言，至少透露出这样一个信息："芙蓉出水"的自然清雅超于"错彩镂金"的雕绩之美，这好像成为一种时代的趣尚，有许多人都认为不独钟嵘一人如此。

至于颜、谢诗优劣论中所反映出来的审美趣味的转变，与山水文学的繁荣和发展是有联系的。领时代之先的钟嵘重自然真美的文学思想，正如罗根泽先生所谈的那样，即"文学上的自然主义"，其思想渊源于道家的自然主义哲学。但由老庄的自然之道，至诗歌美学上的"自然英旨"，有人认为，山水作了一个很重要的中介。"山水有清音"，魏晋名士纵情山水，从山水的纯洁、质朴、自然中感受到这种"清音"，这种美与人间嘈杂的生活情调不同。山水大量涌入文人笔下，遂造成了山水诗文的盛行。和颜延之相比而被认为具有"初发芙蓉，自然可爱"特点的谢灵运，就是华夏诗史上一位开创山水诗新局面的划时代诗人。因为主要以江南秀丽的自然山水作为描写对象，使得谢灵运诗歌在题材上占了很大优势，却不像颜延之的诗"喜用古事"，而造成"文章殆同书抄"。正是由于以自然山水为主要表现对象，且在游览山水之中"兴会标举"，自然感慨，使谢灵运的诗从整体上显得如"初发芙蓉，自然可爱"。而且，虽然谢灵运的山水诗总的来说未能避免早期山水诗的片面性，以精工富丽为主，距自然清真的醇美境地甚远，可是也有少数篇章、诗句自然感兴，清新可爱。谢诗最为人认可的"池塘生春草，园柳变鸣禽"，就充分反映了钟嵘"直寻"的创作思想，与"自然英旨"的审美趣味相称。它自然天成，没有人工拟议的痕迹，而且生意盎然、气韵脱俗，充分展现了造化自然的天然生机。叶梦得《石林诗话》曰："此语之工，正在无所用意，猝然与景相遇，借以成章，不假绳削，故非常情所能到。"然而后人"多不解此语为工，盖欲以奇求之"，就是"往往不悟"。也许正是在创作山水诗的成就这一点上，钟嵘认为谢诗如"芙蓉出水"；同时也由于谢灵运的山水诗在艺术上以精工富丽别具一格，未能达到"自然英旨"的极致，钟嵘才斥责谢诗"颇以繁富为累"。

假如说，谢灵运在山水文学创作上还存在着很多不足的话，那么到了唐代，以王维、孟浩然、韦应物及柳宗元为代表的山水田园诗派则将山水诗文推向了浑然天成的境界。从王维开始的南宗山水画，也逐渐占据了画坛的重要位置。又加上陶渊明的田园山水醇美境界的重新被发现，遂从唐末开始进化成崇尚自然的高潮。深受老庄道家思想影响并以之作为其诗歌美学基础的司空图，则是奠定这种审美趣味的重要诗歌美学理论家。司空图在创艺上标举"直致所得"，提倡艺术美的"妙处皆自现前实境得来"，沿袭并发展了钟嵘的"直寻"说。司空图的巨著《二十四诗品》列《实境》一品,崇尚"取语甚直,计思匪深。忽逢幽人,如见道心",提倡"情性所至,妙不自寻。遇之自天,泠然希音"。这一观点与他在《二十四诗品》中的《自然》品所言"俯拾即是,不取诸邻"以及《精神》品中的"妙造自然,伊谁与裁"同样,都是强调诗歌创作由眼前直观到的自然景象中自然感兴,不露任何人力安排的迹象,不落入人的理智思维的逻辑程序之中。而在审美形态上,司空图承袭了钟嵘的"自然英旨"、李白的"清水出芙蓉,天然去雕饰"的美学追求,发展成为一种对自然平淡的美的崇尚和偏爱。《二十四诗品》虽然列举了二十四种品格,但正如杨廷芝在《二十四诗品小序》中所谈,它们"无往而不归于自然",真正突出并偏爱的却是平淡自然一路。司空图论诗力宗王及孟的山水田园,倡导王维、韦应物的"澄澹精致",正如许印芳所谈,"表圣论诗","举右丞、苏州以示准的"。所以,不论是他的"直致所得"所反映的自然感性的创作主张,或是他的平淡自然的审美理想,在受老庄道家思想的影响之外,主要又因为他是以山水、田园诗的创作经验作为立论根据的。

概而言之,老庄的自然之道对艺术审美的影响,是通过山水等自然物这一中介而体现出来的。尤其是司空图标举的平淡自然的审美世界观,更是遁入山林的文人所具有的那种超逸、虚静恬淡的胸怀的写照。《二十四诗品》中的《自然》一品便是这样一种境界:

俯拾即是,不取诸邻。俱道适往,着手成春。如逢花开,如瞻岁新。真与不夺,强得易贫。幽人空山,过雨采蘋。薄言情语,悠悠天钧。

"天钧",意思是指自然陶铸。《庄子·齐物论》云:"是以圣人和之以是非而休乎天钧。"这里,一切都是自然而然,如同"幽人空山,过雨采蘋"。人以恬淡自然之心游览于平淡朴素的自然山水之中,触景而怀,物我合一,一切感慨均情语。司空图便这样以老庄的自然之道作为其诗歌哲学,以山水田园诗的创作实践作为其美学标举,又以富有诗情画意的山水等自然意象作为抒怀方式,为我们描绘出自然美的醇美极致。司空图的美学理论,不仅仅在文学方面对后代起到了积极作用,书画理论也受之启迪。清代黄钺作《二十四画品》,不但于形式上完全模仿司空图,美学思想上也受其启发。该著"专言林壑理趣",从山水画的创作经验总结出"天倪所动"、"听其自然、法为之死"的理论主张,反映了对自然美的一种崇尚和追求。

宋代深受司空图诗歌美学的影响,是崇尚自然的审美趣味向艺术各领域推广并定型为中华民族的普遍习尚的时期。苏轼可以说是这一审美心理发展过程中的典型代表。苏轼不但承袭了司空图的诗歌美学遗产,而且将"自然"的审美理想扩展到书画领域。"诗画本一律,天工与清新。""无穷出清新。""天工"就是自然天成,"清新"即自然清真,如出水芙蓉那样自然可爱。苏轼所写的《读道藏》一诗中曰:"至人悟一言,道集由中虚。心闲反自照,皎皎如芙蕖。""芙蕖"就是"芙蓉",和先哲所谈的"出水芙蓉"同;而"道集由中虚"则取自《庄子·人间世》中的"唯道集虚"的"心斋","至人"也为《庄子》一书中的理想人物。这里体现出他思想中的自然清真的审美境界是老庄哲学向艺术审美的延伸。苏轼早年读《庄子》,则有"得吾心矣"的感慨。他一再倡导"吾所为文,必与道俱"。这些都有力地证明了老庄的自然之道与其审美观念的深层联系。可是,在自然美的形成过程中,苏轼同样用山水田园诗的创作成就作为其立论的根据。虽然他承认李、杜诗"凌跨百代",使"古今诗人尽废",可是却更钟情地认为:"苏、李之天成,曹、刘之自得,陶、谢之超然,盖亦至矣。"后来人"独韦应物、柳宗元发纤秾于简古,寄至味于淡泊,非馀子所及也"。故此,他对司空图的诗歌美学中的自然平淡的审美趣味倍加崇尚,"信乎表圣之言","恨当时不识其妙",反映了他对司空图的崇拜。这就是说,苏轼崇尚自然平淡的审美观点,也是通过对以山水、田园为主要表现对象的诗歌进行审美体认与理论总结而得出。不仅这样,苏轼还在表达其自然美的理论时,每每以山水来作为比喻,直接从山水的具体形质上领悟其文理自然之趣。苏轼的父亲苏洵曾以风水相遇而自然行文来启示其自然无营的文学思想:"无意乎相求,不期而相遭,而文生焉。"这一比喻对苏轼有很大启发。后来苏轼言诗赋杂文,倡导"大略如行云流水,初无定质,但常行于所当行,常止于所不可不止,文理自然,姿态横生"。在《自评文》中也云:"吾文如万斛泉源,不择地皆可出,在平地,滔滔汩汩虽一日千里无难。及其与山石曲折、随物赋形而不可知也。所可知者,常行于所当行,常止于不可不止,如是而已矣。"在《江行唱和集序》中亦云:"夫昔之为文者,非能为之为工,乃不能不为之为工也。山之有云雾,草木之有华实,充满勃郁而见外。夫虽欲无有,其可得邪!""山川之秀美"一旦"有触于中",便"发于咏叹"。所有这一切,均表明了人们所执着追寻的这样一个突出现象:其中包括苏轼在内的中华古代崇尚自然的审美趣味的形成,和道家思想的深刻影响是分不开的。但在老庄的自然之道向艺术境界中的自然美的发展、转化、移植过程中,以山水为主体的自然界起了一个十分重要的中介作用。

原道：自然美和艺术美

以上阐述了老庄的自然之道走向艺术审美的历程，展现了以山水为主体的自然界在这一转化过程中的重要作用。可是，这种历史衍生的描述是粗略的，很易流于肤浅。对于山水与美学关系的更深入研究，还需要以中国文化的横向意识，深入探究中华古代文化土壤中形成的"自然观"，与其在山水感悟及启导下形成的崇尚自然的审美观念的文化内涵。

"原道"是中国古代美学家经常用来表达艺术的自然美与宇宙自然衍化生成的关系问题的重要思想。"体大虑周"的《文心雕龙》就以《原道》作为其庞大理论体系的起点。总而言之，"原道"的来源主要有两个方面：一是《易传》的宇宙生成论。"天垂象，见吉凶，圣人象之；河出图，洛出书，圣人则之。"另一重要来源则为道家的宇宙自然论。老庄的自然的说法，并不是说在"道"之上还有一个更高的"自然"，或"自然"之上还有一个"道"，却是说"道"以"自然"为其存在变化的规律，它自然而然，没有任何有意识的目的或意志在起作用。以后的中国美学的"原道"论正是将这两种思想杂合起来，形成了富有华夏特色的"自然"观。他们认为，人类所创造的美都是宪章、师法天地自然之美，而宇宙自然之美又是"道"的外在表现形式。"日月叠璧，以垂丽天之象；山川焕绮，以铺理地之形，此盖道之文也。"天然存在的山水自然景象生动、完美地反映了"道"的精神。而经过人力所雕琢的艺术美，也就是刘勰所说的"人文"的美，则是"圣人"通过"原道心以敷章，研神理而设教，取象乎《河》、《洛》"等观察并顺应自然法则而形成。这一衍化形成过程，刘勰称为："道沿圣以垂文，圣因文而明道。"对于这种人为的艺术美和原始的自然美的关系，宋人郑樵更准确地指出：

"河出图，天地有自然之象；洛出书，天地有自然之理。天地出此二物以示圣人，使百代宪章必本于此。"

这一观点的逻辑展开，就包含着这样一种重要思想：既然天地自然之美是"道"的体现形式，而人所创造的后天艺术美又"宪章"、师法天地自然之美，所以，由"自然"这一角度来看，自然美必然高于艺术美。"云霞雕色，有逾画工之妙；草木菁华，无待锦匠之奇。""至于林籁结响，调如竽笙；泉石激韵，和若球锽。"这些"有逾画工之妙"的天然景致，这些有如庄子所谈及胜过人工鼓琴的自然"天籁"，其美的魅力、奥妙，刘勰一言概括为："夫岂外饰，盖自然耳。"对于刘勰这一隐而未伸的观点，唐代绘画理论家张彦远所言极是："草木敷荣，不待丹碌之采；云雪飘扬，不待铅粉而白。山不待空青而翠，凤不待五色而綷。"而清代叶燮则是从山水之美的具体形象来阐述这一道理。"今夫山者，天地之山也，天地之为是山也。天地之前，吾不知其何所仿。自有天地，即有此山为天地自然之真山而已。……吾之为山也，非能学天地之山也，学夫天地之山之自然之理也。"在叶燮看来，从天地自然之美到人工雕琢描绘之美，是"一假而失其真"，"再假而并失其假矣"，真如柏拉图所批评的艺术，是"影子的影子"，和天地之真自然有所不同。"

至于中国人的"自然"观、对中华古代美学崇尚自然的形成产生了深刻影响的《庄子》，也深深体现了这种原始自然美胜过人工艺术美的思想内涵。《庄子·大宗师》在赞颂"道"的伟大作用时所阐述的"覆载天地刻雕众形而不为巧"，就是认为天工是胜过任何人工之巧的。庄子认为，任何人工的创造都是片面的，而他所崇尚的天地之"大美"则是否定任何人工所创造的。他脑海中的最高的画家事实上是一位不画画的画家。他崇拜的音乐是自然天籁，而任何"鼓琴"等人工演奏活动，都"有成与亏"；仅有"不鼓琴"的自然无为，才是合乎自然之道的。"百年之木"体现了天然全美，可是一旦经过工匠的加工，"破为牺尊，青黄而文之"，失却了自然朴素之美。因此庄子云："残朴以为器，工匠之罪也。"而"艺术"，无论它以多么高超的技巧，无论达到何种巧妙的境界，它终究是人后天所创造的产品。顺着庄子的说法，人所创造的艺术美，肯定永远低于原始自然美。

可是，中国古代崇尚自然的审美趣味，固然还包括了旅游生活中对天然野趣以及对天造的自然山水胜境的激赏，主要还是表现在艺术创造中对自然境界的追求。所以，严格地讲，中国古代所崇尚的自然美，乃是在被认为低于原始自然美的人工描绘美中的自然美。艺术本身就意味着失却自然，正由于这种自然境界的难得，不像原始自然界那样俯拾即是，它才成为中国人所追慕、所赞赏的一种高超、醇美境界。

在中国文化的"自然观"的影响下，与关于自然美及艺术美的关系的认识中，中国古代自然山水美学理论产生了以下值得注意的观点。

一是提出了"以天地为师"、"以自然为师"、"以造化为师"及"以山川为师"的口号。以前刘宋时代，刘勰就主张"若乃山林皋壤，实文思之奥府"，强调了自然山水对于触发人类艺术创作兴致的重要意义。待到唐宋以后，随着山水诗、山水画的流行，这种以天地、山川为师的山水美学理论更是得到了广泛的崇尚：唐代张璪提议"外师造化，中得心源"；宋代郭熙倡导"身即山川而取之"；至明代，王履提出"吾师心，心师目，目师华山"；董其昌讲道"以天地为师"、"以造物为师"，袁宏道表示"善画者，师物不师人"，"善为诗者，师森罗万象，不师先辈"。这些说法的一个共同思想，就是反对艺术创作没有创意，局限于古人，为绳墨法度所束缚，而强调由现在所见的眼前自然景象的审美感受出发，表现生动、具体、真实的山水自然世界。宋人包恢的一段阐述山水之"真"的话，则明确揭示了这一思想。

天下山水之佳处也，非身亲履，目亲见，安能知其真实，若直坐想而卧游，是犹观图画于纸上尔。然真实岂易知者？要必知仁智、合内外，乃不徒得其粗迹形似，当并与精神意趣而得。境触于目，情动于中，或叹或歌，或兴或赋，一取而寓之于诗，则诗亦如之，是曰真实。

在中国美学上，"真"与自然相通。包恢在这里所明确指出的"身亲履、目亲见"，就是主张艺术家要从活生生的自然现象出发，而不要束缚于抽象的概念、传统的教条以及书本上的法则。将这种山水美学观引发、扩展开来，就要求文人从自己的生活真实情感出发，抒写真实的自然、社会、人生世界。诗人陆游于所写的《题庐陵萧彦毓秀才诗卷后》中说："法不孤生自古同，疾人乃欲镂虚空。君诗妙处吾能识，正在山程水驿中。"金代诗论家元好问在《论诗三十首》中也云："眼处心生句自神，暗中摸索总非真。"对这些说法，人们以前只以"唯物主义观点"来概括，实际上远远没有掌握中国古代美学的文化特点。中国古代的这些山水美学观点，不仅具有起源论意义，更主要的是揭示了艺术创造过程中审美感受的心理机制，强调了自然、真实的艺术世界的重要性。它是中华民族崇尚自然的审美趣味的一个重要方面。

二是取自然山水为题材的艺术美中，强调要深化主题，再现自然。艺术家之师法山川、造化、自然，不要机械地、刻板地、了无风貌地摹写自然山水，而是要表现出山水的天然生机和精神意趣。自然与生机、清新是永远脱离不开的。晋宋时期的山水文化模山范水，"巧言切状，如印之印泥"，"曲写毫芥"，尽管以自然山水为表现对象，可是却与中国古代所崇尚的自然美不相一致。

同时包恢还强调"身亲履、目亲见"，又要求"不徒得其粗迹形似，当并与精神意趣而得"。这一山水的"精神意趣"，便是司空图所说的"离形得似"。这里的"形"就是形似，而"似"即神似。这种形似与神似的关系，司空图十分形象地显示给人们："如觅水影，如写阳春。风云变态，花草精神。海之波澜，山之嶙峋。"

可见，神似尽管不离形似，可是却高于形似。而在中国山水画理论中，"真"与"似"的概念是截然不同的。"真"是自然的精神、生机、意趣，即艺术的气韵、神似；而"似"便是对山水的外表的枝节的摹写，是形似。崇尚自然的中国美学认为，只有"真"才表现了自然造化之趣，所以是自然美的另一种表达形式。"真"超越于"似"，又包含了"似"。倡导"度物象而取其真"的五代后梁山水画家荆浩就说："似者得其形，遗其气；真者气质俱盛。"既"身亲履、目亲见"，由具体、生动、自然的审美感受出发，又体现出自然山水的天然生机，得其神似，由此观点出发，包恢才说："是曰真实。"

这里事实上同样体现了华夏文化的"自然"观：自然山水其实质是一个充满生机、充分反映了造化自然之道的整体。艺术的任务不是改造自然，而是再现自然。艺术家"参天地之化育"，在与自然同体的物我合一中直觉到并体现出自然山水的天然风貌及精神意趣。《五灯会元》记述惟信禅师的这样一段禅语。

老僧三十年前未参禅时，见山是山，见水是水；及至后来，亲见知识，有个入处，见山不是山，见水不是水；而今得个休歇处，依前见山只是山，见水只是水。

这里所谈及的三种山水境界，就是由三种不同的自然观形成的。不知是有意还是巧合，著名学者钱锺书也提出了古代学术思想上的三种天人关系："人事之法天，人定之胜天，人心之通天。"惟信禅师所谈的第二种山水境界"见山不是山，见水不是水"，和钱锺书的"人定之胜天"一样，强调人对自然山水的征服，这是西方文化所重视的，而与中国传统文化的山水自然观其趣大有不同。第一种境界"见山是山，见水是水"，是"人事之法天"的结果，是人对自然山水的一种服从的、照镜子式的反映，以这种自然观来进行创作，仅能得其形似。而真正反映了中国文化山水自然观的是由"人心之通天"所达到的"依前见山只是山，见水只是水"的悟境，它强调人和自然山水的直觉统一。张彦远在《历代名画记》中写道："凝神遐想，妙悟自然，物我两忘，离形去智。身固可使如槁木，心固可使如死灰，不亦臻于妙理哉！所谓画之道也。"这一"画之道"正是由庄子"天地与我并生，万物与我为一"的天体自然观发展而来。"终日只在荒山乱石、丛林深倄中坐，意态忽忽"，在身与物化的直觉合一中，对自然之真妙悟自得。只有这样，才能即物即真，自然得其情感，充分表现出自然山水的天然风貌和精神意趣。

三是在体现具体的山水景象的直观自然这一点上，关于不同艺术表现媒介的诗与画有着明显的好坏之分。徐复观教授有一句十分富有启发性的话："庄子精神之影响于文学方面者，总没有绘画方面表现得纯粹。"原本，"草木敷荣，不待丹碌之采；云雪飘扬，不待铅粉而白。山不待空青而翠，风不待五色而绰"。天机自然的生动绘画，以色彩、线条来体现就已使自然本色褪色，画中之山水已赶不上自然之真山水了，而以语言文字来表现就更"隔"了一层，更难以直接呈现了。由于"画者，形也"，"存形莫善于画"，"画者，画也，度物象而取其真"。绘画以色彩及线条为媒介，它们更接近自然风景。绘画艺术是诉诸形象直觉的，它能达到意象的直接再现。洪迈在《容斋随笔》中说："江山登临之美，泉石赏玩之胜，世间佳境也，观者必曰'如画'、故有'江山如画'、'天开图画即江山'、'身在画图中'之语。"这些"如画"的称赞，正是对绘画体现自然山水的直观景物的优势的肯定。反观诗、文，则用语言文字为表达媒介，而语言更具人为色彩，它是人类思维的表达形式。文字作为抽象符号，"具有落入一般的倾向"。用语言文字为传达媒介的诗文是一种诉诸想象、思维的艺术，它最多仅能达到意象的间接呈现，却容易和自然的真实世界造成一种"隔"的感觉。有如此见解，由庄子"天地有大美而不言"的"无言独化"的自然观开始，中国古代美学家对语言一直采取不相信的态度，认为它是一种不得已的表达方式。而且超越语言的逻辑因果程序，达到"不落言筌"、"不知有所谓语言文字"的"无语"境界，也便成为文学艺术高超的标志。于华夏美学中，成为崇尚自然的审美趣味的主要美学范畴的"直寻"，以及后来王国维提出的"不隔"，主要是针对作为语言艺术的诗歌而言的，而在绘画中则不存在这个问题。由于"直寻"、"不隔"所反对的卖弄学问、堆积典故、落入逻辑思维圈套，这些诗文创作中的优劣，在绘画创作中几乎是不存在的。艰难的美是一种极高的美。正由于文学语言容易落入人工巧作，它较之绘画更难达到自然之境，所以中国人也就特别珍视并努力在以语言文字为媒介的文学中倡导自然。

山 水 游 记

游记散文绝大多数是指山水游记，就是以山水作为散文艺术表现的对象，以审美的眼光观察、表现自然景物。作者必须运用散文的体裁，艺术地记述亲临游览山水的见闻、感受，此类散文一般是以游踪为线索，展现自然风光之美；切忌虚构，不得借用别人考察、游历的现成文章。从这个意义上讲，唐以前出现的山水记、园林志以至山水成分较多的信函、序跋等均不算是山水游记。

在散文家族中，具有独立风格，内容与形式统一的山水游记，是从唐玄宗天宝末年的游记陆续开始的。假如说六朝的山水游记重在描摹自然景观的外部形态，那

※ 中华文明历史长卷 ※

么，以元结、柳宗元为代表的游记则刻意创造物我浑然的艺术境界，兼有描写、叙述、抒情、议论。这便把六朝人用心良苦追求外部形态之美，却不表达人的性灵内蕴的山水文，推进到了一个新的阶段。

代宗永泰二年，元结出任道州刺史，相继作有几篇以山水为题材的文章，如《寒亭记》、《右溪记》、《九疑山图记》等，都值得一阅，现引介几处如下：

永泰丙午中，巡属县至江华。县大夫瞿令问咨曰："县南水石相映，望之可爱。相传不可登临，俾求之。得洞穴而入，栈险以通之，始得构茅亭于石上。及亭成也，所以阶槛凭空，下临长江，轩楹云端，上齐绝颠。若旦暮景气，烟霭异色，苍苍石墉，含映水木。欲名斯亭，状类不得，敢请名之，表示来世。"于是休于亭上，为商之曰："今大暑登之，疑天时将寒。炎蒸之地，而清凉可安。不合命之曰'寒亭'欤？"乃为寒亭作记，刻之亭背。（《寒亭记》）

遭州城酉百余步，有小溪。南流数十步，合营溪。水抵两岸，悉皆怪石，敧嵌盘屈不可名状。清流触石，洄悬激注；佳木异竹，垂阴相荫。

此溪若在山野；则宜逸民退士之所游处；在人间，则可为都邑之胜境，静者之林亭。而置州以来，无人赏爱，徘徊溪上，为之怅然。乃疏凿芜秽，俾为亭宇，植松与桂，兼之香草，以裨形胜。为溪在州右，遂命之曰"右溪"。刻铭石上，彰示来者。（《右溪记》）

九疑山方二千余里，四州各近一隅。世称九峰相似，望而疑之，谓之九疑。

九峰殊极高大，远望皆可见也。彼如嵩、华之峻崎，衡、岱之方广，在九峰之下，磊磊然如布棋石者，可以百数。中峰之下，水无鱼鳖，林无鸟兽，时闻声如蝉蝇之类，听之亦无。往往见大谷长川，平田深渊，杉松百围，榕栝并茂，青莎白沙，洞穴丹崖，寒泉飞流，异竹杂华，回映之处，似藏人家。实有九水，出于中山，四水流灌于南海，五水北注，合为洞庭。不知海内之山，如九疑者几焉？

或曰："若然者，兹山何不列于五岳？"对曰："五帝之前，封疆尚隘，衡山作岳，已出荒服。今九疑之南，万里臣妾；国门东望，不见涯际；西行几万里，未尽边陲，当合以九疑为南岳，以昆仑为西岳，衡、华之辈，听逸者占为山居，封君表作园囿耳。但苦当世议者拘限常情，牵引古制，不能有所改创也，如何？"

故图画九峰，并随方题记，传于好事，以旌异之。（《九疑山图记》）

这些文章尽管没有以游记命题，可已具有游记的情致。在《右溪记》中，更表露了流连胜境的情怀，可称之为融情于景。语言表达形式上也一扫骈体模式，以简朴自由的散文，作成浅易流畅的游记。即使于命题上还留下一点山水游记的痕迹，作为开路先哲，元结也称得上是柳宗元那种成熟的山水游记的前师。宋五晁公武评元结之文"如古钟磬，不谐俗耳"；清末古文家吴汝纶也曾指出："次山放恣山水，实开子厚先声，于山水中隐含时代影像。"元结所写的游记数量极少，并且，他的经历和感受亦有一定的局限性，因而不能同饱经沧桑的柳宗元相提并论。

天宝末年进士独孤及和不求仕途、闭门读书的陆羽，都曾以游慧山寺为题，分别写有《慧山寺新泉记》和《游慧山寺记》，对吴西神山的秀丽风光及慧山寺地下甘泉的开凿，作由衷的赞美。陆羽在调查、走访的基础上，对慧山寺的历史传说作了周详的陈述，又由远、中、近三个角度，对慧山景色及绕山映衬的湖泊山泉作了如实的描绘，并从中引发感慨："伤其至灵无当世之名，惜其至异为讹俗所弃。无当世之名，以其栋宇不完也；为讹俗所弃，必其闻见不远也。"独孤及也有自身独到的见解："夫物不自美，因人美之。泉出于山，发于自然，非夫人疏之凿之之功，则水之时用不广。"二者都不同程度地联系自己的处境，借景抒怀，有跨越时空的描述，也有刻意取譬的感悟，使人读后颇受启发。

柳宗元自称，他于元和四年开始创作山水游记。由于坚持永贞革新，他于元和元年被贬逐永州，在漫漫长夜忍受着人生的痛苦煎熬。其精神上所受到的摧残，即使著书立说、传道授业，积极参与古文运动，也难以从中解脱，遂"闷即出游，游复多恐"，在放情山水之中，写出了许多优秀的山水游记。

永州位于南岭山脉的北麓，湘江与潇水汇合于此，州治零陵。零陵盆地久经风吹雨打的剥蚀，造就了嶙峋怪诞的岩穴石城，碧溪清潭潺流不息，青松翠竹经冬不凋，真是深山偏僻中的天然佳境。柳宗元不期竟会于此僻壤发现被人间弃置的自然美景。

于是，因爱而感，因感而怜，不胜感慨。联想自己满腹才华，立志报国，却遭贬逐。这永州的山水同世间的际遇，竟如此相仿，怎能不激起强烈的震动？于美与丑的反差与启示中，终于迸发出新的创作灵感。他尝试着凭山水以"傥荡其心，倘佯其形"，让身心与山水自然融合，使备受伤害的心灵得以"悠悠乎与颢气俱，而莫得其涯，洋洋乎与造物者游，而不知其所穷"。就这样，柳宗元在困境中，将心中所想同眼前所见自然妙合，从中获得崭新的审美享受。其中他所作的《永州八记》尤为值得鉴赏。

柳宗元所创作的山水游记约有18篇，其中于永州一地就写了16篇之多。有的独立成章，有的联成一组，从不同侧面反映了同一个主题。尤其《永州八记》是享盛名的代表作。它包括《始得西山宴游记》、《钴鉧潭记》、《钴鉧潭西小丘记》、

《至小丘西小石潭记》、《袁家渴记》、《石渠记》、《石涧记》及《小石城山记》，其中前四篇写于元和四年，于元和七年作后四篇，又称《前四记》、《后四记》。

《永州八记》中所描绘的山山水水，只不过是楚地边陲几处不为人知、不被世传的小山小水，可是柳宗元能用真挚之情，醒人之笔，写出一篇篇注入灵性，具有强大生命力的妙趣横生之作。柳宗元从社会人生写到山水自然风光，又由自然山水畅想社会人生，一步步吸引读者去开掘、领悟大自然之美，去感受人世间的坎坷与不幸。

我们有幸欣赏一下《永州八记》的首篇与末篇：

自余为僇人，居是州，恒惴栗。其隙也，则施施而行，漫漫而游。日与其徒上高山，入深林，穷回溪，幽泉怪石，无远不到。到则披草而坐，倾壶而醉。醉则更相枕以卧，卧而梦。意有所极，梦亦同趣。

今年九月二十八日，因坐法华西亭，望西山，始指异之。遂命仆人过湘江，缘染溪，斫榛莽，焚茅茷，穷山之高而上。攀缘而登，箕踞而遨，则凡数州之土壤，皆在衽席之下。其高下之势，岈然洼然，若垤若穴，尺寸千里，攒蹙累积，莫得遁隐。萦青缭白，外与天际，四望如一。然后知是山之特立，不与培塿为类，悠悠乎与颢气俱，而莫得其涯；洋洋乎与造物者游，而不知其所穷。引觞满酌，颓然就醉，不知日之入。苍然暮色，自远而至少至无所见，而犹不欲归。心凝形释，与万化冥合。然后知吾向之未始游，游于是乎始，故为之文以志。是岁元和四年也。（《始得西山宴游记》）

自西山道口径北，踰黄茅岭而下，有二道：其一西出，寻之无所得；其一少北而东，不过四十丈，土断而川分，有积石横当其垠。其上为睥睨梁欐之形，其旁出堡坞，有若门焉。窥之正黑，投以小石，洞然有水声，其响之激越，良久乃已。环之可上，望甚远，无土壤而生嘉树美箭，益奇而坚，其疏数偃仰，类智者所施设也。

噫！吾疑造物者之有无久矣。及是，愈以为诚有。又怪其不为之中州，而列是夷狄，更千百年不得一售其伎，是故劳而无用。神者傥不宜如是，则其果无乎？或曰："以慰夫贤而辱于此者。"或曰："其气之灵不为伟人，而独为是物，故楚之南少人而多石。"是二者，余未信之。（《小石城山记》）

在首篇，行文一开始，作者就将自己最受屈辱、最不甘启齿的事实，仅用一句话"余自为谬人，居是州，恒惴栗"，便清楚、明白、不加掩饰地展现在读者眼前。可想而知，作为编外之员、待罪永州的柳宗元，是在无可奈何、苦熬了四年之后，才怀着战栗与悲愤之情，寻隙出游，以解心中之闷，抚慰深受创伤的心灵的。可以这样讲，它是《永州八记》的典型代表篇。它与纯以游山玩水、模山范水为旨趣的游记散文，在立意和风格上都迥然不同。

《永州八记》贯通始终的创作手法之一，是由人到物，由世情而涉及山水，又从山水自然中得到启发，加深对社会人生的感悟。这一手法在末篇《小石城山记》中看得更为清楚。《小石城山记》仅用百余字，简洁地描述在黄茅岭下发现"石城"的经过，其实，那只不过是一块积石的断层，却俨然似天然自成的一座城堡，有门、有洞、有激越的水声，一切景物都显得如此真切，如此神奇。由此迸发出一段由衷的心声："吾疑造物者之有无久矣，及是，愈以为诚有。"既然造物之神造就了小石城的壮观，是何缘故不置之中原大地，却偏被埋没在如此荒无人烟的边陲，以致"千百年不得一售其伎"？难道是造物者有意用它来慰藉那些遭同样厄运的贤者？抑或有意让灵气多生于美石而不给予人，因此，永州之地才会美石多而人才少呢？这一连串对造物者的理直气壮的责问，真是要将天地间的不平吐尽方快。尽管用曲笔，却发人深省。如果未经受过残酷斗争的折磨或深悲大痛的屈辱，是很难从永州的小山小水中，感悟出如此深刻的不平宏论的。作者用心良苦以此作为《永州八记》的收结，同首篇的自白遥相照应。其用意之深切，恐怕也是现存山水游记中所独有。

《永州八记》不但栩栩如生地刻画了自然景观，而且能巧妙地触及社会弊端，譬如：

钴鉧潭，在西山西。其始盖冉水自南奔注，抵山石，屈折东流；其颠委势峻，荡击益暴，啮其涯，故旁广而中深，毕至石乃止；流沫成轮，然后徐行。其清而平者且十亩余，有树环焉，有泉悬焉。

其上有居者，以余之亟游也，一旦款门来告曰：不胜官租、私券之委积，既芟山而更居，愿以潭上田贸财以缓祸。予乐而如其言。则崇其台，延其槛，行其泉，于高者而坠之潭，有声潨然。尤与中秋观月为宜，于以见天之高、气之迥。

孰使予乐居夷而忘故土者？非兹潭也欤？（《钴鉧潭记》）

得西山后八日，寻山口西北道二百步，又得钴鉧潭，潭西二十五步，当湍而浚者为鱼梁。梁之上有丘焉，生竹树。其石之突怒偃蹇，负土而出，争为奇状者，殆不可数。其嵚然相累而下者，若牛马之饮于溪；其冲然角列而上者，若熊罴之登于山。

丘之小不能一亩，可以笼而有之。问其主，曰："唐氏之弃地，货而不售。"问其价,曰:"止四百。"余怜而售之。李深源、元克己时同游,皆大喜,出自意外。即更取器用,铲刈秽草,伐去恶木,烈火而焚之。嘉木立,美竹露,奇石显。由其中以望,则山之高,云之浮,溪之流,鸟兽之遨游,举熙熙然回巧献技,以效兹丘之下。枕席而卧,则清泠之状与目谋,潛潛之声与耳谋,悠然而虚者与神谋,渊然而静者与心谋。不匝旬而得异地者二,虽古好事之士,或未能至焉。

噫!以兹丘之胜,致之沣、镐、鄠、杜,则贵游之士争买者,日增千金而愈不可得。今弃是州也,农夫渔父过而陋之,贾四百,连岁不能售。而我与深源、克己独喜得之,是其果有遭乎!书于石,所以贺兹丘之遭也。(《钴鉧潭西小丘记》)

作者在从多个侧面与不同角度表现自然山水之美的同时,也真实地触及了当时社会民生的多种弊病,进而使山水游记与社会现实相结合,提高了游记文学的社会意义。

柳宗元在对自然的审美过程中,往往同对人的品德的审视结合起来,以增强文章的审美品位。例如在《石渠记》中刻意勾画石渠流泉的曲折迂回、百折不挠之志。

有泉幽幽然,其鸣乍大乍细。渠之广,或咫尺,或倍尺,其长可十许步。其流抵大石,伏出其下。踰石而往,有石泓,菖蒲被之,青鲜环周。又折西行,旁陷岩石下,北堕小潭。潭幅员减百尺,清深多鯈鱼。又北曲行纡余,睨若无穷,然后入于渴。

涓涓细流,能在巨石的阻压下,化整为零,伏出石下,最终坠潭入渴,达到目的。细弱的山泉犹能如此,那么对于人呢?此情一经点化,就能使人浮想联翩,心境焕然一新。柳宗元的山水游记,就是如此在自然的审美中,洗涤人的心灵的。他的游记散文含英咀华,具有浓郁的艺术魅力。柳宗元的山水游记,语言精美、清俊,可谓史无前例。他用"精莹秀澈,锵鸣金石"的艺术语言,出人意表地写活了不被世人青睐的蛮荒山水,使人读后印象极深,很难忘怀。明人茅坤点评云:"古人善记山川,莫如柳子厚。"柳宗元的山水游记,不但发展了散文的创作园地,亦打通了与重道言志的"古文"韵关系,使得山水游记在中国文学史上占有自己的独到之处。经过柳宗元等人的不懈努力,唐代山水游记才得以取得辉煌的成就,高度的行文技巧取代并超过了六朝以来惯用骈体撰写的山水记,在中国文学的殿堂上,放射出永恒的光芒。

除了柳宗元外,李逊、冯宿、裴通、刘禹锡、吴武陵、舒元舆以及白居易等,也多用简洁、流畅、优美的古文写山水、抒情怀,而且各具风骚。其中白居易的山水游记独具风格，如著名的《庐山草堂记》，作于元和十二年被贬江州司马期间，文章运用娴熟的文笔与技巧，充分反映了自己酷爱山水的癖好。元和十年，白居易由于宰相武元衡遭宦官暗杀事件，越职上疏，有违朝纲，被贬为江州司马，与柳宗元被贬永州司马相似。可是，白居易的抑郁不平之气，于写作手法上是以乐天自适、宠辱不惊的姿态出现的。只是在这貌似恬淡的言辞背后，仍含蕴一份愤排与不平。由此可以看出柳、白二人艺术风格的不同。

长庆二年，白居易出任杭州太守期间，写了一些赞美杭州胜境的诗文，其中《冷泉亭记》最为著称。此文开端即以论代叙，由远及近，经过逐一比照之后，将主题集中于灵隐山下水中央的冷泉亭上。作者把本身对余杭郡那份真诚的爱心，全都投入亭上水中那赏心悦目的林泉之美了。从他所写的"若俗士，若道人，眼耳之尘，心舌之垢，不待盥涤，见辄除去。潜利阴益，可胜言哉！期所以最余杭而甲灵隐也。"不难理解出，作者是故意以余杭冷泉的山光水色去垢除尘，排解自己于仕途上的困扰与烦忧的。只不过白居易行文悠悠，不似柳宗元那么慷慨激昂罢了。

山水游记从盛唐至中唐，经过元结、柳宗元、白居易等著名作家的努力，揭开了极富创造性的一页。作为一种独立的文学体裁，它能表现山水的各种领域，无论是名山大川以及人迹罕至的蛮荒之地，皆成了游记散文的描写对象。

从艺术技巧来讲，唐代作者带着明朗、健康、真挚、浓郁的主观情怀，步入山水自然的审美境界，使记叙、抒情、描绘相互结合，间或兼有自由发挥的议论，笔触所至之处，无不使得山水自然熠熠生辉，形神毕现。

唐人的山水游记往往注入作者的身世感、沧桑感，使山水别具内涵与风韵，这就增强了游记散文对当时社会的现实感。

在语言表达手法上，唐人的山水游记如诗如画，如泣如诉，长短自如，流利畅达，完全脱离了骈文的条条框框，再现了人与自然的和谐。

以上可以证明唐人山水游记艺术已经成熟，其影响是深远的。

宋代山水游记是在唐人已创辉煌的基础上更上一层楼。它在全面继承前代游记的成就以外，有两点显得尤为突出：

一是把人生的种种思考移植到山水的描绘中，使得山水散文的理性光芒倍增。

二是创作了一批游踪广远、思绪缜密、情趣万千的日记体游记文集。

宋代因为适时地发动了第二次古文运动，使得宋代文化艺术获得全面的振兴与繁荣，山水游记作为散文艺苑中的一丛奇葩，在"文章最忌随人后"，力主创新的观念支配下，经过文坛巨匠欧阳修、曾巩、苏轼、王安石等大手笔的努力，加以大批追随者的响应与实践,果然成果卓著。不但能以淋漓挥洒之笔,畅述游览所见的山川气势、奇丽风光以及由此而兴的遐思冥想,并能在写景状物中,有意导入作者的说理、议论,使本没有生命也没有思想的客观景物,获得了理念的灵魂,时而闪动思辨的光芒,与读者交流世间美丑。所以,宋代山水游记较唐代更显气象万千,更耐人寻味。

宋人范仲淹的《岳阳楼记》是早期用古文写成的杰出的山水散文之一,其中对巴陵洞庭风光的描写,曾令文坛界为之倾倒。作者新颖巧妙的构思,将述事、写景、抒情和议论熔为一炉,并全部凝聚于"先天下之忧而忧,后天下之乐而乐"这一崇高境界里,更是令人震撼,令世人耳目一新。正是因为立论的深刻、宏大,描述又精当,富有诗意,才能使《岳阳楼记》令人百读不厌,难以忘怀。

欧阳修所作的《醉翁亭记》与《丰乐亭记》也不是单纯写景的游乐之篇。《醉翁亭记》围绕醉翁亭展开,将其四周的景色、朝暮四时的变化、不同季节的特点,以及滁人之乐的各种心态、活动,糅合成情景交融的艺术境界,旨在从醉翁的角度,表明滁州太守之乐就在于关心民声,实现与民同乐的理想,在轻松愉悦之中,展露了作者的远大抱负。

曾巩曾受欧阳修的委托,续写《醒心亭记》。此记成功之处,在于它既是欧公"二记"的续篇,于主题思想上要有更深层的挖掘,还要在艺术上不受制于"二记"。这正是难点的所在,也是新颖创作的突破口。《醒心亭记》为了说明"醒心"二字的深刻寓意,在景物描述与史典出处上作了巧妙的介绍,而后下大工夫论说,阐明韩愈与欧阳修二位古文运动的领袖人物在心志上的共识,将前后相隔数百年的杰出精英连在一起,以明示欧公政治理想的高远及内心的波折。这是一篇通过自然审美,透露理性光芒的名篇,是体现宋代山水游记发展趋势的代表作。

苏轼的名作《石钟山记》与普通游记不同,一开始便由"钟"字发挥,阐述石钟山命名的由来,对前人的解释提出质疑,进而记述自己亲临石钟山探险考察的经过。文章驳斥了道听途说、以讹传讹的记述,指出"事不目见耳闻,则不能臆断其有无"的见解。全文不论写景、叙事及议论,均都新颖别致,富于独创,具有教育意义。他的《记游松风亭》则是另一种风格,尚不足百字的文章里,把纵步松风亭下的动感、登山的疲累及欲登又止的心态,描绘得淋漓尽致,最后忽有所悟,以"此间有什么歇不得处?""也不妨熟歇"结论。这篇短短的游记,涵括了作者坎坷不平的境况及在逆境中的人生体悟。行文采用地方化的口语,用以加强文章的生活气息。这些均表明苏轼的山水游记,是展示自己心灵感受的窗口,具有丰富的哲学思辨的内涵。他能将理性的思维，同大自然的妙境天衣无缝地统为一体，令人在美的享受中感受哲理的启迪。

山水游记于王安石的笔下，托物言志的表达方式可说达到了极致，其中《游褒禅山记》就是他的典型之作。文章以游华山之山泉洞穴为线索，可是对险峭山势不作描绘，突出洞穴之游，尤偏重于游后洞的经过。基于这一构思，方可落笔泼墨，大发感慨，畅抒感悟："世之奇伟、瑰怪非常之观，常在于险远，而人之所罕至焉。"作者通过探幽览胜的自我反思悟出：只有志者方可到达奇伟瑰怪非常之观。这一感悟，自登山探穴引发，可事实上融会了王安石一生的人生体验。

以上举例，便是宋代古文家"不践前人旧行迹"，大胆创新，把思辨意识，引入山水游记，进而使游记文学大放光芒的大致情况。

日记体的游记集，是在南宋流行起来的。北宋的欧阳修曾经作过《于役记》，记录自开封至夷陵的一段旅程，又记下每天沿途所见。这和唐宪宗时李翱出任岭南节度使所写的《南来录》相像，属随笔一类，不重视叙写山川自然，语句也简朴无华。这种不成熟的日记体发展到南宋才有陆游的《入蜀记》、范成大的《吴船录》相继问世，标志着日记体游记集的成熟。

《入蜀记》是乾道五年，陆游出任夔州通判时在旅途中所作。以《入蜀记》命名，正是为了把5个多月的跋涉所获得的千奇百怪的见闻和感受，天天记述，积累造册，共分6卷，洋洋数万言。与先人的类似题材相比，不但容量悬殊，知识的涵盖面，乃至艺术成就，都大不相同。

十四日，晓，雨。过一小石山，自顶直削去半，与余姚江滨之蜀山绝相类。抛大江，遇一木筏，广十余丈，长五十余丈。上有三四十家，妻子鸡犬臼碓皆具，中为阡陌相往来，亦有神祠，素所未睹也。舟人云，此尚其小者耳，大者于筏上铺土作蔬圃，或作酒肆，皆不复能入夹，但行大江而已。是日逆风挽船，自平旦至日昳（dié）才行十五六里。泊刘官矶，旁蕲州界也。儿辈登岸，归云："得小径，至山后，有陂湖渺然，莲芰甚富。沿湖多木芙蕖，数家夕阳中，芦藩茅舍，宛有幽致，而寂然无人声。有大梨，欲买之，不可得。湖中小艇采菱，呼之亦不应。更欲穷之，会见道旁设机，疑有虎狼，遂不敢往。"刘官矶者，传云汉昭烈入吴尝权舟于此。晚，观大鼋浮沉水中。

（八月）二十一日。过双柳夹，回望江上，远山重复深秀。自离黄，虽行夹中，亦皆旷远，地形渐高，多种菽粟荞麦之属。晚，泊杨罗，大堤高柳，居民稠众。鱼贱如土，百钱可饱二十口；又皆巨鱼，欲觅小鱼饲猫，不可得。（《入蜀记》）

※ 中华文明历史长卷 ※

《入蜀记》其他各卷，皆详略得体，手法万千，用词准确，是行旅游览、吟咏、考察兼备的完备性日记文集，具有一定程度的美学价值和史学价值。

范成大所作的《吴船录》是孝宗淳熙后年于成都府任上，奉旨回京时，记载由成都抵苏州前后4月有余的航程。尽管和《入蜀记》同在一个航道上航行，由于方向相反，角度不同，情趣大异。

丁巳，水长未巳，辰、巳时，遂决解维。十五里至瞿唐口，水平如席，独滟滪之顶，犹涡纹瀺灂，舟拂其上以过，摇橹者汗手死心，皆面无人色。盖天下至险之地，行路极危之时，傍观者皆神惊，余已在舟中，一切付自然，不暇问，据胡床坐招头处，任其荡兀。每一舟入峡数里，后舟方敢续发，水势怒急，恐猝相遇，不可解拆也。帅司遣卒执旗，次第立山之上，下一舟平安，则簸旗以招后船。旧图云："滟滪大如襆，瞿唐不可触。滟滪大如马，瞿唐不可下。"此俗传"滟滪大如象，瞿唐不可上"，盖非是也。后人立石之辩之，甚详。（《吴船录》）

三峡天险，天下闻名，出自名家之手的诗文，不计其数。可是，范成大的闯峡日记，自有独到之处。他抓住闯险过关的最惊险的一瞬间，极写各人的情状心态，摇橹者汗手死心，脸无人色，但于生死立判的搏斗中，夺回生命；执旗呼号者，全都坚定执着，劲头百倍；而旁观者见之，无不神色惊奇诧异。唯独身在舟中的作者，一切顺其自然，在急剧的荡兀中，反而顾不上害怕了。把惊险万状的客观情景同视死如归的独特感受，摆在一起来写，表达方式确实不凡。同《入蜀记》的记叙相比，自然更为真切、生动，有更多亲临其境的真情实感。它表明日记体的游记散文更趋完美了。

至明清两代，山水游记的创作，仍盛行不衰，只是不容易有更大的开拓和创新，通常是在原来的框架上有一些伸展。如由徐宏祖编撰、经后人整理而成的《徐霞客游记》就是用日记体裁作成的游记汇编，同《入蜀记》与《吴船录》相比，还是有所进展的。陆游、范成大都是借迁官之便，借长江沿岸的山川景物、名胜古迹进行考察、观光。徐宏祖则是以旅行家、地理考察家的身份，自22岁开始出游，直至55岁病倒在云南边陲的丽江畔，足迹遍及现在的冀、晋、陕、豫、鲁、苏、浙、皖、闽、赣、鄂、湘、粤、桂、黔、滇等地区的名山大川，他自称："吾荷锸来，何处不可埋吾骨也？"《徐霞客游记》就是他一生行踪的记录。此著的科学价值和艺术水准都是不可低估的。

二十三日，雇短夫，遵大道南行二里，从陇头东望双明西岩，其下犹透明而东也。洞中水西出流壑中，从大道下复西入山麓，再透再入。凡三穿岩腹，而后注于大溪。盖是中洼壑，皆四面山环，水必透穴也。又南逾阜，四升降，共四里，有堡在南山岭头。路从北岭转而西下，又二里，有苹坊当路，路左有茅铺一家。又西下，升陟陇壑，共七里，得聚落一坞，曰白水铺，已为中火铺矣。

又西二里，遥闻水声轰轰，从陇隙北望，忽有水自东北山腑泻崖而下，捣入重渊，但见其上横白阔数丈，翻空涌雪，而不见其下截，盖为对崖所隔也。复逾阜下，半里，遂临其下流，随之汤汤西去；还望东北悬流，恨不能一抵其下。担夫曰："是为白水河。前有悬坠处，比此更深。"余恨不一当其境，心犹慊慊，随流半里，有巨石桥架水上，是为白虹桥，其桥南北横跨，下辟三门，而水流甚阔，每数丈，辄从溪底翻崖喷雪，满溪皆如白鹭群飞，白水之名不诬矣。渡桥北，又随溪西行半里，忽陇箐亏蔽，复闻声如雷，余意此又奇境至矣。透陇隙南顾，则路左一溪悬捣，万练飞空，溪上石如莲叶下覆，中剜三门，水由叶上漫顶而下，如鲛绡万幅，横罩门外，直下者不可以丈数计，捣珠崩玉，飞沫反涌，如烟雾腾空，势甚雄厉；所谓"珠帘钩不卷，匹练挂遥峰"，俱不足以形其壮也。盖余所见瀑布，高峻数倍者有之，而从无此阔而大者；但从其上侧身下瞰，不免神悚。而担夫曰："前有望水亭可憩也。"瞻其亭，犹在对崖之上，遂从其侧西南下，复渡峡南上，共一里余，路西崖之岭，其亭乃覆茅所为，盖昔望水亭旧址，今以按君道经，恐其亭眺，故编茅为之耳。其处正面揖飞流，奔腾喷薄之状，令人可望而不可即也。停憩久之，从亭南西转，涧仍环山转峡东南去，路乃循崖石级西南下。（《徐霞客游记》）

这段日记，首先描写白水河上游的地貌，对道路、溪流、山峦、瀑布的走向，都有清晰、明确的记载，文笔简洁，重在写真。然后，写白水河中段的气象。最后，才有雷声振耳，鲛绡万幅，捣珠崩玉式的黄果树大瀑布的伟观的呈现。有史以来的旅游者，无不被此壮观所折服。可是，能状难写之景如在目前者，唯此篇而已。文章兼有地理知识价值和旅游观光价值，它给后人真切的审美享受，激发人们对祖国山河的由衷爱戴，进而产生急欲亲临一睹为快的意念。

万历年间，正是"独抒性灵，不拘格套"的倡导盛行之时，文人热衷于清新流畅、活泼自由的山水散文，譬如袁宏道就写有游记80余篇，例如《满井游记》、《晚游六桥待月记》等，都以别致、真切、飘逸而闻名，使得山水游记增添了许多异彩。袁宏道的山水游记大多是作者独抒性灵的艺术外现，体现了作者敢于冲破传统，追求个性解放的审美情怀，这是山水文学于美学观上的重大转机。

明晚期较有名气的游记作家尚有王思任及张岱等。他们对国之危殆深为忧虑，却又无能为力，遂怀着超凡脱俗之心，披发遁山，终日与自然同处，于山光水色之中享乐。王思任曾意味深长地说："始知颜色不在人间也。""不观天地之富，岂知人间之贫哉？"张岱的山水游记，亦有独特，他惜墨如金，含不尽之意于言外的特点。他们的散文明丽简洁，意境深远。

简而言之，明代的山水游记，既有鸿篇巨制的日记，又有独抒性灵的短小精品，都不同程度地反映了时代的风貌，写景状物的技巧纯熟，无论是探险寻幽，抑或是沉思漫步，都显得清纯可爱，字里行间，使人遐想不已。

清朝时期的山水游记创作一度较为沉闷。顾炎武曾作有《五台山记》，引经据典，考古的味道甚浓，反倒将文学色彩淡薄了。康熙三十六年，清人郁永河奉旨赴台湾采购硫黄，他把去台经历与感受写成《采硫日记》，其中二十二日至二十五日的日记，颇具吸引力。作者于这4天的赴台航程中，笔锋所及之处，其中包括澎湖海景、台郡山峦的地理形胜、物产矿藏及岛上居民的风土人情等，充满诗情画意。待至乾隆之后，写游记之风又盛行，可由于受桐城派义理考据思潮的影响，游记中往往带入冗长的考证，影响了文人自由抒发性灵。桐城派主要代表人物姚鼐的《登泰山记》写在乾隆三十九年冬，记游泰山的见闻，先交代泰山的地形、位置，然后运用简练的文笔记叙游泰山、登天门及观日出的经过。作者颇注重山上祠庙、石刻的考证，具有"桐城"古文的特点。

乾隆五十六年，廓尔喀人侵入西藏，曾肆意掠夺破坏扎什布寺，清兵进藏击败廓尔喀人后班师凯旋。林儁的《由藏归程记》即记述了清兵自拉萨返抵四川打箭炉的经历沿途所见。民族色彩甚浓，有引人入胜的景色描写。现引其中两天日记如下：

次日，仁进里起程，自藏一路，俱系循河行走。至乌斯江，一派西流，洵亦藏河上游也。新涨初生，势极浩瀚。由此取道东行，晓抵维达。童山濯濯，风景荒凉。仅有败屋数椽，塘兵及番妇数人而已。此外别无寨落，购买颗粒俱难。幸人有裹粮，马有野草，藉以度此寒宵。

次日，上鹿马岭。未及数里，四望重阴，雪山层迭，寒风刺骨，手足俱僵。五月杪，不啻三冬。下至半山，气候稍暖，草木丛生，渐行渐入佳境。凝芳积翠，山色顿觉改观，为西藏以来所未有。（《由藏归程记》）

晚清林则徐所写有《荷戈纪程》，记的是自己被遣戍入疆，到伊犁的旅程。从七月初六自陕西西安起程，十一月十日才抵达伊犁。这是一部真实感人的西行漫记。作者记载了3000多千米漫长而又艰苦的途中所见所闻，为后人提供了大量西北疆域之珍贵历史、地理、风土人情及文化知识，文学性也相当强。

　　初六日，庚戌，黎明大风，天阴，过一卡伦，循海子而西，沿途风涛之声。四十里松树头，海子始尽，两山劈开，千松挺立，行人谓之过达般，不知其名，考前人记载，当是塔尔奇山。大雪飘洒，有店，小坐。雪稀过山，山为行者所惮，实不甚峻，东来上山少下山多，西来则反是矣。(《荷戈纪程》)

　　《荷戈纪程》记述所见内容丰富，尽管不忘考据，可是繁简得当，既能满足读者求新、求奇、求知的渴望，又在遣词组句上力显优美，为清代游记散文中的杰作。

　　山水游记发展至清代，主要是发展了创作的领域，从内地、沿海、名山大川一直拓展至大西南、大西北的边陲地带，将边寨风光、民族风情一一引入游记的范畴。虽然受桐城派文风的束缚，抒发性灵多少受到约束，可作为有别于宋、明山水游记的特征，在散文发展史上仍占有一席之地。

山水画的界说与孕育

山水画界说

中国古代绘画艺术的开始，可以追溯到距今六七千年前的新石器时代中期。以仰韶文化为代表的，绘雕在彩陶上的鱼、鸟以及人形等图案纹饰，为现在能见到的华夏最古老的绘画形象。殷代甲骨文、钟鼎铭文为代表的象形文字，已具有最简单的山川形象。据说伏羲创八卦，仰观俯察，遂成天、地、风、雷、水、火、山、泽这些自然现象的标记。殷、周时的铜器纹饰，广泛采用云纹、雷纹及山川形象。秦汉其间，各种绘画形式以及文献记载中，山水形象愈来愈多。终于从魏晋以后，日趋发展形成独立的山水画，乃至成为中国古代绘画的主流。

虽然山水因素早已出现在远古绘画中，可是于绘画上独立使用"山水"这一名称，是东晋的顾恺之所创其称。他在《魏晋胜流画赞》开头说：

凡画：人最难，次山水，次狗马，台榭一定器耳，难成而易好，不待迁想妙得也。

这是"山水"画名称的最早记述。在这里，顾恺之把山水作为同人物、动物、台榭并列的绘画题材来论述。而后，南朝刘宋时的宗炳所著的《画山水序》，是第一篇正式的山水画论，和他同时期且稍后的王微所著的《叙画》，共同确定了中国古代山水画的艺术精神。伴随着山水画创作的兴起，山水画的名目得以正式确立，而成为中国古代绘画中的一科。中国古代画论对绘画艺术的分类极不规则，如北宋刘道醇《圣朝名画评》把绘画分为人物、山水林木、畜兽、花竹翎毛、鬼神、屋木6个门类；而《宣和画谱》一书中则分为道释、人物、宫室、蕃族、龙鱼、山水、鸟兽、花木、墨竹及蔬果10个门类。在各家分类中，不论其他门类或缺或并，可是"山水"却始终作为独立的门类，现在不可或缺，且取得"山水居首"的地位。

山水画作为传统绘画中的一科，它的基本意义是指以自然山水为题材的绘画创作。换句话说，它一定要以自然山水作为描绘的对象。对于纯粹的山水作品来讲，山水画与人物、花鸟等其他题材类绘画的差别一目了然，并不存有异议。可是，一方面，在山水画独立之前，自然山水因素已程度不同地移植到绘画当中，和人物、宫观及神话故事等题材出现于同一画面，那么这是否可以属于山水画呢？遂由此形成关于山水画正式出现的不同争论。另一方面，即使公认的山水画正式出现后，那些被称之为山水画的作品，并不仅仅是山和水的体现形式。渔舟、行人、亭树、远村、长云等各种景物形象，也同样出现在画面上。乃至既无山亦无水，一石一树，亦往往被纳入山水画范畴。清代著名的《芥子园画谱》，其中第一集的山水画部分，便是从树、石开始教人学作山水画。再者，山水画以山水为主体的自然为观照和表现对象，可是又并非所有的自然存在均可成为山水画的构成。比如，一样是树，劲松与垂柳是山水画的典型景物，然而几枝梅花，一丛翠竹，却约定俗成地仅能划入花卉一类。因此古人谈论山水画技法的著作，在山与水之外，有松、柳的画法，却从不把梅、竹包括在内，如此等等。这便要求对山水画的意义在约定俗成的基础上，从而有一个基本的规定。

　　由山水画的本质讲，山水画所反映的是人与自然的审美关系。更透彻地说，是关于人对自然山水审美认识的绘画艺术表现。在这一关系中，人是审美创造的主体，自然山水风光是审美对象，绘画艺术是联系两者的媒介，而绘画作品则是包括了上述三者的审美创造的终端显示。所以，就山水画的发生机制来讲，山水画的产生同人对自然山水了解的自觉程度联系在一起。人依附自然、利用自然、征服自然是一个不断深化的无止境过程。人对自然的各种感觉和目的中，与此同时包含着审美感觉的成分。因此，伴随着各种绘画形式的出现，自然山水因素也随着不同的功利目的体现在绘画之中。可是，只有当自然山水成为自觉的审美对象，包含于各种功利目的中的美感成分立刻显露出来，摆脱依附关系，上升为独立的审美追求时，才具备了山水画创作的条件。所以，作为记事符号的象形文字，夏代为"使民知神奸"而"图画山川奇异之物"，周代为体现爵位尊卑而"雕凿四镇之山"的"镇圭"，以及汉代碑阙及画像石上各种林木、屋宇等，因为都处于一种附从地位，尽管一定程度上表现了对自然的审美关系，却仅能是山水画孕育中的因素。因此，是否成为绘画艺术自觉的审美追求，是鉴别山水画质的规定。

　　由山水画的题材看，它采用自然山水为描绘对象。这一题材的规定性，使山水画与人物画、花鸟画显然不同。"山水"在这里有两重含义：一是它的确指对象，就是自然的山与水。二是它的兼指对象，就是与山水不能分割的其他自然景物。广义来讲，山水是自然景物的代名词。山水画以山水为素材，而自然山水并不是孤立存在的，它不但包括与它浑然一体的天、地、树、石、云、草等，还包括山水中的人的存在，譬如行人、溪桥、渔舟、亭榭、草庵、田园等。尽管从未有人规定山水画可以画什么或不可以画什么，可是由山水画史的创作遗存来考察，它的题材范围并不包括所有的自然之物。如世间的动物，山水画面上允许有远空中的几点飞鸟，而极少见有谁将走兽画入山水画的；就植物来说，松柳芦蒲是常见的景物，而并不将开放的花卉装饰于山崖水畔。是否画什么，是长期以来文人精神的一种审美选择，形成约定俗成的传统，却并没有明确的界限，这样就不能随意把有些自然存在排除在山水画的题材之外。可是山水画必须以自然山水为基本观照对象，如，孤立的一株兰花属于花鸟一类；而将其点缀于幽谷溪畔，则已是山水画的构成部分，不再是只具独自审美意义的花卉。此时，审美追求的对象，是自然山水不允许分割的整体画面，即便有所突出，其意义也是由整体画面所赋予的。因此，山水画与人物画和花鸟画题材的单一性是有区别的，它以山水为主，包括与山水相关的自然景物所形成的整体性观照对象。

通过以上所述，可以对山水画进行如下概括性界说：山水画是中国传统绘画中的一科，它的实质体现为人与自然的审美关系，是人用绘画艺术形式对自然山水体现出来的自觉的审美追求。它以描绘自然山水为主，与此同时包括与自然山水构成整体画面的其他景观。山水画的审美本质反映在它的题材特征当中，而其主题的规定性则是其审美本质的对象化实现。

不论古代的画论还是现在的美术史，一贯都只把山水画当做一个不必解释的概念在约定俗成的意义上采用。从寓意和题材特征对山水画的上述界说，可以为认识与掌握山水画的形成及其演变提供一个基本依据。同西方绘画比较而言，中国古代山水画史是很久远的。西方美术史中的风景画约等于我国的山水画。最早到 16 至 17 世纪，文艺复兴运动摆脱宗教束缚后对自然的重新发现，西方的风景画才始兴起，得以初步确立。这较中国山水画出现时间最晚的唐代"二李说"，也尚差有近 10 个世纪之久的时间。而中国的山水画在形成之前，更有一个漫长的孕育史。

山水景观中的书法艺术

今天，人们在游览祖国大好河山的同时，几乎每处都可以见到书法艺术的存在。山水景观中的书法艺术，其表现形式有诸多种，包括：①碑文，这主要指刻在石上的书法作品，其中包括有碑、碣、墓志铭、造像题记、摩崖石刻等形式。由其表达目的，有的属纪念性质，有的则为风景标志，具有旅游景观性质。②匾额，指置于风景区建筑物如大殿的大门、厅堂以及亭榭之上的题字横牌。③对联，是指悬挂在风景区建筑物如大门两边、厅堂与亭榭柱子的题书竖牌，它往往是与匾额配合使用的。并且，匾额和对联大部分都是刻写在上好的木板或竹板上的。④条幅，主要指悬挂于风景区建筑物厅堂里的有部分采用宣纸书写的书法作品，通常都装裱好了，挂在比较封闭并不敞向风口的厅殿内。如果是园林亭榭，由于多敞口，则不挂宣纸书法，因为风有损纸质，不耐久，故此常采用竹木刻出，悬挂于内。

　　山水景观中的书法艺术作品，有些出自帝王手笔，有些出自贵族官宦与文人，还有些出自书法名家。此外，又有些出自无名的工艺书家刻匠，风格各异，体例不一，它们融入山水景观之后给山水景观增加了多彩的人文内容，进一步点缀了山水景观之美。书法艺术与山水景观结合的方式以及所起到的作用是多种多样的，大致可归纳为以下几种。

　　其一，在山水景观中，碑刻和摩崖石刻可单独构成旅游景点，让置身于山水风景这一特殊环境中的游人于细细的欣赏中，不但品出书法形体之美与内容之美，并且也会在心中涌起一种在山水风景中观赏人文古迹的喜悦感和历史感。这种审美享受是综合性的。如泰山之上的经石峪石刻，便为泰山上独立的景点，它与泰山风景共同给游人带来赏心悦目的快感。当游人置身于雄伟壮观的泰山之中，欣赏那一大篇被誉为"大字鼻祖"的《金刚经》刻文时，一种壮观、庄严感不禁油然而生。再如四川通江县沙溪红云崖上所雕刻的"赤化全川"四字，每字高5米，宽2.5米，可谓气势磅礴，于数十里之外都能看见，其强大气势令如今的游人一见便肃然起敬，产生一种由衷的赞美。观赏周围景色，更使人于欣赏山景之时产生丰富的联想，想到中国革命的发展历程正是从赤化这一片又一片山林、一片又一片田野开始的。游浙江普陀山，在由普慧庵上山的途中，可见到坡面上镌刻有一庞大的"心"字，宽约7米，这个字可容纳百人，仅中心一点便可站七八人，此为"心"字石。相传此"心"字是观音传讲释迦牟尼"说心法"之后留下的，是佛门弟子虔心上西天的地方。此坡下临悬崖，陡峭光滑，稍不小心，会滑下去掉下悬崖。民间相传说，于"心"字上抚摸一遍，则可求得福气。因此，吸引着许多人冒着生命危险，谨小慎微地抚摸此字。这也成为一处颇有兴趣的景点。像北岳恒山半山腰中的"恒宗"大字石刻，山东沂山东镇庙百丈崖的"海岳"的石刻，海南岛三亚天涯海角景区中的"天涯"和"海角"大字石刻。此外，还有北京房山佛经石刻，都是独立成景的书法景观。

　　在此，还要说一说碑林。碑林是后人搜集起来刻在一起的，颇具观赏价值。置于城市风光之中的有些碑林，如西安碑林，而大多数碑林，则位于山水景点间，例如泰山岱庙碑林、山东曲阜孔庙碑林、江苏镇江焦山碑林、安徽歙县练江南岸太白楼南面的新安碑林以及桂林龙隐岩内的桂海碑林等。它们当中常常汇集不少名家著名的手迹，既具有很高的书法艺术价值，又具有珍贵的历史文献价值，故此大多数被誉为国宝，成为稀有的文物。例如岱庙中的名家碑刻，有历史上最著名的秦二世泰山石刻、东汉张迁碑、东汉的衡方碑、西晋时期的孙夫人碑、唐代的神宝寺碑与魏齐隋唐的造像碑及历代诗文碑刻等，素有华夏历代书法艺术博览馆之称。焦山碑林中则搜集有六朝到明清的碑刻260多方，其中闻名天下的，有传说为南朝陶弘景所书的"瘗鹤铭"、唐宋刻"瘗鹤铭"、魏法师碑及宋米芾所书的"城市山林"横额等。地处桂林七星公园月牙山龙隐洞和龙隐岩内的桂海碑林，这里石刻密布，"壁无完石"，为国内著名的石刻区，尚有唐到清代的石刻210多件，其中非常有名的是北宋蔡京的"元祐党籍碑"。

碑林景区，因为碑刻集中，应有尽有，碑刻又具有各种不同的书体，有不同的书家风格，再因时代的不同具有不同时代的文化内涵，游人漫步当中，逐件细细揣摩观赏，既可从中获取历史与文化知识，又可得到感官的审美享受，对于增强旅游者的艺术与文化修养有着积极的意义。

其二，书刻、题记、对联等与山水景点相辅相成，呼应成趣。如洛阳龙门石窟的造像题记，俗称龙门二十品，雄伟端庄，峻骨妙气，气象浑穆，观赏之中显得兴趣实足，它自身不仅具有书法的观赏价值，并且与所造佛像、所建洞窟环境相互映衬，结为一体。泰山"虫二"石刻，乍看不知所云，细细品味方知其题刻幽默有趣，由于它暗含四字"风月无边"。这就极好地烘托出了该地的秀丽风光，借以唤起游人对该景点的审美注意力。广西阳朔碧莲峰山腰的石壁上，刻有一高达3米的"带"字，其字写得雄健，堪称杰作，为王元仁所书，书学王羲之，自称天下第一。而最有趣味的是它一字内传说包含一首四言诗，但能认出的只有两句，即"一带山河"，"少年努力"。这"带"字镌刻在"山水甲桂林"的阳朔最著名风景区碧莲峰石壁上，面江而刻，以红色涂之，游人泛舟江中，昂首仰望，其与绿荫覆盖的碧莲峰特别相配。此外，踏上碧莲峰的"风景道"，在南山厄一带附近亦多见有题刻，其中最闻名的有明人陈起龙的"江山锁钥"，笔法浑圆端庄。清人林绍年的"山高水长"，用笔方劲有力。还有宋人李纲、明人俞安期及清人仇兰的诗刻，皆形象地描绘了此地的山光水色。特别近人吴迈的诗刻，不但书法秀丽，并且诗具神韵。

桂林山水甲天下，阳朔堪称甲桂林。

群峰倒影山浮水，无水无山不入神。

此作品对阳朔山水作了高度的评价，成为咏阳朔诗作的佳品。这首诗镌刻于此，对碧莲峰风景无疑是最恰当的陪衬。于山海关八里堡之南的孟姜女庙前，殿内孟姜女像龛上书有"万古流芳"的大字匾额，以表彰孟姜女的贞烈。两槛对联是："秦皇安在哉万里长城筑怨，姜女未亡也千秋片石铭贞。"斥责暴虐的秦始皇，歌颂孟姜女虽死犹存的精神。这使景点的历史文化内涵变得更加深刻。由于庙建在山冈上，东南4千米即渤海，庙后又置有两块巨石为"望夫石"，是孟姜女望夫的地方；于此也就可以面对浮云海潮了，因此庙门前刻有一副奇妙的对联：

海水朝朝朝朝朝朝落；
浮云长长长长长长消。

此对联利用古汉语中"朝"与"潮"有时通写作"朝"，"长"与"涨"有时可通写成"长"的这两点，做了一番文字游戏，其实正确读法应是：海水潮，朝朝潮，朝潮朝落；浮云涨，长长涨，长涨长消。尽管为文字游戏，可是却能启人心扉，并与该地风景相统一。这对联刻此庙门前，使得该庙增添更多的智趣和生机。有的对联则由于对该景区的特点描述真切，加之言辞优美，而与当地景色一道为人所赞叹不已，被誉为"双美"。如已去世北京大学教授王力所作的咏桂林美景的对联：

甲天下名不虚传：奇似黄山，幽如青岛，雅同赤壁，佳似紫金，高若鹫峰，穆方牡岭，妙逾雁荡，古比虎丘，激荡着倜傥豪情；志奋鲲鹏，思存霄汉，目空培塿，胸涤尘埃，心旷神怡消块垒；

冠寰球人皆向往：振衣独秀，探隐七星，寄傲伏波，放歌叠彩，泛舟象鼻，品茗月牙，赏雨花桥，赋诗芦笛，引起了联翩遐想；农甘陇亩，士乐缥缃，工展鸿图，商操胜算，河清海晏庆升平。

此联既描绘了天下第一的桂林山水所具有的奇、幽、佳、妙、雅、穆、古的特征，又枚举了具体的佳山秀水。如今此联悬挂于桂林市著名风景区七星公园月牙山半山腰上的"小广寒"宫里。登临此楼，可将桂林的一些著名风光如叠彩山、伏波山、独秀峰、象鼻山、南溪山等一览眼底，而山下小东江傍山缓缓而流，两岸花树婆娑。对联与美景都令人叹为天下奇观。

古代文人认为，山水与诗文、书法本来就是相通的，游山玩水必引起诗兴，即兴赋诗，为人所喜爱，后又被人刻于石壁，遂山水佳胜处，往往可见古代文人的诗文书刻，与山水相映生辉，使山水变得更引人入胜。例如桂林南溪山白龙洞旁石壁上，刻有唐代诗人李渤的笔迹，诗云：

常叹春泉叹不回，我今此去更难来。

欲知别后留情处，手种岩花次第开。

诗为唐太和二年十一月十三日所作，刻石是在宋绍兴二十年夏，由张仲宇、邓宏重命能工巧匠刊刻，该洞僧人如汉、慧本也参与了这事。书乃真书，显得格外端庄严整。诗中流露出诗人对南溪山风景恋恋不舍的情怀，从侧面烘托了南溪风景的吸引力。欣赏此诗，仰观白龙洞，俯视洞下泉井，进一步唤起了尽情观光南溪风景的游兴。再如广东肇庆七星岩风景区里，在石室岩、天柱崖、玉屏岩、阆风岩、出米洞以及包公祠等景点处，有大量的摩崖石刻，其中著名的有唐代诗人李邕的《端州石室记》文，宋包拯和清李调元的诗，此外，还有当代名人、伟人如郭沫若、周扬、朱德、陈毅及叶剑英等人的诗。当中以叶剑英的诗《游七星岩》最为出色，使人过目难忘，诗云：

借得西湖水一圜，更移阳朔七堆山。

堤边添上丝丝柳，画幅长留天地间。

诗既没有用典，也没有堆砌华丽辞藻，却别具匠心地将杭州西湖与阳朔山水的优点聚焦于肇庆七星岩之上，一下子就突出了七星岩的引人之处，再加以长堤垂柳的陪衬，则创造了七星岩特有的诗情画意。游览所有景点风光后，吟咏此诗，更觉此诗写得贴切，写得生动，诗之意，景之美也便令游人难忘了。

其三，匾额、石刻等确切地描述出风景佳处，进而突出了风景的优势，增加了景点的魅力。陈从周教授在《说园》一书内讲过："画不加题显俗，景无摩崖难明。"观天下名山胜水处，凡风景最美丽的地方，总有石刻或匾对点缀，如所题内容贴切，会让人感到舒适、愉快。这些匾额、石刻常常能起到点景与向导的作用。庐山牯岭西谷如琴湖畔的花径，是国内闻名景区，古时属大林寺。唐代诗人白居易游览大林寺时，曾写有："人间四月芳菲尽，山寺桃花始盛开；常恨春归无觅处，不知转入此中来。"这首杰作相传白居易游此，曾书有"花径"二字刻于石上，如今此石存于花径亭内。被辟为花径公园的花园，园内繁花似锦，芳香扑鼻，经考证此地就是唐代"花径"所在地。在那时，白居易手书的石刻正起着导游的功用。在庐山东谷含鄱岭地带，有景点含鄱口，其左侧为五老峰，右侧为太乙峰，含鄱岭的形状又正好像张口吸饮鄱阳湖水，所以，岭前石坊上刻"含鄱口"三字，左右分别刻有"湖光"、"山色"四字，这石刻将此地能观览湖光山色的方位突现了出来。登安徽九华山，从复兴庵至朝阳庵的路旁，尚有"即是仙界"、"渐入蓬莱"二件石刻；从朝阳庵到翠云庵，路愈加陡峭，在路旁石壁上又镌有"天梯"、"怪石摩空"及"江南第一山"等字。天台寺地处九华山顶，其拱形大门上书有"中天世界"四个大字，旁边又题有"非人间"三字。寺左有石崖青龙背，崖下则刻有"一览众山小"及"龙华之气"等摩崖石刻。这些石刻既对景点起提示作用，以唤起游人对景观的注意，与此同时又显示出佛教名山的特征。西湖西泠桥孤山路的香月亭，与葱茏群山相对，亭匾书"挹翠"；西湖北山寿星寺，可眺望钱塘江，内视西湖，堂匾书有"江湖伟观"四字，既点景又衬景，景与书相互照应，是谓双得。

其四，题刻与对联及匾额等能渲染景点气氛，烘托景观气势；如山海关东城门城楼上书有"天下第一关"的巨幅匾额，气势宏伟庞大，每个字高1.6米，笔势雄浑，和这天下第一雄关的气势极为相符，中国游人都为此而感到自豪，这自豪感情的得来有大部分是来自这巨幅匾额，或者说正是这匾额才把国人的自豪感唤起。匾为当地人萧显所书，有三块同样的匾，原匾不挂出来，藏于楼下，楼上另藏有光绪八年摹刻的一块，而楼上悬挂的仅是1929年摹刻的。抗战时日本人甚至欲将原匾偷走，因为当地百姓的及时转移，加以保护，才得以保存下来，足见原匾的珍贵。岳阳楼地处洞庭湖畔，建筑精湛，气势雄伟。主楼建有三层，雄踞山顶，高约15米，12个飞檐高高翘起，呈飞动之势。为显示出湖与楼的壮观景色，在临湖的山腰处并建有几座高大的石牌楼，上书有"一碧万顷"与"南极潇湘"及"北通巫峡"等字，从而更进一步衬托了洞庭湖"衔远山，吞长江，浩浩汤汤，横无际涯"与"北通巫峡"、"南极潇湘"的宏大气象。桂林独秀峰东边的半山悬崖上，曾经刻有清人黄国材"南天一柱"与张祥河"紫袍金带"的大字，字方圆达3米许。这些令人惊叹不已的擘窠大书，使"峨峨郭邑间"的独秀峰更显得巍峨了许多。昆明滇池的大观楼，楼前门柱上刻有一副长达180字的对联。此长联出自清康熙乾隆间布衣孙髯之手，在大观楼上聚会赋诗时所创作。上联描写滇池风光，下联结合滇池之典故抒发登临之情怀，极具情思意境，当时一出便惊动世人，并被后人称赞为"古今第一长联"。

五百里滇池，奔来眼底。披襟岸帻，喜茫茫空阔无边！看东骧神骏，西翥灵仪，北走蜿蜒，南翔缟素。高人韵士，何妨选胜登临。趁蟹屿螺州，梳裹就风鬟雾鬓；更苹天苇地，点缀些翠羽丹霞。莫辜负四周香稻，万顷晴沙，九夏芙蓉，三春杨柳；

数千年往事，注到心头。把酒凌虚，叹滚滚英雄谁在？想汉习楼船，唐标铁柱，宋挥玉斧，元跨革囊。伟烈丰功，费尽移山心力。尽珠帘画栋，卷不及暮雨朝云；便断碣残碑，都付与苍烟落照。只赢得几杵疏钟，半江渔火，两行秋雁，一枕清霜。

如此气魄宏大的长联把能凭栏远眺的大观楼，以及四周景点包括滇池、金马山、碧鸡山等的气势烘托出来，显得特别传神，再加上撰联人纳古今历史于一胸的兴亡感慨和怀古之情，使得登临斯楼的意义更加深远了。四川峨眉山中的洪椿坪寺，于第一殿门前也悬挂一副清乾隆年间无名氏写下的长联，上下联各100字，较昆明大观楼长联还多20字。

峨眉画不成，且到洪椿，看四壁苍茫：莹然天池荫屋，泠然清音当门，悠然象岭飞霞，皎然龙溪溅雪。群峰森剑笏，长林曲径，分外幽深。许多古柏寒松，斜枝偃蹇；许多奇花异草，锦绣斑斓。客若来游，总宜放开眼界，领略些晓雨润玉，夕阳灿金，晴烟铺锦，夜月舒练。

临济宗无恙，重提公案，数几个老辈：远哉宝掌住锡，卓哉绣头结茅，智哉楚山建院，奇哉德心咒泉。千众静安居，净业慧因，毕生精进。有时机锋棒喝，蔓语抛除；有时说法传经，蒲团参究。真空了悟，何尝障碍神通，才感化白犬衔书，青猿洗钵，野鸟念佛，修蛇应斋。

上联对寺周围的迷人风光作了淋漓酣畅的描绘，充分展现了峨眉秀色，下联历数此地开山祖师所创的伟大功绩，同时描绘了他们的习禅生活。长联文辞隽永，句式对仗工整，为该寺景色增添了许多生气与色彩。此外，如天台山石梁飞瀑处刻的米芾曾书的"第一奇观"、庐山龙瀑所刻米芾所写的"第一山"、庐山仙人洞所刻"纵览云飞"的石刻、黄山天都峰顶上所刻的"登峰造极"与镇江甘露寺天王殿后长廊石壁镌刻的"天下第一江山"以及浙江普陀山慧济寺南下山途中的于云扶石上所刻有的"海天佛国"等，都有增强景观气势的作用，游人到此，为其气魄感染，往往驻足欣赏。所以，山水景观能使人心胸开阔，山水景观中的书法艺术亦能拓宽人的视野，激发人的意气。山水、诗、书的结合使得我国山水文化的精髓又增加一层深邃的含义。

其五，有部分对联、匾额相配于某些著名的纪念性建筑物上，进一步加深了建筑物所纪念的人物和事件的意义，它不但使建筑的人文内容更加丰厚，并且也使作为山水风景有些的建筑物更令人久久难忘。如坐落于岳麓山景区中的岳麓书院，四周林木葱郁，百鸟歌唱，静谧安宁，此院文物万千，留下的书刻也颇丰，有宋理宗为倡议朱熹道学，下诏学宫祭祀朱熹的御诏碑，此外，又有他所赐的岳麓书院匾额。堂次壁间嵌有朱熹亲书的"忠、孝、廉、节"四个大字。特别让人印象深刻的，是悬挂在书院大门两边的对联，上书"惟楚有材，于斯为盛"。此对联不但赞誉了岳麓书院的文化成就，而且对几千年来楚地出大才、出奇才的文化内蕴作了揭示，欣赏此联使人浮想联翩。书院内另有一副对联云："是非审之于己，毁誉听之于人，得失安之于数，陟岳麓峰头，朗月清风，太极悠然可会；君亲恩何以酬，民物命何以立，圣贤道何以传？登赫曦台上，衡云湘水，斯文定有攸归。"此联表现了作者的人生世界观，对书院学子是一教诲，同时也加强了书院的文化内涵。若游江苏镇江招隐山，可由招隐寺大殿遗址的南面，沿林间小径拾级而上，抵"昭明太子读书台"。此处是一座小院，两面建有花墙，数张石凳，建筑有一幢三开明间的精巧古舍。其门上有对联写道：

妙境快登临，抵许多福地洞天，相对自知招隐乐；

伊人不可见，有无数松风竹籁，我来恍听读书声。

由读书台可北望长江如带，一派烟水茫茫，而招隐山上幽僻静谧，可听啼鸟声声，松涛阵阵，登此地可感悟古代隐士的隐遁之乐。此联贴切地反映了作者游览此山的心情与感受，与此同时也表达了对古代隐士和昭明太子的怀念之情。

概而言之，山水景观中的书法艺术不论在形式上还是在内容上，都为山水自然景观增强了美的色彩和丰富的人文内涵。中国书法作为中国文化的奇葩，源远流长，它所具有的独特的艺术形式充分反映了东方人的智慧，展现了中华民族的审美情趣和文化风尚。山水景观的书法艺术，是中国士大夫的精神与艺术及生活方式向山水的渗透。只有当这种渗透取得理想的成就，山水才被真正赋予一种活泼的文化生命。所以，人们观览山水以及山水之中的书法艺术，就不单单能得到一种审美感官上的愉悦，更主要的是获得了一种智慧的启迪、品德的教育与情操的陶冶以及文化的认同。由山水景观与书法艺术的融合这一文化现象当中，人们可以在更具有理性的层次上去领悟中国哲学的"天人"体系，华夏士大夫的抱负、爱好与雅趣，以及中国书法和中国山水的人文内容。

北 京 市

香 山

夙慕香山胜，振衣度石林。
烟岚开上界，台殿倚层岑。
地尽群峰合，天回四壁阴。
松关傍翳日，杏阁仰扪参。
树结菩提色，泉飞梵呗音。
归云朱拱宿，闲鸟翠屏吟。
塔涌名多宝，田开号布金。
西湖寒雨断，北阙暮烟深。
客饭伊蒲供，僧房薜荔侵。
禅心无去住，游迹任浮沉。

——于慎行《游香山寺》

【名山初识】

在北京的西北方位，有一座以红叶闻名于国内外的秀美山峰——香山。它位于北京西山东麓，距市中心近 20 千米，山区苍松翠柏，郁郁苍苍。形似香炉的最高峰海拔 557 米，登上香炉峰顶向西望去，群山连绵起伏、万千气象。向东眺望，北京市区尽收眼底。香山很早就是一座著名的具有皇家园林特色的大型山林公园，它始建于金大定二十六年（1186 年）距今已有 800 多年历史。金、元、明、清几代朝廷都在此营建离宫别院，为近代皇家游幸驻跸之所。

【名山探源】

关于香山名称的来历，一直有三种说法。

第一种说法是：香山最高峰顶有块硕大的乳峰石，形状似香炉，晨昏之际，云雾缭绕，遥遥望去，就似炉中香烟袅袅上升，故名香炉山，简称香山。第二种认为是仿照江西庐山而来。李白在《望庐山瀑布》一诗中写道："日照香炉生紫烟，遥望瀑布挂前川，飞流直下三千尺，疑是银河落九天。"庐山有峰曰"香炉"，香山仿香炉峰之名，因此取名香山。第三种根据因古时香山曾是杏花之山，每逢春季，杏花漫山遍野竞相绽放，清香四溢。明代王衡这样记载："杏树可十万株，此香山之第一胜处了。"明诗中有"寺入香山古道斜，琳宫一半白云遮，回廊小院流春水，万壑千崖种杏花"之句，《帝京景物略》中则有如下记载："或曰香山杏花香，香山也……"不论哪种说法都颇有意趣，香山的名字也就在这些传说中产生。

香山公园总面积2400余亩（160万平方米），它不但是一个深秋红叶满山、仲夏绿荫蔽地、林木葱茏、枝繁叶茂的典型森林公园，而且也是一处皇家园林，金、元、明、清历代帝王均在此地建有离宫别苑。清代著名的"三山五园"之一的静宜园，亦即指此处。

香山在辽代时还曾是私人的宅第，当时有个中丞名阿勒弥者，他看见这里山清水秀，于是就在此建宅舍。金世宗完颜雍大定二十六年（1186年），方在此山建大永安寺，也称甘露寺，即现在香山寺的前身。金章宗年间，又在此建会景楼及祭星台建筑，至此皇家苑囿的规模初步形成。清乾隆十年（1745年），乾隆帝亲自题名，动用了大批人力、物力、财力，对香山进行了大规模的建设。名噪京城的二十八景即在此时建成，并加筑围墙，此即静宜园。其时园内景物绮美，建筑多样，各式的亭台楼阁、馆榭廊轩、牌坊、庙宇等分布在山峦坡坎之上，掩映在茂林绿荫之中。

令人遗憾的是，该园在经历1860年英法联军及1900年八国联军两次野蛮掠劫之后，面目全非，景物所剩无几。辛亥革命之后，香山还曾被军阀、官僚政客们所抢占，疯狂圈地，大建别墅，破坏了景观。直到新中国成立之后，香山公园才得以进行合理修缮，如今的香山已成为中外闻名的北京十大公园之一。

【名山览胜】

香山公园内人与自然和谐相处，虫鸣鸟啼，松鼠在枝头追逐嬉闹。冬来银装素裹、春来繁花似锦、夏时凉爽宜人，特别是深秋时节，十万株黄栌如火如荼，极为壮观。香山公园多文物古迹，亭台楼阁宛若繁星散布于山林之间。香山有燕京八景之一的"西山晴雪"，有集明清两代建筑风格的寺院"碧云寺"，有国内唯一的木质贴金"五百罗汉堂"，有特为迎接六世班禅准备的行宫"宗镜大昭之庙"，有独具江南特色的古雅庭院"见心斋"，有开国领袖毛泽东和中共中央进驻北平时最早居住和办公的地方——双清别墅，还有世纪伟人孙中山先生灵柩暂厝地——碧云寺金刚宝座塔。

香山红叶

北京的香山红叶中外驰名,"西山红叶好,霜重色愈浓"的诗句传扬已久。每当秋季寒凝霜落时节,香山东南坡上,十万多株黄栌树饮露经霜,叶焕丹赤,柿、枫、野槭等树相杂其间,如火似霞,壮美异常。清乾隆年间确定的"香山二十八景"之一——"绚秋林"即指此景。香山的红叶并不是枫叶,而是黄栌树叶。这种树属漆科树,落叶灌木,叶子互生,呈卵形或倒卵形,秋季变红。因为这种树木质中含大量黄色素,故此得名。据说古代皇帝的龙袍,就是用这种树提炼的色素染成黄色的。

香山公园地势崛峻,峰峦起伏,泉沛林幽,诗人曾为香山写下"数点青峰来眼底,满山红叶入衣襟。策驴游罢多余兴,一路清风细细吟。"香山景色四季皆佳。春天柳絮扬花,蝶舞蜂喧,桃杏竞绽,新蕊鹅黄;盛夏古木葱茏,泉溪叮咚,芳草萋萋,爽眼怡神;秋季霜叶绚烂,色彩斑斓,万紫千红,辉映云霞;冬至寒泉凝雾,雪覆亭阁,交相辉映,气象万千,四时皆为一幅充满诗情画意的奇观。

东宫门

香山公园的正门就是东宫门,它坐西朝东,两侧有铜狮,乾隆所题"静宜园"赤金大匾额悬在门檐上。现在此门已经过改造,原静宜园大门是城关式建筑,门口有三座牌坊。

静翠湖

进东宫门往南有一池碧水,三面环山,幽静宜人,故取名静翠湖。这里林木苍翠,山峦倒映在平静的湖面上,静翠二字恰如其景。

香山寺

香山寺遗址原来是金代行宫,红墙碧瓦掩映于苍松翠柏之中,为香山二十八景之一。现在尚存正殿前的石屏、石碑和石台阶等,石屏本身有较高的艺术价值,正面左边是《心经》,中间是《金刚经》,右为《观音经》,背面是燃灯、观音、普贤像。山门之内有汉、满、蒙、藏四种文的石碑,碑文内容是乾隆书的《娑罗树歌》。山门外有几处著名古迹,寺门两侧有两株遒劲挺拔古松,状如听法,得名听法松。在听法松下甬路中间的方砖上跺几脚,就能够听见铮铮之声,就像金鸡啼鸣,被称作"金鸡叫"。山门前的石桥下有一方池,上有白玉雕栏,池南侧有龙头,泉水从龙口流出,名知乐濠。来青轩建在依崖叠石之上,登轩四望,青翠满目,故名来青。明万历二十八年(公元1596年),万历神宗皇帝祭陵归来,见此轩匾额后,嫌其小,于是亲笔写下径尺的"来青轩"三字。

碧云寺

明正德年间(1514年),由太监于经监造,在寺后山上修建了生圹,名为碧云寺,明天启年间又经魏忠贤大加扩修,重修碧云寺。而后清康熙四十年(1775年),江南巡视张瑷将其铲平,清乾隆十三年(1748年),因乾隆皇帝酷爱林壑之美,又在寺后建起了一座模仿印度风格的金刚宝座塔,在寺右部仿照杭州净慈寺罗汉堂修筑了碧云寺罗汉堂,这样就形成轴线对称的格局。

前人有诗云:"金风猎猎吹远松,青霞朵朵生残峰,西山一经三百寺,唯有碧云称纤侬。"碧云古刹,山川"景最佳丽",地势"荡荡开朗,有大人威严。"碧云寺随山势而建,其建筑逐层升起,六进院落自成格局。寺门口石狮峙立两旁,雕琢精美,形象威猛,是明代保存下来的较好的石狮之一。山门两侧的旗杆基石是清代遗留下来的,山门上有一面蓝底金字匾,上有汉、蒙、满、藏四种文字书写的"碧云寺",亦为乾隆亲笔手书。碧云寺是明清时期建筑的代表作品之一,寺院既体现了明代佛寺的禅宗特点,又吸收和发展了佛教迷宗的建筑风格,并且颇具皇宫气势,古老而精美。

双清别墅

在香山寺东南半山坡上,有一座别致清静的庭院,即双清别墅。院内两道清泉,常年流水不断,一股流入知乐濠,一股流入静翠湖,这就是"双清"二字的由来,院内池旁有八角亭和参天银杏树。1917年,河北省遭遇大水,督办熊希龄办香山慈幼局,在这里修建别墅,始称双清别墅。1949年,毛泽东主席曾在此处居住,后于当年11月迁居中南海,著名的七律《人民解放军占领南京》即吟成于八角亭内。

森玉笏

从阆风亭向西直上,可见一巨大的悬崖峭壁。乾隆皇帝见其像朝臣手中的笏板,故赐此名。石壁上刻有"森玉笏"三个大字,旁边有很多题字和诗句。

昭 庙

从玉华山庄往北,经芙蓉馆就到了昭庙,这是一座大型藏式喇嘛庙,乃乾隆四十五年(1780年)为迎接西藏班禅来京而建。该庙最醒目的建筑是琉璃塔,高30米,塔顶有黄色琉璃宝瓶及八条垂檐脊。檐间悬有铜铃56个,风舞而响。下面是八角须弥座和白玉石栏,石栏下是八面张开的瓦盖,再下面则是八面石砌塔基,每面都有精雕细刻的佛像一尊。

见心斋

从昭庙往北可以看见一道围墙,墙内就是见心斋,传说是皇帝鉴辨大臣是否对他忠心的地方,故得"见心斋"之名。初于明嘉靖元年(1522年)建成,又于清嘉庆元年(1796年)重修,此院内建筑布局极具江南特色。院落东侧有一半圆形水池,泉水从龙头吐入池内,上悬"见心斋"匾额,轩后有"正凝堂"五间,池东跟轩相对的是知鱼亭。院内池轩相衬,回廊临水,是香山公园内的园中之园,极富江南园林庭院的特色。

北 海

韶华游北海,杨柳沾湖水。

沙岸青石阶,绣楼拥芳菲。

戢足九龙壁,驰荡白塔西。

曲栏通御膳,玉桥连花堤。

潋滟碧湖波,画舫菡萏离。

柳遮佳丽笑,踽踽我凄迷。

宛转俚歌发,青春复奚疑?

伸颈木椅空,嘉柯黄鹂啼。

惆怅情窦开,无端风撩衣。

北海暮霭演,雎鸠歌为谁?

——孙土焱《游北京北海公园》

【名水初识】

北海位于故宫西北,南邻中南海,北接什刹海,面积约有0.68平方千米,其中水面约占 0.39 平方千米。环绕湖面，大体可分为琼华岛、北岸、团城等四大景区。是我国历史悠久、保存完整的一座城中皇家园林。

【名水览胜】

琼华岛景区是北海的中心景区，岛上松桧苍翠，亭台林台，集中了北海的主要景观。琼华岛有永安桥和南岸相通，桥两旁各有一座牌坊，北面为"堆云"，南边的为"积翠"，合在一起就是"堆云积翠坊"。牌坊两边各有石头雕刻的狮子分列，这种风格的点缀手法在古代桥类建筑中较为少有。桥北端是依山而建的永安寺。山腰平台处，可以看到东西高台上各有一亭，右为"云依"，左为"意远"，两亭的选址极为独特，像是居于悬崖，高耸险要。拾阶再上即达正觉殿、普安殿及善因殿。正觉殿为永安寺的第二重大殿，殿内供弥勒佛，此佛雍容丰腴，笑容可掬。相传他是十世纪初的一名游方僧，名契此，号长汀子，在世时常背袋行乞，所得钱物悉数捐赠寺院，所以人们又称其为"布袋佛"。普安殿是永安寺的第三重殿，殿名有普度众生之意，大殿为五楹单檐庑殿顶，内供藏传佛教格鲁派创始人宗喀巴像，像两侧为其得意弟子班禅，达赖坐像。善因殿是一座上圆下方，精致华丽的琉璃小殿，造型奇特。其规模不大，但精致华丽，风格独特，实为佛教建筑中的精品。善因殿后就是北海的标志性建筑白塔。白塔高 35.9 米，通体雪白，由塔基、塔身、宝顶三部分构成。塔基为砖石须弥座，座上为三层圆台；中部塔肚为圆形，最大直径有 14 米；上部为相轮，亦称"十三天"；顶部为铜铸华盖，有天盘、地盘、日、月、火焰。登塔远望，能够欣赏到紫禁城、中南海、景山等多处景区，风景美不可言。

白塔西侧，矗立着悦心殿、庆霄楼等建筑。再往北是阅古楼，呈半圆形，两层共 25 间，楼内汇集了魏、晋到明末历代书法作品数百件。楼后是烟云尽态亭，石亭梁下刻有乾隆诗作 26 首。亭东西两边有北京最短的古石桥，桥长只有 57 厘米。琼华岛的北部山腰上随山势建有一组精巧建筑，均小巧玲珑，各具特色。这些楼台亭阁随形就势，与山石、崖洞、林木搭配错落有致，巧妙结合，既有山林野趣，又具庭园佳景。游人穿行其间，意趣横生，如入仙境。山腰偏西处有一高台，中树盘龙石柱，柱上矗立着高 5.4 米、面向北方、双手托盘的铜雕仙人。这即是著名的铜仙承露盘，是金代时效仿汉武帝建章宫的故事而建。琼华岛北部沿湖岸有一组月牙形双层建筑，西起分凉阁，东至倚晴楼，连楼游廊上下各有 60 间，雕梁画栋，精美绝伦。临湖有 300 多米长的石栏环绕，游人既可休憩，又可观湖光山色。琼华岛东部乾隆御题"琼岛春荫"碑，是金代"燕京八景"之一。由碑旁小径攀山穿洞，可达见春亭、西遗堂、峦景亭、看画廊、交翠亭等。再沿曲径向东南走，可见一座半圆形砖城立于山腰，这就是"般若香台"，俗称"半月城"。城上有乾隆十六年（1751年）建的智珠殿及四座两柱小牌坊。砖城脚下建有一座四柱三楼牌坊，造型精美，堪为古牌楼之精品。

另一主要景区在北岸。从琼华岛乘船去北岸，迎面可见五座连为一体的亭子临水而立，这即是著名的五龙亭。中间的那座重檐、上圆下方的亭子名龙泽亭，左、右两边的重檐方亭分别称澄祥亭，涌瑞亭。再左、右两座单檐方亭分别是滋香亭、浮翠亭。五亭由石桥连为一体，就似一条巨龙卧于岸边，形成北海又一独特景观。五龙亭是皇帝及近臣钓鱼、赏月和观看烟火的地方。五龙亭西侧为极乐世界，俗称观音殿，殿为方亭式建筑，黄琉璃瓦重檐，面积达1200多平方米，为我国古典园林中面积最大的方亭。殿内匾额上"极乐世界"四个大字是乾隆皇帝所题。观音殿四周环水，有桥相连，殿四面各有琉璃牌坊一座。四角又各建方亭，整组建筑宏伟壮观，气势不凡。西北处有一座造型别致的"井"字形八角重檐攒尖顶碑亭，名为妙相亭。亭内立有十六边重檐石幢，皆为我国古代石刻精品。近处还有一座铁影壁，为元代遗物。影壁呈棕褐色，看似铁铸，实为中性火成砾岩。影壁檐3.5米，高2.79米，上有单檐歇山式顶帽，下有底座。壁两面均刻有大小狻猊，雕工精美，生动传神。如此精美绝伦的元代浮雕，除居庸关云台外，仅此一处。

建于清乾隆二十一年（1756年）的九龙壁，壁高6.65米，厚1.2米，长27米，全部用黄、白、紫、绿、赭、蓝等各色琉璃瓦砌成。两面各有九条不同颜色的盘龙，飞腾戏珠于惊涛骇浪之中，形态各不相同，栩栩如生。全国现有三座古九龙壁，其余两座分别在山西大同代王府门前及故宫皇极殿门前，但都是单面龙照壁，只有北海九龙壁两面有龙，且整个壁上共有大小635条不同形态的盘龙，极具艺术价值。

静心斋十分富有江南园林风格，以水景及叠石作为主景，搭配各种建筑。建筑虽多，却是以山池主景作烘托，互为因借，主次分明。园内建筑之间以各式游廊环绕相连，山池之间有小路蜿蜒相通，漫步其间，给人以峰回路转，曲径通幽的美妙感觉。静清斋前廊后轩，都临水。它的北面是全园最大的小景院落，池上建有沁泉廊，廊下设滚水坝，水位高时，池水便越坝而出，喷珠泻玉非常好看。静心斋巧妙融北方各种园林建筑及江南园林水景叠石于一园，为一处成功模仿自然山水、造园艺术水平极高的小型园林。

东岸景区，高大的船坞沿湖而建，濠濮间、画舫斋等建筑并立其侧。船坞始建于金代，其后多次改建，用于停泊供帝王们游玩时所乘的画舫船。船坞东侧，是濠濮间和画舫斋两组著名园林建筑。濠濮间建于清乾隆二十二年（1757年），其中心建筑是一座水榭，它三面环水，北面有一座九曲雕栏石桥，桥北有一两柱单楼石牌坊，牌坊两面各书有联额，描述了此处景色之妙。画舫斋位置在濠濮涧北面，建于乾隆二十二年，是皇家行宫，画舫斋的东边有古柯庭、绿意廊、得性轩、奥旷室，这些建筑又独自形成一个幽静的小庭院，自景观开阔的北海岸边来到这幽深清静的小院，可深刻感受到中国古典园林旷奥结合造园手法的精妙所在。团城在北海南部，是一座砖筑圆台式小城，亦是一处独立的小园林。团城距现在已有近千年历史，是全国重点文物保护单位。际光殿为团城主体建筑，建于高台之上，重檐歇山顶，四面出抱厦，黄瓦铺顶，雕梁画栋。承光殿内北侧正中有一佛龛，供奉着释迦牟尼白玉佛像。佛像是由整块白玉雕成，高1.6米，神态慈祥，左臂披金色袈裟，头顶和衣褶上镶嵌着红绿宝石。这尊佛像是清光绪二十四年（1898年）明宽和尚从缅甸募化而来。据说与此相似的白玉佛现在世界上只有四尊，可称稀世珍宝。承光殿前有玉瓮亭，亭内玉瓮高0.7米，直径1.5米，可贮酒30石（约650公斤）。瓮呈墨绿色，有白崦，外壁雕有鳌、龙等海兽及波涛图案，生动传神，为玉雕珍品。团城中尚有古籁堂、朵云亭、余清斋、镜澜亭、敬跻堂等建筑，都华丽精美。

北海的特点是以大面积的水面为中心，所有主要景观均环水而设。北海荡舟是游人最喜欢的活动之一，著名歌词作家乔羽先生的《让我们荡起双桨》，即是以少年儿童在北海划船作为背景创作的。这首歌已传唱半个多世纪，美丽的北海把美好的记忆留在了一代又一代人的心中。

昆 明 湖

何处燕山最畅情，无双风月属昆明。
侵肌水色夏无暑，快意天容雨正晴。
倒影山当波底见，分流稻接埝边生。
披襟清永绕真乐，不藉仙踪问石鲸。

——爱新觉罗·弘历《昆明湖泛舟》

【名水初识】

昆明湖位于北京的颐和园内，约为它总面积的四分之三。原为北京西北郊众多泉水汇聚成的天然湖泊，曾有七里泺、大泊湖等名称。昆明湖的前身叫瓮山泊，因万寿山前身有瓮山之名而得名瓮山泊。瓮山泊因地处北京西郊，又被人们称为西湖。

元朝定都北京后，至元二十九年（1292年），水利学家郭守敬主持开挖通惠河，引昌平神山泉水及沿途流水及西山一带泉水汇引注入湖中，成为元大都城内接济漕运的水库。瓮山泊始为调剂京城用水的蓄水库。明代湖中多植荷花，周围水田种植稻谷，湖旁又有寺院、亭台之胜，因为这一带风景优美，山水俱佳，酷似江南风景，时人尚有"西湖十寺"与"西湖十景"之誉。明武宗、明神宗都曾在此泛舟钓鱼取乐。明朝一些诗人常把西湖周围地区的自然风光描绘成宛如"江南风景"，"环湖十里，一郡之盛观"。明朝时，每年桃红柳绿时，京城百姓扶老携幼，争往西湖踏青赏春，名曰："耍西湖景"。至清朝乾隆十五年（1750年），乾隆皇帝决定在瓮山一带兴建清漪园，将湖开拓，成为现在的规模，并取汉武帝在长安开凿昆明池操演水战的故事，命名昆明湖，乾隆皇帝在昆明湖泛舟的诗中写道："何处燕山最畅情，无双风月属昆明。"1860年，清漪园被英法联军焚毁。光绪十二年（1886年），慈禧太后以筹措海军经费的名义动用500多万两白银重建，改称颐和园，作消夏游乐养老地。20世纪90年代，经多学科分析研究证明，该湖已有3500年的历史。

【名水览胜】

昆明湖为颐和园的主要组成部分，面积约有2.21平方千米。昆明湖中有六岛、两堤和九桥。六岛中蓬莱岛、藻鉴堂、治镜阁三岛被称作海上三座仙山，是湖中景色的点睛之笔。两堤指东堤和西堤，东堤有文昌阁、知春亭、廓如亭等建筑，其中八角重檐、占地约130平方米的廓如亭，经考察为中国现存同类建筑中规模最大的一座。西堤是仿杭州西湖苏堤春晓景观建造，并仿照苏堤建有六桥，分别为界湖桥、豳风桥、玉带桥、镜桥、练桥和柳桥。其中玉带桥为六桥中唯一的石拱桥，拱高十余米，虽高大却不笨拙，造型流畅，仿佛玉带，为园林造桥之佳作。昆明湖上最大的桥是十七孔桥，桥长150米，宽8米，由17个孔组成，状若飞虹，卧于廓如亭和南湖岛之间。在空阔的湖面上建如此长桥，没有半点厚重之感，所显轻灵顺畅，增添了湖区景观层次，其设计构思堪称绝妙。桥建17孔，是本着从中间一孔向两边数，都为"九"。"九"是阳数中最大，皇帝最喜欢的吉祥数字。长桥仿照北京卢沟桥，栏杆上雕刻着544只形态各异的石狮，都是那么生动可爱。昆明湖西北靠岸边建有一座石舫，取"河清海晏"之意，名清晏舫。石舫长36米，是由巨大青石雕砌而成，舱楼是欧氏，木结构，但油漆为青石颜色，望上去浑然一体。清晏舫不但是园中著名的水上建筑，也是园中独一无二的具有欧洲风格的建筑。

昆明湖北岸的万寿山，是由挖湖的土方堆成。万寿山前山的正中，依山建有一组建筑群，从下至上依次为排云殿、佛香阁、智慧海，它们和铜亭、转轮藏等一起构成颐和园的中心景区。排云殿是颐和园最富丽堂皇的建筑，慈禧曾把此殿作为自己的寝宫。大殿面阔五间，进深三间，两旁分列紫霞、玉华、芳辉、云锦四座配殿，全部以黄琉璃瓦铺顶，远远望去一片金光灿烂。从排云殿向上可达佛香阁。佛香阁是颐和园的中心建筑，高41米，八角三层四重檐，体量宏大，气势雄伟，高阁同周围建筑搭配协调，体现出了皇家园林的大气。佛香阁的第一层供奉着一尊重达5吨的明代铜佛，第二层陈列着乾隆亲笔所书的"万寿山昆明湖"石碑以及一尊玉佛，第三层展示了建造佛香阁的有关资料。登上佛香阁远眺，玉泉山、西山、昆明湖美景尽览无余，妙不可言。自佛香阁再往上，山顶处建有一组宗教建筑，名为智慧海。智慧海是两层重檐歇山顶建筑，其结构都是用砖石纵横相间的拱券砌成，故又称"无梁殿"。大殿四周的墙壁一律部用黄、绿两琉璃瓦铺成，且嵌有1110尊琉璃佛像，极富特色，佛香阁西侧为铜亭，又名宝云阁，是一座通体用铜铸造的建筑。亭高7.55米，重达207吨，重檐歇山顶，四面菱花槅扇，造型极为精美。其铸造工艺水平之高，体积之大，实属世间罕见。转轮藏是一组佛教建筑，是帝后念经之处。正殿为三层阁楼，两侧各有双层八角配亭，亭内建有六层木塔，上刻经文，可旋转。万寿山东麓为谐趣园、景福阁等建筑，西麓有画中游等建筑。两边建筑错落有致，与中轴主建筑相映衬，组成一幅完美的山景图。

万寿山与昆明湖之间，一条长达728米的长廊横贯东西，这是我国园林中最长的廊。长廊把万寿山前山各景点巧妙地连接起来，以排云殿前的排云门为中心，两边对称建有留佳、寄澜、秋水、逍遥四座八角重檐攒尖亭，其中人物故事、花鸟鱼虫等彩画达八千余幅，绚丽多姿，惟妙惟肖。沿长廊漫步，既可以观赏内部的精美彩绘，又可以欣赏外面的湖光山色，美景佳作，令人目不暇接。

天　津　市

盘　山

> 分明真山子，的的有画意。
> 风霜匀粉丹，云霞缀锦地。
> 一效一百仞，雕镂入空际。
> 虬松百万株，粘石无根蒂。
> 峰峰有活石，石石有仙气。
> 一石置一山，一山一点翠。
> 散作诸峦岩，分身可千计。
> ——袁宏道《入盘山》

【名山初识】

在天津市蓟县西北部，有一座被誉为"京东第一山"的山峰——盘山，它同时又被推选为"中国十五大名山之一"。

唐朝初年，一起跟随唐太宗征战讨伐的大将李靖，迷恋盘山的绚丽景色，即使在当了兵部尚书后，他还是一再请示辞官到盘山养老。被恩准后，李靖在万松山舞剑峰下出家修行，他修建了三间茅舍，这就是李靖庵，改建后更名为万松寺。其后历代帝王与文人、墨客纷至沓来，留下了大量的碑文题刻。特别是清高宗乾隆帝曾赞叹道："早知有盘山，何必下江南。"他还在这里建造了规模宏大的行宫"静奇山庄"，御笔题诗镌刻于山石之上。

【名山览胜】

盘山的名胜古迹主要有五峰、八石、十三座玲珑宝塔和七十二佛寺。主峰挂月峰海拔864.4米，上锐下削，峰上有唐建定光佛舍利塔，寺旁石头上刻着杜甫的名句"一览众山小"。以挂月峰为中心，前有紫盖峰，后有自来峰，东有九华峰，西有舞剑峰。遍布于五峰之中形状各异的怪石，经古人命名的有悬空、摇动、晾甲、将军、夹木、天井、蛤蟆以及蟒石等。山上苍松翠柏、山下飞瀑流泉，春夏山花烂漫、桃李争妍，秋尽冬初则红叶尽染、苍松添翠，秀丽无比。故前人在欣赏到这里的胜景之后留下了这样的诗句："盘山七十二佛寺，寺寺落花流水中。"

盘山的柿子也是久负盛名，果实大而无核，每个有半斤左右，果皮橙黄，果肉黄色，汁多味甜，含有丰富的维生素。据说唐太宗李世民曾高度赞赏过这种柿子。

天津市人民政府于1978年把盘山辟为风景游览区，1984年列为市级自然保护区，1990年被评为"津门十景"之一。1994年盘山又被国务院公布为国家级重点风景名胜区。

※ 中华文明历史长卷 ※

河北省

苍岩山

今日俄重九，莫负菊花开。试寻高外，携手蹑屐上崔嵬。放目苍岩千仞，云护晓霜成阵。知我与君来，古寺倚修竹，飞槛绝纤埃。

笑谈间，风满座，酒盈杯。仙人跨海，休问随处是蓬莱。洞有仙骨岩，落日平原西望，鼓角秋深悲壮。戏马但荒台，细把茱萸看，一醉且徘徊。

——韩元吉《水调歌头·水洞》

【名山初识】

位于石家庄市西南78千米处的苍岩山，是太行山的余脉，主峰海拔1117米。这里气候宜人，冬无寒踪，夏无酷热，温度适中，加上山高林密、悬崖峭壁、楼阁亭榭掩映在参天古木的绿荫之中，正因为如此，苍岩山成了风景优美、建筑雄奇的著名风景区及游览胜地。

苍岩山上早期曾有道教在此活动，隋唐以后，随着佛教影响力逐渐强大，佛寺增多，于是，苍岩山在明清时成为北方的佛教名山之一。

【名山览胜】

苍岩山原有志公寺、北寺和福庆寺。前两寺已毁，只有福庆寺尚存。福庆寺原称兴善寺，据说始建于隋代，宋大中祥符七年（1014年）真宗大修之后敕赐"福庆寺"匾额，遂有此名。

苍岩山山门建在山脚，门前溪流潺潺，有石桥相通。进入山门，西侧为苍岩书院。苍岩书院建在危岩之上，下有泉水流淌、上有古树绕屋，前人诗曰："日光不到忘晨夕，绝似丹青小洞天。"沿山径前行，过万仙堂即进入谷底。

南北对峙的悬崖绝壁高达六七十米，其上横空飞架着单孔弧形石桥三座，其中两座桥上建造了形制相同、高度为十层的楼殿。殿内有壁画，梁上施彩绘，金碧辉煌。天王殿精美壮观，"殿前无灯凭月照，出门不锁待云封"的金字对联，高挂殿门前。从涧底仰望，青天一线，桥楼凌空，宛若彩虹高挂，故称"桥殿飞虹"。更令人惊奇的是，由于空中彩云流动，好似桥殿也在跟着飘动，古人诗曰："千丈虹桥望入微，天光云彩共楼飞。"

循石阶攀登而上，可直达苍岩山顶峰，苍岩山之顶为一平坦的台地，沿山谷成扇形展开，最高处名玉皇顶。这里景界开阔，极目瞭望，苍岩山的风光尽收眼底。

在苍岩山，若是问谁的名气最大，山里的人一定会说："是妙阳公主。"跟她有关的名胜古迹最多，说起来也最有趣。

福庆寺建筑群在一个三面合围的马蹄形的山谷之中，殿宇自山脚下山谷两侧的半山腰延展，跨谷架岩布局十分巧妙。主殿为"公主祠"，构建在西峰崖半，苍岩山十六景中的"虚阁藏幽"，就是指公主祠这里的景观。

公主祠为金代所建，至今已有1000多年的历史了。原称"妙阳公主真容堂"。相传，隋文帝的小女儿名叫妙阳，排行第三，人称"三皇姑"，她美貌聪慧，惹人喜爱。一日，妙阳身染风癣，久医不愈，夜梦佛祖相告，河北井陉苍岩山有一神泉，用泉水洗浴可愈。于是妙阳告别父母，来到苍岩山，夜晚在睡梦中目睹帝释天尊发落亡灵，经天尊点化，决定出家。不久之后，妙阳的病真的好了，遂削发为尼。

公主出家是皇家的耻辱。妙阳公主在赶赴苍岩山途中，暂住南华寺时遇火灾，据说就是文帝为挽回皇族体面而密派太监所为。所幸公主被白虎救出火海，骑虎上了苍岩山。

天尊因为隋文帝火烧佛寺而震怒，于是就降灾给皇宫，让皇帝皇后浑身都生了脓疮，久治难愈。一夜佛祖在文帝梦中告诉他，要治此疮需用亲生女儿的手眼熬制汤药，方可痊愈。长、次二公主听说要献出手眼，皆不答应，三公主得知，毅然献出双手双眼。帝后病愈，就为公主在苍岩山兴建"兴善寺"（后改福庆寺）。

进福庆寺，溯涧沿阶而上，过八仙堂，途中有一小庙，内塑公主骑虎上山坐像，名曰："跨虎登山"。描述的就是白虎火中救公主的传说。后来人们把南山崖半山洞命名为"老虎洞"。

从公主祠的西侧经过通天洞，就到了西峰的顶部。此处景色优美，被人誉为"世外桃源"。从此处下山，基本上就把苍岩山的全部景观都欣赏到了。

1988年，苍岩山被国务院公布为国家级重点风景名胜区。

※ 中华文明历史长卷 ※

景 忠 山

翠野驻戎轩，卢龙转征旆。

遥山丽如绮，长流萦似带。

海气百重楼，岩松千丈盖。

兹焉可游赏，何必襄城外。

——李世民《于北平作》

【名山初识】

在河北省迁西县境内，有一座景色优美的景忠山，它距京、津各约180千米，海拔610米，景区面积约15平方千米，有大小景点80多处。景忠山以其巧夺天地造化、风光旖旎的自然景观，博大精深、源远流长的释、道、儒三教合一的文化，风格独特、历史悠久的人文古建筑而闻名于世。

【名山览胜】

气韵典雅的景忠山，古朴神秘，兼有"观古之幽，探奇之妙、赏景之媚"。这里自然风光优美，危岩峥嵘，丹崖千仞，苍松蔽日，峡谷清幽；时而山岚缥缈，时而霞光尽染。山间奇石、仙洞、幽谷遍布，处处皆景，无处不奇。山中的1872级石阶，直抵峰顶，气势壮观，串起了一座座精美的古建筑群。登望海楼鸟瞰，绵绵群山尽收眼底，渤海排天之浪仿佛就在眼前。

景忠山有丰富的林木资源，植被覆盖率达98%，仅百年以上树龄的古松就有2000多株。这些高达数丈的古松，植根于危崖绝壁之上，造型千奇百怪，或直插蓝天，或伸臂指云，或鸳鸯相依，或虬枝盘曲，超凡入化。景忠山野生动植物资源多达100多种，是一座不可多得的自然宝库。

"山不在高，有仙则名"，景忠山的玄妙之处在于集儒、释、道于一山。作为京东著名的宗教圣地，景忠山既有佛教的佛祖殿、菩萨殿、四帅殿，又有道教的碧霞元君殿、玉皇殿、真武大帝殿，还有以祭祀儒家所推崇的三位杰出忠臣诸葛亮、岳飞、文天祥的"三忠祠"。座座庙宇掩映于苍松翠柏之中，塑像逼真传神，栩栩如生，清顺治、康熙二帝对此山崇奉之至，曾多次驾临，御笔题匾，赐金菩萨、珠宝及大藏经。景忠山由此有北方佛教圣地之誉。

景忠山始有宗教活动可上溯到宋代，山上现存寺庙古建筑皆为明清建筑。明嘉靖总兵马永在山巅增建"三忠祠"，祠内塑像为诸葛亮、岳飞、文天祥三位精忠报国之臣,弘扬儒家思想。取景仰忠义之意,山之旧名明山、阴山于是改为"景忠山"。清顺治十八年(1661年),又在"三忠祠"东侧兴建碧霞元君殿,供奉道教神仙"天仙玉女碧霞元君"。大殿正中的碧霞元君塑像,坐势端庄,神态安详。相传碧霞元君是东岳大帝之女,宋真宗曾封泰山神女为"天仙玉女碧霞元君"。

著名的民族英雄戚继光曾在景忠山下镇守长城达16年之久,他前后两次对景忠山进行了大规模修缮。清顺治皇帝与康熙皇帝对景忠山格外垂青,曾六次登临。不仅拨给相当数量的田产帑银,还曾御赐16斤4两重的金佛一尊及4500余卷《大藏经》。康熙还曾召景忠山和尚入京城大内讲经,议决要政还曾去景忠山礼佛问卜。有碑文记载,顺治立太子就是在景忠山问卜后而钦定的,景忠山在清初实际上被看做是皇宗家庙,当时香火鼎盛,名驰天下。逐步形成了庙宇七十二,金门、鬼王庙、知上洞、望海楼等大小景点20余处。

景忠山孤峰独秀,危岩峻峭,峡谷清幽,古树参天。神奇的自然景观,孕育了极富魅力的古老文化,它不愧为"京东第一名岫",清康熙皇帝曾为御题"灵山秀色"、"天下名山"。

封 龙 山

雪波碧拥千崖高,
落花点点浮寒瑶。
日斜忽肖五彩气,
飞上太空横作桥。

——陈孚《玉泉垂虹》

【名山初识】

位于河北省鹿泉市西南的封龙山,主峰海拔812米,因矗立于平原边缘,因而更显得峥嵘挺拔。封龙山有多姿的怪石奇峰、鬼斧神工的天然洞穴、沁人心脾的清泉碧溪、葱茏茂密的林木繁花、美景与丰厚的历史文化背景交相辉映,使得封龙山成为著名的历史文化名山。

【名山览胜】

封龙山郁郁苍苍,自然风光优美,群峦积翠,瀑布清泉,"远岫结清幽",处处怡心目。游人置身其中,犹入"桃源仙境",可尽情享受大自然的野趣和情调。

封龙书院

封龙书院为古代学府,汉武帝时,封龙山下即有汉时李躬"授业之所"。据《石家庄史志论稿》记载,封龙山曾建有中溪书院和西溪书院。唐代郭震、金代李治、元代安熙,都曾在此居住讲学授课,是地方上的高等学府。明嘉靖十八年(1539年),魏谦吉、魏承谟等曾出资修饬封龙书院,聚徒讲学。

歇马殿

相传尉迟敬德曾奉旨挂钟,在此处歇马,因而得名歇马殿。殿内泉水常流不息,人们传说是神龙赐给挂钟人解渴及药王配药所用。

药王庙

药王庙是专为纪念唐代名医孙思邈的功德而修建的,相传药王孙思邈医术精湛且医德高尚,曾周游天下普济苍生,行至封龙山正遇疾病流行。就和其弟子居住于封龙山上,用此地的300多种中药材为当地百姓治病解忧。

将军石

挺拔耸立的将军石,形似巨人,相传是大禹治水时锁蛟之镇。大禹把恶龙锁于立陛川内,并派大将长期在此监守,以消民害,直到如今将军之身依然屹立于山峰之上。

醉仙楼

醉仙楼为一座百丈悬崖上的岩洞,幽深神秘,传说此洞乃八仙饮酒观景之处,故称"醉仙楼"。

风动石

风动石每遭风吹即微微晃动,叮当作响,如果时逢东风,则摇动更甚,响声加大,形成奇特的自然景观。

白草寺

传说妙阳公主曾在白草寺出家,其父得知此事后大怒,便派人放火烧寺,多名僧人被烧死。当时南阳公主因救一虎，正在养伤，便跨虎登往苍岩山。寺院有古槐一株腰围6.6米，高20多米，枝叶茂盛，系华北地带较大的一株，传说尉迟敬德挂钟于此树，钟钮至今仍嵌于树中。寺内还有洞宾双井，内为矿泉水。山顶平均蓄水是为200立方米，可供游人饮用。白草寺夏季气温比山下要低11.3℃，为避暑胜地。此处还有老君洞、万仙堂、玉皇殿等多处景点。

【名山人文】

封龙山文化底蕴十分深厚，碑碣石刻是这里的一大特色。山中有东汉以来各代的碑、碣、题刻百余处，尤其是汉碑，不论是从书法艺术，还是内容诸方面，皆为中国石刻中的珍品，一直为金石学家所瞩目。目前发现见之于史籍的汉碑有《祀三公山碑》、《无极山碑》（又称《三公神碑》）、《封龙山之颂》、《三公山碑》、《白石神君碑》等六通，现《祀三公山碑》、《白石神君碑》仍以实物原件珍存在封龙山"汉碑堂"内。

《封龙山颂》亦称《封龙山碑》，东汉延熹七年（公元164年）十月，为祀山颂神而立，高166厘米，横100厘米，共15行，每行26字。此碑出土相对较晚，然气魄之雄伟，汉隶中无出其右者。这是一块在用笔上很接近《石门颂》与《杨淮表记》的汉碑，其书法方正稳健，圆笔中锋，锋芒内敛而流畅，点画之中有篆籀之意，突出地表现广博、豪放、雄肆的美感，有独特的阳刚之美。与《石门颂》、《西狭颂》及《杨淮表纪》等同属一路。清方朔《枕经金石跋》评述其"字体方正古健，其孔庙之《乙瑛碑》气魄，文尤雅饬，确是东京人手笔"。清代杨守敬于《平碑记中》这样写道："雄伟劲健，《鲁峻碑》尚不及此，汉隶气魄之大，无逾于此。"

这几通汉碑，具有极高的书法及历史文物价值。除了汉碑之外，封龙山还有金元以来碑碣十余通。封龙山的摩崖石刻，特别是题景摩崖石刻，乃封龙山书法艺术的瑰宝。另外，历代赞咏封龙山的诗词歌赋，也多赖石刻以传世。美景与古诗相映衬，诗文与碑刻相载承，珠联璧合，构成了封龙山的诗词歌赋，也多赖石刻以传世。美景与古诗相映衬，诗文与碑刻相载承，珠联璧合，构成了封龙山这座历史文化名山的主调。

唐、五代之后，书院这种传授知识的形式兴盛起来，封龙山就成为河北书院发祥地。到北宋时，河北见诸记载的书院只有三处，全在封龙山中，在河北名噪一时。其中的封龙书院即在封龙山之阳山脚下，此处山清水秀，林木葱郁，环境幽雅，历代都有学者名流在此结庐授业。特别值得一提的人物是元代杰出的数学家李冶，他晚年在封龙山下聚徒讲学，因其对建立代数方程一般方法的天元术的伟大贡献，从而奠定了封龙书院在中国教育史、科学技术史上令人瞩目的地位。

此外封龙山还是石家庄地区最早的佛教名山，早在东晋十六国时，这里就有佛教寺院兴起，历代道家也在这里兴盛发展，留下了宫观庙宇及遗址十几处。

作为历史文化名山的封龙山，集儒、道、释于一山，拥有三大书院、四大禅林、三大石窟、两大道观、二百多处摩崖石刻，它在我国文化史、文字史、科学史上占据主要地位。"文尤雅饬郁仙园"，封龙山以其灿烂的历史文化及秀丽的自然风光，赢得了历代文人墨客的赞叹。

白　洋　淀

> 绿水青山抹素秋，
> 柳枝低拂钓鱼舟。
> 谁将一幅云林画，
> 挂在斜阳古渡头。
>
> ——爱辛保《燕郊道上》

【名水初识】

白洋淀是河北省著名的湖泊，它是由于河道壅塞后而形成。大约在1万年之前，河北地区那时还是一片浅海。由于黄河、海河等河流年复一年地夹带来大量的泥沙，并在浅海中沉积，使得海水退去，陆地露出水面，逐渐形成了华北平原，并在平原的低洼处积水成湖，但湖水尚与河道相通。后来，由太行山冲刷下来的泥沙进一步淤积，使黄河、海河的河道因壅塞而改道，遗留下了基本封闭的水域，这就是古白洋淀。古白洋淀的面积很广阔，是现在白洋淀的3~4倍。

白洋淀为华北平原上大型的自然湖泊。特点是湖泊内沟壕纵横，据统计有3700多条沟壕，它们把白洋淀分割为100多个大小不等的泊淀；全湖一半是水面，一半为芦苇地、台田与村庄，星罗棋布在水域之中，形成了我国北方独具的北国水乡。过去，白洋淀有"华北名著"的雅称。在苍茫万顷的水面上，浪花溅白、鸢飞鱼跃、蒲绿荷红、风光迷人。尤其是乘舟穿行于绿云荡漾的芦苇巷道之中，水回船转，意境悠远，迎面清风轻拂，令人心旷神怡。可是，随着岁月的推移，由于蓄水日减，白洋淀曾经几度干涸，呈现破败的景象。最近这些年，政府采取措施，保证了流向淀内的水量，白洋淀正在恢复勃勃生机。

【名水览胜】

白洋淀周围堤防环绕，东有千里堤，南有淀南新堤，西有涨水埝堤，北有新安北堤。淀区景色秀丽，春季，水域清澈，烟波浩渺，芦苇翠绿，一片勃勃生机；夏季，莲菱蒲苇随风摇曳，满淀荷花朵朵盛开，湖内白帆点点，使人暑意顿消；秋季，白洋淀天高气爽，气候宜人，鱼跃水面，蟹肥味香，渔民驾船捕鱼忙；冬季，白雪皑皑，冰封大淀，一派北国风光，各种冰床子，在晶莹的湖面上飞快地滑行，被当地人称之为"白洋淀上的汽车"。

金秋时节的白洋淀是最美的。此时芦苇茂盛，远望像威严的士兵筑起一道刀枪林立的长城，近观芦苇，迎风摇曳摆动，婆娑多姿，似少女翩翩起舞。在芦苇上空，各色各样的水鸟低空翻飞，此起彼伏。水面上，野鸭子、鸳鸯成双成对，或浮于水面，或潜入水底，时而拨水弄翅，时而腾空飞翔。荷叶在水面布开，圆圆的像一顶顶草帽漂在水上。菱角、鸡头米漂浮水面，随手可采。白洋淀的中秋之夜则更富有诗意，傍晚微风轻柔地吹拂，随着夜幕悄悄降临，一轮明月缓缓升起，月光泻在烟波浩渺的湖面上掀起层层涟漪，泛起粼粼波光。时而会有鸟鸣传来，在夜空回荡。远望银波荡漾的淀面上，还隐约可见摇动的渔船灯火，一片凄清迷蒙的水乡景象。

白洋淀历代留下很多名胜古迹。如战国时地处"燕南陲赵北际"的赵北口，相传战国时期是燕南、赵北的分界线。这里原有元、明、清三朝著名的"十二座连桥"，至今还有部分遗迹。有北宋杨延昭（杨六郎）屯兵御辽的营寨、堡垒，明成祖朱棣在这里屯兵修筑台田，在洛王淀修建的用以记功的"乐驾台"，以及清康熙、乾隆皇帝巡游白洋淀时在端村、赵北品等地修建的行宫等。

白洋淀不仅风光秀丽，物产也十分富饶，盛产鱼虾、芦苇，其中圆鱼及桂花鱼最为驰名，个大肉嫩，鲜美无比，是宴席上的佳肴，当地居民除捕捉外，春挖藕，夏撷莲，秋采荷叶、菱角、鸡头米，故有"日进斗金，四季皆秋"和"满淀荷花千顷苇，肥美鱼虾万片菱"之称，是北国著名的"鱼米之乡"。古往今来，文人墨客为白洋淀留下了大量的诗文。现代著名作家孙犁的《白洋淀纪事》，奠定了新中国文坛"荷花淀"流派的基础。《新儿女英雄传》、《小兵张嘎》、《雁翎队》等优秀文学作品，更给白洋淀增添了浓郁的文化和传奇的色彩。2001年11月，国家旅游局把白洋淀景区列为"4A"级景区。

山西省

五台山

道场乞请暂时间，至心听赞五台山。
毒龙雨降如火海，文殊镇压不能翻。
大周东北五台山，其山高广与天连。
东台望见琉璃国，西台还见给孤园。
大圣文殊镇五台，尽是龙众尚如来。
狮子一吼三千界，五百毒龙心胆摧。
东台岌岌最清高，四方巡礼莫辞劳。
东望海水如观掌，风波泛滥水滔滔。
滔滔海水无边畔，新罗王子泛舟来。
不辞白骨离乡远，万里持心礼五台。
南台窟里甚可憎，里许多饶罗汉僧。
吉祥神鸟时时现，夜夜飞来点圣灯。
圣灯滔滔向前行，照耀灵山遍地明。
此山多饶灵异鸟，五台十寺乐轰轰。
南台南脚灵境寺，灵境寺里圣金刚。
一万菩萨声赞叹，圣钟不击自然鸣。

——佚名《五台山赞》

【名山初识】

五台山坐落于山西省五台县东北部，以台怀镇为中心，因其有东、西、南、北、中5个山峰，又加上峰顶平坦宽阔，因此称作五台山。主峰北台叶斗峰，海拔3058米，素有"华北屋脊"之称。五台山与四川峨眉山、浙江普陀山、安徽九华山一起并称为我国四大佛教名山，并且名列四山之首。

【名山览胜】

五台山的塔很出名。从北魏到现在，有砖塔、木塔、石塔、玉塔、琉璃塔、水晶塔以及稀世珍宝经字塔。最大的高达十余米，小的仅仅有5厘米。五台山最古老的塔为南祥寺大殿内的北魏青石塔，最高的塔为"释迦文佛真身舍利宝塔"，俗称大白塔，是五台山的标志和象征。

五台山现存寺庙39座。建于北魏时期的碧山寺，明代成化年间重建，清朝再一次修缮。该寺分前后两院。前院有天王殿、钟鼓殿、毗卢殿、戒坛殿；后院有藏经阁，左右有经堂、香舍、禅堂、宾舍等建筑。各殿内塑像完整，前院建筑多为单层殿堂，后院建筑都是重檐楼阁。

显通寺坐落在五台山中心区大白塔北侧、菩萨顶脚下，它是五台山中历史最悠久的寺庙，俗称"祖寺"。显通寺的前身，即为东汉永平十一年（公元68年）建造的大孚灵鹫寺，它与洛阳的白马寺同为中国早期的寺庙，被确定为全国重点文物保护单位。显通寺占地120多亩，有殿堂楼房400多间，中轴五台山山景线上七座殿宇，无一雷同。特别是寺门前的钟楼悬挂的万斤铜钟，是五台山所有寺庙中最大的钟，铸造于明天启年间（1612—1627年），撞击这口铜钟的时候，整个山区都能听到钟声。

广宗寺为明代建筑，寺院大殿用铜瓦做顶，因而寺院亦名"铜瓦殿"。寺院建成后，明武宗朱厚照题"广宗"二字，并请11位高僧住寺弘法。自此以后，"广宗寺"便成为了五台山十大青庙之一。

殊像寺在五台山怀镇杨林街西南500米左右，为五台山五大禅寺之一。因寺内供奉文殊菩萨像而得名。始建于唐代，明成化二十三年（1478年）再建。阁内佛寺宽大，文殊菩萨端坐于狮背，高约9米。两边为悬塑五百罗汉，全部塑像都是明代制作。

在五台山的寺庙中，还有两座举世瞩目的古寺——南禅寺及佛光寺。它们是我国现存较早的木结构建筑，被国内外建筑学家誉为"千年瑰宝"，在世界建筑史上占有非常重要地位。

五台山锦绣峰，位于台怀镇南12千米处。台顶海拔2485米，面积约0.13平方千米。台顶、山腰皆为植物覆盖。叶斗峰位于台怀镇以北5千米，台顶海拔3058米，面积达0.27平方千米，是五台山的最高点，也是华北地区的最高峰。台顶有一个面积300多平方米的水池。位于台怀镇西北10千米的是翠岩峰，台顶海拔2894米，面积约0.13平方千米。

五台山不但风景迷人，气候也非常奇特，最冷的地方，长年冰冻不化。有的地方，9月积雪，第二年4月解冻。还有的地方，一年四季气温平和，冬季也不结冰。总的来说，五台山的气候比较凉爽，因此五台山又有"清凉山"的美誉。

1982年，五台山被列为第一批国家重点风景名胜区。

恒　山

天地有五岳，恒岳居其北。
岩峦叠万重，诡怪浩难测。
人来不敢入，祠宇白日黑。
有进起霖雨，一洒天地德。
神兮安在哉，永康我王国。

——贾岛《山西行》

【名山初识】

我国五岳中的北岳为恒山，它东接居庸关，西衔雁门关。主峰位于山西省浑源县南。恒山历来以道教闻名，古往今来，以"奇险"吸引着众多游人。相传道教八仙之一的张果老就是在恒山隐居潜修的。恒山自然风景绝佳，东西绵延250千米，有108峰。恒山主峰分为天峰岭和翠屏岭。两峰各居东西，对峙而立。其中虎风口、悬根松、紫芝峪、梳妆楼等皆为自然景观中的奇迹。果老岭、姑嫂崖、飞石窟、苦甜井等的瑰丽传说更使恒山充满了神奇的色彩。

悬空寺

悬空寺居于恒山峡谷的峭壁上，为我国古代建筑中的奇迹。悬空寺始建于北魏，楼分三层，共有大小殿宇40间，错落有致地嵌在翠屏峰绝壁之上，距谷底有90多米。悬空寺在危岩凹壁间，绝壁凿窟，横木直插，巧借崖岩，竖木成柱，木梁、立柱、斜撑相互连接成一整体，使结构具有极好的稳定性，远远望去，犹如琼楼玉宇从空中冉冉而降，到此处恍如置身神境仙乡。

天峰岭

恒山主峰天峰岭被称为"人间北柱"，苍松翠柏、鲜花碧草、奇石幽洞，构成了如诗如画的恒山胜景。登上峰顶，云阁虹桥、云路春晓、果老佩迹、断崖啼鸟、

※ 中华文明历史长卷 ※

夕阳晚照等18处美景，犹如18幅浓涂淡抹的美丽的画卷展现面前，仿佛置身世外桃源，因此恒山还有"绝塞名山"的美誉。

恒山松

恒山松为恒山一奇观。"四大夫松"的古松根须悬于石外，紧抓岩石，傲然挺立，姿态雄健。在虎风口观松，各种姿态的奇松或立于丹崖上，或倒挂于绝壁间，若伞、如翼、如亭、如龙、如桥，千奇百怪，各具风情。

北岳庙

北岳庙始建于明代弘治年间，是恒山所有庙宇中最宏伟的一座。它位于恒山主峰天峰岭南面的石壁之下，门前有103级石阶通往山门。北岳庙门有"贞元之殿"4个醒目大字。门有长联，上联是：恒岳万古障中原惟我圣朝归马牧羊教化已隆三百载；下联为：文昌六星联北斗是真人才雕龙绣虎光芒雄射九重天。北岳庙内，有北岳大帝塑像；庙前廊下，摆放着清代御祭恒山碑文20余通。

【名山人文】

传说早在4000多年前，舜帝巡视四方，行至恒山，见山势险峻，峰耸壁立，遂封其为北岳。秦始皇时，朝封天下十二名山，封恒山为天下第一山。后来汉武帝、唐太宗都曾来此处巡视。历代名人学士，如唐代的李白、贾岛，元代的元好问，明代的徐霞客等人，都曾经到恒山来游览。旅行家徐霞客游恒山之后，把所见所闻编入《徐霞客游记》，成为传世的游记名篇。

雁 门 山

白登雁门道，骋望勾注巅。
山冈郁参错，石栈纷勾连。
度岭风渐生，入关寒凛然。
抗迹怀古人，千载多豪贤。
时来英雄奋，事去陵谷迁。
古人不可期，劳歌为谁宣。
嗷嗷中泽鸿，聆我慷慨言。

——朱彝尊《雁门关》

山西省

【名山初识】

雁门山位于山西代县城西北约20千米处，海拔1500米以上，是山西吕梁山脉北支云中山向晋东北延伸的部分，东和恒山相接，略呈东西走向横亘在晋北和晋中之间，古称勾注山。此处群山绵延，峰峦叠嶂，地势险要，切断了塞北高原通往山西及华北平原的一条重要通道。雁门关前后关城就是依山傍险建在雁门山山脊上，自建雁门关后，更加有"一夫当关，万夫莫开"之气势，它"外壮大同之藩卫，内固太原之锁钥，根抵三关，咽喉全晋"。

【名山探源】

雁门山的名字很早就产生了，《山海经》的"海内西经"中有记述说："雁门山，雁出其间。在高柳北，高柳在代北。"相传每年春来，南雁北飞，口衔芦叶，飞到雁门盘旋半响，直到叶落方可过关。南来的大雁飞不过这里的崇山峻岭，只能从山峰之间的谷地穿过，于是这支恒山西端的余脉，就被称作了雁门山。

另外明《永乐大典·太原志》中也记载："代山（雁门山）高峻，鸟飞不越，中有一缺，其形如门，鸿雁往来……因以名焉。"大概在汉武帝初年，这里就已设置关卡，以防匈奴。后来北魏建都平城之时重新建关，便称雁门关，其时是为了防南，不是防北，隋唐时改做西径关，后来又恢复了雁门关的原名。

游遍了山西的明代乐平（今山西昔阳县）人乔宇先生，曾写过一篇《雁门山游记》，记述他登上雁门山巅时"绝顶四望，则繁峙、五台耸其东，宁武诸山带其西，正阳石鼓挺其南，朔州马邑临边之地在其北"。文中所提及"正阳石鼓"即是今天原平市境内的天涯石鼓山。东南西北，可以四顾望，由此可知雁门山的高峻。

【名山览胜】

险峻峭拔的雁门山，难以攀越。明代以后的雁门山范围并不十分辽阔，以雁门关城为中心，纵向只有约50平方千米。然而山上的名胜古迹，像东城、西城、雁月楼、雁塔、关陵、总兵营、瓮城、关署、李牧祠、明月楼、六郎庙、过雁峰、马公杀虎处、道碑亭、长平桥、云际泉、九窑十八洞、趵突泉、军洞以及雁清坊等，都闪耀着耀眼的光芒。雁门山已不是一般意义上的风景区，更不是平常游人眼里的旅游区。就像雁门山上诸多名胜的名字中都带有雁字一样，雁门山的含义是金戈铁马。自战国时期的赵武灵王起，历朝历代都把雁门山视为战略要地。赵置雁门郡，其后多以雁门为郡、道、县建制戍守。到了唐代，因北方突厥崛起，屡有侵扰，唐驻军于雁门山，在制高点的铁裹门设关城，戍卒防守。

公元13世纪初，就有这样一首民谣在雁门山关外流传："雁门关外野人家，不植桑榆不种麻。百里并非枣梨树,三春那得桃杏花。六月雨过山头雪,狂风遍地起黄沙。说与江南人不信,早穿皮袄午穿纱。"生动地描写了雁门山地区的气候特征。

建在山上的关隘因山而得名雁门关,关以山名,山也因关而名扬天下,成为人们怀古吊史的旅游胜地。

雁门关关城居于雁门山雁门之口,距山西省代县西北大约20千米,关城周长一千米余,墙高两丈余(约合4米)。石座砖身,形势雄固。关门有三座,即东门、西门及西门外的一座南北向小北门。北门门额上石匾刻"雁门关"三个大字,其两边嵌砖镌联语:"三关冲要无双地,九塞尊崇第一关。"

据《唐书·地理志》记述:"东西山岩峭拔,中有路,盘旋崎岖,绝顶置关,谓立西径关,亦曰雁门关。"万里长城的内长城从阳方口以东,也就是沿恒山山势而东去,雁山上的雁门关是最为雄伟也最有传奇色彩的一个,正是"凡山西之关,四十有余,皆踞隘保固,而耸拔雄壮,则雁门为最"。

在我国古代,都是在山脉间断的地方设置关隘,这种地方被称作陉。雁门关也不例外,不过与其他关隘不同的是,雁门关乃是双关。分为东陉关和西陉关,合而言之,都可以唤作雁门关,两关相距5千米,靠山脊上的长城相连,傍山依险,气势雄伟,形成了东西互为倚防的布局。如果把雁门山比作是一条横卧着的巨龙,那么雁门双关就是龙头上高耸的双角。

雁门关为"外三关"中最大的一关。附近峰峦错耸,壑深林密,中有路盘旋幽曲穿关城而过,异常险要。在关下的雁门山北麓,还建有新旧文武二城,作为山外防御据点。旧地建于辽金时期,东西长约300米,南北长约500米,有三座城门,城墙如今还很完好。新城与关城同时建成,紧贴雁门关北口,周长1.5千米,一半坐落在半山坡,一半修筑于山前洪积扇上。北门外又筑有北关,另外,关外还筑大石墙3道,小石墙25道,隘口18个,提高了防御能力。

雁门关内至今尚存李牧祠旧址,有碑石数通,记载李牧率兵屡胜匈奴的事迹。北面远处,在起伏的群山之间有一片方圆10千米的平滩地,据说就是杨家将与辽血战的金沙滩。另外,在代县城东10千米鹿帝涧村,有杨家祠堂。古代州是杨继业故里,因杨继业破辽有功,后为乡人所奉祀。正殿有杨继业及佘太君坐像,八子彩塑分列两侧。祠内有"宗祖图"碑一通,铭刻杨继业后裔世系。大殿前竖有鹿蹄石一块,形状奇特,镌刻秀美。

在雁门关南的代县城内有"雁门第一楼",因为它正面对雁门关,并且是拱卫这关的首座高楼,故有此称。它是我国现存的最大的木结构古楼,为北方文物中的一绝。此楼与雁门关明初同期初建，后毁于战火，明成化十二年（1477年）重建。清代续有维修。楼通高40米，宽七间，深一间，周有围廊。楼底下为券洞台基，上为三层四檐歇山顶，最上层挂着两块巨匾，南面一块书"扬闻四达"，北面一块书"威镇三关"，形势雄伟。登高远望，北面勾注山莽莽苍苍，雁门关蹲伏于勾注山下恰像一头野兽，南面的五台山高入云霄，滹沱河在脚下从东北向西南流去蜿蜒如带。山川美景，令人陶醉。

雁门关有北西东三重门，西北两门之间的瓮城面积虽小，但对于守关御敌却是十分重要。最后一道关门面东而开，也称"天险门"，门洞的尺寸依旧是宋朝时的规格，门洞的宽度刚好能够通过一辆宋朝的战车，而车体较宋车宽大的辽国车辆，即便突破重重防线冲到雁楼前，也只能望门兴叹，由此可见宋朝防御北部强敌的良苦用心。

雁门关的重要地位在于它是古时塞外北方民族入侵内地的通道，所以，自古为边防戍守要地，雁门关北通晋北重镇大同，远至蒙古高原，南通晋中重镇太原，可转达古代政治中心区中原和关中，战略地位非常重要。古人曾把万里长城上的九座名关称之为九塞，"天下九塞，雁门为首"，雁门关恰好位于中部要冲，其得失对于中原王朝的国家至关重要，所谓"得雁门而得天下，失雁门而失中原"，正是历史对雁门关军事地位的客观评价。因而雁门关被人们誉为"中华第一关"。

【名山人文】

古来以雁门山与雁门关为题留下诗文的名人不算少，如元好问、李白、李梦阳、朱彝尊、常建、陈子昂、李贺等。留下了很多的多句，像李贺《雁门太守行》一诗中的"黑云压城城欲摧，甲光向日金鳞开"流传极广。李白宣称"五岳寻仙不辞远，一生好入名山游"，他曾来到过雁门关和雁门山游历，也写过与此相关的《古风》一首，开头两句就是："有关饶风沙，萧索竟终古。"末尾四句："不见征戍儿，岂知关山苦？李牧今不在，边人饲豺虎。"元好问与明代诗人许九皋都为雁门山写过诗，如"凭高吊古情无尽，空对西风数去鸦。""壁立山头风吼至，雨花飞过是冰花"则是诗人许九皋的谐唱。

绵　　山

怀抱疲劳入梦酣，平明惊瞰处危岩。
悬崖燕宿忧天坠，驿路蛇行叹道玄。
卦系半山明古刹，云遮初日渡群仙。
登临忘却红尘事，默诵南华对月闲。

——佚名《夜宿绵山》

【名山初识】

在山西省晋中地区，有一座自然景观十分优美的绵山，又称介山，主峰海拔2440米，绵延50多千米。绵山和灵空山、石膏山、霍山等几座三晋名山同属于太行山脉。山势陡峭，多悬崖绝壁，苍松翠柏参天，古建筑众多，自然风光十分秀美。

【名山传说】

在春秋之时，晋国有一个贵族名叫介子推，跟随晋公子重耳四处逃亡19年，曾在饥饿时割下自己大腿上的肉给重耳吃。后来重耳回国成为晋文公后，介子推偕母亲到绵山隐居。晋文公派人遍山寻找，为逼迫介子推出山，他们采取放火烧山的办法，一身傲骨的介子推心如介石，与母亲一起在山火中抱木而死。

文公得知，悲愤交加，下令将绵山改名为介山，氢阳县改为介休县，"环绵山山中而封之，以为介推田"，以示怀念。并下令在清明节前一天，就是介子推被焚的日子，不得烧火，家家户户只能吃冷饭，谓之"寒食节"。这悲壮的传说和神奇的山水相结合，使得绵山自古以来就成为一处风景名胜。

除此以外，隋末唐初，李渊、李世民父子先后在绵山下的雀鼠谷打败甄翟儿和宋金刚。抗战初期，冯玉祥所属的方振武部曾在这里举行抗日誓师仪式。

【名山览胜】

绵山地理独特，年均气温9.6℃，冬暖夏凉，四季宜游。春赏烂漫山花，夏览瀑布奇秀，秋观枫叶似火，冬看雪霁晶莹，情趣各异，令人神往。

景区内古木参天，花草遍地，峡谷幽幽，溪涧潺潺，又有古刹点缀其间，红墙绿瓦，飞檐斗拱，野花杂树，草长莺飞，身临其境，恍然如步入世外桃源，令人顿生超脱尘寰、飘然欲仙之感。自然风光多姿多彩，自然景观以"奇、险、秀、博、精、古"著称于世。

从岩沟起直插岩上摩斯塔的路程，几乎都是悬崖峭壁，惊险程度不亚于华山千尺绝壁，其抱腹岩之大，可抱 2000 余间殿宇及一两百万游人于内而不满。天桥约 300 米，上距山顶 20 多米，下距沟底 300 余米，人在桥上过，云在脚下涌。栖贤谷九曲一线天，人行吊桥惊无险，脚踏瀑布奇亦秀。水涛沟内，树木曲径怪石，树木荫翳，瀑布各异。奇特的地形地貌，使这里形成了为数众多的小瀑布，其中落差最大的是五龙瀑，其各得自于山崖上的五座石雕龙头。泉水自龙口喷涌而出，宛如珠落玉盘，在崖底迸射飞溅。因此，绵山不但有北方山水的险峻粗犷，而且有江南名山的秀丽多姿，曾有诗人由衷地赞道"万壑千崖增秀丽，往来人在画图中"。

据史料记载，绵山的宗教人文景观，始建于东汉，其后几度兴盛。早在北魏之时就开始在绵山修建寺庙建筑，唐初时已拥有相当规模的佛教林。山上文物古迹很多，魏明帝、唐太宗、明朝晋王、高僧昙鸾和志超都曾下令或主持修建过佛寺庙宇，民间流传"九里十八弯，二十四座诸天小庙，各处罗列"。全山共有寺庙 88 座，殿宇 2000 余间，仅大罗宫道教建筑群面积就达 3 万平方米，为全国之最。

云峰寺

云峰寺位于抱腹岩内，近百米高的山崖内，鬼斧神工般地深深凹进去一个广阔的岩洞，云蜂寺等几座寺庙就深藏在这个开放式的岩洞内。抱腹岩上方，垂下几十个缠着红布条的金铃和圆盘，绵山每年都要举行"挂铃祈福"的活动，替游客将金铃悬挂于抱腹岩上，以达到消灾祛病，祈求平安之目的，因而也使绵山更具神秘感。

回銮寺

回銮寺其得名，据说是由于唐太宗欲登山礼佛未成，至此回銮而得来。唐太宗有诗曰："回銮游福地，极目玩芳晨。宝刹遥承露，天花近尺春。"按寺内碑刻记载，寺原在东山柴谷之间，后被流寇所毁，唐僖宗时迁到现址，敕名"兴国寺"，现见大殿脊檩下有"大元国至大元年（1308 年）重建的题记"，后明、清重修，现在人们看到的建筑为元、明、清三代遗物。主建筑包括山门、过殿、大殿，两边对称布局，殿阔五间用减柱造，结构简洁。有元、明、清、历代石碑 17 通，记录着寺院的兴衰。院内古松、龙槐、杉楸等树木葱茏，状如伞盖，为古刹增添了勃勃生机。

妈祖殿

绵山还建有一座妈祖殿，这真是令人称奇，因为这种情况北方是很罕见的。绵山人介休范氏,是明清两朝为数不多的官商之一,他们在南方经营海外贸易时,自认为得到了妈祖娘娘的护佑,因而就在家乡兴建了这座妈祖庙。

大罗宫

道教的大罗宫可以称得上是这座道宫建筑面积3万余平方米,素有"天下第一宫"之称。大罗宫紧贴悬崖,琉璃顶的栈道,好像一条飘带横空飞过,使大罗宫更显得豪华壮丽。这座道观在2004年"五一"前刚刚落成,包括中国道教协会在内的众多道家弟子们会聚于此,为其举行开光典礼。

此外,绵山还有许多古建筑和碑刻、彩塑,云峰寺石佛殿全部斗拱和其他构件都是精心雕琢而成,具有很高的文物价值。绵山铁瓦寺是我国最早的山区佛教寺院,抱腹寺始建于三国曹魏时期,回銮寺建于唐代之前,五龙寺为北宋前建。其他人文景观还有普救殿、百龙壁、城隍庙、五龙朝母殿、四海龙王殿、三皇阁、五岳殿、圣母殿等,无一不与当地的民风民俗和古老的传说密切相关。

秀丽的绵山"无峰不奇,无水不秀,无洞不幽,无道不险,无景不典",它山古水活,古迹繁多,而且还有大量古老传说,绵山以其鲜明的个性屹立于我国名山之列。

壶 口 瀑 布

星宿发源自碧空,凿开壶口赖神功。
吐吞万壑百川浩,出纳千流九曲雄。
水底有龙掀巨浪,岸旁无雨挂长虹。
朝奔沧海夕回首,指顾还西瞬息东。

——张应春《咏壶口》

【名瀑初识】

壶口瀑布国黄河上著名的瀑布,属于断层瀑。早在第四纪初期,山西和陕西之间的龙门壶口地区曾发生强烈地壳运动,遂形成一条东西向的断裂,滔滔的黄河水自北向南流到这里,河水突降,形成叠水。不过刚开始的时候,水位落差并不很大。但由于这里构成黄河河床的岩石为三叠纪的砂岩夹薄层页岩,硬度较小,岩层产状又非常平缓,夹带着大量泥沙的黄河水年复一年地磨蚀河床,渐渐将河床磨蚀成一条深槽,河水由此跌入深槽,于是就形成了举世闻名的壶口瀑布。

壶口瀑布雄伟壮丽,气势磅礴,堪称奇观。"黄之水天上来,奔流到海不复回。"诗仙李白的这句话传诵千古的诗句描述的就是壶口瀑布。前往壶口瀑布，远在数里之外，就听得见闷雷似的水声；到了壶口瀑布前，排山倒海的水浪惊天动地，叫人感到惊心动魄，魂飞魄散，面对势不可当的滔天浪涛，既让人们的心灵受到极大的震撼，感到大自然力量的伟大，又给黄河儿女哲理性的启发：人的一生就应该像黄河那长驱直进，奔流不息，勇往直前。

【名瀑览胜】

黄河壶口瀑布风景名胜区总面积约60平方千米。瀑布响声如雷，气势壮观，是世界上的黄色瀑布，也是中华民族的象征之一。

壶口瀑布水势汹涌，涛声震天，是黄河最壮观的一段，也是国内外都十分罕见的飞瀑奇观。不观壶口大瀑布，难识中华民族母亲河真面目，壶口瀑布这颗黄河上的璀璨明珠，正以其巨龙般的姿态奔腾咆哮着。

瀑布

滔滔黄河之水从千米河床排山倒海似的推来，骤然会聚于二三十米的"龙槽"，倾注如壶口之水奔泻，形成极为壮观的"壶口瀑布"。《书·禹贡》曰："盖河旋涡，如一壶然。"壶口即缘此而得名。壶口瀑布落差约30米，宽度最大时可达1000多米，滚滚洪流，到这里急收骤敛，注入深潭，声若雷鸣，数千米外即可听到；水波急溅，激起百丈水柱，形成腾腾雾气，极具惊涛拍岸、浊浪排空、倒卷西半天烟云之气势。夏秋之季，彩虹横贯晴空，分外秀丽，其声、其势、其景，壮、秀、奇，令人不能不为之陶醉。

千年壶口

壶口瀑布不仅具有"水中冒烟"的奇景，还有"旱地行船"之说。上游船只至此，必须离水登陆，经人抬或车运绕过壶口（所谓"旱地行船"）方能入水续航，千百年来，概莫能变。"旱天惊雷"旋流激荡，涛声似雷，如万鼓齐鸣，撼人心魄。"十里龙槽"水切石穿，瀑布后移，谷中之谷，夹岸幽深，若黄龙蜿蜒奔腾，真乃地质奇观。而"飞鸟难度关"之说是因为迎风展翅的飞鸟，因为瀑布呼啸咆哮，水雾迷漫，惊吓得也欲飞不敢。此外这里还有"清代长城"、"牛马王庙"等人文景观。这些神话、趣闻跟景点紧紧联系在一起，使壶口瀑布更加瑰丽动人。

壶口冬日

严冬至孟春，河水枯竭，每秒流量是150~300立方米，冰封河面，平静如眠。

以往排山倒海的河道顿失滔滔，拥堵的冰块冻结成一片，几乎要将河道漫平。壶口两侧大大小小的子瀑布此时也在寒冬中定格，冰雪相映，玉璧珠帘，瀑布挂满冰凌，银装素裹，分外妖娆。依然在咆哮的主瀑布从两岸形状各异的冰凌、层层叠叠的冰块之间飞流直下，形成了动与静的鲜明对比，使冬日的壶口别具魅力。

地质公园

2001年12月22日，壶口瀑布被确定为我国第二批国家地质公园之一，由此，它便成为山西省首个国家地质公园。自然景观之奇美、地质遗迹之丰富、文化历史之悠久、人文风情之独特，使其不但具有大气磅礴、美中称奇的旅游价值，而且也是黄河演变过程的一本历史教科书，并且还成为研究河流地质作用的天然实验室。在这里，河谷地貌有壶口瀑布、槽谷、河心岛、涡穴、水蚀凹痕、侧蚀洞穴、陡壁叠水、漏斗、差异冲蚀等地质现象。河蚀地貌有：滑坡、崩塌、泻溜、方山等。其他类型的地层剖面、虫迹化石、植物化石、节理、龟裂纹、侵蚀台地、沉积构造等各种地质遗迹更是稀有的地质研究之地。

彩虹映瀑

金秋雨季，千溪万壑之水会聚，使河水秋流量增加到每秒3000立方米以上，主、副瀑布连成一片，洪波怒吼，气贯长虹，呈现"天开一堑势雄豪"的壮丽景象。一根根水柱化作细小的水珠，然后又形成迷蒙的白雾。水雾在阳光照耀下，出现赤、橙、黄、绿、青、蓝、紫七色彩虹，出现"彩桥通天"奇观。巨大而艳美的彩虹映着壶口的银瀑激流，着实让人惊奇万分。明代的诗人观此遂有"水底有龙掀巨浪，岸傍无雨挂长虹"的诗句。

镇流孟门

壶口瀑布往南不远处，即是龙门之上口——孟门。河水冲龙槽豁然开阔，水面渐宽处，一块巨型礁石屹立河心，俯瞰如门，侧视如舟，仰观如山，实则是黄河中的一个小岛。它雄踞中流，撞开河水，这就是传说中"山石为禹所凿"的孟门山。传说大禹治水时，先在这里凿开了第一个阻挡洪水的"龙门"暗洞，因此就叫它"孟门"。那孟门巨石之上，迄今赫然镌有"卧镇狂流"4个1米见方的大字。河水下落时，这4字即可露出水面，游人就能有幸一睹。

内蒙古自治区

居 延 海

边地无芳树，莺声忽听新。
间关如有意，愁绝若怀人。
明妃失汉宠，蔡女没胡尘。
坐闻应落泪，况忆故园春。

——陈子昂《居延海树闻莺同作》

【名水初识】

在内蒙古自治区西部，阿拉善盟北部，有一片形状狭长弯曲，有如新月形的水域，名叫居延海，是一个内陆湖泊。额济纳河之水汇入湖中，是居延海最主要的补给水源。居延为匈奴语，《水经注》中将其译为弱水流沙，在汉代时曾称其为居延泽，魏晋时又称之为西海，唐代起始称居延海。居延海的湖面因额济纳河的改道而时有移动，是一个奇特的游移湖。

【名水览胜】

居延为语，是"流动的沙漠"之意。此湖后因湖面缩小分裂成两个湖泊，西湖名嘎顺诺尔，也称嘎顺湖，蒙古语意为"苦海"，就是西居延海。东湖名苏古诺尔，亦称苏古湖，蒙古语意为"苔草湖"，即东居延海。两湖并列，总面积约300平方千米，两湖相距35千米，平均水深1.5米，形同手足。两湖周围都有连绵起伏、线条柔美的沙丘。西湖水质苦咸，湖岸有结晶盐形成，湖中生物不能生长，唯有碧海蓝天和漠漠黄沙组成了色彩瑰丽的巨幅画卷，在一片寂静中展现历史的亘古与旷远。东湖水质则较好，适宜生物繁殖，湖岸梧桐茂密，红柳丛生，水草丰美。黄羊等食草动物经常成群结队来到湖边饮水觅食，鸿雁、野鸭等嬉戏于绿水之中，时而有鱼从水面跃起，一片生机勃勃的景象，是沙漠中难得的绿洲。

历史上的居延海东西两湖连为一片，十分辽阔，所以古人称之为"海"。湖畔是美丽的大草原，有着肥沃的土地，丰美的水草，是我国最早的农垦区之一。古代时的居延海的景色颇为迷人，唐代著名诗人王维对当时居延海的风光，曾作过如下描述："居延城外猎天骄，白草连天野火烧。暮云空碛时驱马，秋日平原好射雕。"居延海还是穿越巴丹吉林沙漠及大戈壁通往漠北的重要通道，为兵家必争必守之地。是古代北方的繁荣文明之地，至今留下众多的遗迹，是旅游者观赏碧湖景色之后，增长知识、增长见闻的极好去处。有著名的居延城、居延都尉所属郭塞烽燧等遗迹；以黑城为中心，分布有西夏、元代村落、庙宇、古塔等遗迹。目前以破城子与黑城最有吸引力。

居延海作为北方的大湖，曾经有过辉煌的历史，孕育出灿烂的文化。今天它仍以粗犷、淳朴的自然之美，承载着古老的文明，再一次焕发出青春的光彩，吸引着游人前来观光游览。

呼 伦 湖

澄镜灵霄谁与磨，寄凡岂畏染尘多。

滩枯鸟旷天呈寂，日冷鱼藏野意和。

饮马玄冥平玉宇，遗桩碧水想金戈。

遥知北海嗤玄烨，教尔今称第一波。

——佚名《秋览呼伦湖》

【名水初识】

呼伦湖位于我国的东北边陲，内蒙古自治区东北部呼伦贝尔市的新巴尔虎左旗、新巴尔虎右旗与满洲里市之间的呼伦贝尔大草原上。呼伦湖也叫达赉湖，蒙语为"海湖"之意。湖面为略呈东北—西南向的平行四边形，长80千米，宽约35千米，湖水面积2315平方千米，为我国第五大湖泊。蓄水量为111亿立方米，平均水深6米，最大水深为15米，是内蒙古自治区最大的微咸水湖，它与草原南部、中蒙边境线上的贝尔湖，被人们称之为呼伦贝尔大草原上的一对姐妹湖。

呼伦湖位于温带半干旱地区，东部有大兴安岭阻挡了从海洋吹来的潮湿气流，西部又邻近蒙古高原，大陆性气候十分明显，年平均气温仅 -0.1℃，温差高达58~68℃。湖泊于10月中、下旬即可出现岸冰，到11月初全湖开始封冻，次年4月中旬到5月上旬才解冻，冰期长达6个月，冰层厚达1米以上。

【名水览胜】

呼伦湖水域辽阔，具有北国古朴、大方、纯净的自然美，既粗犷豪放，又柔和秀丽，蕴藏着灵气，使人流连忘返。

春天，雪融冰消，草长莺飞，生机勃勃，中蒙边境贝尔湖里的鱼群就急不可待地沿着乌尔逊河成群结队地拥进呼伦湖，形成鱼潮。此时是人们来此观鱼的好时机。

"双湖鱼跃"为呼伦湖的胜景之一。每年的7~8月，在呼伦湖通往贝尔湖的一条河汊——乌兰岗，游人们能够特意欣赏到这种奇特的景象。在那里人们会看到成群的鱼儿，你追我赶，密密匝匝地聚集在鱼栅前，欢跃而起。"鲤鱼跳龙门"的精彩场面，令人目不暇接，赞叹不已。

呼伦湖最美好的季节是夏天，这儿不光是人们避暑游玩的好地方，而且也是鸟类和鱼类的天堂。湖区及其周围水域盛产鱼虾等水产品和芦苇，水生动植物极为丰富，鸟类的食物充足，吸引着众多鸟类从中国的南方及东南亚一带飞临这绝妙的世外桃源安家落户，产卵繁殖，主要有天鹅、海鸥、鹤、鸭、鹭等200多种珍稀鸟类。呼伦湖最佳的观鸟地点在乌兰泡，位于呼伦湖和贝尔湖之间，被称为鸟的王国。泛舟湖上，静观鸟飞鱼跃，不失为一件十分惬意的事情。每年秋天一到，鸟群换罢羽毛，就偕儿带女飞回温暖的南方越冬。现在，乌兰泡已成为国家级"呼伦湖珍禽湿地及草原生态系统自然保护区"的核心地域。

每逢隆冬季节，百色归一，银装素裹，雪海银湖，正是冰下捕鱼的旺季。一网常可捕鱼数吨，顷刻之间，就金鳞闪烁，堆鱼成山，观冰下捕鱼，可以充分领略北国风光。

呼伦湖边还有一段不寻常的石崖，蒙古语称阿拉坦额黄勒，意思便是金马鞍子。据说是因为当年成吉思汗把马鞍丢在这里而得名。这段石崖前的湖滩上有许多晶莹润滑的玛瑙石，颜色鲜艳炫目。湖区周围，牛羊似珍珠一样撒在碧绿的草原上，缓缓移动的勒勒车队、奔驰的骏马、雪白的毡房、悠闲的牧人、翱翔的百灵鸟、悠扬的牧歌、暮色中的炊烟以及洁白的奶食等，构成了原始的草原民族风情。游客可到居住在呼伦湖畔的新巴虎蒙古族牧民家里参观访问，体会蒙古包、勒勒车、雪白的羊群、牛马骆驼及牧羊犬，品尝一下名扬天下的"全鱼宴"。

辽宁省

凤 凰 山

凤岭曾修瑞庆宫,常来紫气酿清风。
飘飘若与莺声协,习习还凝燕语通。
只趁朝阳吹几阵,慢随凡鸟扇高嵩。
神仙两袖何潇洒,乘鸾载响乐融融。

——汪听涛《咏凤凰山》

【名山初识】

在东北辽宁省,有一座天下闻名的凤凰山。它位于辽宁省丹东市西北50千米、凤城东南3千米处,属长白山余脉,面积216平方千米,最高峰攒云峰海拔836.4米。凤凰山古称乌骨山、屋山、熊山等,因山势突兀峥嵘,如凤凰展翅,故唐朝始改称凤凰山。凤凰山集雄、险、幽、奇、秀于一体,险峻尤其突出,有"中国历险名山"之美誉。

【名山览胜】

游览凤凰山,可说是步步高、步步险、步步紧、步步难,几步一重天。著名险景"老牛背"、"天下绝"、"百步紧"、"峥嵘岩"等让人望而生畏,走而却步,过而称绝,想而后怕。凤凰洞、一品洞、通玄洞、教堂洞等古洞使人好奇、引人入胜,圣源、丹泉、凤泪泉、智慧泉等山泉甘洌甜美、沁人心脾,"金龟求凰"、"碧海飞舟"、"金蟾望月"、"石壁鹤影"等怪石奇石千奇百怪、形神兼备。

凤凰山不仅山势险峻雄伟,而且泉清洞幽。如凤凰洞、三教堂、一品洞天等古洞,曲折幽深。凤泪等泉,清澈甘洌,都是闻名遐迩的旅游胜地。凤凰山的古建筑,大多建于明清,且寺观并重,反映了佛道合一的理念。三官庙、紫阳观、观音阁等著名寺观建筑,黄顶红墙,飞檐翘角,点缀于山腰间,格外醒目,形成"壑岩丹青千尺画,海云仙阁一溪诗"的美景。

凤凰山古建筑有建于南北朝时期的乌骨城,熊山城建于隋唐时,辽代建三阳城。山上现存古建筑以宫观庙宇居多，这其中以紫阳观、斗母宫、观音阁、碧霞宫及药王庙较为著名。

紫阳观，原名大宁寺始建于明弘治初年（1488年）。寺内建筑主要有正殿（三宫殿）、东西殿房与钟鼓楼等。殿下有4棵树龄超过500岁的古松。斗母宫俗称"八只手"，建在观音洞前的观胜台上，始建于明朝，清康熙、嘉庆年间及近代多次重修。

位于紫阳观西南百米高崖上的观音阁，始建于明万历年间，其后各代多次重修。药王庙建于斗母宫右侧石崖下，有殿三楹，内奉药王孙思邈塑像。清乾隆十八年（1752年）时重修，嘉庆、道光年间又多次修缮。

凤凰山树木品种繁多，有奇花异草以及各种珍贵药材800多种，是一座天然植物园。自清初开始，就将每年农历四月二十八日定为凤凰山药王庙会，其后庙会又改为山会，游人如潮，比肩接踵。1995年，在凤凰山西山景区的悬崖峭壁上人们发现了"神笔天书"新景观，有大自然馈赠的道教始祖老子菩萨像，慈航道人观音圣像，南极仙翁寿星圣像以及众多神仙的大小圣像，惟妙惟肖，美妙绝伦。

传说晋代时凤凰山就有十大景观之名，游人登山览胜、修筑庙宇，明清时代文人墨客于大石崖上题词镌刻，使凤凰山兼具自然美和人工美，构成令人赞叹的胜境。

石棚避暑

游览凤凰山首先映入眼帘的是天然景观大石棚，大石棚奇嵌前撑，石面向南，坐地而憩，上面刻有"振衣千仞"、"直上青云"8个大字，苍遒刚劲，特别醒目。石棚之上生长着一棵青松，枝干舒展意若迎客，故称之为"迎客松"。

涧水飞涛

凤凰山入口处为两个悬崖形成的峡谷，峡谷深处流淌出一条急湍山溪，两旁翠柳拂岸，草木丛生，溪中有一巨石巍然屹立，上刻"中流砥柱"。盛夏时节山泉奔流喷涌而下，溅飞似雪，银珠垂落，叮咚悦耳，爽心宜人。

斗母圣境

斗母是指斗母宫，斗母宫雄踞斗母岩上，宫旁矗一巨石，呈片状竖立，南面镌有康德峻的诗句："划开天险，盘亘金甄"，北面为陈济清所镶刻古魏书四字"出类拔萃"。若立在观音阁上俯视斗母宫,只见巨石相托,峰峦相叠,云雾缭绕,空旷虚灵,有奇花异草之芬芳、轩亭斋台之瑰丽,所以把此景称为斗母圣境。

山云铺海

"烟雾飘霭古刹里,登峰踏进玉皇楼。"每逢雨霁初晴,凤凰山云雾腾腾,似烟似云,蔽峦锁峰,时隐时现,让人觉得好像来到九霄之巅。云海时而轻絮涌深谷,时而惊涛翻山顶,若遇细雨后的夕阳,必有缤纷彩虹横空出世,更难得的一见是还会出现罕见的"佛光折影"。

苍松伫月

游观音阁需登高逾险,穿过近百米长的凤凰洞,风景神奇美妙,别具一格。每逢夜幕降临,月出东山,跃上古刹之顶,朦胧中的月光便给庙宇镶上银辉,古松翠柏枝头像缠绕着青纱,景色非常迷人。古人有诗描述曰:"崖边巨石扶老松,直插青云戏晚风。明月冉冉泻银影,恰似古刹挂山中。"

怪石凌空

西望"神马峰"只见一块怪石突兀反起,好像一位勇士骑在神马背上,有凌空而起、直冲云霄之势。每当云雾从山谷腾起飘荡在石下,巨石宛若凌驾浮云之上,云石相衬而生动感,因此称"怪石凌空"。古人在诗中如此描绘它:"山光绚丽景物奇,峻峰峥嵘云雾里。凝似猛虎欲腾势,凌空眈视万仞低。"

松径寻秋

逢仲秋之际登临凤凰山顶峰,俯视群山别具一番景色。满山枫叶红如火,艳云霞,而青松衬绿,桦枫相间,色彩缤纷。站在"兔耳峰"上眺望,对面山坡赤、橙、黄、绿、青、蓝、紫相混而成一幅美丽的彩绢,仿佛锦绣满坡。

天池在望

登上"神马峰"、"天下绝",极目远望,天高云淡,碧空万里,脚下群山绵亘,重峦叠翠。向南遥望,但见"黄海"好像一条银带,天水相连宛如水晶宫,大小鹿岛依稀可辨,因此而得名"天池在望",登临此处,真有"天海碧波极目处,心随帆影尽消魂"。

垒障留云

凤凰山的第二高峰箭眼峰高耸云端，时有云雾停留笼罩峰顶，淡似炊烟，浓如暮霭，从高处的"箭眼"中穿过，人们把这种自然景观称之为"山戴帽"。若逢久旱无雨，人们就盼望"凤凰山戴帽"，当地流传这样一句民谣："凤山戴帽，大雨就到"，"垒障留云"这一景观也成了当地人观察、预测天气的依据。

东地瀛洲

凤凰山上的"瀛洲"很有三仙瀛洲的气势，这就是古人所赞的"东地瀛洲"。自古城墙、石笋峰经杜鹃坡到达小石林，放眼远眺，有一片天地显出石林、黄山的景色，恰似传说中的"瀛洲"之美景。汇峰口北坡，丛生天女木兰，被称为"木兰峪"，西坡则以杜鹃花居多，称为"杜鹃坡"。每逢春夏，杜鹃灿烂，山雾弥漫，石笋若隐若现，有如瀛洲仙境。

凤凰山以其雄险的山岳型自然景观为主要特色，兼容历史文化古迹、边塞田园风光和民俗风情于一体，以"雄伟险峻，泉洞清幽，花奇树异，四季景秀"而著称于世，拥有"凤凰展翅扶白云，涧水蟠龙戏凤吟"的佳景，自古就吸引了众多的僧人道士来此修道观建寺院，李世民、忽必烈等帝王也曾巡游至此并赐额建塔。

千　山

我来连日苦风霾，
不见千峰剑戟排。
要识玉山真面目，
雪晴明月射苍崖。

——王寂《入千山》

【名山初识】

在鞍山市南25千米外，有一座峰峦起伏的大山，名唤千山，古称积翠山，又名千顶山、千朵莲花山。属长白山脉。相传这里原有999座山峰，当地人民造了一座人工山峰以凑足一千座山峰，由此得名为千山。千山自古以来就有"无峰不奇，无石不峭，无寺不古"的美誉。并有一线天、天上天、夹扁石等景点160余处，素有"东北风景明珠"的之美称，被称为"园林寺庙山岳型风景区"。

【名山览胜】

千山虽然地处北国,但是它具有南方诸山的灵秀,北方诸山的雄伟粗犷,明代程启充在《游千山记》中这样写道:"兹山之胜,弘润秀丽,磅礴盘结,不可殚数。使在中州,当于五岳等。"

天上天景区是自然景观为主,以奇峰、古庙、岩松、怪石闻名。天上天景区内有喜神、三星(福、禄、寿)、财神、文昌帝君等民间神祇为主的喜神殿、财神殿,文昌阁。

仙人台景区总面积22平方千米,海拔708.5米,为千山的最高峰,有千山"庙高不过五佛顶,山高不过仙人台"的之说。仙人台上有一块巨石,石顶上有南极八仙的石像,中间还刻有棋盘。

卧象峰的前面就是著名的三十三层天。这些石阶非常宽敞,一步一层天,每登上一级台阶,都有不一样的风情。有诗可证:"别有名天三十三,兴来拾级任登攀,举头试望绝高处,一色苍茫尽蔚蓝。"另外,在三十三层天左侧峭壁上有凿刻的八步踪印,非常险要,一步紧似一步,因而得名为"八步紧",过此处时人人都得小心翼翼,前人说:"绝顶苔青路未封,先人在此已留踪。要知为人吃紧处,一步何曾放得松。"

五佛顶上面基本上都是沙子,泥土很少,其上草木不生,如和尚光秃的头,故曰佛头山。它为千山第二高岭,也是千山唯一的一个高岭游览区,五佛顶平均海拔520米,虽然上面寸草不生,但是有不少帝王都游览过此处。

千山的宗教活动可以追溯到唐代,现在还有祖越、龙泉等12座寺观以及古塔、石碑、镌刻多处。

祖越寺为千山五大禅寺之一,建造的时间是在唐代。祖越寺山门的两侧树立着两块光绪年间立的石碑,上面刻有"天花乱坠"、"地涌金莲"8个大字,中会、议事及讲经说法的道场,因而得名中会寺。中会寺始建于汉代,后经唐、宋、元、明各代修建,现占地面积为527平方米。中会寺的天地楼是千山唯一一座庑殿式庙宇建筑,天地楼是砖木结构,面积21平方米,东西各有一座小门楼,千山五大禅林各有不同,其中大安寺最为独特。大安寺位于海拔600米以上的"文殊"、"普贤"的谷坳之中,在五大禅林之中一直以"雄旷"而著名。

无量观地处于千山北沟,为千山年代最早、规模最大的一座道观,修造于清康熙六年(1667年),无量观周围的景色十分优美,素有:"来到无量观,景点连成片。松塔石洞天,处处惹人恋。若想细观赏,须得一天半"的说法。无量观建筑最优美的要算"西阁"了,它依山而建,环境十分幽静。清代吕翼文写道:"潮月空山茗荚落,露风灵响海天高。"

五佛顶的普安观为千山海拔最高的一座道观。建有东西两座殿宇,左为老君楼,殿供奉着道教玉清宫主人太上老君,两边为吕祖(吕洞宾)及全真教龙门派创始人邱祖;右边的是关帝庙,关帝庙里面供奉着忠义财神关帝君,关帝君两边是当地的保家仙黑妈妈和药王孙思邈。

千山的塔大多为墓塔。无量观就有玲珑塔、许公塔、八仙塔、葛公塔、祖师塔五座古塔。玲珑塔为千山最古老的建筑之一,建筑于唐代。八仙塔于清康熙年间修建,高约10米,为六角七级精品花岗岩的密檐式宝塔,是此处为数不多的风景塔之一。

罗汉洞的年代非常久远,它是一个天然石洞稍加穿凿而成的,相传在唐代就已有此洞。洞内有两排罗汉像,共计18尊,这些罗汉塑像各具特色,笑怒坐仰,惟妙惟肖。在罗汉洞的上方有"无根石",它是由3块小石头支撑起一块大石头,上面刻有"无根石"三个字,据传说无根石就是《红楼梦》中的贾宝玉,而旁边的小树则是林黛玉。

1982年,千山被列为我国重点风景名胜区。

五 女 山

昏旦变气候,山水含清晖。
清晖能娱人,游子憺忘归。
出谷日尚早,入舟阳已微。
林壑敛暝色,云霞收夕霏。
芰荷迭映蔚,蒲稗相因依。
披指趋南径,愉悦偃东扉。
虑澹物自轻,意惬理无违。
寄言摄生客,试用此道推。

——谢灵运《石壁精舍还湖中作》

【名山初识】

五女山又称纥升骨城、合骨城、五龙山、五老山、郁灵山、于郎山、五余山,它坐落于辽宁省本溪市桓仁镇东北8千米处,屹立在浑江右岸,主峰海拔800余米，四周都是峭壁。相传有五女屯兵在此山上而得五女之名，直到现在山上仍存五女庙遗址。它突兀雄伟，巍峨壮观，五女山城是高句丽民族的开国都城，是世界自然遗产之一。

【名山览胜】

五女山一年四季风景如画，春夏之时，山上千枝竞秀，山下浑江水库碧波万顷；深秋之际，枫林似火，层林尽染；冬季则银装素裹，群山若银蛇飞舞玉龙奔腾。

五女山秀丽景观有60余处，在山底仰望赤壁，会看到一"猿"怀抱"小猿而笑"，像在欢迎远方客人的到来，此即五女山奇景之一的"笑猿迎客"。"笑猿"的斜上方，可见两位"修女"，头罩青纱，发垂双肩。再由南往北，巨石有如一头"雄狮"奔下山来，"鹦鹉"展翅欲飞，"仙鹤"昂首静立，千奇百怪栩栩如生，就像一幅巨大的画卷横挂在壁间。

"云松台"景观美不胜举，老松古拙，怪石嶙峋。迎宾松展枝招手致意，好像是在迎接来这里游玩的人们。经"残月洞天"便可登上"飞来峰"，此峰为五女山最佳景观之一，它朝笼轻纱，暮披彩霞，登上峰顶，漫步徘徊，宛如云中走，恰似天上游，使人不知云里雾里，难辨天上人间，游目骋怀，缱绻流连。

五女山主峰极像玲珑翠屏，周围悬崖峭壁，巍峨险峻。山顶地势平坦，土质肥沃，草木茂盛。站在太极亭向下俯瞰，从北南流的哈达河同由东向西的浑江交汇向东南流淌之后，自然形成了一座太极图形。据考察，这是我国唯一的一个八卦城，而五女山恰好就处在太极阴阳交会处，从而更加使这块土地充满了神奇的色彩。

五女山山城南北两端向东部凸出，东部中段内凹，形状有些像一只单靴。五女山主峰在山的半山腰处突兀崛起，四壁断崖像斧劈刀削一般，落差在百米上下，山势挺拔险峻，地形复杂多变。山城四周大部分是利用天然的悬崖峭壁做屏障，只是在东、南部山势稍缓处以及通往山上的豁口之处筑墙封堵。南北长约1540米，东西宽约350～550米，面积近60万平方米。山城分山上、山下两部分；山上部分就是该山的主峰，位于山城的西部与西南部，海拔高度平均在800米左右；西南部地势比较平坦，周围峭壁若削，相对独立于周围山势；南北长600米、东西宽110～200米，是古代人类活动的主要范围。山城城墙的墙基多是以两三层大石叠筑而成，其上压缝砌筑有楔形石，基宽5～6米，顶宽3～4米，并辟出南、东、西3个城门。

从天昌门隘口，往南走50多米，穿过一段丛林，就是一片开阔地，背风朝阳，相传是五女驻扎处，在正前方有一巨大奇石耸立悬崖之上，相传早年有一特大"乾坤宝镜"悬挂其上。左有一石如一只金凤,右若一龙昂首面对金凤,中间有一条石廊。在这周围,春天,团团映山红醉似春烟;秋天,片片枫林如飘彩霞,传说五女在习练武功后或演练兵马之余,经常来此歇息。

"天池"有7米多长,3米多宽,深1米多,水呈乳白色,常年不涸,澄鲜可饮,清洌爽口。池西就是陡峭的悬崖,上有古树,下有古洞,佛手藓苔,花草树木挂于壁间,常有云雾弥漫其间。扶梯而下,右有一道石缝,大约有1米宽。据老人讲,从前在这石缝中插有夹把钢刀一把,木柄虽有腐烂,但刀锋尚利,刀朝缝顶,两三个青年也难以把它拔出来。向上仰望约7米高处,石缝两旁各有石窟,可容人坐卧,相传当年五女山道士在此石缝上下自如,如遇到危难,便到此窟躲身藏宝,这便是有名的"夹壁通天"。由此伏身蹲行5米余,就是"盔甲库"(俗称狐仙洞),洞宽约4米,深约3米,洞中有水渗出,冬暖夏凉。

登临"点将台"上,眺望浑江水库,但见烟波浩渺,莽莽苍苍两岸色彩绮丽。点将台东侧有一石门,叫龙腾门,门旁一石崛起,似一只猛虎卧在那里,张着大嘴面对东方而长啸,石虎身后有一条10多米长的石龙,横卧在山间。据说,当年青黄两龙奉旨降于"龙山"(五女山),来伏高句丽开国皇帝升天,可是青龙去而复返,它留恋人间美景,不愿回转天庭,两次回到山中。时有一猛虎,救了青龙,自此留下虎啸龙吟,共同把守此门。

回转峰顶,下50多个石阶就到了"地运门",此门两侧绝壁对峙,门中石砌垛口及战垒今尚残存。来犯者若冲破山下之城,再破此门,便可直达峰顶。它与天昌门斜对,是一个要隘,立此门中一呼,声震峡谷,回荡壁间。"珍珠壁"高10余米,长20多米,绿佛手、白藓苔、垂兰草布满壁间。"清风口"是能从山下登上五女峰顶的一门,与天昌门仅距50余米,此处清风徐来,令身心为之一爽。

有关专家同时指出,五女山山城继承了中国北方先民构筑山城的传统,在城址选择、城区布局、墙体砌筑方法以及石料加工等方面又有了很多的创新,形成了一种非常独特的山城建筑形式,在我国古代城市建筑史上留下了光辉的一页。

【名山人文】

高句丽是中国少数民族地方政权,它曾经曾称雄于中国东北和朝鲜半岛北部,据历史文献记载,它于公元前37年建立地方政权,公元3~5世纪达到鼎盛时期,至唐总章元年(公元668年),被唐朝所灭,在历史上存续了705年。高句丽政权强盛时,曾统治着辽河以东、日本海以西、第二松花江以南、汉江以北的广阔区域,对东北亚的古代历史产生了深远的影响。

据史书记载，公元前37年，中国东北的夫余国王子朱蒙为躲避兄弟迫害，逃离夫余国南下，并以"纥升骨城"为中心建立了高句丽王国，为古代汉唐时期东北地区我国少数民族高句丽创建政权的第一个都城，据有关专家考证，"纥升骨城"就是五女山城。从此处开始，高句丽政权逐步扩大了活动地域，创造了高句丽文化，为华夏文化史添加了光辉的一笔。

公元3年，高句丽第二位王"琉璃明王"把王城从五女山山城迁到"国内城"（吉林省集安市），然而五女山山城作为高句丽早期王城及发祥之地仍然备受重视。此后数百年，山城不断续建，一直是高句丽重镇和交通要冲。在高句丽时期，这座山城始终未被敌人攻占。

明永乐二十二年（1424年），阿哈出（李成善）的孙子，释家奴之子，建州女真第三代首领李满居住于该山城的南麓瓮村。从此之后，五女山城一直是建州女真的防守驻地。出土的大量文物证实，此山城在唐、辽、金、元、明等各个朝代都曾驻兵或有部族聚居。

五女山素有塞北名山的美誉，古往今来，不知有多少文人墨客登临观赏，吟诗填词。曾任天津道尹的袁澍滋游览五女山后在诗中写道："突兀凌天穹，逶迤盘道开，幽深列万壑，涧谷随萦回。"又有："登盘鸟道频寻径，帽落龙山思御风。欲予慕容何处是（指燕慕容翰灭高句丽驻兵过此），萧森壁垒落丹枫。"风景优美的五女山会以她北方少女般的天真和纯朴恭候中外游客的到来。

吉 林 省

长 白 山

  长白雄东北，嵯峨俯寒州。
  迥临沧海曙，独特大荒秋。
  白雪横千嶂，青天泻二流。
  登封如可作，应待翠华游。

——吴兆骞《长白天池游记》

【名山初识】

  在我国吉林省东南部绵延着一条上千千米的山脉，它的名字叫长白山。因为吉林省的冬天特别寒冷，长白山地区一月份平均气温－20℃，而且冷的时间特别长，一年里有9个月的时间，山上都盖着白白的积雪，犹如一条银色玉龙横卧天际，加之长白山主峰长白色的浮石，看上去总是白皑皑的，于是，人们就把这冰雪的山林叫作长白山了。

  长白山地区的地势一般海拔都在1000米以上，主峰白云峰高2691米，是东北最高的山峰。海拔2500米以上的山峰有16座，总面积8000余平方千米，素有"立体资源宝库"之称，"白山"与"黑水"（黑龙江）已成为我国东北的代名词。抚松周围长白山区多古火山锥及火山口，中朝边界上的长白山天池湖面高度海拔2194米，为松花江之源，周围设有国际生物圈自然保护区。

  长白山为东北名山，也是满族、朝鲜族文化发祥地。280多万年前火山喷发形成的长白群峰、天池、温泉及瀑布，以及林海雪原中的奇异珍稀动植物等，引人入胜。长白山区集安、敦化一带分别有汉代高句丽及唐代渤海国古迹多处，其中集安将军坟，上下七级高13米左右，有东方金字塔之称。

【名山览胜】

  长白山的范围很大，里面有大片的原始森林，还有不计其数的各种各样的动物与植物。特别是这里的森林非常出名，人们都把长白山林区称作"绿色的宝库"。

长白山那里生长着一种特有的松树，叫"美人松"。笔挺的树干黄里透红，树杈伸出来，就好像人的胳膊一样，风一吹，枝条就轻轻地摆动，像是婀娜的女郎在翩翩起舞。远远看去，衬着云雾托着白雪的"美人松"就如同一幅美丽的风景画。那里的人常对游客说：只要看到"美人松"，就算到长白山了。长白山细密又洁白的白桦树，木质又细又白，而且很硬，经过加工，可以代替金属做成齿轮。白桦的树皮是白色的，剥下来可以当纸用。长白山大森林里，除了数不清的树木以外，还有许多名贵的药材，其中世人皆知的"百草之王"人参就生长在这里。我国是世界上最早发现并使用人参的国家，自古代的时候起，就清楚了它的用途。

来长白山游览观光，一定要去看长白山天池。长白山天池为火山口湖，湖面面积10平方千米，湖面海拔高度是2194米，平均水深204米，最深达370米，是我国第一深湖，也是松花江、图们江、鸭绿江三江之源。登上长白山能够看到玉柱峰、白云峰、鹿鸣峰、天豁峰、龙门峰、华盖峰、梯云峰、卧虎峰及三奇峰，高耸入云，好像一群列阵待发的英姿勃勃的武士。群峰之中，镶嵌着一泓碧玉般清澈的池水，这就是天池。这里无风时异常宁静，池水清澈见底。山峰在湖水中留下了自己的倒影，清晰得像是生长在水中一样。

美妙的天池不知吸引了多少古今中外著名的画家、摄影家、作家、诗人及游人来游历采胜。传说，天池原来是从天上落到人间的一面镜子。西王母有两个十分漂亮的女儿，一直没人能够分辨得出这姐妹俩谁长得更漂亮。在一次蟠桃盛会上，太白金星送给西王母一面神镜，一照神镜，妹妹比姐姐长得更美，姐姐非常生气，撒起娇来，一下子把神镜从天上扔了下来。神镜落到人间，于是就变成了长白山天池。

美丽的传说是有趣的，然而，天池的真正成因是长白山火山锥体形成以后，留下了一个漏斗形状的火山口，后来，火山口慢慢地积蓄了很多水就形成了湖泊。

长白山有着变化莫测的天气，刚才还是骄阳直射，突然间，乌云蔽日，狂风大作，雷电交加，片刻就会下起瓢泼大雨。有时则烟雾蒙蒙，飘起牛毛细雨，忽然间又雨霁雾散。这主要是因为长白山本身的自然条件决定的。天池的水冰冷刺骨，自古以来谁也没有在天池里见过鱼儿栖息的踪影。天池中虽然没有游鱼，可是天池却出现过"怪兽"的踪迹。据《抚松县志》记载，大约在100多年以前，有4个猎人来到山上打猎，当他们来到天池岸边的时候，发现天池里有一个怪物露出水面，这个东西全身金黄，脑袋有铜盆那么大，头上还长着角，脖子很长，嘴巴上还长着胡须。它正在低头摇晃，好像在吸水。当猎人爬到半山腰的时候，只听得轰隆一声响，回头一看，水里的怪物不见了。当时，猎人们都以为他们是遇到了"龙"。

1980年8月下旬，又传出关于长白山天池"怪兽"的消息。据说一些游客连续几天都看见天池里有大型动物在水里游动，他们描述说这种动物头大如牛，眼睛像乒乓球那么大，圆圆的，嘴向前凸，脖子又细又长，整个身子像牛那么大。1985年夏天，又有一些游人看到了"怪兽"。有人认为，这种"怪兽"很像英国尼斯湖中的尼斯菱鳍龙，可能是一种生活在6500万年前的蛇颈龙的后裔。

有的科学工作者分析认为，这很可能是生活在天池附近的黑熊或者是水獭跑到天池中洗澡，结果误被游人们认为是"怪兽"了。可惜，这些都没有足够的证据。而且，天池四周的环境也并不适宜上述动物的活动，"怪兽"的躯体也远比黑熊、水獭大。因此，这便成了一个未解之谜。

松 花 湖

> 松花江，江水清，夜来雨过春涛生。
> 浪花叠锦绣而明，彩帆画鸟随风轻。
> 箫韶小奏中流鸣，苍岩翠壁两岸横。
> 浮云耀日何晶晶，乘流直下蛟龙惊。
> 连旆映水翻朱缨，我来问欲非观兵。
> 松花江，江水清，浩浩瀚瀚冲波行。
>
> ——爱新觉罗·玄烨《松花江放船歌》

【名水初识】

松花湖位于长白山脉西侧，是1937年拦截松花江水、建设丰满水电站时，筑坝形成的大型人工湖泊，又称"丰满水库"。松花湖在吉林省吉林市东南17千米处，湖面约550平方千米，是我国东北地区最大的人造湖泊。水面沿原自然河道延伸，北起丰满电站大坝，南至桦树镇（桦树林子）附近，全长近220千米，曲折狭长，如一条飞舞的蛟龙，又像一串闪光的珍珠项链。湖水清澈澄碧，湖汊很多，宽处碧波浩渺，绵延近10千米；窄处两岸青山夹峙，倒影如墨。最大库容量可达到110亿立方米，为一个兼具发电、防洪、灌溉、航运、水产、旅游等多种功能的大型水利枢纽工程。

【名水览胜】

1998年国务院批准松花湖风景区为国家重点风景名胜区，还名列国家4A级旅游区名单，为全国旅游热线之一。湖区景色秀美，山清水秀，有人称赞它兼具"黄山之奇，漓江之秀"。湖周崇山峻岭环绕，重峦叠翠，岩崖峻峭，林木苍郁，群山抱绿水，碧波绕青山，如山水画卷般怡然舒展。因有两岸青山夹护，多数时候湖面波澜不兴，恬静柔美。风和日丽之时，天光水影，一片浩瀚波光闪耀于苍山碧野之中，蓝天、白云、青山的倒影随波荡漾，白帆点点，鸢飞鱼跃，放舟畅游，能够体会到"舟行碧波上，人在画中游"的诗般意境。

松花湖一年四季景色鲜明，皆具游趣。阳春三月，湖岸山坡上林木吐翠、野花竞放，充满勃勃生机；踏青游船，陶然自得。夏季为游湖的最佳时节，这时乘船上溯，群山葱茏，鸟鸣幽谷，空气清新，凉风习习，让人感到透体舒爽，暑气全消；野浴避暑，清爽宜人。金秋时节来此，但见层林尽染，火红的枫树、橘红的橡树、金黄的落叶松、米黄的白桦树尽染一湖秋水，放眼四望，群山万紫千红，斑斓绚丽；游山垂钓，别具雅趣。而一进入数九隆冬，四周群山银装素裹，玉树琼花，湖水冰结，面平如镜，一片冰清玉洁的世界；上山打猎或凿冰捕鱼，意兴盎然。

松花湖风景区自然景观奇异壮观，素以水旷、山奇、石异、林茂、雪佳著称。丰满水电站大坝是松花湖的出口处，高91米、长1000多米的大坝将松花江拦腰截断，使湖水形成67米的落差，越坝飞流直落江中。如白练悬垂，喷珠溅玉，彩虹闪烁，极为壮观。大坝40千米以内，湖面开阔，港湾曲折秀丽，分为松疗、骆驼峰、北天门、五虎岛、卧龙潭、凤舞池、富太、石龙壁、青山雪场9个自然景区。从丰满码头乘船上溯40千米，自石龙壁继续南行，越往上游，湖越窄，山越陡，林越密，景色也更为幽美，醉石坡、摩天岭、鹰嘴砬子、美松岩、拉法河口、牡丹峰、额赫岛等十余景点就像翻阅一幅幅山水画卷，一一展现，连绵不断，令人目不暇接，流连忘返。

松花湖中有大小岛屿100多座，著名的有金龟岛、五虎岛、湖心岛、蘑菇岛、花砬子岛等，玲珑别致，形态各异，好似一颗颗璀璨的珍珠镶嵌在绿色的天鹅绒上，又像朵朵出水芙蓉点缀于碧波之中。

五虎岛为松花湖中最著名、面积最大的岛屿，也叫"五虎山"，从空中俯视，岛的形状就像5只老虎在水中嬉戏。五虎岛是湖区的中心景区，岛上林木苍郁，野花飘香，连水桥、望湖台、五虎亭廊等错落分布，岛下沙滩平缓，碧水微波。人们可以登岛观光、游泳、垂钓、泛舟、野餐，尽情享受大自然的慷慨馈赠。从五虎岛上行，不久即可抵达因沿岸一个个小砬子凸出湖面而得名的花砬子岛。花砬子岛被人们誉为松花湖景色最美的地方，有"湖之骄子"美称。岛上山色青翠，松柏挺秀，怪石林立，加之环岛碧幽幽的湖水，呈现出一幅水静、松秀、石奇的风景图画，特别是在天高气爽的金秋季节，枫叶火红，遍染远山近岭，衬以蓝天、白云、青松、碧水，更是色彩缤纷，绚丽夺目。离电站大坝不远的金龟岛，面积只有500平方米，其形就像一只大龟凫于水上，有头有尾，惟妙惟肖。岛上绿树满崖，郁郁苍苍，金山亭屹然耸立，红柱黄瓦，气派不凡。石龙壁下游的蘑菇岛，环境幽雅，景色殊佳。

湖东西两岸，座座峰岭形状各异，巨石峭岸奇峻挺拔。电站大坝不远处的骆驼峰，山形如一头蹲伏水边的骆驼，神态酷肖。上游的牡丹峰，民间传说很以前住着牡丹仙子，从此山上开遍牡丹花和芍药花，十里飘香。还有蜂巢满山的滴蜜峰，峰峦连绵的三十三峰，一柱擎天的梃峰等，千姿百态，美景天成，游人观之，不禁要感叹大自然造化之神奇。

官马溶洞位于松花湖南岸，是一处北方少见的熔岩洞穴，千姿百态的钟乳石，琳琅满目，绚烂多彩，就像一座神奇辉煌的艺术宝殿。

湖区森林茂密，郁郁苍苍，林地面积近3000平方千米，占湖区总面积的72%。茫茫林海中，柞、杨、桦、榆、柳、椴、槭、胡桃、楸等阔叶树，红松、白松、鱼鳞松、落叶松、云杉等针叶树密布，到处是松韵林涛。步入寂静的山林，仿佛置身于绿色的海洋，让人心醉神迷。

松花湖渔产丰富，品种繁多，湖中盛产鱼类有松花白鱼、湖鲤、银鲫、鳊花、鳌花、青鳞、红鳍鲌、白鲢等56种，素有"三花、五罗、十八子"之说。远近知名的松花白鱼，鱼体扁长，肉质鲜美，被人们誉为松花湖中的无上佳品。

明媚绮丽的湖光山色，四季分明的气候条件，典型的东北民俗文化特色及丰富的特产资源，又因其特殊的火山地形，松花湖风景区形成了一个集游览、观光、疗养、度假以及游泳、划船、狩猎、冰上运动等多功能为一体的风景旅游胜地，不愧为"北国山水胜境"。

黑龙江省

镜泊湖

泛舟南北两湖头,
到处青幽不用求。
水碧山青宜入画,
游人欣赏愿勾留。

——董必武《游镜泊湖》

【名水初识】

镜泊湖以湖平似镜而得名,旧名湄沱湖,唐代称忽汗海,明清称必尔腾湖。镜泊湖湖面由于地形的原因呈 S 形,南北长约 45 千米,东西宽约 6 千米,最窄处不到 0.5 千米;湖面积近 90 平方千米,是我国面积最大的熔岩堰塞湖。镜泊湖的蓄水量约为 16.3 亿立方米。海拔为 350 米,湖水南浅北深,最深处,达 62 米,而最浅处仅有 1 米。

在地质年代属于第四纪更新世的中晚期(距今大约 1 万年),镜泊湖地区发生了强烈的火山活动,喷溢出大量的玄武岩岩浆,熔岩流沿着低洼的山谷、低地流动,把牡丹江拦腰截断,形成一座天然的拦江大坝,上游江水不断,受阻于熔岩大坝,江水上涨,于是在上游成了一个大湖。水位漫过大坝后,便从大坝上溢流而过,形成一道大瀑布,这就是现在的吊水楼瀑布。不过,牡丹江的河谷原本就是断裂作用造成的地堑谷,所以镜泊湖的形成显然也包含断裂作用的因素。不过,从湖泊的成因面讲,主要是熔岩流堰塞牡丹江的结果。

【名水览胜】

镜泊湖是我国东北地区一大风景名胜区。每年夏秋季节,湖区内山清水秀,环境清幽宁静;鸟翔鱼跃,充满生机。从湖的北岸乘游艇溯波而上,一路可以饱览湖光岚影,山林秀色,包括吊水楼瀑布、白石砬子、大孤山、小孤山、珍珠门、道士山、老鹳山等景点,妙景无边,浑然天成。

镜泊湖整个湖区就是一个绿宝石的世界，湖畔蜿蜒起伏的群山覆盖着茂密的树林，山谷幽静，野草芬芳，极富情趣。特别是湖的西北，有一个古火山口，面积达数万公顷，火山口中生长着许多高大的松树，人称"地下森林"。地下森林附近还有一个值得观赏的景点是"熔岩隧道"，这是由于大体积的岩浆在流动过程中，由于外部的岩浆冷却得快，冷凝成了坚硬的外壳，而内里的岩浆还处于熔融状态，随着流动，内里的岩浆却流走了，留下了巨大的空洞，形成了"熔岩隧道"，这些都是浏览镜泊湖的游人必到的景点。

镜泊湖环境幽雅，风光绮丽，湖周围很少有人工建筑，没有亭台楼阁的点缀，唯有黛色山峦和葱郁的树木，映在湛蓝的湖面上，一派天然原始、恬静秀丽的大自然风光。湖北岸的半岛上有一幢幢建筑别致的小别墅，掩映在葱茏绿荫中，这就是镜泊山庄。整个景区峰峦叠翠，湖水碧澄如镜。湖光山色和附近的熔岩隧道、地下森林构成一派奇妙幽邃的镜泊风光，文物古迹和自然风光浑然一体。是我国北方著名的风景区及避暑胜地，被誉为"北方的西湖"。

镜泊湖风光秀丽，美景相连。著名的景点有八处：吊水楼瀑布、大孤山、小孤山、白石砬子、老鸹砬子、珍珠门、道士山和城墙砬子。

从镜泊山庄北行，翻过一道山梁，走不多远就是吊水楼瀑布。这里是镜泊湖水泻入牡丹江的出口。瀑布是宽约40余米的湖水漫过熔岩坝，从20米的高处飞泻而下，瀑潭深约60米，是我国三大瀑布之一（黄果树瀑布、壶口瀑布、吊水楼瀑布）。吊水楼瀑布宛若一幅悬挂在山水之间的白色素练，喷珠溅玉，气势壮观；响声如雷鸣，数里之外即可听到。

白石砬子就在镜泊湖边，有两座陡峭的石壁，突出湖岸，直插水中，高耸云天，威武雄壮，青山绿水相衬，就似一幅山水画。

由白石砬子往南就是大孤山。大孤山由花岗岩组成，山呈牛背形，露出水面约150米，孑然一身，其名称就是由此而来。山上林木荫郁，岸边草青沙白。

从大孤山往上行，水面上有一座刺猬般的小礁山，此即小孤山，小巧玲珑，形似盆景，可以算得上是八大景中之精品。

城墙砬子位置在小孤山西南岸上，山岩峭立，怪石峥嵘，山上留有一座古城遗址。据考证，此处是渤海国上京路湖州古城，为一屯兵重地。地势险要，居高临下，可控制整个湖区，虽历经千年，城墙大部分仍巍然屹立，可知其当年之坚固。在游艇上遥望城墙砬子，可见山城依山势走向修筑。登城俯瞰，镜泊风光，尽在眼底。

过了城墙砬子，就是珍珠门。但见两座玲珑小山，像似珍珠，对峙湖中，中间相距约10米，宛若一道天然门户。

道士山在湖的南部，峰峦起伏，山林幽静。山上有座庙墟，据说建于清咸丰年间，名叫"三清庙"。湖畔有九山的岭脊延伸向湖中的道士山，而道士山又似一颗明珠，因此人们把这里的景观称之为"九龙戏珠"。

老鸹砬子是湖中一座小岛，因为它好像一个老鸹趴在湖中而得名。山上苍松翠柏，无数老鸹栖息于密林之中。

若逢风和日丽，泛舟湖上，湖面似镜，波光粼粼；点缀在湖中的葱茏岛屿和北岸的"镜泊山庄"相互映衬，青山倒影，湖光山色宛如仙境："吊水楼"瀑布轰鸣直泻，雪雾四溅，更添异彩。

镜泊湖不仅风景如画，而且水产资源丰富，出产的银鲫最为名贵，鱼体大，肉嫩而鲜美，旧时曾作为"贡品"专供宫廷之用。

环湖高低起伏的山地上，森林茂密，郁郁葱葱。湖区的森林资源丰富，盛产红松、冷杉及鱼鳞松等。野生动物与土特产资源也很丰富，有珍贵的东北虎、鹿、貂和人参等。镜泊湖于1982年被列为全国重点风景名胜区。

五 大 连 池

五池十四山，
地火冲云天。
雄狮踞石海，
群山立水间。

——张爱萍《五池十四山》

【名水初识】

五大连池也称五大莲池，位于黑龙江省小兴安岭西侧的五大连池市，讷漠尔河支流——白河上游，由5个串珠似的湖泊组成，因而得名。五大连池本是白河的河道，由于火山喷发，大量熔岩外溢，填塞了河谷，形成5个互相连通的湖泊。5块纯净、瑰丽的翡翠，镶嵌在14座巍然耸立的火山之间，人们称其为："五湖浩瀚环翠峦。"跟周围保存完好的火山地貌连成一体，构成一幅优美、自然、和谐相配的火山风景区，山环抱着水，水倒映着山，山因水妙，水因山秀，恰似一幅天造地设的美妙图案。

五大连池为我国仅次于镜泊湖的第二大熔岩堰塞湖。由头池、二池、三池、四池与五池组成，总面积18.47平方千米。其中三池最大，面积8.4平方千米；头池最小，面积仅0.18平方千米；二池最深，达9.2米；头池较浅，水深2米。总蓄水量约1.7亿立方米。

五大连池湖水澄碧，好似5颗晶莹夺目的绿色宝石，被白河串联起来，蜿蜒在群山之中，自北向南缓缓流淌。

五大连池为我国火山地貌与生态系统自然保护区，有"火山地貌博物馆"之称。周围有14座火山，其中12座是万年以前形成的旧期火山，山体表面覆被物多，生长着茂密的森林。有几座火山口内已积水成湖。而老黑山与火烧山则属于近期火山，其最后喷发时间距现在仅有200多年，地面覆被物较少，当年火山喷发后留下的火山景观至今保存得比较完好，因此，五大连池以及火山的景观很受科学家的重视，可以说是世界级的火山研究考察基地。

【名水览胜】

老黑山，山势高耸，相对高差达166米，是14座火山中最高的一座。山的东、北两侧有盘山道可通达山顶，山顶有保存完好的火山口，呈漏斗状，直径350米，深达140米。寸草不生，只有紫红、棕红以及黑褐色的火山砾、火山灰。火山口周围有人行步道，俯视火山口底令人望而生畏。立于山顶极目眺望，全区景观尽收眼底。俯视山下，互相连通的五大连池如同5面镜子平置山下，由亮晶晶的丝带般的河流连接起来。加上跟它们水脉相通的药泉湖、月牙湖，就像一串明珠镶嵌在火山之间。山上东北角有火山溶洞，溶洞内熔岩倒挂，形态千奇百怪。在老黑山的南坡有两个熔岩空洞，一个叫水帘洞，一个叫仙女宫。洞顶和洞壁遗留着棘刺状的熔岩钟乳，形状各异且奇特。水帘洞中不时从洞顶滴下晶莹的水珠，雨季则垂挂丝丝水帘。仙女宫蜿蜒曲折，洞底长年覆盖坚冰，寒气逼人。

从老黑山向东北，可以看到另一座浓黑色的破裂山头，这便是火烧山。相对而立的山锥全是由棱角分明的黑红两色石块堆积而成，没有植物生长，远看又黑又红，仿佛被大火烧过一般，故得此名。山坡上盖满了厚厚一层直径十几厘米的浮石块。在浮石块中，到处可见到表面有龟裂而未破碎的"火山弹"。火烧山上建有嘹望塔，遥望四野，是一幅壮观而奇妙的火山群画卷。

五大连池火山群分布之集中，原始地貌保存之完整，地质现象之齐全，在国内外都属罕见，让地质学家们叹为观止。

由于火山活动，这里的地下水富含各种对身体有益的矿物质与二氧化碳，因此五大连池的矿泉水一直以"药泉"而著称。药泉山下的南泉被誉为"圣水"，能治疗多种疾病。此外还有北泉、翻花泉等。根据研究和观察，这里的矿泉水属于我国少有的碳酸冷矿泉水，水温低、有辛辣感、多气泡，饮之似冰镇汽水，洗之如千万根银针穿透肌肤。饮浴结合，对消化系统、心血管系统、神经系统和皮肤疾病有显著疗效。

独具特色的山石景观、辽阔的水面以及富于季相变化的野生植物相互配合，形成了五大连池兼具山秀、石怪、水幽、泉奇4大特色的独特风貌。

五大连池具有其他游览区见不到的特殊景观，这是由于火山熔岩形成的丰富地貌和山、水、森林融合在一起构成的。在火烧山景区，有桦林沸泉及石浪闻声等景点。到了千里冰封的严冬，此处还有温泊云雾及三池冰裂奇观。温泊云雾景象出现在头池西岸的石龙台地，寒冷的冬天里，虽然气温都在零下十几、二十几甚至三十几摄氏度，但这里的泉水温度仍高达14℃，台地上会袅袅升起一层云雾，非常壮观。三池冰裂，是一年一次的冬季"冰裂"奇景，湖在寒冬里，当湖水冰冻到一定程度时，出现水瀑裂，湖水上涌之奇观。

五大连池还是一个天然资源丰富的大宝库。有数百亿吨的玄武岩、数千立方米的浮石及上百万立方米的火山砾，这些都是制造水泥、铸石、岩棉等建筑材料的最佳原料。湖中鱼类众多，大鲤鱼、鲫鱼及鳌花鱼驰名省内外。五大连池火山群为我国第一个火山群自然保护区，并将修建成一个面积广阔、山水相映、风光奇异的火山公园及疗养胜地。五大连池于1982年被评为全国重点风景名胜区，为中国旅游胜地四十佳之一。

兴 凯 湖

垂钓绿湾春，春深杏花乱。
潭清疑水浅，荷动知鱼散。
日暮待情人，维舟绿杨岸。

——储光羲《钓鱼湾》

【名水初识】

兴凯湖被誉为北国的"绿宝石"，位于黑龙江省鸡西市密山县东南方中俄边境上，为我国最大的国际界湖，也是世界上最大的淡水界湖。

兴凯湖也叫兴开湖，"兴凯"、"兴开"是满语，是当地赫哲语"肯卡"的谐音。其意是："水从高处向低处流"。唐代把这个湖称作湄沱湖，辽金时代称为北琴海，清代改称兴凯湖。湖身呈椭圆形，由北向南延伸，面积为4380平方千米，是东亚大湖之一。兴凯湖本是我国内湖，1860年中俄《北京条约》签订后，就成了中俄界湖，只有大约三分之一的水域在我国境内，三分之二在俄境内。

兴凯湖由大、小两湖组成，中间被一道山冈分开，冈上林木葱茏，十分秀美。小兴凯湖面积140平方千米，温柔恬静，鱼跃鸟飞，帆影点点；大兴凯湖烟波浩渺，天水一色，横无际涯，气势磅礴，被人们称为绿宝石。

两湖之间原有一条狭窄的水道相连，洪水时期，小湖的水可流入大湖；枯水时，大湖的水灌进小湖。如今，只有水涨时期，两湖才可相通。湖东南岸多淤湿地，西岸岗丘起伏，西北岸耸峙着完达山，海拔640余米，北岸沙岗绵延，林木葱郁。1996年，中俄两国政府签署了《关于兴凯湖保护生态的协定》，兴凯湖成为我国与俄罗斯共同保护的一处自然保护区。

兴凯湖的面积仅次于青海湖，而远远超过我国第一大淡水湖鄱阳湖。湖面海拔68米，最深处达10米。入湖之水有9条，湖的出口在东北，曲折北流为松阿察河，注入乌苏里江，是乌苏里江源头之一。湖中鱼类资源丰富，白鲢、鳊花、鳌花、鲤、鲫鱼等都很有名，大马哈鱼亦是名贵之品，而翘嘴红鲌尤为上乘，俗称兴凯大白鱼，为我国四大名鱼之一。

兴凯湖水域辽阔，浩瀚如海，具有特殊的风光魅力。岸边的沙滩似一条金黄色的锦缎，是不可多得的天然游泳场。这里的天空、浪花、水鸟、树木、沙石，都蕴含着质朴、粗犷、烂漫的气质，对于那些热爱大自然，追求妙趣天成的人来说，是一处非常理想的旅游胜地。而北面的小兴凯湖，水则比较浅，湖荡中雪白的芦花像波浪一般起伏荡漾，别有风情。

兴凯湖地势较高的湖岗是温带针阔混交林，沼泽草甸生长着小叶樟、芦苇、沼柳。大片的湿地给鸟类提供了理想的栖息地及丰富食物，这里有鸟类190种，其中候鸟150种，有国家一类保护动物丹顶鹤、白尾海雕、金雕、东方白鹳等。每年3月下旬至4月初，都有几十万只各类候鸟，从南方国内外候鸟越冬地纷纷回到兴凯湖地区，或作短暂停歇，继续飞向北方，或在这里开始繁育下一代，成为一道靓丽的风景线。兴凯湖湿地总面积2800平方千米，2002年被世界湿地组织列入世界重要湿地名录，获得了拉姆莎尔公约组织颁发的《国际重要湿地证书》，为世界最大的湿地之一。

上 海 市

淀 山 湖

疏星残月尚腾眈,闪人烟波一棹风。
始觉舟移杨柳岸,直疑身到水晶宫。
乌鸦天际墨半点,白鹭滩头玉一丛。
欸乃数声回首处,九山浑在有无中。

——卫泾《淀湖》

【名水初识】

淀山湖是天然淡水湖泊,又称薛淀湖,位于上海青浦区西,距市区50千米。湖跨江苏昆山、上海青浦两个区县,北接阳澄湖、西通太湖,又与黄浦江、吴淞江相通。湖呈葫芦形,东西宽约7.5千米,南北长约15千米,面积63平方千米。古代这里原是陆地,秦汉时陷落为湖。湖中原有淀山,湖名就源于此。宋朝时,淀山上遗有三姑祠、普光王寺、鳌峰塔等建筑。今淀山在湖东朱家角镇附近,已远离湖边2千米的陆地上。湖水碧波,绿树葱茏,湖岸烟笼绿树,鸟翔蓝天,田畴缀地,村舍片片,一派江南水乡风光。

烟波浩渺的淀山湖有杭州西湖的11倍大,为上海地区最大的淡水湖。素以景色优美与仿古建筑著称。湖边苇叶铺成绿云,野鸭悄然凫游,好似一幅淡淡的水墨画。

【名水览胜】

淀山湖风景旖旎,气候宜人,景点繁多。

大观园建造于青浦淀山湖畔,分东西两个部分。东半部以自然风光及植物造景为主。"梅坞春浓"景点栽种梅花4000余株,分红、绿、白三种。初春欲暖还寒之时,梅花吐艳,暗香浮动,是上海的赏梅胜地。"金雪飘香"桂花园,植桂树3000余棵,分金桂、银桂、丹桂、四季桂4个品种,是上海种植桂树最多的园林。金秋时节,桂花盛开,香飘数里。"柳堤春晓"是一条长达380多米的人工堤,堤上柳绿花红,堤外碧波万顷,水天相连,淀山湖全景尽收眼底。"群芳争艳"百花园,一年四季花开不绝,一块近3万平方米的天鹅绒草坪,就像丝绒地毯一般。整个游览区种植各种花木达34万余株,是上海这个大都市边缘的一片绿洲。游览区西半部即大观园,这是一座以古典名著《红楼梦》为蓝本,占地近9公顷的仿古园林。建有大观楼、怡红院、潇湘馆、蘅芜院、藕香榭、稻香村、梨香院、栊翠庵、曲径通幽处等20多处景点,建筑精美,风格典雅,展现了明末清初时的古典园林风貌。大观园游览区前面有一条"石城古风"的仿古街道。内有一高达47米的七层仿古宝塔青云塔。此塔既是宝塔,也是水塔,第六层是储水箱,塔景秀丽壮观。登塔眺望,景区风光尽在眼底。

日月岛是避暑休闲的胜地,位于淀山湖畔,岛上鸟语蛙鸣,林木繁盛,4000多平方米的内湖荷塘,夏日荷花满池,营造出"接天莲叶无穷碧"的意境。在1万多平方米的外湖水域,可欣赏碧波万顷的水天风光。疏朗自然的庭院式建筑,掩映在浓浓的绿荫中,更增添了一份宁静的气氛。近1万平方米的淡水游泳场,任人挥臂劈波斩浪;沪上唯一的3000平方米的沙滩,随人徜徉休憩,这是由专门从外地运来的2000余吨黄沙堆垒而成的。阳光、沙滩、碧波、绿树,勾勒出了上海特有的"海岛风情"。

朱家角镇位于上海市青浦区中南部,紧靠淀山湖风景区。东临西大盈与环城分界,西濒淀山湖与大观园风景区隔湖相望。早在宋、元时期,朱家角地区已形成集市,后因水运方便,商业日盛,逐渐形成集镇,至明万历年间遂成繁荣大镇。清代以后,成为青浦县西部的贸易中心。1991年被国务院命名为"中国文化名镇"。朱家角历史悠久,旅游资源丰富,素有"江南明珠"之称,1991年,被列为上海四大历史文化名镇之一。镇区36座古桥,古朴典雅,9条长街临水而建,民居宅地依水而建,一式明清建筑,古风犹存。尤其是横跨于漕港上的明代建筑五孔石拱放生桥,造型优美,极为壮观,是上海最古老的石拱桥之一,为上海市级文物保护单位。镇西北有马氏课植园,亭台楼阁,风格各异,布局稀疏得体,有望月楼、五角亭、逍遥楼、宴会厅、打唱台、书城、书画廊等建筑。还有城隍庙、珠溪园等处胜迹。

东方绿洲位于上海青浦淀山湖畔,占地3.37平方千米,内设知识大道区、勇敢智慧区、生存挑战区、科技探索区、水上运动区、生活实践区及运动训练区等八大园区。是全国首屈一指的青少年校外教育营地,是集旅游观光、休闲度假为一体的综合性旅游景点。东方绿洲水上活动区面积1.33平方千米,这里水域浩渺、植被苍翠、水木清华、风光旖旎,园内一步一景,处处体现出中国园林博大精深的内涵。南面有河道、湖泊、小桥、树林、竹林、古木、奇石、大草坪和植物园,气象万千,美不胜收。北面有西班牙、英国、美国式等30多幢公寓鳞次栉比、尽显异国风情,网球场、沙滩排球、游泳馆……现代化度假设施应有尽有。

江苏省

茅 山

（一）
千古人豪去，空山尚有祠。
竹深荒旧径，藓合失残碑。
（二）
云雨罗文藻，溪泉系梦思。
老僧殊未解，犹自索题诗。

——王守仁《李白祠二首》

【名山初识】

茅山坐落于江苏省境内，耸峙于镇江、句容之间，高 370 米，长百里，整个山体大致呈 S 形，略作南北走向，它和宁镇山脉共同构成一个倒"山"字形构造。茅山古称句曲山，亦名冈山、地肺山、已字山。传说西汉景帝时，有茅盈、茅固、茅衷兄弟三人，从陕西渭城（今咸阳）来此山隐居修道成仙，号称"三茅真君"，因此后人改句曲山为三茅山。《三茅歌》曰："茅山连金陵，江湖据下流"，因而三茅山又被称为茅山。茅山景色秀丽，峰峦逶迤，林木幽深，道院建筑宏伟，道观林立，素有"宫观甲天下"之名，另外也是抗日时期的重要革命根据地。

【名山览胜】

茅山自然景观独特秀美，有九峰、十九泉、二十六洞、二十八池之佳景，重峦叠嶂，云雾飘荡于山间，气候十分宜人。山上奇岩怪石林立密集，大小溶洞幽深迂回，灵泉圣池星罗棋布，曲涧溪流纵横交织，绿树成荫，青竹挺立，物华天宝。宋代政治家、诗人王安石在《登大茅峰》一诗中，更以浑厚的笔法，描写了茅山的雄姿，诗中写道："一峰高出众峰巅，疑隔坐沙路三千。俯视烟云来不及，仰攀萝茑去无前。"

茅山道院

茅山道院即茅山道教宫观，始建于西汉时代，距现在已有 2000 多年的历史。茅山道院建筑规模宏大，全盛时期有 257 座宫观，在道教之道观中有着卓著的地位，是中国著名的道院之一，也是道教茅山派的发祥地。

传说自西汉三茅兄弟在此修炼得道成仙之后，东晋葛洪、梁代陶弘景、唐代吴筠等人，曾相继来到此处修道。陶弘景（公元 456—536 年）是南朝齐梁时期著名的道教思想家、医学家，在齐朝官拜左卫殿中将军。到梁代时隐居茅山，梁武帝礼聘不出，但朝廷有大事必来咨询，时人称他为"山中宰相"。归隐茅山后，他专心研究医药，为百姓治病，深得山中百姓的尊敬与爱戴。这就是茅山有"秦汉神仙府、梁唐宰相家"这一说法的来历。

陶弘景在茅山修建道观，遵奉"三茅真君"，现尚存九霄万福宫、元符万宁宫。九霄万福宫建在大茅峰之巅，故称顶宫。它依山而建，气势雄伟，现在保存下来的主要殿堂有灵官殿、藏经楼、太元殿、三圣殿、飞升台等。

元符万宁宫简称元符宫，也称印宫。它位于大茅峰以北的积金峰，始建于唐时，盛兴于宋代。现存两座宫殿和一座道院，有观看星斗与气象的睹星门和石牌坊。牌坊东西两旁，各有一米见方的 4 个石刻大字"第一福地"、"第八洞天"，据说是宋代苏东坡所书。东侧有一幅用青砖砌成的八卦阵图，塑有青龙、白虎、南北二斗以及护法神缯等神像。明代的"三天门"石雕，雕琢精美，形神兼备。宫内的"黄鹤常临"乃是康有为的"众妙"之石刻，刚劲有力。

茅山道院内珍藏着的 4 件玉器乃宋哲宗皇帝所赐。一块是上刻"九龙仙都君印"的玉印，后来作为茅山道院的山印；一块是有墨色花纹，形如蝙蝠的玉圭；一个哈砚，即一个四方小砚台，放在手中哈一下，就可润笔写字，石质既似玛瑙又像水晶，属硅质矿石，形似金鱼；还有一件玉质镇心符，称玉符，上刻"合明天帝日"字样。这 4 件珍贵文物，被当作茅山的"镇山四宝"。

茅山溶洞

茅山上有很多石灰岩溶洞，有二十六洞之说，古代已有"第八洞天"之誉。久负盛名的华阳洞、玉柱洞、仙人洞在汉代就已名扬江南。

位于积金峰附近的华阳洞远近闻名，深不可测，为茅山最大的溶洞。其洞口刻有"华阳洞天" 4 个大字，乃是清代康熙皇帝亲笔所书。唐代文学家、诗人韩愈的诗句"想君直入华阳洞,割取乖龙左耳来",即是指此洞。关于割龙耳的神话,相传还是从晋朝流传下来的。据说那时有位名叫吴绰的药农,来到华阳洞口采药,见一小孩在松树下玩着三颗大珍珠,吴绰就问他是谁家孩子,小孩看到有人来,立即飞奔洞内,把三颗珠子塞进耳朵里,摇身一变,化作一条小龙。这时吴绰手疾眼快,举起斧子劈下小龙的左耳,一刹那小龙便消失了。在华阳洞附近还有许多小山洞,比较出名的有仙人洞、玉柱洞、蓬壶洞等。这些溶洞都笼罩着神奇的色彩,以其深邃莫测的洞身,迷宫一般的回廊,千姿百态的钟乳石而让游人叹为观止。

仙人洞在大茅峰北侧,洞深有几百米,上下共有三层,层层相通。下层洞中,石笋、钟乳石、大理石(汉白玉)比比皆是,绿白相映,疑为翡翠。洞中还有怪石嶙峋,潺潺流水,构成溪、涧、泉、桥、山、洞中之洞。中层洞中有4座大厅,厅中的石灰岩结晶体颜色各异,有的如白玉,有的似胭脂,有的如翠竹,形状千姿百态。上层洞中烟雾缭绕,人行其间,就好像是在腾云驾雾。

玉柱洞在仙人洞之南,洞中有一高大石柱,直径2米,高3米左右,呈螺旋式,色泽棕褐,光滑洁亮。据有关地质学家考证,此柱是在5万年前形成的,形成的过程是由石笋与钟乳石逐渐连接而成,在我国十分罕见。

茅山风景秀丽,人文景观悠久珍贵,素有"第一福地","第八洞天"之美誉。为此,历史上有很多文人雅士慕名而来,曾留下了二百余篇赞美茅山风光的诗词,其中唐代诗人皮日休在诗中赞美道:"坛上古松疑度世,林间幽鸟恐成仙。不知何事迎新岁,鸟纳裘中一觉眠。"

云 台 山

青山面面削芙蓉,咫尺犹疑千万峰。
野草逢春都是药,碧潭和雨半藏龙。
池开锦镜晴波阔,路入珠林暖翠重。
试采新茶寻涧水,一双玄鹤下高松。

——陈濂《雪窦寺》

【名山初识】

坐落在江苏省连云港市近郊的云台山,古时称郁州山,隋代称郁林山,唐宋时则叫苍梧山。云台山原本只是黄海中的一座孤岛,清康熙十年(1711年)前后,才与陆地相连。它景色秀丽,独具神韵,被誉为"海内四大名灵"之一,明嘉靖年间道教兴盛，道士云集达 2 万之众，云台山又被誉为"七十一福地"、"东海第一胜境"。

云台山是一座逶迤 30 多千米的山脉，从西至东分前、中、后三山，其中前云台山范围最大，地势也最高，山中有 166 座高峰，景区内就有大小秀丽的山头 134 座，主峰玉女峰，海拔 625 米，为江苏最高峰。山岳地层经长期的海水侵蚀冲刷及频繁的地质变化，形成了千奇百怪的海浪石、海蚀洞等壮丽的石海胜景。

云台山风景以山水岩洞为主要特色，包括海滨、宿城、孔望山和花果山 4 大景区。面积约为 180 平方千米。

现在的花果山上，殿宇亭阁大都修葺一新，恭迎远方来观光的客人。

1988 年，云台山被国务院公布为国家级重点名胜风景区。

【名山览胜】

海滨

海滨景区风光美丽，别墅依次排列，实为避暑消夏、休闲游说的好去处。龙门海滨浴场，游泳沐浴两相宜，来此可尽情领略大海情趣。

宿城

宿城景区位于市东南郊，因唐太宗李世民在东征时曾在这里住过一宿而得其名。据说当年李世民拴过马的古松依旧还在。宿城景色以肥山瀑布为最佳，为观瀑布在山腰建有观瀑亭。

孔望山

孔望山景区的特点可用一"古"字概括，古代文物遍及锦屏山、石棚山一带，有古人类旧石器时代晚期的桃花川遗址，新石器时期的二涧文化遗址。有 4000 多年前的"天书"，原始时期东夷部落的岩画。孔望山摩崖石刻是东汉时期的艺术珍品。孔望山古时称胸山，古代帝王和文人学者，如孔子、秦始皇、唐太宗、李白、苏轼、李时珍、吴承恩等都在此留下过足迹。相传孔子游胸山遇到老渔夫的故事，很有教益。孔子在受到老渔翁的启发后，就对门生说："大家要记住：凡事要知之为知之，不知为不知。"据说就因为这个缘故，从此人们便将胸山改名为孔望山了。

花果山

花果山景区是云台山最著名的景区。花果山旧称青峰顶。唐代以后，历代都在这里修庙建塔，留下了众多的古迹。明以后的古迹，大多附和着《西游记》故事，游览其间，宛若在读《西游记》。

花果山在前云台山的群山环抱之中，因为靠近大海，气候温暖湿润，适合各类果树生长，春、夏、秋三季时鲜果不断，《西游记》中所描述的"四季好花常开，八节鲜果不断"就是以此处为背景。据说，花果山就是吴承恩命名的。相传，吴承恩在淮安府官场失意，得知海州境内有座云台山，为国内四大灵山之一，就乘船来到山下，在三宫庙内住下，他搜集民间传说，并到山上实地考察了山石的形象，以他丰富的想象力，连续写了三年，终于完成了古典名著《西游记》创作。吴承恩利用"娲遗石"中开一缝，虚构出了孙悟空自大卵石内降生出世的精彩情节，以及野猪精变成八戒石等神话，都是以怪石为原型加以想象发挥而创造出来的。吴承恩书中所描绘的花果山也与云台山的自然景观极为相像。

花果山不仅洞而且奇石也跟《西游记》有联系：如娲遗石，石中裂开一缝，从中间蹦出一大卵石。据说这就是孙悟空的诞生地，如今卵石仅存一半，另一半在石猴出世时，即远飞天外。

水帘洞就位于花果山上，洞外石壁上清代所刻的"水帘洞"、"灵泉"题字依稀可见。洞内有一古井，深1米左右，井口上有缝，井上泉水从缝隙滴落。从洞外观之，晶莹夺目，如珠帘一般。

滴水崖被称为另一个水帘洞，它地处花果山的南面。在洞内外望，瀑布真个似银河落九天，想起《西游记》关于水帘洞的描绘，更觉惟妙惟肖。

八戒石位于半山腰。远看极像猪八戒。据说猴王带群猴赶跑了全山妖怪，只有野猪精藏于朝阳洞。它每天都要到天池洗澡，不料被东海龙王的三儿子看见，两人大打出手，看天色已晚，约好明天再打，谁知一觉醒，白龙变成了园龙松，野猪精变成了八戒石。

猴子石在花果山北面的猴嘴山上。据说这是孙悟空走出水帘洞刚刚上路，坐北朝南，许多人真的会觉得这是猴子在寻找去龙宫之路的样子。

诸如此类尚有金刚岩、卧牛石、一尊佛、三支香、万卷书、文笔峰、木鱼、佛手、犀牛斗象等千姿百态的奇石。

石棚山上的石棚亦为奇石胜景之一，几块仡立的大石，支撑着一块长宽各数丈的扁石，前沿伸出，好似凉棚，棚内可容四五十人。相传苏东坡曾三游石棚，与爱妾在此弹琴下棋，山间回音俨然有兵车铁马之声。

现在的花果山上，殿宇亭阁大都修葺一新，恭迎远方来观光的客人。

1988年，云台山被国务院公布为国家级重点名胜风景区。

钟　　山

两山松栎暗朱藤，

一水中间胜武陵。

午梵隔云知有寺，

夕阳归去不逢僧。

——王安石《游钟山》

【名山大观】

钟山位于江苏省南京市城东，古称金陵山，汉代始称钟山，东吴时一度称蒋山。因山有紫色页岩，每当旭日东升或残阳斜照紫气升腾，变幻莫测，故东晋时又称紫金山，自古被誉为"江南四大名山"之一。钟山三峰相连形如巨龙，山、水、城浑然一体，雄伟壮丽，气势磅礴，古有"钟山龙蟠，石城虎踞"之称。元末明初的著名文人高启曾写过一首《登金陵雨花台望大江》诗，他以"大江来从万山中，山势尽于江流东。钟山如龙独西上，欲破巨浪乘长风。江山相雄不相让，形胜争夸天下壮。"的诗句来赞美钟山的壮丽。

钟山风景名胜区方圆31平方千米，主峰海拔468米，是古都南京名胜荟萃之地。早在六朝时期，这里的寺庙及道庵就有几十座。因为它环境幽雅，景色宜人，因此历代有许多文人墨客都喜欢来这里。北宋王安石的晚年就是在这里度过的，他在《游钟山》中写道："终日看山终不厌，买山终待老山间。山花落尽山长在，山水空流山自闲。"毛泽东也挥笔写下了"钟山风雨起苍黄，百万雄师过大江"的豪迈诗句。

钟山的南麓有很多名胜古迹，坐落在钟山主峰南麓的明孝陵为明朝开国皇帝朱元璋与马皇后的合葬墓，现在地面建筑还保存有碑亭、石象翁仲路、享殿石台基、方城等。孝陵长达1.5千米的神道两侧，排列着狮子、象、麒麟、马等12对石兽，还有文武百官样子的石雕。考古人员运用现代地磁勘测手段，发现了深藏于地下的明孝陵和明东陵"地下宫殿"。对于明孝陵及其所代表的文化特征的研究也有了进展。孝陵附近有大灵谷寺，明洪武十四年（1381年），朱元璋为了修建孝陵，就把五六座寺庵迁到此处，合并为灵谷寺。太平军与清军在这里对峙时，灵谷寺遭到了严重的损坏。现存的灵谷寺为同治年间重修的，规模远不及从前，但还保留了一部分原来的建筑，如无梁殿，不用梁柱，不用寸土，从殿基至顶，全都是用巨砖砌成券洞穹窿隆，此乃我国现存最大的砖建无梁殿。

第二峰下有革命先驱孙中山先生的陵墓，陵墓顺山势而建，由我国著名建筑师吕彦直设计，整座建筑由"鼎台"、石碑墓道、陵门、碑亭、祭堂、墓室等7部分构建而成，占地面积8万多平方米，气势雄伟。陵墓正南方是"鼎台"，陵前广场题有"博爱"二字的高大石牌坊是陵墓的入口。陵门的门额上刻着孙中山先生手书的"天下为公"4个大字。进陵门后即是碑亭、祭堂，祭堂中间摆放着孙中山先生全身石雕坐像，坐像四周为孙中山先生革命事迹的浮雕，祭堂石壁刻着孙中山先生的遗著《建国大纲》，墓室圆顶穹窿上有国民党党徽，室中间是大理石圹，圹中间有一长方形石棺，棺下地坪深5米处安放孙中山先生的灵柩，棺上摆放着孙中山先生的大理石卧像，供游人瞻仰。

第三峰为太平天国时天京的军事要地。太平军在这里修筑了天堡城、地堡城两座军事要塞。建于1934年9月的紫金山天文台，就在紫金山第三峰上，是我国第一座自主研发建立的现代天文台，在我国天文事业的建设和发展过程中起着先驱作用，被誉之为中国现代天文的摇篮。

云 龙 山

池阳二月春气深，春江水溢春波兴。
遥岑曲曲青帘下，明湖翠冷远山亭。
谁家铁笛暗飞声，芳草天涯无限情。
醉来欲傍黄公住，不记当年放歌处。
笑指当年杨柳边，又向前村踏花去。

——苏应遂《杏花村》

【名山初识】

位于江苏徐州市南郊和平路南的云龙山，全山共9节，海拔104米，南北长约3千米。云龙山山势较为平缓，易于登临。山上苍松翠柏，古树参天，风景秀丽，古迹众多。登上山顶，遥望北面的九里山，2000年前楚汉鏖战的古战场就在眼前；西眺云龙湖，碧水如镜；东望黄河故道，好似白练蜿蜒，尽在眼底。

【名山传说】

"云龙"之名源自一个旧时的传说，传说汉高祖刘邦在还没有起事之前，曾有一次偶尔进入此山，之后很长时间都没有消息。他的妻子吕氏四处寻找，十分焦急，于是仰观天象，见此山中有云龙之气笼罩，于是断定丈夫就在这座山里。原来吕氏认定丈夫刘邦非同常人，认为他可以做天子，声称刘邦有"云气"护身。后来吕氏派人进山寻找，果然找到了刘邦，在刘邦做了皇帝之后，便把这座山命名为"云龙"。

其实旧书记载："山有云气，蜿蜒如龙"，是因为人们见此山峰峦起伏，连绵九节，形若游龙，而且常有云雾缭绕，因此才给它取名为云龙山。又由于山上兴化寺内有北魏石佛，所以也称为石佛山。北山门路边，至今还有明万历十四年（1586年）徐州兵备右参政莫与齐手书的"云龙山"三字刻于巨石之上。

【名山览胜】

云龙山正门

云龙山正门设在北麓山脚，门楼是花岗岩砌成的仿明代牌坊式建筑。高十余米，三开间，中间门楣上有"云龙山"三个大字。两边有耳房，对称而建，左右有花坛，门前是广场。进得山门，前行数步，可见一巨石纵卧路旁。巨石上刻着徐州兵备左参政莫与齐书的"云龙山"3个1米见方的大字，笔锋犀利遒劲，镌工精致。

放鹤亭

放鹤亭位于山顶平台，乃北宋文人张天骥在宋元丰元年（1078年）春所建，南北长11.95米，东西深4.95米。歇山飞檐，古朴幽雅，额上悬匾，上书"放鹤亭"三字，为苏轼手迹。张天骥字圣涂，自号云龙山人，在黄茅冈下躬耕自得其乐。

苏东坡在徐州任职后，与其性情相投，于是结为好友。苏东坡经常带宾佐吏往见张山人，他在亭内养了两只鹤，清晨放鹤，傍晚招鹤，闲暇时则于亭中饮酒。

放鹤亭建成之后，苏轼特地为张天骥作了一篇《放鹤亭记》，亭以文传，遂有名于世。在《放鹤亭记》中，记述了建亭经过及张山人清晨登亭放鹤的情形："熙宁十一年秋，彭城大水，云龙山人张君之草堂水及半扉。明年水落，迁于故居之东，东山之麓，升高而望，得异境焉。作亭与其上……山人有二鹤，甚训而善飞，旦则望西山之缺而放焉，纵其所如，或立于陂田，或翔于云，暮则傃东山而归，故名之曰放鹤亭。"

张山人所建造的放鹤亭早已倒塌。明清与辛亥革命后，曾数次重建，新中国成立后也进行了多次重修。因《放鹤亭记》中有招鹤之语，后人又在其南增建一亭，名为招鹤亭，联袂媲美。

亭南有井一口，原名石佛井，深23米，因井邻近放鹤亭，明天启四年（1624年），徐州户部分司张璇将其改名为饮鹤泉，并题"饮鹤泉"三字，立碑于井之南侧。

黄茅冈

黄茅冈冈岭四合，林壑幽美，峭石嶙峋，绝壁悬崖，随处可见。古往今来，多少迁客骚人、雅士学者，于此驻足，题诗作赋，赏景抒怀。乾隆驾临徐州时，就曾亲笔题写了"黄茅冈"3个大字，镌刻在峭壁上。

东坡石床

放鹤亭不远处的黄茅岗岩石上有东坡石床，岗崖的右上角雕有"石床"二字。据说宋神宗元丰元年（1085年），苏轼同好友张天骥等人一起登云龙山饮酒而醉，经黄茅冈时体力不支，遂卧于石上，并借着醉意信口唱出7句诗来："醉中走上黄茅冈，满冈乱石如群羊。冈头醉倒石作床，仰看白云天茫茫，歌声落谷秋风长，路人举手东南望，拍手大笑使君狂……"自此之后，苏轼卧过的那块石头，便叫东坡石床。这首诗就刻在石床不远的峭壁上，除此之外还有多处摩崖石刻，分别为唐、宋、明、清代的作品。

放鹤亭以南还有试衣亭和送晖亭，这是依照苏东坡"云龙山下试春衣，放鹤亭前送落晖。一色杏花三十里，新郎君去马如飞"的诗句而命名的。

兴化寺

放鹤亭以东为兴化寺，兴化寺原名石佛寺，亦称大佛寺，因北魏时于悬崖上凿壁石佛而得此名。进入山门就是雄伟的大雄宝殿，殿内有石刻佛像，石佛高十余米，因后檐墙高尺许，仅用三砖，因此又有"三砖殿覆盖三丈佛"之说，是跟云岁冈、龙门石刻同时代的作品。

据传说北魏正平元年（公元451年），北魏太武帝拓跋焘南侵宋朝时，30万大军围攻徐州，就驻扎在云龙山戏马台一带，于是士卒们在此依山就石雕成一尊大佛头像。明洪武三十一年（1398年），由僧人胜吉主持，傍山依崖，修筑了覆盖大佛头像的大雄宝殿。清康熙三十四年（1695年），徐州知州王邑承又主持补雕了石佛的上半身，才成为现在所看到的半身大佛坐像。

由于大殿依山而建，峭壁悬崖在殿内出现，而悬崖峭壁又跟山体相连，因此每逢阴雨天，便会有水渗入，或像珠帘，或似瀑布，滴水自上而下，便有殿内山水奇观。大石佛两侧的岩壁上，还镌有北魏太和十年（公元486年），以及唐宋时的造像和题字，神态各异的佛像嵌布其中，错落有致。凫山作庙，削峰成佛，天然如画。大殿南北山墙外，有钟亭、鼓亭。南北配殿内列立十八罗汉，神态各异，栩栩如生。钟亭内的大钟，铸于明宣德三年（1428年），钟上铸有"风调雨顺"4字。铁钟重约万斤，悬于梁上。每日清晨、黄昏，和尚诵经之时，悠扬的钟声就从这里发出，此即平时所说的徐州八景之一"佛寺钟声"。

观音大士岩院

大士岩位于云龙山西麓，为徐州知州姜焯所建造。康熙五十八年（1719年），姜焯于此处得奇石一块，遂命工匠雕成观音大师，又增庙宇；故名曰大士岩。院内两棵参天古柏，粗可合围，苍劲挺拔，虬枝翠叶，好似两名卫士，屹立于大殿门前。依山坡斜势共建，院内清静幽雅，有观音正殿三间，内奉大士像。大殿青瓦赤柱，彩绘挂落，鲜艳夺目。大殿内凿石为龛，龛内观音菩萨慈眉善目，身披红裟，安详端坐，左臂抱婴，右手捏枝，极具仙风。

云龙山会

大士岩的观音会起源于清康熙年间。当时徐州知州姜焯聘工匠凿刻了观音像，信佛教者多来拜祭，久而久之即形成观音会，民间称为云龙山庙会。每逢庙会之时，数万人潮涌而至，景象热闹非凡。进供的、烧香的、乞子的、还愿的以及凑热闹赶会的、放风筝的人达10万之众，山路为塞，路外人满。大士岩院内外，男女云集，菩萨像前善男信女烧香膜拜，一排动辄十数人，此排未起而彼已伏。大士岩后的放鹤亭及山东兴化寺业已人满。各类制作精巧、造型生动的民间手工艺品为庙会的主角，剪纸、面人、木玩、泥玩、布艺等小玩意儿到处可见，让人爱不释手，使云龙山庙会更具有文化气息及娱乐色彩。

云龙湖

云龙湖位于徐州城南，原名石狗湖，后因山而得此名。现有水面积5.8平方千米，陆地面积5.6平方千米。当年苏东坡在徐州任职时曾发动人民筑大堤以防湖水泛滥，因此有与杭州西湖同名的"苏堤"。"苏堤"东面是依山傍水的"杏花村"。云龙湖风景区三面青山围绕，一湖碧水当前，烟波浩渺，风光秀丽。环湖共有"云湖泛舟"、"金山塔影"、"临湖尝鲜"、"湖光灯影"等十八景，玉缀珠联，四季各呈异彩。

　　远近闻名的云龙山风景宜人，古迹繁多，在很久以前就成了旅游胜地。仅有据可查的便可以追溯至北魏时期。后经隋唐到了宋朝，苏轼和云龙山隐士张天骥的友谊以及他那篇脍炙人口的《放鹤亭记》，使得云龙山声名大振。其后，众多文人墨客争相来访，徐州历代地方官吏，差不多无一例外地都要登云龙山。他们或在山上建亭设台，或挥毫泼墨留下诗文墨迹。宋代文豪苏轼在其文章中这样描写云龙山："春夏之交，草木际天；秋冬雪月，千里一色；风雨晦明之间，俯仰百变。"明末诗人阎尔梅亦为它留下了"群山群水护此山，断碑无数立中间。平田树紫春如绣，残雪峰青夕更斑"的诗句。

太　　湖

水天向晚碧沉沉，树影霞光重叠深。
漫月冷波千顷练，苞霜新橘万株金。
幸无案牍何妨醉，纵有笙歌不废吟。
十只画船何处宿，洞庭山脚太湖心。
——白居易《宿湖中》

【名水初识】

　　位于江浙交界处的太湖是我国第三大淡水湖，也是我国东部近海地区最大的湖泊。

　　太湖亦名"震泽"、"具区"、"笠泽"、"五湖"，其水域面积为360平方千米，浩瀚如海，东西长56千米，南北长76千米，湖岸总长407千米。隐现于粼粼波光中的七十二峰秀美神秘，遍布于四周的文化古迹引人入胜。山水结合，层次丰富，自成天然画卷。太湖东、北、西沿岸及湖中诸岛，是吴越文化的发源地，遗存大量文物古迹，如春秋时期的阖闾城、越城遗址、隋代大运河、唐代宝带桥、宋代紫金阁、元代天池石屋、明代杨湾一条街以及大量名寺古刹、古典园林。1982年太湖风景名胜区被列为国家重点风景名胜区。

【名水览胜】

太湖风光壮美，名胜众多，其中最著名的景点为无锡鼋头渚。

鼋头渚是太湖西北岸的一座半岛，因有石脉奔趋湖中，其状若鼋头翘首而得名。鼋头渚独占太湖风景最美的一角，山水组合天成，被誉之为"太湖第一胜境"。

鼋头渚的美丽景致，很久以前就为人们所向往。南朝萧梁时期，这里建有"广福庵"，为"南朝四百八十寺"中的一处。明初，"太湖春涨"为无锡八景之一，湖岸山崖遗有"劈下泰华"、"天开峭壁"等名人刻石。清末，无锡知县廖纶于临湖峭壁上摩崖大书"包孕吴越"和"横云"，既赞美了太湖的雄伟气势及孕育吴越两地的宽阔胸怀，同时也蕴含了对此地风光尽纳吴越山水之美的恰如其分的评价。

进入鼋头渚时，牌坊、石刻一路接连不断。穿过"山辉水媚"和"太湖佳绝处"两座牌坊，就到了长春桥。此桥系仿北京颐和园玉带桥修建，飞架碧波之上，若长虹垂落。桥畔矗有"具区胜境"坊，两岸樱花遍地，春季花开似锦，分外妖娆，景名"长春花漪"。过桥可见到鼋头渚上的灯塔于林间隐现，在山顶及山下各建有一亭，成为对景。山顶之亭立在巨鼋背部，八角重檐，名"光明亭"。山下之亭紧邻太湖，名"涵虚亭"。两亭都是观景佳处，一高一低构成不同视角，俯瞰平望各有所见。在鼋头渚的最高处，为一座宫殿式建筑，名"澄澜堂"。此堂居高临下，登高赏太湖万顷波涛，蔚为壮观。特别是在春季，东南风日盛，湖水波浪汹涌，拍荡石壁危崖，气势惊人。此景被称作"鼋渚春涛"。从澄澜堂往南，奇峰山崖组成弧形水湾。山崖上建有二层飞云阁，于此回望，可以从侧面观赏"巨鼋入水"的奇特风光。在"巨鼋入水"景观的东部，建有陶朱阁及广福寺。陶朱阁是为纪念陶朱公范蠡而建造，重檐翘角，三面环廊，阁内悬有《范蠡、西施太湖泛舟图》。广福寺南和陶朱阁相连，据传始建于萧梁时期，给园林增添了几分庄严肃穆的氛围。

广福寺山下是一天然水湾，水中芦苇丛生，山间松柏繁茂。一道小堤横断碧波，堤中架设小桥，名"万浪桥"。每当狂风大作之时，湖中万浪齐涌，拍击堤桥，浪花飞溅，若风卷飞雪，故称"万浪卷雪"，此为鼋头渚一处著名景观。小堤正南面另有一山渚探入水中，山渚形如鹰首，两侧青山伸展如翼，宛如雄鹰展翅翱翔，故名"苍鹰渚"。

在鼋头渚的南犊山麓，有一组青瓦粉墙、兰香四溢的江南庭园，它就是远近闻名的中国兰花种质资源保护研究中心——江南兰苑。江南兰苑为栽培、观赏兰花的专类园，面积2.5万平方米。此地的山水、轩馆、草木、竹兰均蕴含着无限雅韵。

步入兰苑，迎面山石耸立，曲水流觞，附墙的游廊及半亭中，镶嵌着精心收集的王羲之、郑板桥、吴昌硕等各代名家的兰花书画碑刻，让人赏心悦目。过洞门，修篁竹影，曲径通幽处，有"国香馆"，馆前放置一座牛形青铜器雕塑，乃根据2000多年前楚国的"牺尊"为原型放大复制的。

国香馆是兰苑主要的游憩性建筑，由一厅、一室、一榭、一廊错落组合而成，布局巧妙新颖。临水榭品茗赏景，近赏翠竹婆娑，碧水环绕，荷莲吐艳，锦鱼欢跃。远眺鹿顶高阁，南犊翠岭，呼之欲来。江南兰苑还有"绿云轩"、"兰居"等建筑。这里是兰花的王国，目前，苑内已收集国兰名品500多种，洋兰佳品100多种。兰苑处处浸润着江南园林的玲珑、清秀及兰文化的芬芳，使传统的造园艺术跟兰文化在这里绝妙地融为一体。放目园中，处处有兰，信步园内，处处沾香，这里实在是人们四季赏兰的理想之地。

和鼋头渚隔水相望的是近年建设开发的"太湖仙岛"，太湖仙岛由4个小岛组成，面积约6.7万平方米。这是一处很有灵气的旅游新景点，岛上建有月老祠、仙府、灵霄宫、会仙桥等。灵霄宫里，耸立着一尊玉皇大帝塑像，高达18米，创国内之最。

太湖东面是苏州市（包括苏州所辖的吴江市），隔岸相望，为太湖著名的西洞庭山。此处是华东著名的避暑胜地，是上海、苏州等地人们避暑的极佳去处。西洞庭山缥缈峰是一个十分迷人的地方，登峰远眺，四面湖水波澜壮阔，茫茫无边，令人心胸顿觉开朗。西洞庭山还有远近知名的"西山梅海"。每逢冬末春初，这里梅林如霞似雪，让人一眼望不到边，仿佛置身于梅花的海洋之中，空气中也到处是梅香，让人心醉。现在西洞庭山与太湖东岸已有大桥相连，壮观的太湖大桥也成了太湖的一大新景观。

太湖西南汇纳天目山区苕溪水系及茅山荆溪水系，湖水汇入长江，成为江南水网中心。太湖不仅为人们带来灌溉、航运、水产之利，也为人们提供了许多鲜美的特产。太湖一带为江南有名的鱼米之乡，其特产太湖三白（银鱼、白鱼、白虾）和柑橘、杨梅、枇杷、碧螺春、无锡水蜜桃等都极为有名。太湖南的湖州市，是浙北富饶之地，它也是我国"文房四宝"之一"湖笔"的原产地。太湖西岸的宜兴市，则以其独具特色的紫砂壶而闻名于世。

如今，太湖已被列为全国重点风景名胜区，它山明水秀，不愧为吴中胜境，华夏明珠。

洪 泽 湖

平湖一望上连天，林景千寻下洞泉。
忽惊水上光华满，疑是乘舟到日边。
——张说《和尹从事懋泛洞庭》

【名水初识】

洪泽湖位于江苏省洪泽县西部，处于黄淮冲积平原之上。洪泽湖为我国第四大淡水湖；湖的东、西、南三面是自然堤，堤岸曲折，岗洼相间；它的北面则是高大的人工堤。现今，洪泽湖的湖床海拔11米左右，高出大堤东面平原的海拔高度3~5米，湖水就靠着人工大堤拦住，所以，洪泽湖实际是一个"悬湖"。

早在大约300万年以前的第四纪初期，洪泽湖所在的位置是黄海海湾的一部分。后来，由于黄河、淮河及长江带来大量的泥沙，不断淤积于海湾外侧，逐渐将浅海湾封闭成为一个湾湖。泻湖接连不断地接受黄、淮等河泥沙淤积，渐渐地变成许多分隔开的湖荡。南宋时（1194年）黄河决口，河水南下夺泗水、淮河的河道入海。同时又将淮河下游的河道淤塞，河水无法外流，迫使水位抬高，遂把原先分隔开的湖荡连成片，成为一个大湖，这便是洪泽湖。此后，淮黄等河的水流仍然夹带泥沙而来，不断淤积，因而湖床日益抬高。为了治河与治湖，明清以来不断加高堤坝，洪泽湖也就越来越"悬"，直到新中国成立，人民政府采取了正确的治淮措施，情况才有所改善。如今的洪泽湖碧波荡漾，水面空阔，实现了综合开发利用；多灾的湖区变成了富庶的米粮川。

洪泽湖是一个浅水型湖泊，因地处冲积平原的洼地，故湖底浅平，岸坡低缓，水深一般在4米之内，最深5.5米。洪泽湖正常蓄水位13米时，相应水面面积2069平方千米，蓄水量31.5亿立方米。湖水的来源，除大气降水外，主要由河流补给，流注洪泽湖的河流集中在湖的西部，有淮河、濉河、汴河及安河等。

出湖河道中三河与苏北灌溉总渠是洪泽湖分泻入长江和入海的主要河道，湖水同时为苏北1.2万平方千米农田及沿海盐碱土改良提供了丰富的水资源。如今的洪泽湖是一座具备防洪、灌溉、航运、供水、调水、发电、水产养殖等综合功能的大型湖泊型水库。

【名水览胜】

洪泽湖的外形就像一只昂首展翅欲飞的天鹅，风景波澜壮阔，异常壮美。放眼远眺，千里湖面，波光粼粼，天连水，水接天，在湖水的辉映下，天空更加显得湛蓝。南来北往的机船、渔船穿梭般驶过，百舸争先，千帆竞舞；沙鸥翔集，啾啾欢叫，时而冲向蓝天，时而绕船盘旋，阵阵渔歌伴着水鸥欢快的啼鸣，奏响一首美妙的"交响曲"。湖中的荷花，粉红色的花瓣中间簇拥着鹅黄的莲蓬，紧贴水面的荷叶上，滚动着颗颗晶莹的小水珠，极像粒粒珍珠盛于翡翠玉盘。荡舟碧波之上，坐游水景之中，尽赏这些红绿黄白的湖中仙子的美姿，不禁令人心神荡漾。茂密的芦苇几乎遍布全湖，繁茂处船只甚至都难以通行。湖岸青松绵延，苍翠欲滴，栀子花摇晃着雪白的花瓣，散发出特有的芳香。

洪泽湖湖水清澈，水草丛生，水生资源丰富。洪泽湖的水生植物非常有名，芡实、菱角、莲藕、芦苇等在历史上久负盛名，素有"鸡头、菱角半年粮"的之说。

湖内生长着鲤、鲫、鳊、青、草、鲢等近百种淡水鱼，还有大闸蟹及大青虾等水产，鱼虾蟹味道鲜美异常，闻名遐迩。洪泽湖还是194种鸟类的栖息地与过冬地，其中包括大鸨、天鹅等国家一、二级保护珍禽。

洪泽湖为一典型的过水性湖泊，雨水充沛时易引发洪涝，湖水全凭东岸的洪泽湖大堤作为屏障。大堤北起淮阴区码头镇，南至洪泽县的蒋坝镇，全长67千米，宽50米，几乎都是用玄武岩条石砌成。大堤始建于东汉建安五年（公元200年），距今已1800余年，由广陵太守陈登主持修建，初为30里，始称"高家堰"，是仅次于四川都江堰的第二大古堰。大堤初为土堤，后改为砖堤、石堤。石堤从明万历八年（1580年）始建，至清乾隆年间，历经明清两代、用了171年才算基本完工。石堤运用桩基技术，采取条石联结，铁锅咬衔的抗浪方法，依照波浪自然流向的破浪防浪原理筑成，同时在堤线上建设了5个减水坝以泄洪水。洪泽湖大堤的筑堤成库规划以及直立条式防浪墙坝工程技术，代表了当时世界工程技术的最高水平。这条长堤是淮河下游的防洪屏障，素有"水上长城"之誉。2002年，洪泽湖大堤被江苏省政府列为省级文物保护单位。

最受人们青睐的洪泽湖一景为镇水铁牛。据史书记载，历史上洪泽湖大堤多次溃决，仅从1575—1855年的280年间，就决口140余次。当时清王朝除广集民工修筑、加固大堤之外，还铸造了九牛二虎一只鸡，放在大堤各水势要冲，以期镇水，免除洪害。如今虎、鸡已无踪影，仅存5头铁牛，现分别安置在蒋坝三河闸管理处、高良涧进水闸、淮阴高堰及公园内。清康熙四十年（1701年），大司马张遂宁等人于端阳节午时在高良涧开始铸造铁牛，原计划造9条，后材料有余，遂铸出16条。铁牛是由生铁铸成，大小如真牛，身长170厘米，宽57厘米，高68厘米，作昂首屈膝状，铸工精细，造型生动。厚约10厘米的铁座与牛身铸为一体，重约2250千克。现在除牛角都已残缺外，铁牛其余部分保存完好。

洪泽湖南岸的老子山，三面环水，一山分南北中连接相通，以秀美的湖光山色而远近闻名。传说老子曾在此修道炼丹，为渔民治病，人们尊称他为太上老君，并把这座山称为老子山。此山名胜古迹众多，有老子炼丹台、青牛迹、凤凰墩、钓鱼台、法华寺、犹龙书院等十景，可惜它们大半毁于战乱，现仅存仙人洞、凤凰墩遗迹。在洪泽湖西畔的淮河入湖处，坐落着"明代第一陵"——明祖陵，是明太祖朱元璋为三代祖先修建的陵墓。明祖陵曾被湖水淹没长达300多年，20世纪70年代才露出水面并得到修复，主要景点包括雕刻精美、造型生动、生动传神的神道石刻和棂星门遗址、正殿遗址、玄宫等。作为洪泽湖游览区的一个重要组成部分，明祖陵正在以它的独特风姿吸引着越来越多的游客。

玄 武 湖

玄武湖头春可怜，绕堤花柳媚遥天。
风微凫鹭参差下，日丽楼台紫翠连。
龙气深秋晴似雨，马蹄芳草暖浮烟。
白云自是神仙署，谁道蓬莱弱水边？

——朱孟震《玄武湖》

【名水初识】

位于古都南京东北方位的玄武湖是江南三大名湖之一，西南面紧贴古老的南京城城墙，由玄武门和解放门与市区相连，是一个城中之湖。它三面环山，一面临城，钟山雄踞湖东，古城城墙屏立西南，富贵山、覆舟山（九华山，因临湖一侧陡峻如削，像一只倾覆的行船，故称覆舟山）、鸡笼山绵亘于南，朝阳山、幕府山横卧湖岸，湖在山与城的环抱之中，湖光山色，风光旖旎。沿湖名胜古迹触目皆是，被誉为"金陵明珠"。

玄武湖其状呈菱形，周长约为10千米，水域面积4.7平方千米，湖水深度不超过2米，清澈如镜，碧波荡漾。四季景色如画，最美丽的是夏秋季节，波光潋滟，荷叶摇摆，粉红色荷花掩映其中，满湖清香。泛舟湖上，穿行于绿叶红莲之间，停船于垂柳塔影堤畔，绮丽迷人的风光使人流连忘返。湖中分布着五块绿洲，把湖面分成4大片，五洲之间，桥堤相通，联结为一体。大小不等的5个绿洲，各具特色，分别为：环洲烟柳，樱洲花海、翠洲云枝、梁洲秋菊、菱洲山岚。

【名水览胜】

进入玄武门，经由翠红堤就到环洲。环洲位于湖西南，因形曲如环，从南北两面深入水中，抱樱洲于内而得其名。环洲的特点是沿岸一排排亭亭玉立的垂柳，微风拂来时，依依细柳婆娑飘舞，宛如烟云舒卷，故有"环洲烟柳"之称，为金陵新四十八景之一。洲南端的假山流瀑尽显江南园林之美，假山旁有两块形状奇特的大湖石，一块状若观音，一块形如童子，名为"童子拜观音"，是宋代花石纲的遗物。石后有一个小土丘，乃东晋著名文人郭璞的衣冠冢，上有郭璞亭。

樱洲处于环洲的怀抱之中，为四面环水的"洲中洲"。樱花遍布洲上，每年早春花开，樱花似霞若锦，绚丽烂漫；稍遇风雨就会落英缤纷，遍地花雨，迷人之极，人称"樱洲花海"。洲上建有玄武湖历史文化馆，还有一条长达500米的曲折游廊。长廊北边是一座喇嘛庙，庙旁耸立一座七层宝塔，塔名为"诺那"，湖光塔影相映。

从环洲往北经过桥就是梁洲，梁洲为五洲中开发最早、风景最胜的一洲，名胜古迹众多，梁洲的最大特色是菊与桂。每逢金秋时节，丹桂十里飘香，沁人心脾；菊花争芳斗艳，令人目不暇接。一年一度的菊展，传统而壮观，因此有"梁洲秋菊"的美誉。洲东北有览胜楼，楼北是古时的阅兵台，楼西是友谊厅、闻鸡亭、湖神庙、铜钩井等古建筑。梁洲跟南京火车站仅一水之隔，乘快艇轻舟即可直抵对岸南京火车站湖滨广场。

从梁洲沿湖堤向东过翠桥即可到翠洲，以环境幽静著称。洲上树木繁盛，苍松、翠柏、嫩柳、淡竹，绿带缠绕，构成"翠洲云树"特色。巨伞般的雪松、宝塔形的松柏及成片的竹林，十分幽静，是情侣们的乐园，在旭桥南面建有一座傣族风格水寨，名"绿漪水榭"，20余间小竹屋坐落于水中，各屋间以竹桥相连，闲坐屋中，或赏景休憩，或品茗进餐，若在船中，情趣盎然。

从环洲向东过菱桥即到菱洲。菱洲处于玄武湖中心，因从前盛产红菱而得名。气势雄伟的钟山雄踞洲东，山峦绵延起伏，仿佛游龙，山顶常有紫金色云霞缭绕，从菱洲观赏千变万化的紫金云霞，只见它变幻莫测，形状各异，故有"菱洲山岚"的美名，洲上建有飞禽生态园，共有珍稀鸟类200多个品种、万余只，园内设有鸟艺剧场、孔雀东南飞表演场、大型人造瀑布、天鹅湖、鸳鸯溪、鸵鸟园、猛禽笼、鸣翠园、儿童乐园等景点。漫步园内，既可尽情观赏自然环境中色彩斑斓的珍禽异鸟，又可观看诙谐的鸟艺表演，体验亲手喂鸟的乐趣。从菱洲向南经台菱堤即可从解放门出玄武湖。

　　玄武湖的人文历史,上可追溯到距今2200多年前的先秦时期,最早称"桑泊",两汉魏晋时期,又曾改称秣陵湖、蒋陵湖、练湖、北湖、后湖、昆明湖、习武湖等名。南朝时,玄武湖迎来了它在历史上的鼎盛时期。元嘉初年,宋文帝刘义隆下旨对玄武湖进行了一次大规模的整治,将挖出来的湖泥堆砌为小岛,其中最大的是"蓬莱"、"方丈"、"瀛洲"三岛,合称为"三神山",据考察就是今天梁洲、环洲和樱洲的前身。相传元嘉年间,因湖中两次出现所谓的"黑龙",于是改玄武湖。明代,玄武湖作为政府存储全国户籍和赋税全书的黄册存放地——后湖黄册库(相当于现在的中央档案馆),一直属于皇家禁区,不经批准,任何人不得擅自进入。明朝灭亡以后,与外界隔绝了260多年的玄武湖重新对外开放。清同治年间,两江总督曾国藩在梁洲重修湖神庙,并新增建湖心亭、大仙楼、观音阁、赏茶厅,左宗棠又修筑了连通孤凄埂与梁洲的长堤,解决了游玄武湖"必自太平门出,令舟而行"的不便利状况。宣统年间,端方、张人骏开辟了丰润门(今玄武门),筑新堤,徐绍桢又建陶公亭与湖山览胜楼。

徐州云龙湖

极目沧溟浸碧天,
蓬莱楼阁远相连。
东吴转海输粳稻,
一夕潮来泊万船。

——王懋德《直沽》

【名水初识】

　　云龙湖位于江苏徐州市西南,西濒韩山、西凤山,东靠云龙山,南傍大山头和珠山,北依繁华的古城,古往今来,其三面青山一面城环绕一泓碧水的自然美景吸引了无数游人骚客。

　　云龙湖风景名胜区,为江苏省著名的省级风景名胜区。碧水青山,风景如画,现有水域面积5.8平方千米,陆地面积5.6平方千米。景区内风光秀丽,文物古迹众多。云龙湖十八景玉缀珠联,它们分别是:桃霞烟柳、杏花春雨、荷风渔歌、苏公塔影、石壁留踪、临湖品鲜、儿童稚趣、寒波飞鸿、长堤雪月、别有洞天、果树盆景、水上世界、万人游波、湖畔垂钓、沙岛渡闲、云湖泛舟、湖光灯影、索道滑车。十八景景景相接，各有千秋。

【名水览胜】

"桃霞烟柳"与"杏花春雨"构成一幅生意盎然的云龙湖报春图。春季，沿湖东路、湖南路，依山临水之地，杏花似雪，绿柳垂荡，栎花灼灼，将湖面染得五彩缤纷，诗情画意，令人赏心悦目。

湖南路北侧，沿湖植莲400余亩。每到盛夏，千万朵荷花竞相绽放，呈现出"接天莲叶无穷碧，映日荷花别样红"的壮观景象。划船前往荷风岛，于荷间穿梭戏游，微风轻送时，但见亭亭玉立的荷花像翩然起舞的仙女，阵阵荷香沁人心脾，偶尔有清亮高亢的渔歌随风飘荡，"荷风渔歌"令人神清气爽，风情令人陶醉。

"寒波飞鸿"与"长堤雪月"是云龙湖严冬时的两道绝妙风景。

隆冬时节，湖面水汽氤氲，如烟似雾仿佛幻化的仙境，成群的大雁时起时落，时翱翔，时徜徉软滩，时翅膀拍击水面，激起水花片片，"寒波飞鸿"成为冬湖一大景观。

大雪后，长约十里的北大堤宛如一条无瑕的白玉缎带，平滑舒展，远山近岭银装素裹，亭台楼仿佛琼楼玉宇耸立，游人漫步其间，仿佛置身仙境。

金镫山的位置在云龙山下临湖处，山上建有一座高达22米的五层八角金黄琉璃塔，其名曰"苏公塔"，登临塔顶，俯瞰全湖，则全湖美景尽收眼底，碧瓦红墙的楼台亭阁，孤岛沙洲为水环绕，还有那伸入湖心的绿柳长堤如一条潜伏巨龙。

山下水榭、曲桥、方亭、虹桥参差错落，"苏公塔影"荡漾于碧波之上，天水相映；夜间塔身五彩霓虹之光映照湖面，湖面荡金，美不胜收。

云龙湖东北有一条约600米的隧道，穿越云龙山同奎河相通，乘舟穿行可抵达彭园，这便是人称"别有洞天"奇景的所在。别有洞天旁有小径，沿路行至数十米，便可见巨石嶙峋、南北长达数百米的石壁上刻着吟咏赞叹徐州风物人情的诗作，形成一道诗廊，此即为"石壁留踪"。

世界乐园坐落于湖心岛之上，它由淡水鱼馆与海洋珍稀生物标本馆两大部分组成。世界乐园主体建筑淡水鱼馆是目前亚洲最大的，长为90米，宽为24米，高为26米，总面积2700平方米，其形状似巨鲸凌波，又宛似白豚逐浪。

夜晚时分，明月当空，清辉洒地，远眺云龙山，仿佛浮于云龙湖之上，在月的流光中仿若一条龙的身影蜿蜒屈伸，山顶上的观景台就似龙眼，神光熠熠，满月则似一颗硕大的明珠。在水天相连、湖光山色中，向人们展现出一幅二龙戏珠的美景。

云龙湖不愧为山水胜境，它以优美的自然环境、丰富的旅游资源、得天独厚的地理位置和悠久历史文化，吸引着难以计数的中外游人来此观光游览、休闲娱乐、度假疗养。

扬州瘦西湖

垂杨不断接残芜，
雁齿虹桥俨画图。
也是销金一锅子，
故应唤作瘦西湖。

——汪沆《瘦西湖》

【名水初识】

在扬州的西北部，有一个美丽的湖泊，近年来被列入国家重点风景名胜，它以其柔美的芳姿，独特的瑰丽景致，越来越引起了中外游人的广泛关注，它就是瘦西湖。

瘦西湖原名保障河，面积49.9公顷，是自隋唐以来随着城址的迁移，用人工开凿出的城壕和通向古运河的水道。河面逶迤曲折，秀丽多姿。

清乾隆年间，保障河易名瘦西湖。瘦西湖景色优美，兼容南方之灵秀与北方之雄浑为一体，有"园林之盛，甲于天下"之誉。长堤春柳、小金山、五亭桥、二十四桥等名园胜迹，散布在幽幽曲折的湖水两岸，俨然一幅国画长卷，西方的游人称这为"东方夏威夷"，细加品评，并非过誉之词。

【名水览胜】

长堤春柳

入瘦西湖公园大门，便踏上一条数百米长的堤岸。长堤之东是碧绿湖水，西面则是长长花圃。长堤两侧均植有垂柳和桃树。

阳春三月，花红柳绿，轻风吹拂，似荡起无限柔情蜜意，令人心旷神怡。

夏日浓荫蔽地，清风徐徐吹来，沁人心脾，蝉鸣高树别有韵味，让人驻足观赏；湖水拍岸，送来清凉柔风步行堤上，让人感到暑气顿消；金风吹起之时，柳疏湖净，沿堤缓行，心胸格外舒坦；冬日黄叶凋零，雪压枝头，玉树琼枝，这里如一个童话世界，置身其间，浑然不觉寒冷，令人流连忘返。

小金山

小金山原名长春岭。清代中期，因乾隆皇帝乘舟去平山堂观光，便新开了一段莲花埂新河，挖河之土堆积如山，这偌大的土堆被人们称为小金山。久而久之，花草丛生，人们还在山顶建有一座风亭，风亭四周的山坡之上，植了许多绿竹和梅花。

绿竹四季常青，微风徐来，竹叶婆娑，撩人头面，弄人衣裙，趣味盎然。伫立于风亭之内，举目四望。逶迤蜀冈的雄姿，运河点点的帆影，历历在目，俯视脚下，波光粼粼，游舟荡漾，绿树掩映中的亭台楼阁，尽在眼底。小金山占地虽小，但它四面环水，山水相连，山因水活，水随山转，波光荡漾，亭阁增辉，是瘦西湖风景区的中心地域。

钓鱼台

钓鱼台又称吹台，传说乾隆皇帝曾在这里钓过鱼。钓鱼台建在一条岸柳成行的长堤的顶端，长堤直通开阔的湖水中央，湖中建亭，别有风味。钓鱼台呈方形，四面均有满月洞门。钓台三面环水，同五亭桥、白塔隔水相望。从南洞可见高高耸立的白塔，从西洞眺望，那横卧于波光之上的五亭桥宛如天上彩虹，北洞可见掩映于绿树丛中的大桂花厅。

五亭桥

五亭桥一名莲花桥，始建于乾隆年间的莲花埂新河上。为一座造型别致的拱形石桥，长约50多米，横跨于湖面之上，接南北两岸。

五座方亭各呈风姿，中亭最高，其余四亭相互对称。亭顶是花色琉璃瓦，檐脊呈绿色，亭柱朱红，藻井彩绘，给人一种金碧辉煌、典雅壮丽的美感。五亭桥上的石柱雕有神采各异的石狮，奇巧无比。桥下有15个桥洞，连环纵横洞洞相通可行舟走船，相传满月时每洞皆衔一月，银波荡漾，堪称奇观。设计奇巧、技艺精湛的五亭桥，是我国桥梁建筑史上的典型杰作。

白塔

在湖南岸的莲性寺于元代建成，原来称法海寺，寺中白塔与北京北海琼岛上的白塔很相似，塔有上中下三层：下层为方形台基，每面设3个小龛，每龛内雕一生肖像,共十二生肖;中层塔身为圆形龛室,状似古瓶,南龛室内供奉白衣大士像一尊;上层为刹,呈圆锥状,上置青铜镏金塔顶,角端悬挂着风铃。晴空映衬之下,白塔高高耸立,金顶耀日,为瘦西湖增添了楚楚英姿。

二十四桥

二十四桥位于瘦西湖的西北,那里由熙春台、玲珑花界及二十四桥组成的风景区。二十四桥因杜牧的诗句而闻名遐迩。关于二十四桥,向来说法纷纭。一种说法是二十四桥乃一座桥。

《扬州鼓吹词序》中载:"是桥是因古之二十四美人吹箫于此,故名。"一种说法是扬州城内有二十四座桥,《梦溪笔谈》记载:"扬州在唐时最为富盛,旧城南北十五里,一百一十步,东西七里十三步,可记录有二十四桥。"

此外还有《隋炀帝艳史》记载:炀帝偕萧太后等来到新造石板桥赏月,命泉贵儿吹竹箫,箫声悠扬动听,时桥无名,萧后请炀帝命名,因同游者共24人,故名"二十四桥"。说法各不相同,使二十四桥更为神秘诱人。二十四桥是单孔拱形石桥,桥身高耸于湖面,上围汉白玉桥栏,行人走在桥上,有凌空欲飞的感觉。桥头临水处有露台、凉亭,专为游人小憩提供方便。桥东有玲珑花界,桥西是熙春台,南为波光潋滟的湖水,北边青黛横亘的蜀冈胜境,游人来到此处,往往流连忘返。

瘦西湖似一位绝色美人,吸引着人们竞相一睹其芳容。所以,瘦西湖成了各地游客来扬州游玩的首选之地。

浙 江 省

普 陀 山

梦想名山久，因之驾海来。
潮从天上涌，刹向屿中开。
金粟山为钵，莲花水作台。
盘陀望三岛，咫尺是蓬莱。

——徐启东《游普陀》

【名山初识】

闻名于海内外的普陀山位于浙江省杭州湾以东约 185 千米，为舟山群岛中的一个小岛，全岛面积为 12.5 平方千米，呈狭长形，最高处的佛顶山海拔近 300 米。这里冬暖夏凉，是优良的避暑休养胜地。普陀山兼有山海之美景，前人做如此评说："山而兼湖之胜，则推杭州之西湖；以山而兼海之胜，当推舟山之普陀。"普陀山地处海中，形成了"山势欲压海，禅宫向此开，鱼龙腥不到，日月影先来"的山海奇观。普陀山不但是闻名中外的中国四大佛教名山之一，也是驰誉中外的旅游胜地，享有"南海圣境"、"蓬莱仙境"、"海上仙山"之誉。

【名山览胜】

游览普陀山的第一处是短姑道码头。此处曾经是天然形成的船埠。清光绪三十一年（1905 年），普陀山住持了余、莲禅二僧看到，因潮涨潮落，往来船只靠岸不便，于是募资用巨石垒成长达 11 米、宽 8 米的石条道头，以方便游人进山。

由短姑道码头上岸，北行不远就是普济寺。普济寺又称前寺，为普陀山供奉观音菩萨的主刹，始建于北宋。该寺规模宏大，建筑雄伟，有 9 座殿宇，如今寺内仍保存康熙的"普济群灵"、"藏经阁"匾额，还有千僧锅、大铜钟、大铜鼎等珍贵文物。寺前面积很大的莲池，是全山最佳的风景点之一，莲池原名为海印地，也叫放生池、莲花池，原是佛家信徒在此放生的池塘。莲花池东边的"多宝塔"建于元代元统年间，是普陀山现存最古老的建筑。多宝塔、普陀鹅耳枥与杨枝观音碑合称普陀三宝。

普济寺、法雨寺及慧济寺是普陀山三大禅寺。法雨寺为普陀山第二大禅寺，法雨寺建于明朝万历年间，清代康熙、雍正年间又扩建殿堂楼阁，规模宏伟，殿宇楼阁厅堂有二百余间。慧济寺又称佛顶山，位于佛顶山上，为普陀山第三大寺，依山势而建。在正殿大雄宝殿正中供奉有释迦牟尼及二弟子佛像，这是普陀山寺庙中唯一一座主殿不供奉观音而供奉佛祖的。

每年的农历二月十九日、六月十九日、九月十九日是观音生日、得道、出家三大香会，此时普陀山会出现盛况空前的壮观场面，来自各地的善男信女们纷纷来此拜佛祈福。南海观音露天铜像身高18米，莲台2米，台基和功德大厅高13米，礼佛广场占地5500平方米，观音菩萨左手托法轮，右手施无畏印，慈悲中透着庄严。另外，我国最大的铜铸佛殿——正法明铜殿也在普陀山建成，铜殿全部以青铜浇铸，采用国内先进的空心捣铸工艺建成，全殿长7米、宽5米、高8米，净重180多吨，现在已成为普陀山必看的一大景观。

由梅福庵西行不远处就可看到磐陀石。磐陀石由上下两石叠加而成，下面一块巨石底阔上尖，周长20余米，中间凸出部位将上石托住，叫作磐；上面一块巨石上平底尖，高达3米，宽近7米，呈菱形，叫作陀。磐陀石奇险无比，却安稳如盘。磐陀石顶部平坦，二三十个人在其上面嬉戏都纹丝不动，实在是让人百思而不得其解的一大奇观。

普陀山上最出名的风景点为紫竹林潮音洞，紫竹林一带山中岩石呈紫色，因此人们就把这里的石头就叫"紫竹石"。紫竹林内有潮音洞，潮音洞高数十米，洞口与大海相通，因此这里常常是波浪翻滚，涛声动地。

千步金沙也叫千步沙，位于普陀山的东部海岸，南起几室岭北，东北至望海亭，千步沙长约70米，因其长度近千步而得名。

1983年，普陀山年被列为国家重点风景名胜区。

雁 荡 山

北上太行东禹穴，雁荡山中最奇绝。
龙湫一派天下无，万众赞扬同一舌。
行行路入两山间，踏碎苔痕屐将折。
山穷路断脚力尽，始见银河落又阙。

矩罗宴坐看不厌，骚人弄词困搜抉。
谢公千载有遗恨，李杜复生吟不彻。
我游石门称胜地，未信此秋真卓越。
一来气象大不侔，石屏倚天惊鬼没。
飞泉直自天际来，来处益高声益烈。
滇池倒泻三峡流，到此谁能定优劣。
更期雨后再来看，净洗一生烦恼热。

——楼钥《玫瑰集·大龙湫》

【名山初识】

雁荡山位于浙江省东南乐清县境内，东西长 25 千米，南北长 18 千米，全山总面积约 450 平方千米。因"山顶有湖，芦苇丛生。秋雁宿之"而得名。有南雁、中雁和北雁几个部分，作为旅游名胜，一般是指北雁荡山。自古以来，雁荡山素以"天下奇秀"，"寰中绝胜"而闻名天下。它拥有一百零二峰、一百零三岩、六十多洞、三十怪石及三十多处瀑布等美丽景点，加上众多的人文遗迹及古建筑，因而成为我国著名的旅游胜地。

雁荡山主要是由侏罗纪晚期喷出的流纹岩构成，还夹杂一些别的喷出岩，如集块熔岩、玻屑熔结凝灰岩。它们为距今大约 1.5 亿年前（晚侏罗纪）燕山运动时期火山喷发的产物。根据地质学家考证，北雁荡山为一个破火山口，这里的火山喷发至少分五个阶段，刚开始喷出的是流纹岩，继之喷出大量的火山碎屑流，并在山坡堆积成的凝灰岩与集块岩，最后是石英安山岩和石英正长斑岩侵入，完成了火山活动的一个周期。

【名山览胜】

雁荡山以山水奇秀闻名，号称"东南第一山"。主峰雁湖岗，海拔 1046 米。雁荡胜景集中在东南部的"一龙二灵"，也就是大龙湫、灵峰、灵岩，又称雁荡风景三绝，大龙湫瀑布为雁荡第一名胜，清代诗人袁枚曾写诗赞曰："五丈以上尚是水，十丈以下全是烟。"

雁湖

雁湖又称平湖。古时雁湖"方可十里，水常不涸，秋雁归时多宿于此"。后来雁湖逐渐干涸，仅遗存数处浅水塘。1956 年在湖上建立了茶场，广种云雾茶。湖上土壤肥沃，十分适于种茶，所产茶叶为雁茗上品。旧时的"鸿雁之家"，而今成了

"雁茗之乡"。

雁湖东起东岭，西到碧落峰，南起本觉寺遗址，北至雁湖岗，面积约59平方千米。其中有十二峰、六岩、二石、六洞、六瀑、三潭、二湖、一溪、二谷、一门、一天，合计有42个景色。北景区位于雁荡山西部，旧称"西外谷"，以湖、瀑、峰、谷等取胜。雁湖的锦山秀水，最适宜乐山乐水者蓑衣斗笠随意徜徉。置身这里，人们绝不会感到自身的渺小，而是深感人和自然的神交契合。烟雨飘洒的梅雨瀑、似绸带下垂的罗带瀑、瀑形幽奇的西大瀑及状物象形的含珠峰、石表峰、玉兔峰以及奇险幽深的梯云谷，都是让游客驻足观赏的美景。

灵岩

"雁荡冠天下，灵岩尤奇绝"，灵岩地处雁荡山中心，越钟鼓岩，入安禅谷，达南天门。古木参天、绝壁四合，若临方外异境。站在灵岩寺前，仰望高空苍茫，环视奇峰耸峙，会令人顿生一种杂念皆消，安然怡悦的意境。右上天窗洞、霞客亭、莲花洞，既可探险寻幽，也可鸟瞰灵岩诸胜；左登龙鼻洞、小龙湫、卧龙谷，惊险奇绝，更可领略登山览胜之美妙。灵岩也是雁荡山的文化摇篮，龙鼻洞就有"雁山碑窑"之称。众多文人墨客都曾赋诗、撰文、作画咏灵岩，因而更使雁荡扬名中外。

大龙湫

大龙湫乃雁荡山精妙之所在。穿过马鞍岭，以锦溪为轴线，沿溪而上即见剪刀峰、大龙湫、连云嶂诸胜。大龙湫为中国四大名瀑之一，可与黄果树瀑布相媲美。顺溪而下是燕尾瀑、能仁寺、筋竹涧诸景。能仁寺是雁荡十八古刹之冠，鼎盛时期有千余僧众在此寺修行。溪东有常云峰、千佛岩、龙湫背，可寻觅徐霞客当年游大龙湫溯源之古迹。溪西为飞来石、芙蓉峰、丹芳岭。大龙湫不只以飞瀑、奇峰、巨嶂、碧潭称胜，更有谢灵运履痕等遗踪，且宋十八古刹遗址中此地即占七处，可谓"千年雁荡看龙湫"。

小龙湫

小龙湫又称小瀑布，在灵岩寺右侧后面的隐龙嶂底，为灵岩的主要景观之一。悬崖环峙，岩腹色类珊瑚、玛瑙。瀑飞崖上，触石跃起如雾团结旋，流转飞洒，喷珠溅玉复卷雪。瀑水入潭，因光作色，形态万千。潭水自乱石间流出，汇合成卧溪,再蜿蜒向南流入碧玉溪。在小龙湫左侧山上,有猴子捧仙桃一景;卧龙溪中有鸭子戏水可观赏。

三折瀑

三折瀑属雁荡山之山高水远型景区。沿峡道逶迤而上,依次是下折瀑、中折瀑、上折瀑。下折瀑飞花碎玉,轻快活泼可爱;中折瀑瀑如珠帘,嶂似覆钟,被誉为"雁山第一胜景";上折瀑藏身列嶂,其外又可远眺海湾波光帆影,幽深而不失畅旷。瀑分三折宛如天上来,登山观瀑若读奇文,既有情趣,更得理趣。出上折瀑,左行过开元洞下山,就是净名谷。谷内有雁荡山第一嶂——铁城嶂。雄嶂遮天,奇峰入云,境界幽奥,泉水甘冽。

灵峰

灵峰为雁荡山景色交响乐最具华彩之乐章。顺鸣玉溪而上,古洞幽幽,危峰杂叠,溪流潺潺。每当夜色朦胧,群峰剪出片片倩影;雄鹰敛翅、犀牛望月、相思女、夫妻峰……暮色中的灵峰幻成了世人津津乐道的绝景。若以"心景"看风景,就会生出无穷的奇思遐想。下塔头岭,右行入南坑至真济寺,两山夹溪,溪伴驿道;左上卷云谷达长春洞,可感悟古洞奇穴之幽秘、佛寺道观之清净。翻过谢公岭,可游览接客僧、石门潭、东石梁洞等景点,此处山外有山,谷中有谷,环境清绝。登上朝天门,即到了新开发的朝阳洞景点,既可俯视灵峰,也可坐看云起。

显胜门

显胜门为雁荡山的后园。自松坡溪到砩头溪两旁,青山绿水,相映如画;自然人文,和谐如歌。雄伟峭拔的显胜门,素有"天下第一门"之称;散水瀑、含羞瀑在雁荡山中独领风姿。村外青山,舍边绿树,流水人家,自然散淡,古朴静谧,野趣盎然。是人们放松心身,览胜休闲的好地方。

仙桥

仙桥为雁荡山最有仙气的地方,有关仙人王子晋骑鹤飞临的传说美丽动人;仙溪、仙桥、仙亭、仙人洞、仙姑洞等景观的名字,更是仙气氤氲。仙桥景区以"龙湖"为中心,十里湖面,碧波荡漾;千重苍山,层峦叠翠。每到山重水复处,信步穿溪,竹径通幽,天上人语,云间鸡鸣,恍如世外桃源。

仙人桥

仙人桥位于亭山脊,是一座由于地层断裂而形成的天然桥,相传仙人王子晋曾驾鹤吹箫来此。桥长100米,宽20米,距谷底200米,形如龟背。桥横云端,人行桥上,山风怪啸,大有飘飘欲仙之感。桥北有路可登临,但俯视深渊百丈,令人胆颤心惊,不敢久留。

羊角洞

羊角洞是雁荡山的风光的珍缩。景区面积仅3平方千米,但峰、嶂、瀑、溪、潭、湖应有尽有,山奇水秀,风光绮丽。万象嶂横亘数里,雄伟而兼具奇巧;方岩顶平铺百顷,畅旷而不失幽趣。此景区紧临海湾,潮声蜃影襟袖之距,登山观海极为真切。它洞府最多,或藏两峰之间,或嵌悬绝壁,因洞制宜,巧建道观,充满了神秘莫测的气息,民间宗教特色极为浓郁。

莫 干 山

> 和风从东来,
> 玄云起西山。
> 夜中发此气,
> 明旦飞甘泉。
>
> ——刘桢《和风从东来》

【名山初识】

坐落于浙江省德清县的莫干山属天目山余脉。春秋末年,吴王派莫邪、干将在这里铸造了世界闻名的雌雄双剑,因而得名为莫干山。莫山干享有"江南第一山"的盛誉,一直以竹、云、泉"三胜"和清、静、绿、凉"四优"等特色遐迩闻名。莫干山被人们称为"清凉世界",它与北戴河、庐山、鸡公山一起并称为我国四大避暑胜地。

【名山览胜】

莫干山具有自己的许多特点,"三胜"中的竹尤为突出,莫干山竹的品种不仅多,而且几乎覆盖了全山,从远处望去,莫干山就是一片竹的世界。莫干山的山泉更是随处都有,不经意间就会冒出一股清清的山泉,惹人喜爱,让人陶醉在流动的幽清世界里，浑然忘却山外之俗事。这里的云也独具特色，它们就似南方的天气，柔柔的但又很有性格，稍一走神，它就会幻化作另一种姿态，让人猜不透，摸不到，莫干山的"四优"更是意境深远。莫干山的森林覆盖率达到了92%，远望，满目翠绿；近看，绿的各具特色。莫干山上山泉密布，绿荫蔽日，所以这里空气清新、环境幽静、气候凉爽，深受来这里休闲、度假的游客的喜爱。

由于莫干山地处南方，自然就少不了多雨多雾的天气。莫干山的云雾很有特色。因为莫干山森林覆盖率非常高，所以雾起的时候，整座山就如同一片雾海，青翠的林木若隐若现，加上山中的建筑等，与海市蜃楼十分相像。陈毅元帅游览莫干山后，欣然提笔写道："莫干好，大雾常弥天。时晴时雨浑难定，迷失楼台咫尺间。夜来喜睡眠。参差楼阁起高岗，半为烟遮半树藏。百道泉源飞瀑布，四周山色蘸幽篁。"

莫干山具有悠远的人文历史，早在春秋末年，就因为莫邪造剑，而天下闻名了。汉代吴王刘濞也曾经在这里模仿莫邪冶铜铸剑。晋代时，莫干山上寺院很多，据说天池寺有一个僧人，一天游览莫干山的一座寺庙，结果一年之后才回到天池寺，可知莫干山的寺庙在当时有多少了。

莫干山的顶峰是塔山，海拔718.9米。塔山的山巅很平坦，山巅周围环绕着绿树，在这里四下远眺，只见亭台楼阁在绿荫之间若隐若现，引人遐思。"怪石角"位于塔山西侧，它是怪石丛中的一块陡然崛起、高十余米的巨石。怪石角的岩石有三层，其势险峻，但是岩石顶面却极其平坦，就像普陀山的磐陀石一样，游客可在上面嬉戏而毫无危险。在怪石角下面的陡峭山崖处，还建有一座名为"松涛亭"的石亭，在这里可以聆听松涛声。

莫干山碑林于1911年筹建，碑林共有45副翰墨，都是我国一些著名的书画家所书，如沙孟海、舒同、赖少其、苏局仙等人。

沿着剑池左边拾级而上，即可抵达观瀑亭，观瀑亭为一座红顶的六角亭子。在这里可以观赏到剑池瀑的全景。清陈敬弟观此瀑后赞曰："剑气销沉尽，寒流自古今；最宜乘雨后，相对坐亭阴。射日惊衰眼，因风送远音；耳根真清净，始觉入山深。"

莫干山不仅有种类繁多的竹，还有很多名贵的树木。山上名贵乔木有柳杉、黄山松、七叶树等150余种，1980年冬发现的观赏价值极高的野生香果树。被美国植物学家威尔逊誉为"中国森林中最美丽动人的树"。

因为莫干山景色优美，气候凉爽，因此它有很多休闲的别墅。结构奇巧、形态各异的别墅200多幢。自东阳籍关勇建造第一幢木结构洋房直至今时，一般都是古典式的寺庙建筑。山上还有些别墅的外墙用山石垒砌，屋宇是抬梁式或穿斗式木结构，屋檐远挑，外有围廊，带有明显的古典色彩。具有现代化风格的新建筑，大部分是在新中国成立后修建的。美、英、法、德等异国风韵的别墅，大多建于19世纪末和20世纪初，也是莫干山建筑上的特色。

1994年1月，莫干山被评为国家重点风景名胜区。

天 台 山

> 天台邻四明，华顶高百越。
> 门标赤城霞，楼栖沧岛月。
> 凭高远登览，直下见溟渤。
> 云垂大鹏翻，波动巨鳌没。
> 风潮争汹涌，神怪何翕忽。
> 观奇迹无倪，好道心不歇。
> 攀条摘朱实，服药炼金骨。
> 安得生羽毛，千春卧蓬阙。
>
> ——李白《天台晓望》

【名山初识】

天台山位于浙江天台县境内，主峰华顶峰高1138米，景区面积187平方千米，有100多个景点。关于天台山名字的来历，据说因山有八重，地当斗宿和牛宿的分野，上应台宿，所以被称作天台山。天台山自古以来就是著名的游览胜地。东晋文学家孙绰在《游天台山赋·序》中描述道："天台山者，盖山岳之神秀者也……夫其峻极之状，嘉祥之美，穷山海之瑰富，尽人神之壮丽矣。"明代大旅行家徐霞客三上天台山，并将《游天台山日记》作为《徐霞客游记》的首篇。

【名山览胜】

在国清寺东北方的石梁是天台山的一个主要的游览点。这里山门对立，山腰间有一块横空巨石衔接两山，它长约6.6米，最狭处不过五六寸，最宽处约0.5米，因为这块巨石很像屋梁，故称石梁。

天台山之所以出名，还因为它是我国佛教天台宗的发祥地，也是济公"活佛"的故乡。坐落在天台山麓的规模宏大的国清寺，被认为是天台宗的祖寺。国清寺是一座拥有 19600 平方米面积，600 多间屋宇的大型建筑群，它的主体在四条纵轴上，其中包括四殿：弥勒佛殿、雨花殿、大雄宝殿和观音殿；五楼：钟楼、鼓楼、方丈楼及近塔楼、藏经楼；四堂：妙法堂、安养堂、斋堂、客堂；还有两亭：梅亭、清心亭；一室：文物室。可以说这是我国最完整的大型寺院之一。

天台山是天然的植物园和动物园，在这里有很多珍奇的林木和花草，同时还有很多珍禽异兽。珍奇的树木有隋梅、唐樟、宋柏、宋藤等。还有大灵猫、苏门羚、云豹等珍稀野生动物。这些都极大地丰富了天台山的风景旅游资源。

天台是中国著名的产茶地之一。天台山盛产的高山茶叶——云雾茶遐迩闻名。葛仙茶圃历史悠久，据《天台山志》记载："东汉末年葛玄植茶之圃已上花顶。"归云洞口几株茶树被称为"茶祖"，至今仍旧生机蓬勃。

华顶峰有拜经台，为极好的观日出之所在，拜经台下数百步，有纪念诗仙李白的"太白读书堂"。华顶辟有森林公园，古木参天，空气清新，其间有华顶避暑山庄、华顶寺。在这里可"春观云海，夏赏山花，秋看日出，冬览雪景"。华顶峰海拔在 1000 米左右，空气里负离子极高，盛夏时节气温比杭州、上海等地低 10℃ 左右，是理想的避暑、疗养胜地。

1988 年，天台山被国务院批准为国家重点风景名胜区。

千 岛 湖

一带江山如画，风物向秋潇洒。
水浸碧天何处断？霁色冷光相射。
蓼屿荻花洲，掩映竹篱茅舍。
云际客帆高挂，烟外酒旗低亚。
多少六朝兴废事，尽入渔樵闲话。
怅望倚层楼，寒日无言西下。

——张昪《离亭燕》

【名水初识】

位于浙江省淳安县境内的千岛湖，是 1959 年建造我国第五座自行设计、自制设备的大型水力发电站——新安江水力发电站筑坝蓄水而形成的人工湖。千岛湖景区总面积 983 平方千米，其中湖区面积 593 平方千米，库容量达 178 亿立方米，平均水深 34 米，湖区拥有大小岛屿 1978 座，故称千岛湖。

千岛湖湖区内星罗棋布的岛屿，姿态各异，错落有致。周围半岛纵横，峰峦耸峙，水面分割千姿百态，酷似迷宫。千岛湖以其独特的成因及优越的地理条件造就了群山叠翠、湖光潋滟、湖水澄碧的壮美自然景观。千岛湖水平均含沙量每立方米仅7克，透明度在7米以上，属国家一级水体，不经任何处理就可达直接饮用标准。1986年，千岛湖被国务院列为首批国家级重点风景名胜区以及国家级森林公园，1997年千岛湖被评为"浙江十佳美景"榜首，并跻身于"全国森林公园十大标兵"之列。

【名水览胜】

五龙岛

五龙岛景区由鱼乐桥、幸运桥、状元桥等把原本孤立的5个景点连成一个景区，其内容以锁文化、民俗文化、石文化为主，集自然风光、生态旅游、休闲娱乐为一体，主要项目有：锁世界可参加挂锁许愿，尽享锁文化大餐，已挂有近10万把锁牌。新建了我国第一座锁博物馆——中华锁展馆及申报吉尼斯纪录的巨型铜锁。连接锁岛与鸟岛的水上浮桥名叫鱼乐桥，该桥兼桥上观鱼及水上交通为一体，长120米，设计新颖别致。各种鱼儿腾跃出桥心湖面，有的大鱼有1米多，游人在此喂鱼、逗鱼，妙不可言。

鸟岛

沉浸在一片鸟语花香之中，岛上建有百鸟园、珍鸟园、孔雀苑以及飞鸽广场等赏鸟游览区。在鸟长廊上，还可与鹩哥、八哥进行人鸟对话，其乐无穷。

桂花岛

因岛上野桂遍地而得此名，桂树品种齐全且树龄较长。桂花盛开之时，星星点点的花瓣将桂花岛装扮得格外美丽，引来的蜜蜂、蝴蝶构成了一幅波澜壮阔的群蝶狂舞图，实在是人世间不可多见的一幕。

鸵鸟岛

是台商投资开发千岛湖旅游景点的第一个岛。鸵鸟的求爱方式特别怪异，当雄鸟追求异性时，不顾身体笨重，翩翩起舞，时左时右，忽快忽慢，画出一个又一个的"8"字，以博取对方的欢心。

界牌岛

坐落在千岛湖中心湖区与东南湖区交界处。岛上有孔雀园,园内现有花孔雀、白孔雀、蓝孔雀、绿孔雀4个品种共600多只,色彩缤纷,绮丽动人。并建有良雏园、幼鸟园、大观园、衍生园、美井泉、聚宝泉及凤翔桥等景观,在园里游客可以亲手给孔雀喂食还可与孔雀同舞。

猴岛

岛上现有恒河猴、四川短尾猴与红面猴,占猕猴6个品种中的3种。在此观猴、斗猴,为老少皆喜的乐事。

神龙岛

神龙岛是以观赏蛇类活动为主题的景点。蛇池内有各种剧毒的蛇类,包括五步蛇、眼镜蛇、眼镜王蛇、竹叶青等几十种。在蛇园中的树枝上还潜伏有许多种类的无毒蛇,游客闯蛇园,有惊而无险。斗蛇、人蛇共舞、人蛇共眠、人蛇同游、人蛇亲吻为这里蛇艺表演的绝活。

龙山岛

龙山岛是千岛湖的主要人文景点,岛上建有海瑞祠。该祠是淳乐老百姓为缅怀清官海瑞于1986年自发集资修建的。建筑飞檐翘角,雕梁画栋,典雅古朴,肃穆端庄。祠内的碑廊里有各种石碑20余块。祠内公堂里还有海瑞塑像和海瑞故事图画,岛上还有海拔207米的钟楼,游客登楼,倚窗远眺,湖光山色,极富有诗意。

蜜山岛

岛上建有蜜山禅寺,是远近知名的"浙西名胜"之一。该寺的盘山磴道,每块石块的长度与宽度之比,跟黄金分割法中0.618这个数字一致,人们走在上面,丝毫不觉得吃力。这里还是"三个和尚没水吃"民间故事的发生地,岛上的圆寂骨塔,即是印证这一故事的有力物证。

千岛湖矿产资源多达30余种。而水资源的开发更是前景广阔。水电资源蕴藏量很丰富,理论上年可发电2.9亿千瓦时。"千岛湖"牌纯净水已出口国外。千岛玉叶、鸠坑毛尖等名茶也数次在国际、国内获奖;山核桃及名贵药材山茱萸产量占全国的四分之一；传统名产无核柿以其个头大、汁儿鲜、无核而名传江南。千岛湖更是水族的乐园，湖中有八九种淡水鱼类，年鲜鱼起捕量达 4000 余吨，为浙江省四大淡水鱼基地之一，产品远销全欧美的十多个国家及地区。

西 湖

> 孤山寺北贾亭西，水面初平云脚低。
> 几处早莺争暖树，谁家新燕啄春泥。
> 乱花渐欲迷人眼，浅草才能没马蹄。
> 最爱湖东行不足，绿杨荫里白沙堤。
>
> ——白居易《钱塘湖春行》

【名水初识】

我国著名的风景湖杭州西湖中外驰名，它是一个典型的潟湖。西湖外形呈椭圆形，南北长约 3.3 千米，东西宽约 2.8 千米，水面积只有 5.6 平方千米。然而，由于西湖湖光山色之优美，人文底蕴之深厚，加上历代文人的称颂赞扬，因而驰誉海内外、闻名全球，名列我国十大名胜风景之一。

关于西湖的成因，地质学者进行过仔细的研究，有比较一致的认识。在大约 1 万年前的第四纪全新世初期，杭州与西湖都淹没在汪洋大海之中，是钱塘江出海口的浅海湾。天目山从西面延伸过来，包围在海湾的西缘，而海湾的南北两端，正好是吴山及宝石山。在长年累月的浪打潮涌过程中，受吴山与宝石之阻，由长江和钱塘江带来的泥沙在海湾的两侧滞留，并且慢慢地沉积下来，形成南北两道沙嘴。沙嘴不间断向外延伸，直至南北沙嘴相连，成为一道沙堤，于是把海湾内侧与外海完全隔绝，形成了潟湖——现在杭州西湖的前身。由于沉积作用还在不断继续，外海一侧也渐渐地被淤积成陆地，就是今天的杭州市。据历史记载，我国春秋时期，现今杭州的位置还是潮涨淹没，潮落出露的海滩。当然，西湖能成为风景名胜那是后来经过长期修整营造的结果。有人考证提出，直到汉代后期，会稽郡太守招募人员修筑起防潮大堤，西湖方始与钱塘江完全分离开，加上湖西山区溪水不断补充，西湖的水质也慢慢淡化，终于成为淡水湖。

西湖过去曾有武林水、金牛湖、钱塘湖等称谓；元朝初年，意大利旅行家马可·波罗在游记中赞誉杭州为世界上最美丽华贵之城，西湖从此扬名世界。西湖景区由自然山水、文物古迹、寺庙古塔、碑刻造像及公园绿地组合而成。有湖不广，水面如镜；山多不高，绵亘蜿蜒；湖山相依，自然协调，尽显妩媚风姿。苏堤、白堤、飞来峰、虎跑泉，山水傍堤，鬼斧神工；更有西湖十景令人心旷神怡，不知不觉驻足流连。西湖的美，晴时见潋滟，雨中显空濛。一湖碧水和三面云山相依相伴，天光云影，长堤卧波，烟柳画桥，舫船交错，楼阁亭台，花团锦簇，美景使人目不暇接。

【名水览胜】

苏堤

苏堤南起南屏山麓，北至栖霞岭下，全长约 3000 米，是北宋大诗人苏东坡任杭州知州之时，疏浚西湖，利用挖出的淤泥修筑而成的。后人为了纪念苏东坡治理西湖的功绩，将之命名为苏堤。沿堤栽有杨柳、芙蓉、碧桃、海棠等 40 多种植物。苏堤风光旖旎，晴、雨、阴、雪各具情趣，四季美景亦不同，尤以春天清晨赏景最佳，绿杨拂岸，艳桃灼灼，晓日照堤，春色如画，因此有"苏堤春晓"之美名。

白堤

白堤原称"白沙堤"，长约 1 千米，是唐朝时为了储蓄湖水灌溉农田而兴建的，以风光旖旎著称。后来，人们误以为这条堤是白居易主持修筑的，就叫它"白堤"。事实上，白居易任杭州刺史时，只是在过去钱塘门外的石涵桥附近修筑了一条堤，叫作"白公堤"，现在已经无迹可寻了。白居易在诗云："最爱湖东行不足，绿杨荫里白沙堤。"为西湖增添了说不尽的文学韵味。白堤上有两座桥，东面一座是断桥，此桥及白蛇传的故事家喻户晓；西面一座是锦带桥，知者较少。锦带桥是白堤上极佳的观景点，站在桥上，近可观平湖秋月的露台，远可眺孤山的绿树楼阁。清许承祖在《西湖渔唱》中有诗专咏锦带桥的诗云："波光山色尽模糊，锦带桥平入画图。约略前身是渔父，一竿双桨占西湖。"

六和塔

六和塔位于西湖之南、钱塘江畔月轮山之上。北宋开宝三年（公元 970 年），当时的杭州为吴越国国都，国王为平镇钱塘江潮水，派僧人智元禅师建造了此塔，取佛教"六和敬"之义，因此命名为六和塔。现在的六和塔塔身为南宋时重建。塔外观 13 层，塔内为 7 层，由螺旋阶梯相连。塔檐自下而上逐级缩小，塔檐翘角上共挂上 104 只铁铃。檐上明亮，檐下阴暗，明暗相间，从远处观看十分和谐。塔内须弥座上雕刻有花卉、飞禽、走兽、飞仙等各式图案，刻画精细。游人从塔上可以眺望钱塘江，清晨登塔，若逢春日清晨登塔，所见景色正如白居易《忆江南》一词所描写的："日出江花红胜火，春来江水绿如蓝。"

西湖十景

西湖的景色四时各异，西湖十景成就了杭州西湖的不尽风貌。春季，苏堤春晓，柳浪闻莺，花港观鱼，春花竞艳，美不胜收；夏天，曲院风荷，荷花映日，湖面新绿一片；秋季，三秋桂子，香飘云外；冬日，断桥残雪，银装玉琢，放鹤亭畔，寒梅斗雪。早晨，葛岭朝晖；日西，雷峰夕照；黄昏，南屏晚钟；入夜，三潭印月及平湖秋月。西湖十景展现了西湖晨昏晴雨、春花秋月的自然景色。白居易诗中有云："湖山春来如画图，乱峰转绕水平铺。松排山面千重翠，月点波心一颗珠。"苏轼亦在诗中说道："水光潋滟晴方好，山色空蒙雨亦奇。欲把西湖有比西子，淡妆浓抹总相宜。"这些诗句都是对西湖风光的真实写照。

三潭印月

西湖十景之一的三潭印月，处于西湖中部偏南，它与湖心亭、阮公墩鼎足而立合称湖中三岛，就似我国古代传说中的蓬莱三岛，故也称小瀛洲。三潭印月是西湖三岛中面积最大、景观最多、知名度最高之岛，被誉为西湖第一胜境，也是江南水上庭院艺术的代表作品。"湖中有岛、岛中有湖"为这里的最大特色。岛南湖中建成有三座石塔，传说是苏东坡在杭州为官，疏浚西湖时所创设（现在石塔为明代重建）。更有趣的是塔腹中空，表面上分布着五个等距离圆洞，若在月明之夜，洞口糊上薄纸，塔中点燃灯烛，洞形映入湖面，呈现很多"月亮"，真月和假月其影莫辨，夜景非常迷人，因而得名"三潭印月"。

花港观鱼

花港观鱼景区前接柳丝葱茏的苏堤，北依层峦叠翠的西山，碧波粼粼的小南湖和西里湖，像两面镶着翡翠框架的镜子分嵌左右。早在南宋时，有一条小溪从花家山经此流入西湖，这条小溪就叫花港。当时，内侍官卢允升在花港侧畔建之了一座别墅，称为卢园。园内垒石为山，凿地为池，蓄养异色鱼，于是游人萃集，雅士题咏，称之为"花港观鱼"，遂成为西湖十景之一。牡丹花千姿百态，斗奇竞妍；鱼群争抢食饵，纷纷跃起，使人流连忘返。

曲院风荷

曲院风荷位于西湖西侧，花开时节，清香四溢，风景旖旎，令人陶醉。附近的池塘种有菱荷，每逢夏日风起，酒香、荷香沁人心脾。1980年始，曲院风荷景区进行了大规模的拓建，使其成为以荷文化、酒文化为主题的大型园林。全园分为岳湖、竹素园、风荷、曲院、滨湖密林5个景区。园内亭、台、楼、榭布局典雅，池内荷花品种有红莲、白莲、重台莲、洒金莲、并蒂莲等，都十分珍稀名贵。

平湖秋月

平湖秋月位于白堤的西端终点，背倚孤山，南临外湖。唐代即在这里建有望湖亭，白居易任杭州刺史时，每逢月夜，常在此亭中饮酒赏月。清康熙年间改建为御书楼，并于楼前建三面临水的平台，立碑文，名为平湖秋月。此处不论春夏秋冬、阴晴雨雪，都有美景可观，且情趣不同。特别是在皎月当空的秋夜，月光如泻，柔水若情，天上、水中两圆月，悄悄西移衔山峰，使人沉浸在无限的情思之中。

灵隐寺

灵隐寺又称云林禅寺，创建于东晋咸和元年（公元326年）。当时印度僧人慧理来到杭州，他发现这里的山峰十分奇秀，认为是"仙灵所隐"之地，于是就在这里建寺，取名灵隐。如今的灵隐寺是在清末重建的基础上陆续修复、重建的。整个寺院建筑的中轴线上依次是天王殿、大雄宝殿及药师殿，其中的大雄宝殿为单层三叠重檐，殿正中，佛祖释迦牟尼雕像高踞莲花座上，妙相庄严，颔首俯视，令人顿生敬畏，是我国最高大的坐式木雕佛像之一。

【名水人文】

西湖古迹

西湖历来是文人荟萃的地方，著名诗人白居易、苏轼先后在杭任职期间，写下许多吟咏西湖的名篇。东汉的《三老讳字忌日碑》，五代到宋元的飞来峰摩崖石刻雕像、烟霞洞的造像、文庙的石经，东晋时的灵陷古刹，北宋时的六和塔、保俶塔、雷峰塔，南宋的岳飞墓与岳王庙，清乾隆年间珍藏《四库全书》的文澜阁，清光绪时创立研究金石篆刻的西泠印社等，以及近代民主革命先驱秋瑾与现代文豪鲁迅的雕像均在西子湖畔屹立，这些无疑都是中华民族的文化瑰宝。

绍兴东湖

闻道稽山去,偏宜谢客才。
千岩泉洒落,万壑树萦回。
东海横秦望,西陵绕越台。
湖清霜镜晓,涛白雪山来。
八月枚乘笔,三吴张翰杯。
此中多逸兴,早晚向天台。

——李白《送友人寻越中山水》

【名水初识】

绍兴东湖位于浙江绍兴市古城东4千米处。它和杭州西湖、嘉兴南湖并称为浙江三大名湖。据说,全国有9个东湖,湖的形状、大小、风格均不相同。面积最小的为绍兴东湖。绍兴东湖虽无浩瀚博大、水天一色的气势,但却能够在平凡中见奇秀,小巧中透着灵气,使人赏心悦目,流连忘返。

绍兴东湖的形成已经有几千年的历史了。传说,这里原来是一座青石山,与越中诸峰同属会稽山脉。早在汉代,当地的民工不断在此开山采石。隋朝,越国公杨素为了扩建绍兴古城,又大规模地开山取石。到了清末,绍兴著名书法家、学者陶浚宣耗巨资在这里购地造景,筑堤围湖,修桥建亭,植桃种柳。东湖才成为一个巧夺天工的水石大盆景。

【名水览胜】

从空中俯视东湖,形状极像弯月。弯弯的月亮中间,横卧着两座桥——秦桥和霞川桥,于是这弯月又形成了一个"月"字。

秦桥是东湖第一桥。相传是因为秦始皇曾经到过这里而命名的。走过秦桥,远远可望到的是一个湖心小岛。侧目南望,即是东湖一景桂岭。桂岭不大,像是一个小岛,依岩而临湖,曲径可通幽。桂岭上有金桂丛丛,每年金秋时节,这里金桂飘香,香气袭人,附近的"香积亭"就是因此而得名的。这里还生有形状怪异的盘槐,传说那是董永与七仙女幽会的地方。霞川桥的桥墩看起来似一个"川"字,每到黄昏,在晚霞映照下,湖水在桥下金光粼粼,桥墩倒映在湖面上,格外美丽,所以取名为霞川桥。

在东湖中乘乌篷船游荡可以说是一大趣事,也是东湖旅游的最大特色。游人乘船，穿过湖中小堤，可前往令人梦魂萦绕的"仙桃洞"游览。仙桃洞为一个人工石洞，当年采石的匠人，在两块石岩中间，留下了一堵厚不盈尺的石壁，石壁中央，又凿一门，两侧刻有"洞五百尺不见底，桃三千年一开花"门联一副，横额上赫然刻着"仙枕洞"三字。联虽写得有些夸张，但也引出了一个神奇传说。传说中当年西王母在此崖壁上植了一颗仙桃，此桃三千年一熟，吃了可以长生不老，为了防止仙桃被偷，王母特派一员天将在这里日夜看守。崖壁上到现在还留着天将坐过的靠背椅。洞为水室，本已称奇，而室内有门又通别室，更可谓巧夺天工。

游人乘船从"仙桃洞"的西门出来，就可到"空谷传声洞"。该洞下大上小，形状酷似喇叭，故又称喇叭洞。游客在洞内一喊，声音即在洞内回荡，经久不绝。尤为令人不解的是，如有人在洞内说话，别人在对面堤岸的万柳桥上，却听得最清楚。这其中的玄机至今仍未解开。

东湖还有一个为纪念陶渊明而命名的陶公洞。来到洞中，游人会忽然感到天光骤暗，只听见岩壁石缝中流淌出来的水珠，叮叮咚咚滴落潭中，令人顿感清凉无比。陶公洞像一口天然巨井，也似一口扣水的巨钟。洞的四壁都是采石留下的斧凿之痕，百米多高的顶部现出一方蓝天。陶公洞还有一绝，就是夜晚华灯亮彩时，洞内好像有一群五彩缤纷的热带鱼儿在水中畅游跳跃，非常有趣。

东湖白玉长堤为观赏东湖美景的极佳之处，漫步堤上，东湖奇景可以细细品味。这里杨柳清风，景随步移，观岸石，形状怪异，有的壁立百丈，鬼斧神工；有的相对而立，仿佛石门；有的曲折有致，状如石洞。这些均是古代采石工留下的艺术精品。沿长堤西行，有听漱亭、饮渌亭、香积亭、静趣亭，这些亭子的名字都充满了诗情画意，合起来，便有了春夏秋冬的寓意。

游人拾级而上至揽越亭，极目远眺，古越风貌可一览无余。继而沿着幽静的竹林小道，便可来到了陶社。陶社是为纪念辛亥革命烈士陶成章而建的。陶成章，生于1878年，于1912年在上海广慈医院遇害，年仅35岁。他与秋瑾、徐锡麟并称为"鉴湖三侠"。在陶社纪念堂中，正面悬挂署孙中山先生亲书的四个大字"气壮河山"。陶社原建筑于抗战时期被毁，现存建筑为一九八一年重建，已成为爱国主义教育的基地。

东湖凭借它景色的秀丽，吸引了很多名人前来游赏，孙中山、毛泽东、刘少奇等，都曾到此访胜览秀。一些电影、电视剧也常选择东湖作为拍摄基地，如《西游记》、《智取华山》、《胭脂》、《笔中情》等都曾在这里取过外景。绍兴东湖，已经越来越为海内外游客所瞩目。

绍兴鉴湖

画舫朱帘出缭墙，天风吹到芰荷乡。
水光入座杯盘莹，花气袭人笑语香。
翡翠侧身窥绿醑，蜻蜓偷眼避红妆。
葡萄力缓单衣怯，始信湖中五月凉。

——秦观《游鉴湖》

【名水初识】

宋代著名诗人陆游在对故乡绍兴鉴湖的品评文章中写道："千金不须买画图，听我长歌歌镜湖"。鉴湖位于浙江省绍兴西南，俗称"镜湖"，因传说黄帝曾铸镜于此而得名，亦有说因湖水清澈如镜而得名。古时还曾先后有庆湖、贺家湖、南湖、长湖、大湖、贺监湖、照湖等别称。

鉴湖始建于东汉永和五年（公元140年），为除水患、灌田畴，东汉会稽太守马臻征调民工筑堤蓄水，总纳山阴、会稽两县三十六源之水，汇集成湖，东起曹娥江，西止浦阳江，全长56千米，水域面积近200平方千米。这项浩大的水利灌溉工程，是我国长江以南地区最为古老的大型蓄水工程，亦是我国古代著名的水利工程之一。鉴湖建成后，长期以来一直作为绍兴一带农业灌溉、生活用水、航行运输等综合利用的主要水源。

晋唐时期的鉴湖，曾有"八百湖光此地收，长桥水接鉴桥流"的美景，可见当年鉴湖之宽阔壮观；但宋代以来，由于水土流失，淤积增加，陆续围湖造田，湖面日渐缩小。今日鉴湖，只是古鉴湖的一部分，一般是指东起越城区亭山乡的东跨湖桥，西至绍兴县湖塘镇的西跨湖桥一带水域，面积约30平方千米，东西长20多千米，平均宽度108米，最窄处仅十余米，平均水深3米左右，形如一条宽窄相间的河道，镶嵌在绍兴平原上，并在平原南部形成了特有的河港相通、河湖一体的水网体系。现在绍兴仍存的湖塘、石湖、容山湖、白塔洋等，也均为古鉴湖的遗址。

【名水览胜】

30里鉴湖，水面开阔，河道纵横，碧波荡漾，水明如镜，菱荷飘荡，洲岛片片；湖上堤桥相间，渔箔道道，渔舟穿行如梭，泛舟畅游真有"镜中游、画中行"的感觉。若逢雨中行舟，即可领略一种"船底江声篷背雨，游人听得最分明"的情景，烟雾蒙蒙，岸柳轻垂，鸟飞鱼跃，此中情趣，只有置身其中，才能一一领略。

湖岸会稽山脉屏立，茂林叠翠，修竹挺拔，村落掩映其中，阡陌交错；青山绿水之间，一方方黄澄澄的早稻穗及碧油油的晚稻苗间隔而列，杨柳、柏树伫立河岸与田塍，砖墙的楼房，低矮的茅草屋，早出晚归的叶叶渔舟及供行人休息的路亭等，公布在稽山镜水之间，那么的宁谧和谐，是典型的江南水乡田园风光。

千百年来，鉴湖优美的风景，让无数文人墨客倾倒，留下了吟咏赞叹的千古名句。王羲之赞曰："山阴道上行，如在镜中游。"明代袁宏道赞誉："钱塘艳若花，山阴芊如草。六朝以上人，不闻西湖好。""彼此俱清奇，输他得名早。"这并非夸大其辞。唐代诗人杜甫与李白的"越女天下白，鉴湖五月凉"及"镜湖水如月，耶溪女如雪"等，皆为脍炙人口的名句。贺知章、陆游更是爱这里"湖山奇丽"而终老于此。清末，绍兴出了一位诗心侠骨的奇女子——秋瑾。她的别号即为"鉴湖女侠"。

鉴湖之桥很有特色，有"垂虹玉带门前来，万古名桥出越州"之说。古鉴湖沿岸原有的斗门、闸、堰，大部分已改为石桥，其形式因地制宜，千姿百态，连拱桥、单孔陡拱桥、组合式桥、廊桥、亭桥随处可见。湖的东西两端各有东、西跨湖桥横绝两岸，画桥（为十五孔石梁桥）、黄泾桥、屏秀桥等点缀于湖道。鉴湖之桥有一种凌波缥缈之意，乘舟望桥，或像弯月，或似满弓，或若方镜，千般奇丽，万种秀色，真可谓巧夺天工。

鉴湖由东跨湖桥、快阁、三山、清水闸、柯岩、湖塘六个景区及湖南山旅游活动区组成。在稽山镜水之间，有汉陵思源、偏门醪香、山阴花经、湖上社戏、三山诗踪、绿洲市井、柯岩双阙、十里湖塘、碧波跨虹、纤道帆影十景，它们是鉴湖风景区的精粹。鉴湖风景名胜区于1993年被列为省级风景名胜区。

柯岩景区为整个鉴湖风景区的核心，以岩洞佳景而闻名。岩峻洞奇，最为美妙，石景有远近闻名的大佛岩、云骨等。蚕花洞曲折幽深，大王洞雄壮奇异，蝙蝠洞险峻奇特，石室洞凉爽静谧，各具其胜。这处绍兴久负盛名的传统旅游胜地，经过今天别具匠心的园林营造，形成石佛景区、镜水湾景区、越中名士苑及圆善园四大景区，成为以石文化为主要景观特点，融自然、园林、审美、宗教和娱乐休闲项目于一体的旅游佳地。

鉴湖不但有独特的自然风光，而且名胜古迹繁多，沿湖有东汉著名水利专家马臻的坟墓及马太守庙，南宋著名爱国诗人、文学家陆游的三山故里与快阁，明末爱国文学家、戏曲家祁彪佳的寓山别墅等。这些历史遗迹，都是胜景佳地，它们为鉴湖增添了缤纷的色彩。

"桨声灯影入梦里，青山秀水伴枕眠"，今天鉴湖的山、水、塘、桥、庙、水乡诸景观，呈现给世人的是江南水乡旖旎的田园风光，悠久典雅的人文韵味，还有绍兴浓郁的民风民俗，让人赏心悦目、回味无穷。

嘉兴南湖

三山云海几千里，十幅蒲帆挂烟水。
吴中过客莫思家，江南画船如屋里。
芦芽短短穿碧沙，船头鲤鱼吹浪花。
吴姬荡桨入城去，细雨小寒生绿纱。
我歌水调无人续，江上月凉吹紫竹。
春风一曲鹧鸪吟，花落莺啼满城绿。

——王冕《过嘉兴》

【名水初识】

位于浙江嘉兴市区东南的嘉兴南湖，古称陆渭池，又称滮湖。南湖又分做东、西两湖，形若鸳鸯交颈，古时湖中常有鸳鸯栖息，因此又称鸳鸯湖。隋朝开挖南北大运河以后，随着经济的发展，旅游业也逐渐兴盛起来。宋代以后，嘉兴南湖和绍兴东湖、杭州西湖被人们合称为浙江三大名湖。

南湖现有面积0.5平方千米，湖中有两岛，一是湖心岛，面积不足12000平方米，如同一颗璀璨的明珠镶嵌在南湖之中。岛上建有以烟雨楼为主体的古园林建筑群，亭台阁榭，假山回廊，疏密相间，错落有致；岛的南端辟有荷花池，可谓湖中有池，岛中有堤。另一小岛是称为小烟雨楼的仓圣祠，位于南湖的东北隅。

千百年来，南湖以自己特有的风姿吸引着四方的游人，历代文人雅士为南湖留下了无数的诗篇和画卷。今日南湖之所以闻名于世，更主要的原因是在南湖发生了一件中国现代史上开天辟地的重大事件——中国共产党第一次全国代表大会在这里完成了最后的议程，标志着中国共产党的成立。

【名水览胜】

烟雨楼

烟雨楼建于五代，楼名取自唐朝诗人杜牧的诗句"南朝四百八十寺，多少楼台烟雨中"。烟雨楼位置在湖心岛中心地势最高处，坐北面南，重檐歇山，飞檐翘角，造型雄伟壮丽，古朴典雅，是整个南湖景区的核心和象征。现在人们看到的这座烟雨楼为1918年嘉兴知事张昌庆募款重建的。楼前檐匾额"烟雨楼"三字是董必武1965年手书。烟雨楼自明嘉靖年间在湖心建起后，经过多年的扩建、重建，又在该楼周围陆续增建亭台阁榭，配置假山回廊，终而形成今日之布局精巧，花木扶疏，具有江南特色的完整园林构筑。

钓鳌矶

钓鳌矶位于烟雨楼南、荷花池北。明万历十年（1582年），嘉兴知府龚勉在烟雨楼周围增筑亭榭，共十二景观，名曰"瀛洲胜景"。其中于楼南面临水拓台为垂钓之处，并题书"钓鳌矶"三字镌于石上。"钓鳌"原意为出人才，独占鳌头。钓鳌矶建成第二年，嘉兴果然中了一名状元，名朱国祚。清雍正、乾隆时又出了两名状元。此后，石名大振，文人名士争相顶礼膜拜。

鱼乐国

明万历三十三年（1605年），太史董其昌督学江南来嘉兴。当时盛行放生行善，董太史觉得嘉兴以范蠡湖作为放生湖太小，因而建议把南湖作为放生湖，并手书"鱼乐国"三字，同一年刊成石碑立在烟雨楼北。董其昌乃明代文学家兼大书画家，他题写的"鱼乐国"石碑至今保存完好，成为南湖的名迹之一。

大士阁（一名观音阁）

明万历十一年（1583年），知府龚勉在修造烟雨楼及增筑亭轩时在烟雨楼东北面建造，被列为"瀛洲胜景"之一。后被毁。清同治十三年（1874年）重建。1937年大士阁被毁于日军炮火。1986年再度重建。

宝梅亭

宝梅亭位于烟雨楼北面，清光绪元年（1875年）清画家彭玉麟来到嘉兴，知府许瑶光陪同游南湖。彭生性喜爱梅花，应许知府索梅要求，当场画横、直梅花各一幅，并赋诗于其上。许瑶光得画后，请嘉兴秀才钟沈霖镌刻于石上，并于同年建亭，壁嵌彭玉麟梅花石刻，遂将亭命名为"宝梅亭"。原石中间有破损裂纹，画家即因势走笔，顺其裂缝而画树干，取势得当，妙不可言。

假山

假山位于烟雨楼北面庭院，是明末著名造园家张南垣所叠。该山全为太湖石叠筑，石壁石洞，山谷蹬道，奇峰突兀。石山的形状形态不一，宛如虎、豹、狮、象、猴等动物，神态生动，惟妙惟肖，在结构、布局、造型、对景上具有独到之处。

访踪亭

访踪亭在烟雨楼东南岸边临水处。该亭是为纪念中共"一大"代表董必武重访南湖时为南湖革命纪念馆题诗而建。1964年4月5日，董必武到南湖参观，在中共"一大"纪念船上，董老回眸当年"一大"开会的情景，心情激荡，挥笔题写七绝一首："革命声传画舫中，诞生共党庆工农。重来正值清明节，烟雨迷蒙访旧踪。"1985年6月，南湖革命纪念馆将董必武题南湖诗刻于石碑之上，并建亭于纪念船东面临水处，将此碑立于亭中，取董诗末句意，名为"访踪亭"。

中共"一大"会议纪念船（又称红船）：1921年7月23日，中共"一大"在上海秘密召开。会议中途因受到法租界巡捕袭扰而被迫暂停。随后，代表们秘密转移至嘉兴南湖，在一条游船上继续开会。会议审议并通过了党的纲领，宣告中国共产党成立。新中国成立之后，为了纪念中共"一大"在南湖胜利闭幕这一重大历史事件，1959年，仿制了当年"一大"开会的游船，作为中共"一大"纪念船，停泊于湖心岛烟雨楼前东南岸边水面展出。纪念船船身全长约有16米，宽3米，内有前舱、中舱、房舱及后舱。中舱放一张方桌，桌上摆设茶具，周围放置椅凳，当年"一大"会议就在中舱举行。前舱有凉棚，房舱设置床榻，后舱放置着橱灶等物。船梢系一条小拖梢船，为当时进城购物及接人等用。

1991年，南湖新建了宏伟的革命纪念馆，纪念馆和中共"一大"纪念船隔湖相望，遥相呼应。每年都有数十万人慕名前来旅游、参观。

海盐南北湖

烟波不动影沉沉，
碧色全无翠色深。
疑是水仙梳洗处，
一螺青黛镜中心。

——雍陶《题君山》

【名水初识】

海盐南北湖地处浙江杭州湾北岸的海盐县澉浦镇。景区由四十多处景点组成，面积30平方千米。素有"上海后花园"及"西湖姊妹行"的美誉。

【名水览胜】

南北湖风景区为湖、山、海融为一体的自然景观。景区有湖、有山、有海。我国著名园林专家陈从周评价它时说："它的好处是比瘦西湖幽深，比西湖玲珑，能兼两者之长。它的特点主要在于湖外为海，那就是山水之外再加一个海，山光、水色、涛声够你受用了。"由于湖多曲折，山有层次，海富奇观，三者的结合为风景区创造了一个多层次的立体景观。湖中有岛有洲，点缀其中。湖岸线曲折变化丰富，走向自然，为人们留下无限遐想。南北湖的西、北、东三面环山，且高耸低卧，近翠远黛，杨成了一组富有层次的近、中、远景，使人若置身于图画一般。若把杭州西湖比作浓妆艳抹的窈窕倩女，南北湖则可看作是一个未施胭脂的"朴实村姑"。春游南北湖，桃红柳绿，百花争艳，燕舞鸟鸣，宛入仙境；夏游南北湖，万木垂荫，湖上泛舟，湖海浪涌，如入清凉世界；秋游南北湖，漫山金黄，枝头缀橘，天高云淡，金风送爽；冬游南北湖，皑皑山峰，鹰窠晴雪，红墙黑瓦，另具情趣。明朝诗人徐泰赞南北湖曰："澉湖湖上桂花秋，海月当年满画楼。仿佛钱塘六桥夜，至今人说小杭州。"早在明朝之前，南北湖就已非常繁华，成了文人墨客频频光顾的文化圣地。

澉浦镇初建于唐开元五年（公元717年），在历史上曾是一处著名的军港与商港，开发较早。这里积淀了唐、宋、元、明、清各个朝代的丰富的历史文物。北湖旁有株500年树龄的古柏，百年树龄的桂花。创建于北宋建隆初年的云岫庵，已有一千多年的历史，长期的宗教熏陶使这座千年古刹充满神秘的色彩。民间有"夜普陀"、"海上名山"及金银铜铁锡"镇山五宝"等传说，至今仍香火旺盛，游人不绝。湖边还有供奉吴越国王钱镠的吴越王庙，一直为当地人民的所敬仰，八九百年来，香火不断。金粟寺、悟空寺、惠泉寺、禅悦寺、黄道庙、海门寺等20多座庙寺，使景区成为本省佛教的重要活动场所。

南北湖地区有"浙江橘乡"之誉，有800年的产橘历史。经过多年改良与培育的本山黄皮蜜橘，兼具皮薄、肉厚、汁鲜、形美的特点，足可与黄岩蜜橘相媲美。"云岫茶"、"绿里香"、"南北湖"等名茶，历史悠久，品质上乘，色、香、味俱佳，甘醇香悠，驰名嘉禾、沪上，可与杭州龙井、湖州紫笋媲美。

随着人们对旅游等的重视，近年来南北湖实施退塘还湖工程，新开辟了旅游海塘、黄沙坞欧罗巴世界、吴越王公园、观音石像、日月并升、情侣岛、澉浦钟楼等一批新的景点，基础设施建设日臻完善。南北湖这颗镶嵌在浙北海岸的璀璨明珠，必将大放异彩，吸引越来越多的游人。

牛头山湖

太傅读书处，秋风曾问途。
江如青弋险，山似白盐孤。
路尽还登岭，林开忽见湖。
草堂无复识，流涕想规模。
——陆游《舍北望牛头山山有延胜寺先太傅书堂在焉六年》

【名水初识】

牛头山湖位于国家级风景名胜区雁荡山与天台山之间，浙江临海市东12千米处。它的面积约为254平方千米，蓄水总量3亿立方米。从临海古城向东行，首先看到的湖边有一状若牛头之山，湖因山名，故称牛头山湖。湖区四周群山环抱，湖岸蜿蜒曲折，山水相接，景色清新秀丽。牛头山湖湖水深，流域长，湖水清澈，湖四周有虎山、龙山、荷花山、将军山等，并且均有动人的神话传说。

【名水览胜】

牛头山湖有著名的九折飞瀑。飞瀑位于牛头山湖西南百丈青。从百丈青溪流入内进山，两边峡谷陡峭，奇岩怪石遍布，山高300多米，瀑布上方峰峦环抱，山顶出水口宽度达三四十米，奔腾澎湃，飞沫反涌，烟雾腾空，气势雄壮。又由于峡谷陡峭多变，由于多处山体山岩阻挡，使瀑布之弯弯曲曲分九折涌下，每折瀑布落差数十米至数米不等，形成不同的飞瀑景观。一瀑从上而下，奔腾的瀑布映着蓝天，顺着陡峭的奇岩怪石而下，如一群婀娜多姿的仙女下凡，名为仙女折瀑；一瀑由于巨岩形似孔雀，瀑布漂流其上，在阳光折射下，五光十色，称孔雀开屏折瀑；一瀑因溪流中有一巨岩形同水牛，低着头，瀑布从其两侧急冲翻腾而下，遂称为石牛饮水折瀑；一瀑漂经一块极像翘首的蛤蟆的巨岩，遂名为蛤蟆喷水折瀑；一瀑漂经过的两边树木郁郁葱葱，长年常青，远看若青龙滚动，故名为青龙折瀑；一瀑洁白，如白练飞空，显露其外，远眺似白龙流动，下有龙潭坑，故名白龙折瀑。有时，这奔腾而下的瀑布，激起水雾烟云，随着水雾的升高，在阳光的照射下，呈现赤、橙、黄、绿、青、蓝、紫七色彩虹，形成"彩桥通天"奇观。九折瀑终年不涸，奔流不息。特别是炎热的夏天，峡谷内凉风习习，到瀑布旁，溪流中嬉戏，真的是妙趣无穷。

牛头山湖还有龙潭映月、牛头山望湖坛、南岙天然动物园、滩溪植物园、逆溪湖乐园、牛头山度假村等景点。

牛头山湖各业物产丰富。邵家渡草席，闻名遐迩，畅销国内各地；坦头西瓜，甜脆可口，柑橘、猕猴桃，品质优良，远销全国各地；湖中生长的逆溪鱼、黄边鳄等，味极鲜美。

安徽省

黄 山

黟山三十有六峰，峰峰石骨峰峰松。
有时松石不可辨，一理变化千年中。
丹砂琥珀共胎孕，亭亭上结朱霞封。
人言松相逊石相，既以松论何能穷。
沐日浴月晕苍翠，苔色散点周秦铜。
蕤绥上偃雨君盖，纠结下固虬灵宫。
鳞张鬣缩爪入肉，万劫避过雷火攻。
昔观图画讶未见，到眼更觉描无功。
悬崖嵌峒不知数，莘莘纵纵皆鬼工。
及至触手膏溢节，极瘦驳处春华同。
清泉洗根泻泱漭，瑶草分润生蒙茸。
翻嫌石相奇太过，相助为理论始公。
青牛伏龟不可得，几辈对此颜如童。
明当遍觅茯苓去，短锄碎劚千芙蓉。

——黄景仁《黄山松歌》

【名山初识】

　　黄山位于风景秀美的皖南山区，以"三奇四绝"的奇异风采名冠于世，1990年，黄山被联合国教科文组织列入《世界遗产名录》。黄山兼有"泰山之雄伟、华山之峻峭、衡山之烟云、庐山之飞瀑、峨眉之清秀、雁荡之巧石、阳朔之峰林、丹霞之崖谷、恒山之浑厚"等特点，以奇松、怪石、云海和温泉驰名中外，可以说黄山是集诸名山之大成者。明代著名地理学家徐霞客遍游祖国大好山河，在游览了黄山之后发出了"薄海内外无如徽之黄山，登黄山而天下无山，观止矣！"的感叹，可知黄山景色之绝美。我国民间也有"五岳归来不看山，黄山归来不看岳"的说法，还有人把黄山称之为"天下第一山"，都是对黄山风光的发自内心的赞美。

黄山形成的历史是漫长的。据考证，大约在"燕山运动"晚期，黄山的母体——花岗岩岩浆分期侵入至地壳之内，冷却凝结成为巨大的钾长石花岗岩岩基；由于岩浆先后侵入的部位深度有所差异，因此产生的花岗岩也有一些差别：以现在的光明顶为界，南面是粗粒的花岗岩，而北面则为中细粒花岗岩。

大约在距今8亿年之前，也就是地质学上的元古代时期，黄山周边还是一片汪洋，这一带有一块陆地，称做"江南古陆"，黄山的位置即在江南古陆的北侧。到距今4亿年左右的志留纪时期，海水开始从西南方向退落，江南古陆不断扩大，直到距今1.9亿~1.4亿年间，即侏罗纪三至白垩纪末，中国大陆发生大规模的造山运动，地质学上称之为"燕山运动"，黄山地区不但海水退尽，而且有大量的岩浆侵入地壳深处，并冷却凝固成巨大的花岗岩岩基，构成了黄山的主体。此后，黄山地区又经历了数度沧海桑田的变化，黄山花岗岩体中也发生了多组断裂；直至700万年前的喜马拉雅运动时期，黄山花岗岩上面覆盖的岩层绝大部分已被剥蚀，黄山终于露出地面，并以今天的莲花峰、天都峰及光明顶为中心隆起成为山岭。而后，主要是在地球外营力的作用下，使已经发生的断裂和裂隙进一步扩大，花岗岩中发育了不同方向、不同规模的裂隙及节理；特别是在距今大约300万年的第四纪大冰期，冰川活动进一步"开凿"与"雕琢"，制造出诸如冰斗、幽谷、角峰、刃脊等一系列特殊的冰川地貌，从而形成了峰峦秀出、崖壁悬立的峥嵘奇妙景观。如今的黄山，有的山峰险峻，有的山峰奇秀，有的山峰象形，宛若飞禽、走兽、人物，无不栩栩如生，惟妙惟肖，让人不得不叹服大自然鬼斧神工的杰作。

黄山东北部由沉积岩类构成，像页岩、千枚岩及片岩等，其硬度远不如花岗岩，抵御风化剥蚀的能力要弱得多，因此形成一些相对低矮一些的山岭。这些低矮山岭经过冰川、流水长年累月的"雕刻"加工，也形成很多美丽的景观，也是黄山风景区的组成部分。

黄山有名的七十二峰中，天都峰、莲花峰、光明顶是黄山三大主峰，海拔都在1800米以上；其他山峦则以三大主峰为中心向四周铺展，同时形成险峻的深壑幽谷与危峦峭壁，呈现出典型的峰林地貌。

【名山探源】

黄山在秦朝时叫做黟山，因峰苍岩黛而得此名。据说轩辕黄帝曾在此炼丹，丹成后先服7粒，竟可双脚离地，腾空游戏；再服42粒，毛发渐变色，皮肤出现裂纹。于是，黄帝就在温泉中洗浴，7天之后竟然返老还童了。黄帝正在惊喜间，天上降落下霞衣、宝冠、珠履，接着一条白龙从天外飞来。于是，黄帝穿戴齐整跨龙而去。喜好道家之说到的唐玄宗听这个神奇的故事后，于天宝六年（公元747年）下令改"黟山"为"黄山"。

【名山览胜】

黄山怪石

黄山之峰，座座皆陡峭挺拔，伟岸险峻。群山之中，奇岩怪石密布，这就是被称之为黄山"四绝"之一的怪石。黄山怪石以奇取胜，以多著称。怪石的形状千姿百态，令人拍案叫绝。它们似人似物，似鸟似兽，情态各异，形象逼真。这些怪石或兀立峰顶或伫候坡缘，有的与松结伴，有的与泉相偕，构成一幅幅天然山石画卷。

猴子观海

猴子观海位于黄山狮子峰前，一石猴独自蹲在峰顶，似乎极目远望，又似静观云海起伏。也有人认为猴子在眺望远处太平县的田园风光，因此这一奇石又名"猴子望太平"。

醉石

醉石是温泉至汤岭道上的一斜立巨石，上刻"醉石"二字。相传唐代大诗人李白曾在这里饮酒听泉，乐而忘返，醉卧石旁，故得此名。

飞来石

飞来石，位于光明顶西北方。此石高12米，宽8米，厚1.5～2.5米，重约360吨，形态奇特。如此庞大的巨石却竖立在一块长约12～15米、宽约8～10米的平坦岩石上，令人惊奇不已。游人伫立于平台边缘上凭栏览胜，对面的双剪峰、双笋峰犹如一幅神奇的泼墨山水画。由于飞来石这一奇特景观是在地质变化过程中形成的，因此说它是天造地设的可谓是此言不虚。

黄山奇松

黄山的松树非常多，并且姿态万千，百年以上的松树就有几万株。"十步一云，五步一松，松埋云上，云掩松中。"黄山松以白云为乳，食白云而生，而云又为松所吐出，蒸蒸而升。黄山松即是云中龙。它虬枝傲然，向空壁立，爪脚森森，鳞甲斑斑。它一方面把爪牙深深地插入岩石，与黄山峰石生死纠缠，雌雄难解；另一方面又破崖裂石，急欲挣脱峰石的禁锢。

星罗棋布的黄山松一般从海拔800米开始，直到峰顶到处都有。黄山的名松有迎客松、送客松、蒲团松、凤凰松及棋盘松等。

迎客松

迎客松生长在黄山南部的玉屏楼前，为黄山第一名松。其长枝都朝着同一方向生长，好像是热情的主人在恭迎四方游客，因此成为黄山突出的标志。

黄山云海

黄山云雾甲天下，一年之内，三分之二的时间都是云蒸霞蔚。这是因为黄山具有山大峰高、谷深林密和雨水充沛等自然条件，所以一年四季均有云海可观。黄山亦名"黄海"，按山区云海形成的区域划分，分别为北海、西海、东海、前海（即南海）。每当雨后初晴，深沟巨壑之中就烟云缕缕，冉冉上升，成团成片；接着迅速扩散弥漫，在山峦之间穿移，汇成波澜壮阔、浩瀚无边的"海洋"，使人恍入天外仙境。

黄山温泉

黄山温泉在紫云峰下，古时为灵泉、汤泉，温泉从紫云峰下喷涌而出，和桃花峰隔溪相望，传说轩辕帝即是在此沐浴七七四十九日后羽化升天的。温泉中含有多种对人体有益的微量元素，水质纯良，温度适宜，可饮可浴，常年温度在42℃左右。唐代诗人贾岛观后曾发出"遐哉哲人逝，此水真吾师"的由衷感慨。

北海

北海便是通常所说的后山，人们说后山佳丽萃两海，即指北海、西海。此处以峰为主体，荟萃了石、松、坞、台、云等奇观异景，色彩变幻莫测，主要景观有光明顶、飞来石、排云亭、狮子矶、清凉台、散花坞、梦笔生花、石笋及白鹅岭等。

北海由于地势高而平坦，为黄山看日出、观云海的最佳地点之一。

在北海景区有一著名的巧石，极似一只古代男人穿的靴子倒置于悬岩之上，名为"仙人晒靴"。传说，古代八仙之一的李铁拐路过这里时，被这儿的绮丽风光所吸引，挟在腋下的一只靴子掉落下来也未察觉。他走后，这只靴子就长年累月地晒在那里，于是化成别具情趣的一景。右侧沟壑中竖着一根石柱，上有两块巧石，宛若两只古代仕女穿的绣花鞋，人称"仙人晒鞋"。左靴右鞋，遥相对应，实在是大自然之杰作。

松谷景区

松谷景区处于黄山北坡，从北大门芙蓉岭进山，沿着北部蹬道直达北海。

进入此景区，一路千峰竞秀，万壑争奇，巧石名潭尤为佳妙。另外此处山高林密，空气清新，真可称作清凉世界。主要看点有芙蓉岭、翡翠池、五龙潭及"关公挡曹"等有名怪石。

玉屏楼

玉屏楼位于天都峰、莲花峰之间，它几乎囊括了黄山奇景的全部特点，故有"黄山绝佳处"之誉。楼后是玉屏峰，著名的"玉屏卧佛"就在峰顶，头左脚右，惟妙惟肖。从这里往后看，映入眼帘的是牛鼻峰上的一块巨石，状如犀牛，称作"犀牛望月"。

莲花峰

莲花峰位于玉屏楼北，为华东第一高峰，海拔1864米，峻峭高耸，气势雄伟，宛如新莲乍开，故得此名。莲花峰绝顶处方圆丈余，中有香砂井。伫立于峰顶，可东望天目山，西眺庐山，北观九华山和长江。莲花峰顶还有一奇观，即是绝顶四周铁索上缀满了各式各样的锁，那是年轻的情侣或夫妇携手扣上的连心锁，以示永结同心爱情永恒。

九 华 山

> 五老湖光远，九华山色昏。
> 南冠前进士，北部故将军。
> 芳草江头路，斜阳郭外村。
> 匆匆十年梦，故国黯销魂。

——文天祥《池州》

【名山初识】

位于安徽省池州境内的九华山是驰名中外的佛教名山和国际性佛教道场，九华山北面紧靠长江，南边临近黄山，共有山峰99座，面积共有120平方千米。唐代以前叫做"九子山"，《九华山录云》："此山奇秀，高出云表，峰峦异状，其数有九，故名九子山。"唐天宝年间，诗人李白见此山"高数千丈，上有九峰如莲花"，遂赋诗"妙有二分气，灵出开九华"，于是更名为九华山。农历七月三十日是九华山佛教之祖金乔觉的坐化日，因此每年的这一天，九华山都会有盛大的佛事活动，此时游九华山不仅可以欣赏它的自然景色，而且还可以参与佛事活动。

【名山览胜】

九华山融自然风光和人文景观、佛教气氛为一体，从古到今一直就是我国著名的旅游胜地。

这里自然景色奇特优美。地处于南阳湾的神仙洞与鱼龙洞各有特色。神仙洞为旱洞，全长约有1500米。洞内的钟乳石千姿百态，有花海、睡美人、百鸟朝凤、麒麟送子、珠玉卷帘等奇景。鱼龙洞和神仙洞相距仅一千米，它幽深宽阔，分为东、南、西、北四洞及两厅八宫，洞内景点很多，在去九华山游览时，这两个洞不可不看。

九华山有一棵高7.68米、直径1米，距今已有1400年树龄的苍劲古松，位于闵园景区的中心部位。它的主干扁平，两条枝干错开，一高一低，就如同凤凰引颈展翅，因此得名凤凰松。从闵园继续向上走，一会儿就可以看到一座直插蓝天的山峰，这便是天台正顶，它海拔1300多米，虽然比九华山最高峰十王峰略低，但是因为它的地理位置优越，因此成为九华山诸峰的中心。

在山前景区凤栖峰下可见到一块巨大的岩石，四周皆桃树，这些桃树很奇特，花呈碧绿色，每当桃花盛开之时，岩石就被映成绿色，所以岩石得名为碧桃岩。因为这块岩石有一个坡度，因此泉水从它上面挥洒而下，便形成一道高约十多米的瀑布，这条瀑布也是九华山最大的瀑布。

九华山的寺庙很有特色。造型各不相同。化城寺为四进院落的民居式建筑，它的四进殿宇分别分布在三个不同高度的台基上，因此殿宇层层升高，远看似多重建筑。

出化城寺再往西便到了肉身殿。位于九华街西神光岭头的肉身殿是新罗国皇亲金乔觉圆寂的地方，殿内有一座塔基为汉白玉、高17米的七级八面的木质宝塔，每层每面皆设有供奉地藏佛像的佛龛，塔内则是地藏肉身所在的三级石塔。木塔东、西两边分别塑有十殿阎罗参拜地藏的立像,殿基及两侧佛台有 38 幅精美的汉白玉浮雕,图案分别为净瓶、判笔、宝剑、莲花、牡丹、石榴等,殿前为一个半月形的拜台,上面有一个铁鼎,里面置放香烛。

上禅堂在神光岭的半山腰上,其山门开在东山墙,门前有一道照壁。山门接着弥勒殿,弥勒殿的大殿为两个厅堂并连,四落水屋顶,中间为一个天井。大殿南面是韦陀殿,韦驮殿后是三层楼阁的客堂。虽是同一建筑,但却布置在三级台地上,第一级大雄宝殿比韦驮殿高 0.7 米,第二级韦驮殿比客房高出 5.5 米。

百岁宫坐落于海拔 871 米高的插霄峰上,建于明代。它的整个建筑按着山势一字排开,殿宇层层拔高,一直至山巅,建筑之间是相通的,但是又各有各的特色,在我国现存的寺庙建筑中这种建筑模式并不多见。

1992 年,九华山被评为国家首批重点风景名胜区。

天 柱 山

天柱峰高俯皖山,千寻耸立苍冥间。
三台森列如拱揖,狮子麟角相回环。
皎晴一望皆空翠,峰顶紫云覆华岐。
鹤驾真人时往来,道书洞天第十四。
当年汉帝钦嶙峋,潜岳封移南岳尊。
中有桃花开五色,令人不疑武陵春。

——姚琅《天柱峰》

【名山初识】

天柱山坐落于安徽省西南部,因其主峰"一柱擎天"而得其名。公元 106 年,汉武帝登天柱山,称赞天柱山是"南岳"。公元 589 年,隋文帝诏南岳为衡山,又因为春秋时此处是皖国的封地,因此天柱山又称皖山,安徽省简称"皖"即源于此。李白在观赏天柱山美景后,挥笔写出了"奇峰出奇云,秀木含秀气,青晏皖公山,崔绝称人意"的赞美诗篇。

【名山览胜】

谷口是天柱山的南大门,现在也称为野人寨,它前面是碧波荡漾的潜水,后面是天柱群峰,此处以清幽闻名。谷口中间有一条用白石铺砌的甬道通向深处。宋代王安石任舒州通判期间,被谷口的山光水色所吸引,经常约宾朋到谷口题诗留字,他的那首"水泠泠而北去,山靡靡以傍围。欲穷源而不得,竟怅惘以空归"还清晰可见。天柱山后山景观以林木为主,这里还有很多形态各异的瀑布。例如马祖庵的附近有天柱第一名瀑:雪崖瀑。虎头崖景区的山崖非常像老虎头,因而得名为虎头崖,这里也有很多景色,如铁笛龛、狐狸坟等。

天柱山西南坡比较平缓,东北坡则很陡险,但海拔1千米以上的地方,都是奇峰险岩,这里有许多的古松,最让人吃惊的是这里的岩石寸土不沾,这在别的地方是很少见的。天柱峰可望而不可即,游人徒手根本无法攀登,只是把天柱山的神韵展现得淋漓尽致。天门也是天柱山的一绝景,它介于莲花与天狮峰之间,按垂直节理自然雕琢而成,中间有一线,直立如门,门外岩壁如削,下面是万丈深壑,令人望而生畏。

石牛溪是天柱山著名的景点。溪口有一块极像卧牛的巨石,因而这条溪流叫石牛溪,石牛溪两岸岩壁上都是密密麻麻的石刻,甚至到了"有石皆镌刻,使之无空隙"的程度。哪个年代的石刻都有,其中以宋代的石刻最多。在这里留石刻最多的是王安石,他对这里的钟爱之情,有诗可证:"水无心而婉转,山有色而环围;穷幽深而不尽,坐石上以忘归。"

天柱山是古代安徽文化的精粹之所在。早在唐宋时期,佛、道两教便将天柱山看做是"洞天福地",纷纷在这里建寺传道。三祖寺直至今日依然香火兴盛,现已被列为全国重点寺院。在唐代马祖道一禅师曾经在马祖庵修行,后人建庵供奉,世人称马祖庵。明万历年间,明神宗赐马祖庵为佛光寺。总之,天柱山是将自然和人文景观融为一体的山。

1982年天柱山被国务院批准为全国第一批重点风景名胜区,1992年又被列为国家级森林公园。

齐 云 山

我来秋浦正逢秋,梦里重来似旧游。
风月不供诗酒债,江山长管古今愁。
谪仙狂饮颠吟寺,小杜倡情治思楼。
问着州民浑不识,齐山依旧俯寒流。

——杨万里《宿池州齐山寺即杜牧之九日登高处》

【名山初识】

坐落在安徽省休宁县和黟县两县境内的齐云山又称白岳或云岳，它与黄山和九华山并称皖南三大山，海拔高度只有585米，但是因它有"一石插天，与云共齐"之势，所以得名齐云山，它是我国丹霞地貌中最高的山岳之一，亦是一处以道教文化与丹霞地貌为特色的山岳风景名胜区，历史上素有"黄山白岳甲江南"之说法。明代大司马王阳明游览齐云山，便对齐云山发出由衷的赞叹："岩高极云表，溪环疑磬折。壁立香炉峰，正好黄金阙。钟声天门开，笛吹岩石裂。掀髯发长啸，满空飞玉屑。"齐云山和江西的龙虎山、湖北的武当山、四川的鹤鸣山并称中国四大道教圣地。清乾隆皇帝赞誉齐云山是"天下无双胜境，江南第一名山"。

齐云山的正面绝壁上刻有"第一名山"4个字。一路峰回路转，溪绕岩石，在山径上有两块巨石夹峙而立，中间有一狭窄缝隙，供人出入，号曰"天门"，过了天门就是一段开凿在绝壁险岩上的山路，这段山路陡绝险峻，人们称为"天梯"。齐云山峰陡峻若削，紫霄峰矗立在群峰之上，秀冠群峰；三姑峰一峰分为三列，形状似巨大的"川"字；碧霄峰景色幽绝，以"幽境洞天遥，青霞护碧霄，云中鹤可招，仙佩下莲瑶"的诗句来赞叹它并不为过。山上还有很多的飞泉幽潭，徐霞客游览齐云山时曾描述过这一景色："仍越岭，东下深坑，石漳四合，时有深潭，大为渊，小如臼，皆云龙井，不能别其孰为五，孰为九。"齐云山最为闻名的应为珠帘泉，它从半空迤逦泻落，入于碧莲池中。

齐云山人文景观也颇富特色。月华街为道士和山上居民杂居之所，也是山上的街市，又是香客、游人住宿之处。在月华街太素宫前，有一座形状似香炉、独立挺拔的山峰，名叫香炉峰。此峰底座小而稳健，炉身精壮，顶端和底座大小几乎相同，据说峰顶上的铁亭及香炉是朱元璋所赐，可惜铁亭和香炉在1958年被毁，现在的铁亭是1983年重建的。每当雨后初晴，云雾缥缈之时，香炉峰或隐或现，似峰与云共舞，"山作香炉云作烟，嵯峨玉观隐千年"这句诗道出了香炉峰之神韵。在月华街长生楼下，现存一个明代建造的石坊，石坊上镌"小壶天"三字，石坊门洞呈葫芦形，进了石坊门后，即是一个长20米、宽3.3米，高2米的石窟，石窟的一侧是万丈深渊，崖壁上有"思退崖"、"一线泉"、"飞升所"等石刻，传说这是道士飞升成仙的地方。

齐云山自唐宋以来，释道两教争雄并兴，因而齐云山历代雕刻的佛像、道家绘画以及各种摩崖、碑刻很多，齐云山还有宫观以及许多跟宗教有关的岩洞。在长生楼西边的玉虚宫，位置在紫霄崖下，由"太乙真庆宫"、"五虚阙"及"治世仁威宫"3个石坊组成,现在的玉虚宫成了善男信女烧香求神、祈寿求福的圣洁之地。

经过桃花洞就到了壮观的洞天福地,这里有栖真岩、忠烈岩、寿字崖三处摩崖石刻。据传说,栖真岩乃齐云山最早的道士、唐朝的栖霞真人修行的地方;忠烈岩则是祭祀关公的地方;而寿字岩的寿字是清代慈禧幻想长生不老而留下的手笔,这个巨大的"寿"字,直径达2.3米。寿字崖壁下有很多洞穴,供奉各路神仙塑像,分别是八仙洞、圆通洞、罗汉洞、雨君洞、文昌洞,这些洞合起来并称真仙洞府,为齐云山风景精粹之一。八仙洞供奉的是道教的八仙;而圆通洞供奉的则是佛教中的南海观音;罗汉洞供奉的是真武帝君,两旁却又供奉着十八罗汉;雨君洞供奉的是龙王;文昌洞供奉着文曲星。以前修行的道士就居住在洞中,这些供奉的神像的奇特组合,一方面既显示了道士丰富的想象力,一方面又焕发出浓厚的儒、道、佛合璧的气息,构成了齐云山独特的风格。

齐云山是我国唯一一座将"丹霞地貌、道教文化、摩崖石刻、山水风光及恐龙化石"集于一体的风景区和道教圣地,1981年被列为省重点文物保护单位,1994年被评为国家重点风景名胜区,2001年被批准为国家地质公园。

琅 琊 山

到滁不到琅琊山,归去何凭作公牍。
我于此地虽屡游,绝境十难穷五六。
况此间来不久留,能辞更展登临目?
同行喜是旧相从,景色不妨秋自肃。
朝晨驱马望西南,蓊郁虽无青可掬。
由来在意不在景,况我为山非为木。
供茶随处识山僧,挈榼先期遣童仆。
始寻六一上溪亭,回指琅琊转山麓。
盘游不足更穷源,僻往忻然发幽伏。
一带寒泉漫石流,石多偃蹇泉回㳅。
摄衣散踏泉上石,足下泠泠响琴筑。
山中至胜尚有此,向来所得惟岩谷。
游山无穷如读书,愈索愈奇何虑熟。
山灵虽静不厌乐,一百番来未为渎。

> 斯言不是好游嬉，人不常闲景难复。
> 当年感慨此题诗，回首狂言犹在腹。
> 醉翁不是旧时亭，帝迹流为梵王屋。
> 三四年来更不堪，小亭亦圮居沈陆。
> 惟余石上文千首，一半崩磨不能读。
> 不辞诗句继前题，太息变更何甚速。
> 敢因屡至等闲看？只恐重来更非宿！
> ——文徵明《九月廿日重游琅琊山》

【名山初识】

琅琊山坐落于安徽省滁州市西南郊，整个风景区面积 115 平方千米，森林覆盖率达 86%，景色清幽、"文采斐然"的琅琊山一直享有"蓬莱之后无别山"的美誉。

据史料记载，琅琊山的名胜，乃是大唐历年间刺史李幼卿开凿的，他在南山"凿石引泉，酾其流以为溪"，名为琅琊溪，于溪岸"建上下坊，作禅堂、琴台"。各代文人留下了许多的名篇佳句。

【名山览胜】

野芳园为进入琅琊山胜境的第一个风景区，总面积为 4200 平方米，筑风格属于苏州园林风格，建有赏心斋、拥霞轩、晨曦堂、盆景廊等建筑。园内建有小桥、池塘、假山等，还广植有各种花木。在此园中，游人可以感受到江南园林的精巧幽奇。

醉翁亭是包括以醉翁亭为主的很多亭台楼阁的建筑群。醉翁亭旁有一块斜卧的巨石，上面镌刻着圆底篆书"醉翁亭"三个大字。亭子中有宋代苏轼亲笔所书的《醉翁亭记》碑刻，此碑刻被世人称为"欧文苏字"。亭后最高处有一高台，名为"玄帝宫"。

《醉翁亭记》中有这样的描述："山行六七里，渐渐水声潺潺，而泻出于两峰之间者，酿泉也。"酿泉在醉翁亭前，泉眼旁用石块砌成方池，水先流入池中，而后汇入山溪。池上有清康熙四十年知州王赐魁立的"酿泉"碑刻。酿泉水温度终年不变，大约在十七八摄氏度。泉水"甘如醍醐，莹如玻璃"，因而又名"玻璃泉"。

深秀湖位于回北门通向琅琊山寺院的转弯处，因为它三面环山，景色秀美，于是从欧阳修《醉翁亭记》中的"蔚然深秀"，而得名为深秀湖。湖上建一湖心桥，桥有九曲，称作九曲桥。桥上建一湖心亭，在亭中可以欣赏琅琊山的瑰丽景色。

从深秀湖往前走，就会到达古琅琊寺，月洞形山门上书四字"琅琊胜境"。琅琊寺原称宝应寺，是唐代大历年间淮南路刺史李幼卿同法琛和尚建造的。传说李幼卿跟法琛和尚在造寺之前，曾先绘图呈献唐代宗。恰巧代宗皇帝头天夜里梦见在一片山林深处有一座寺院，其形状、规模与图上画的极为相像。代宗十分高兴，于是钦赐名"宝应"。后又改为"开化禅寺"、"开化律寺"，因其坐落于琅琊山中，人们亦称其为琅琊寺。琅琊寺的建筑皆为由低到高，依山而建。寺内最大的建筑是大雄宝殿与藏经楼。其他建筑有无梁殿、明月馆、念佛楼、祇园、悟经堂等。

南天门位于琅琊古寺南山峰，海拔310米，是琅琊山的最高峰，有会峰阁、古碧霞宫等。会峰阁为琅琊山风景名胜中的最高建筑物，高达24米，是建筑在南天门的明代建筑会峰亭的残基上的。会峰阁的造型十分奇特，游人从四面观之，高低形状各不相同：从东面观之，它有3层；从南面观之，它有4层；从西面观之，它有5层。会峰阁每层是6面8角，皆采用古典建筑的飞檐翘角模式，阁顶用黄色琉璃瓦覆盖。阁上24个铃角，都装着铜铃。

同乐园位于醉翁亭以西约200米处，是利用开山取石废弃的石头开发的新景区，名字来源于北宋文学家欧阳修《醉翁亭记》中"醉能同其乐"之意。园内建观瀑亭、知针台、乐乐馆等仿古建筑，设琅琊山动植物标本展。更令人叹为观止的是园内长廊上镶嵌了北宋以来苏轼、赵孟頫、董其昌、文征明、祝枝山、张瑞图等大书法家所书写的《醉翁亭记》碑文。

琅琊山于1988年2月被列为第二批国家重点风景名胜区。

巢　湖

去年打桨过巢湖，
湖上青山似画图。
今日扁舟湖上泊，
烟波无际月轮孤。

——徐汉仓《合肥诗话》

【名水初识】

巢湖位于安徽省江淮丘陵中部，水域辽阔，东西长61千米，南北均宽12千米，面积820平方千米，是我国较大的淡水湖之一。因湖型狭长，从空中俯视，似一鸟巢，故名"巢湖"。民间有这样一个传说：巢湖本是陆地，一夜之间陷落成湖，当地一位焦婆，先知先觉，引领百姓登山避灾，人们为了感激她，就把巢湖称为"焦湖"。巢湖是断陷构造湖，就像一只碗夹在长江与淮河之间，与众多的江河沟渠相吐纳，入湖的河流达26条之多，湖水东经裕溪河下泄长江。旖旎的山光水色，富饶的物产和美妙的神话传说使巢湖成为举世闻名的皖中旅游胜地。

【名水览胜】

巢湖湖中存山，山中存水，波光帆影，景色优美。有诗曰："天与人间做画图，南谯曾说小姑苏，登高四望皆奇绝，三面青山一面湖。"湖中央的姑山、姥山两个岛屿，被誉为"两颗宝石"；湖周围有半汤、香泉、汤池三大温泉；太湖山、鸡笼山、冶父山、天井山4个国家森林公园，被称为"四块翡翠"；还有仙人、紫薇、王乔、华阳、伯山五大溶洞。这些天然奇景，点缀巢湖沿岸，如同"众星捧月"，组成了一幅绝妙的立体山水画。

烟波浩渺的巢湖湖心，耸峙着一座气势不凡的椭圆形岛屿，这就是享誉古今、名驰四方的旅游胜地——姥山，姥山为湖中一个飞红流翠的小岛，远远看去，像一位老态龙钟的妇人，凝望着滔滔湖面上的儿山。传说这就是"巢湖陷落"时的那位焦婆，在望着她的儿子。她儿子因为把陷湖的消息告诉了乡邻，误了时间，自己未能脱险。焦婆也因想去搭救儿子而跑掉了鞋，所以姥山不远之处还有两座礁岛，在碧波之间若隐若现，称为鞋山。人们为了怀念焦婆，便在姥山上建了圣姥庙，姥山地险景秀，岛上三山九峰，苍松翠竹，花柳相映，果木成林，四季飘香。姥山的四季便是四幅色调各异的山水画。阳春三月，山岭新绿，春光荡漾，桑麻楚楚，桃花夭夭，柳丝轻拂，百鸟鸣啁，最宜观光踏青；盛夏炎炎，花香四溢，绿树蓊郁，清凉可人，极宜避暑垂钓；仲秋，天高气爽，蓝天白云，倒映湖面，湖天同彩，姥山历来都是我国中秋赏月十大胜地之一；隆冬，瑞雪飘飘，银装素裹，岩下冰锥，树上琼花，胜似琉璃世界。姥山之巅矗立着文峰塔，此塔初建于明崇祯年间，塔高7层，呈八角形，飞檐翘角，造型优美。塔壁每层有碑石图饰，刻有古人诗句及浮雕，刀工细腻、精湛。盘旋而上即至塔顶，依窗远眺，可饱览巢湖风光。碧波粼粼，帆影点点，远山岚影，似梦似幻，就像一幅美丽的画卷。

被誉为"湖天第一胜境"的中庙，又名"忠庙"、"圣妃庙"，距巢湖市48千米，矗立在湖北岸称作凤凰台的矶石上，居巢县、合肥之中间，故得此名。矶为一红色砂砾岩半岛，突兀临湖，形如飞凤。庙始建于唐，后屡有修建。它盘踞于矶巅，三面临水，楼台巍峨，很具气势。现在殿阁为清末所建，三进的四合院，房70余间，现仅存24间，纯木质结构建筑，登楼凭栏，烟波浩渺，水天一色，景色奇妙而壮观。

四顶山是巢湖北岸的又一处胜景，因山有四峰突起而得此名。四顶山的山顶过去建有朝霞寺，寺周古树葱茏，浓荫蔽日，就像缥缈的仙山琼阁。山上怪石林立，有一天然石池，称炼丹池；一崖石若鹦鹉敛翅挺立，石尖端常年滴水，人称茶壶嘴等。每当旭日东升或落日熔金，满山霞光熠熠，一湖金光粼粼，景色极为壮观。"四顶朝霞"是古"庐阳八景"之一。半汤温泉为著名的疗养胜地，位于巢湖东北汤山之脚。因山有二泉，一冷一暖合流，故名半汤。温泉终年喷涌不断，水温保持在60℃，最高可达80℃。泉水清冽，无色透名，水中含有30多种活性元素，可饮可浴。汤泉味甘，抱疴来饮者多愈，被古人称誉为"九福之地"。

银屏山绵亘于烟波浩渺的巢湖南岸，峰峦叠嶂，怪石嶙峋，绿荫浓郁，楼阁亭台古朴典雅，幽谷绝壁鬼斧神工。集奇花、怪洞、异木、古寺、名亭、高阁于一身，蜚声海内外。因山上有一巨石，色白如银，状如花屏，因此又有"银瓶"之称。银屏峰海拔508米，为群峰之冠，登山可俯瞰全湖。一脉青山，云缠雾绕，仿佛仙境。围绕银屏峰的九座山峰，形状像狮子，名曰狮子山，古人称为"九狮抱银屏"。银屏山麓有仙人洞，据说古代仙人吕洞宾等曾在此隐居修炼，故名。这是个石灰岩溶洞，可容千人，洞顶洞壁垂挂着姿态各异的钟乳石。仙人洞的上方，可见一势如斧削，高达五六十米的绝壁，凌空欲倾，人不可攀。峭壁之上，岩石缝里，生长着一棵苍劲翠拔、缥缈超脱的奇花。此即是千百年来被民间赞誉为"天下第一奇花"的银屏白牡丹。每年谷雨前后，牡丹花逢时必开，洁白晶莹，娉婷多姿，招万千游客来此观赏，以一睹其仙姿为快。

巢湖地区物产丰饶，湖蟹、银鱼、虾米、珍珠为这里著名的"水上四珍"。巢湖地区历史悠久，文化荟萃。此处是长江流域人类祖先——"银山猿人"的繁衍生息之地。历史上，有许多耐人寻味的故事发生在这里，"商汤放桀于巢湖"、"伍子胥过韶关"、"楚霸王乌江自刎"等都是人尽皆知。著名爱国将领冯玉祥、张治中及李克农"三上将"也出生在这里。众多的名胜古迹与秀美的湖光山色交相辉映，形成了巢湖独特的美景。

大自然的神功造化了这块青山秀水，历史的烟云在此遗留了丰富而宝贵的文化遗产。巢湖之美，不仅在于湖，也在于山，群峰四合，参差相映。这山水之美，林壑之美，自古以来就吸引着骚客雅士寻幽探胜，留下了很多脍炙人口的佳句。巢湖水面还按时举办传统的灯会、赛龙舟等民俗活动，场面非常壮观。

镜　湖

柳花飞入正行舟，
卧引菱花信碧流。
闻道风光满扬子，
天晴共上望乡楼。

——李益《行舟》

【名水初识】

镜湖位于安徽省芜湖市区中心，又称作陶塘，古时是一片圩田和洼地，南宋时，由南宋著名爱国词人、状元张孝祥"捐田百亩，汇而成湖"，渐渐地被开辟成文人骚客的游赏胜地。后经历代扩建疏浚，湖面面积达到15万平方千米。因其水清澈见底，状如圆镜，"水惟不竞形俱鉴"，而称"镜湖"。清乾隆、嘉庆后，茶坊酒肆，梨园歌馆，滨湖林立，极为繁华。新中国成立后新建湖心亭、迎宾阁、镜湖餐厅。湖中烟雨墩上有图书馆、展览馆等文化设置，加之风光旖旎，湖上泛舟，乐趣无穷。

镜湖分东、西两湖，与全市20多条大街小巷相通。湖南有烟雨墩，北有迎宾阁，中有湖心亭及拦腰横贯的湖堤，还有东、西两湖之间的步月桥、小镜湖的九曲桥等6座小桥与多处花坛。

【名水览胜】

镜湖北靠赭山，南临弋水，以"环种杨柳"而名闻四方，"名人题咏者不可胜计"。镜湖细柳乃为古"芜湖八景"之一，一直"为邑中风景最佳处"。风和日丽，千棵绿柳，万条柔丝，低垂轻摆，小桥流水，楼台掩映，赭山和周围的亭台楼阁倒映水中，宛如一幅天然水墨画卷。泛舟湖上，如诗似画。潆潆春雨中漫步烟雨墩，但见一湖雨雾，满堤烟柳，确有"鸠兹烟水地"、"人在小蓬莱"之感；而来到观岚亭，凭栏眺赭山，湖光山色，"山欲飞来烟满堤"之境，"恍在武陵最幽处"之情，都可体味。入夜，霓虹闪烁，灯火绕堤，更是如在梦幻之中。

镜湖是开放式的风景区，亭台楼阁相望，曲桥长廊相通；翠柳掩映下，芜湖籍历史文化著名人士萧云从塑像、阿英、洪熔藏书室、王步文纪念亭等点缀其中；各式现代化建筑群环湖耸立，使"镜湖细柳"这一著名历史景观又平添了浓郁的都市情调、现代风光。游人来镜湖，还可以游览镜湖名胜，品徽菜风味，购镜湖特产，镜湖已成为安徽一重要的风景旅游城市。

福建省

武夷山

少读封禅书，始知武夷君；
晚乃游斯山，秀杰非昔闻。
三十六奇峰，秋晴无纤云。
空岩鸡晨号，峭壁丹夜暾。
巢居寄千仞，鸿荒想羲轩，
风雨蜕玉骨，难以俗意论。
丹梯不容蹑，修蔓亦畏扪，
溯滩进小艇，愧惊白鹭群。
学道虽恨晚，养气敢不勤！
宦游非本志，寄谢鹤与猿。

——陆游《游武夷山》

【名山初识】

　　武夷山位于福建省武夷山脉北段东南麓，属典型的丹霞地貌，为我国东南的著名风景区，它有九曲溪、三十六峰、七十二洞、九十九岩之胜。古人赞曰："三十六峰真奇绝，一溪九曲碧涟漪。白云遮眼不知处，人间仙境在武夷。"写的便是秀峰奇伟、千姿百态；溪水澄碧，九曲环绕的武夷风光。

　　九曲溪泛槎、天游峰登高、玉女峰留影、武夷宫品茶等皆为游览武夷山的几件赏心乐事。游人乘坐竹筏从星村顺流而下，竹篙轻点，竹筏缓移，如欣赏一幅山水长卷一般浏览两岸的山光水色，目不暇接：丹峰、绿树、飞瀑、流泉、烟云以及寺、庙、亭、塔和村舍人家，纷至沓来，映入眼帘；更兼有水声汩汩，凉风习习，清波峦影，令人心旷神怡。

【名水览胜】

　　武夷山风景名胜区面积约为 60 平方千米，被列为世界自然遗产。武夷山兼具黄山之奇、桂林之秀、西湖之美、泰山之雄丽。同时还是一座历史文化名山，自秦汉以来一直为朝野上下所推崇，被誉为"道南理窟"、"第十六洞天"，遗留下虹桥板、架壑船、万年宫等文化古迹。武夷山是名扬中外的自然风景区，峰岩峭拔，曲水多姿，乃福建第一名山。古人曾用"三三秀水清如玉，六六奇峰翠插天"来概括武夷山水的概貌。前者系指盘折山中的九曲溪，后者是说奇峰竞秀的三十六峰。

九曲溪

九曲溪起源于武夷山系主峰黄岗山南侧的三保山，流经星村入武夷山，至武夷宫前汇入崇阳溪，盘绕山中约7500米，有三湾九曲之胜景。九曲中的每一曲都有它独特的自然风光，即所谓"曲曲山回转，峰峰水抱流"。宋代李纲在其诗中曰："一溪贯群山，清浅萦九曲。溪边列岩岫，倒影浸寒绿。"

武夷彭祖

据《武夷山志》记载，最早来武夷山隐居的是长寿老人彭祖，那时正赶上洪水泛滥，他带领两个儿子开山治水，挖出九曲溪以排洪，挖出的泥土石就堆成了今日武夷三十六峰。

玉女峰

玉女峰位于九曲溪第二曲的南边，因其极像亭亭玉立的少女而得此名。玉女峰突兀挺拔，峰顶花卉参簇，宛如鲜花插鬓；岩壁秀润光洁，就似玉石雕成。

大王峰

大王峰又称天柱峰，海拔530米，因其山形上丰下敛，岩壁陡峭，巍峨壮观，因而也称"纱帽岩"。它雄占九曲溪口，为武夷山三十六峰之首，素有仙壑王之称。在南麓壁下，沿陡峭的裂隙有一条蹬道，宽仅尺余，可通大王峰之巅。峰腰有张仙岩，据说乃是汉代张垓坐化之处，亦为武夷山三大险径之一。峰顶有一裂罅，宽约1米，传说这是宋代朝廷祭祀使者投送"金龙玉简"的地方，因此得名投龙洞。

接笋峰

接笋峰是武夷山三大险峰之中的另一峰，倚隐屏峰之西，高约90米，尖锐直上，势如破土而出的春笋，半腰横裂三痕，好像折断后又连接生长在一起，故此得名。

云窝天游

云窝天游号称武夷山水的第一胜处，位置在九曲溪的五曲和六曲之间。云窝在隐屏峰之下，其周围有响声岩、丹炉峰、晚对峰、天游峰等奇峰环列。明朝万历年间，兵部侍郎陈省曾在此隐居，建有幼溪草庐及以"云"题名的栖云阁、巢云楼、云堂、生云台、迟云亭等10多处亭台楼阁，现仍有遗迹可循。这里奇峰峻拔，巨石参差，形成10多个幽奇的岩穴，常年云雾缭绕，变幻莫测，因此有云窝之称。

一线天

一线天位于武夷群峰的西南端，又称灵岩，为武夷山最奇的岩洞。灵岩巅顶斜插而出，覆盖着灵岩、风洞、伏羲三洞。岩顶裂开一罅，长近百米，宽不及1米，从右边的伏羲洞探身入内，可见一线天如跨空碧虹，令人叹为观止。

虎啸岩

虎啸岩位于二曲溪的南边，崖壁陡峭，雄踞一方。虎啸岩半腰有一巨洞，山风穿过洞口，发出如虎啸一样的吼声，故名虎啸岩。也有另一说法，古时有仙人骑虎啸于岩上，因而称"虎啸"。岩壁上刻有清康熙年间崇安县令王梓手书"虎溪吾洞"四字。同一时代的泉声和尚还在这里指点出白莲渡、集云关、坡仙带、普门兜、法雨悬河、语儿泉不浪舟、宾曦洞八景。

太 姥 山

凄清临晚景，疏索望寒阶。
湿庭凝坠露，抟风卷落槐。
日气斜还冷，云峰晚更霾。
可怜数行雁，点点远空排。

——庾信《晚秋》

【名山初识】

太姥山位于福建省东北部福鼎市境内，面积约60平方千米，是闽东第一胜景。大姥山旧称"才山"，传说在尧时，山下才堡村有一位避老妪乱上山，在山上以种兰花为业，她曾在山上培育出"绿雪芽"名茶。一次无意中她碰到了修炼成仙的道士，得到指点的老妇人，于是也成仙升入天界。后人尊之为"太母"。汉武帝令东方朔考察天下名山，太姥山被列为三十六名山之一，并写上"天下第一山"为记，又由此改名太姥山。因为它山海交相辉映，因而被誉为"海上仙都"。

太姥山地处东海之滨，因此显得格外雄伟壮观。它的主峰摩霄峰海拔917.3米。此外还有覆鼎峰、新月峰、笔架峰、仙药峰、莲花峰等45座山峰，这些山峰海拔都在500～900米。覆鼎峰因形状如覆鼎而得名。新月峰又名观日峰，是观赏海上日出的理想之地。

【名山览胜】

太姥山上有着各种各样造型奇特的岩石，如"仙人锯板"、"金猫扑鼠"、"九鲤朝天"、"二佛谈经"等，共有360多处奇景。"九鲤朝天"石似9条在水面飞跃的鲤鱼，"和尚讲经"石宛如一个和尚身披袈裟端坐在经坛上捧着经书面对东海说法。

太姥山由于地处沿海，因此形成了很多曲折幽深的岩洞。这些洞洞里有洞，洞中套洞，洞洞相连，洞中有景。比如通海洞和通天洞相映成趣，上通下达，非鬼斧神工不能为。整个太姥山就是一个迷洞世界，如果容易迷路的人去了，要想找到出路恐怕有些困难。

太姥山靠近大海，又地处天气多变的南方，因此常常是烟雾弥漫，可与雾都"伦敦"相比。但这里的雾不仅是雾，在雾中还有很多奇观，因此古人对这种天气赞叹曰："云雾多变尽奇观"。

虽然太姥山地理位置偏僻，但是因为它的景色奇特优美，故此太姥山在唐宋时就已经非常兴盛，寺庙建筑更是众多。全山有36座寺院，其中以国兴、瑞云、灵峰、芭蕉、天王等寺规模最大。如今国兴寺的遗址仅存360根石柱，寺前有楞枷宝塔和石池。山中还有"天下第一山"、"山海大观"、"道仙佛地"等几十处历代名人的摩崖石刻。

1988年1月太姥山被国务院批准为国家级重点风景名胜区。

清　源　山

洞府神仙去不还，清源紫帽耸高寒。
泉南佛国几千界，闽海蓬莱第一山。
夜月凤箫声隐隐，秋风鹤佩听珊珊。
瑶池岂隔尘寰路，更叩危岑最上关。

——偰玉立《清源洞》

【名山初识】

清源山坐落于福建省泉州市境内，在泉州市北3千米处，海拔498米，面积62平方千米。

关于它的得名，据《方舆揽胜》一书记载："山有石乳泉，澄洁而甘，其源流沿下达于江，建郡时，以清源名。"清源山又称北山、泉山、齐云山。泉州为我国"海上丝绸之路"的起点。清源山随着泉州的兴起，在宋元时代已名噪一时，名胜古迹遍布，包括九日山、灵山圣墓及西北洋等几大景区，峰峦起伏，石壁参差，林翠壑幽，岩石遍布。山间水景多姿，泉、涧、潭、瀑有135处。最高峰海拔572米，山脉绵延20千米，蔚然成趣，多处胜景天成，是泉州四大名山之一。

【名山览胜】

清源山右峰峻峭，中峰巍峨，左峰迤逦。峰峦起伏，壑深洞幽，曾以三十六洞天名其精华景物。遍布于千岩万壑之中的文物古迹，既有道家的清源洞、老君岩等，又有佛教的千手岩、弥陀岩、瑞象岩等，大大小小十几处。寺观亭台，不可胜数。老君岩（又名羽仙岩）上一尊由一整块岩石雕刻而成的老君坐像，高达5米，面部端庄慈祥，造型古朴生动、刻工精巧，任风霜雨露侵蚀上千年，至今仍形神兼具，一如往昔。这是我国现存道教石雕像中最大的，国家级重点文物保护单位。人们将其视为宋代石像雕刻艺术的杰作。

古人讲，清源山之奇以石，清源山之灵以泉。

清源山左峰山腰，有一块赐恩岩。传说此山是唐朝皇帝赐给刺史许程的，故名赐恩岩。又有的说是因为南宋宰相李邢隐居于此，曾4次受朝廷恩赏，故也叫"四恩"。赐恩岩佛殿里有刻于宋代的白衣观音造像，寺后巨岩连壁，极为壮观。此处有多处明清摩崖，其中还有明代思想家李贽撰写的对联："不必文章称大士，虽无钟鼓亦观音。"

弥陀岩处于左峰山腰"一啸台"上，峰峦峻秀，林泉俊深，为清源山风景最佳处。元至正二十四年（1364年）依石壁建仿木结构石室，门额刻"阿弥陀佛"。室后壁岩面浮雕阿弥陀佛立像，高5米，为省重点文物保护单位。近处有"泉窟观瀑"；岩外有"一线天"、"云台"、"连心石"等名胜，以及有很多历代名人留下的摩崖石刻。

碧霄岩位于弥陀岩东南方，建于元至元二十七年（1290年），原来的石构建筑已废。岩壁上浮雕三世尊坐像，是省重点文物保护单位。北宋元祐二年（1087年）依天柱峰山石雕刻立姿"释迦瑞像"，石雕依岩石的天然形态雕成，高4米，宽1.5米，造型庄严大方，为宋代石雕艺术之佳作。外建花岗岩石室保护石像。周围奇石林立，若群僧侍立，其余石龟、石城、石门与石宙诸胜无不生动传神，是一个奇妙的石景世界。岩室对面即罗汉峰，断岩侧立，形如罗汉，构成十八罗汉朝瑞奇观。

清源山的泉多达百眼以上。著名的是"孔泉"，也称"虎浮泉"，泉从一斜卧大山石孔隙中涌出，汩汩细流，涓涓不绝。据传清源山的别名泉山及泉州，皆由此泉而来。

历代文士、武将、高僧、权贵游历此山时，留下400方碑刻和崖刻。北宋米芾的"第一山"，明将俞大猷的"君恩山重"，现代高僧泓一法师的"悲欣交集"等均备受瞩目。曾在清源山上结庐读书而很有成就的如：唐代的欧阳詹、林蕴、林藻，明代的李光缙、王慎中、顾碧等。在清源山修行及坐化化道长、高僧不乏其人。清源山流传着无数的故事、传说、神话等，使这里更具深刻的文化内涵。

清源山风景区人文景观比比皆是。驰名中外的开元寺为闽南规模最大的古刹，全寺占地7万平方米。寺内莲宫桂宇，金碧辉煌，刺桐掩映，古榕垂荫，景色幽美。

大殿奉以传为唐玄宗"御赐佛像"释迦牟尼居中的五方佛，为闽境梵刹所仅见。历来被视为泉州城标的东西两石塔，东塔名镇国塔，西塔叫仁寿塔，相距200米，坐落开元寺东西两边，巍然对峙，极为壮观。

清源山地处亚热带，属南亚热带海洋性季风气候，雨量充沛，植被丰茂，四季景观各不相同，"桃李报春，椿荫蔽夏，红叶送秋，松竹伴冬"。这里万木竞长，植物种类达千种以上，古木珍树争寿奇。赐恩崖前一古樟，树龄上千年；"泉窟观瀑"崖前的台湾洋蒲桃树，也在此生存了300多年。

对清源山，元人赞其："闽海蓬莱第一山"，"清源鼎峙"是泉州十景之一，历来供游客登临览胜。

万 石 山

禹庙空山里，秋风落日斜。
荒庭垂橘柚，古屋画龙蛇。
云气嘘青壁，江声走白沙。
早知乘四载，疏凿控三巴。

——杜甫《禹庙》

【名山初识】

以山岩与亚热带植物为主要景观的万石山距厦门市区只有1千米，因岩奇石怪、千姿万态，得名万石山。该景区是厦门除鼓浪屿之外最有特色的游览区。它与雁荡山、黄山的奇峰有所不同。万石山上或藏或露于绿树丛中的石，数量很多，大小不一，但一般不超过四五米高，因此除少数称为峰以外，大多数只能称为石或岩。

【名山览胜】

厦门旧二十四景中的"天界晓钟"、"万笏朝天"、"中岩玉笏"、"太平石笑"、"紫云得路"、"高读琴洞"等都在这里。

万石山的石头千姿百态，有的像人，有的类物。其中"象鼻峰"与"石笑"最有趣。"象鼻蜂"是一块很似象鼻的岩石，向上伸着，略微弯曲。象鼻峰对面为碑林景区，刚劲有力的镌刻处处可见。古今名人墨客来此山后即各占一石，似乎"占山为王"，不过，爱好书法的游客不妨驻足一看，可能会所收获。"石笑"，是一块岩石，裂开一大口，从侧面看很像在开口大笑，旁刻"石笑"二字，题诗云"笑中多乐事，惟有不能言"。誉称"太平石笑"，是厦门小八景之一。

这里最有名的人文建筑当推万莲寺。万石山上原有的24座寺中较大的有10座，现在多已毁坏，而万莲寺是保存得较为完整的一座。它建于明代，清康熙年间重修。古朴的寺院由花岗岩筑成，结构精巧，殿台错落有致，矗立于万石丛中，故名万莲寺。大雄宝殿与禅室僧房都有参差的巨石点缀其旁，清幽典雅。寺前海会桥下泉水淙淙，宛然仙境。相传此处乃一位女尼修行之地。该寺建在岩石上，规模不大但精美到极。在寺的山门前面有天然岩石形成的月池，寺后有四五块巨石，遮天蔽日，而石缝中又生长着几株榕树，寺前的一块大岩石上，为古代诗人赞美此处岩石的诗刻。岩额是"万笏朝天"石刻。岩下流泉澄澈，别有洞天，被称为小桃源。附近溪边石刻"锁云"，相传为郑成功所留遗迹，位于狮山主峰。

"虎溪夜月"为厦门大八景之一。明万历年间，有名士林懋时在岩间辟洞，建棱层石室（亦称"棱层洞"），并在洞顶题刻"棱层"、"攀天"楷书，字大数尺，笔力雄健。洞侧建佛殿、僧房，还有鲤鱼法、虎牙洞、夹天径、一线天、飞鲸石等自然景观。山间岩石横卧竖立，古榕垂枝盘根，奇险天成。每逢农历十五日的夜晚，皓月东升，月光照在洞内的泥塑罗汉和老虎身上，影随光幻，泥虎宛如活虎，极富神秘色彩，中秋之夜，游人如织，争观神奇佳景。

万石山公园还有一个著名的游览地是万石湖，碧水一泓倒映着蓝天白云，山水云水，活脱脱的一幅泼墨山水画。万石湖左侧是松杉园、竹径、多肉植物区。松杉园中松杉百种，其中有堪称"活化石"的水杉、银杏，有世界三大观赏树——中国金钱松、日本金松、南洋杉；竹径丛中竹影婆娑；仙人掌组成的多肉植物区，更显园林宽阔。万石湖右侧，有邓小平亲手种植的大叶樟。南洋杉草坪，休闲旅游最宜。棕榈植物区是全园之核心。棕榈园边的百花厅，鲜花簇簇，名贵花卉应有尽有，让人看了流连忘返。蔷薇园即在象鼻峰下。

仙游九鲤湖

昨夜扁舟雨一蓑，
满江风浪夜如何？
今朝试卷孤逢看，
依旧青山绿树多。

——朱熹《水口行舟》

【名水初识】

九鲤湖是一个天然石湖，它位于福建仙游县城东北约 30 千米的万山之巅。据说汉武帝时，有何氏九兄弟在此炼丹修道，后跨乘湖中九鲤升仙，因而得名九鲤湖。九鲤湖以湖、洞、瀑、石四奇闻名，尤其以飞瀑为最，自古以来有"鲤湖飞瀑天下奇"之誉；明代大旅行家徐霞客将它和武夷山、玉华洞并称为福建"三绝"。

【名水览胜】

九鲤湖周围，林木葱茏，千岩竞秀，怪石嵯峨，瀑布泱泱，集林、瀑、水、石之胜景于一处。湖的上游，平坦的水底岩石上，遍布奇形怪状的溶洞洞穴，有的像锅,有的像瓮,有的像盆,有的像葫芦,还有的像脚印,传说这是仙人炼丹时留下的仙迹。有人曾经做过这样的实验:把染上颜色的稗谷倒进溶洞里,后来竟然在莆田三江口木兰溪入海处发现了这些稗谷。并且,湖边的化龙洞、白云洞、桃源洞也都很有名。

湖边的山野林间,有着无数的奇岩异石,诸如蓬莱石、瀛洲石、羽化石、玄珠石、龙擦石、枕流石、天然坐等。几乎每一块奇石都隐藏着一段美丽动人的故事。在这些奇石上也留下不少历代名人的题刻。"天子万年"是宋代兵部侍郎陈谠所书;"第一蓬莱"都明代林有恒所书;"碧水丹山"为林俊所书;"午虹晴雨"、"九天珠玉"是明代陈所有所书;"观瀑"为李翔所书等。这些碑刻,笔法苍劲,古朴大方,潇潇洒洒,若行云流水,是探究九鲤湖渊源极为珍贵的实物资料。

九鲤湖地区闽中南山巅,气候温热潮湿,多云雾,年平均气温在20℃左右,年降水量1400毫米,湖水常年不枯。这里是云和水的居所,被称之为"天半的湖"。湖水澄碧,波平如镜,每逢旭日东升时,湖面金光粼粼,景象万千。夕阳西下,则满天彩霞泻落湖中,色彩斑斓,绮丽如画。而在皓月千里,银辉遍地之际,远山近影倒映于湖中,如一幅浓浓的水墨山水画,令人流连忘返。

九鲤湖更使人称奇的是瀑布,著名的九漈飞瀑从高耸的崖头泻落湖中,水石相激,轰鸣若雷。九鲤湖飞瀑按每层落差分为九漈,它们是:雷轰漈、瀑布漈、珠帘漈、玉柱凉、石门深、五星漈、飞凤漈、棋盘漈、将军漈。各漈独具特色,瀑布大至100多米,小到三四米。九漈飞瀑全长十余千米,沿途悬崖夹峙,蜿蜒曲折,九瀑之奇之美不可名状。其中瀑布漈高达百米,气势磅礴,为九鲤湖最大最壮观的瀑布。湖水在石湖的出口横溢漫流,继而形成腾空白浪,冲过扼住去路的卧石岗,汇作汹涌咆哮的洪涛,擦石飞泻百丈远,毫无阻碍地跌落悬崖。每当艳阳高照,漈下便有跨谷彩虹,绚丽神奇,如诗如画。

九鲤湖为国家水利风景区、省级风景名胜区,这里山之青、湖之美、石之奇、洞之幽,特别是那形状多变、蜿蜒流远的瀑布群,一直为历代文人墨客所流连。如今,九鲤湖又成为国内外游客一睹为快的游览胜地。

江西省

庐 山

太虚生月晕,舟子知天风。
挂席候明发,眇漫平湖中。
中流见匡阜,势压九江雄。
黯黮容霁色,峥嵘当晓空。
香炉初上日,瀑布喷成虹。
久欲追尚子,况兹怀远公。
我来限于役,未暇息微躬。
淮海途将半,星霜岁欲穷。
寄言岩栖者,毕趣当来同。

——孟浩然《彭蠡湖中望庐山》

【名山初识】

庐山位于长江中游的南岸,距江西省九江市仅35千米,它北襟长江,东扼鄱湖,屹立于一望无际的赣北平原上。庐山南北长约25千米,东西宽约20千米,共有90多座峰峦,峰峰奇秀。大部分山峰高程在1000米以上;其主峰大汉阳峰高达1474米,地处山腹的牯岭镇海拔为1167米。拔地而起的庐山与周边平原之间高度上强烈对比,使得庐山愈显高峻险奇。毛泽东的诗句:"一山飞峙大江边,跃上葱茏四百旋",正是庐山雄姿的生动写照。

庐山是一座东北—西南走向的地垒式断块山,在漫长的地质年代里,经过断层作用以及其他地质作用,塑造了庐山的主体面貌。庐山西北和东南两侧多断崖峭壁,谷深峰险,山势雄奇。由于庐山飞峙于"江湖"之间,水汽凝结,降水丰富,所以庐山又多云雾和瀑布,植被异常茂盛。绝壁、云海、瀑布为庐山三绝。庐山风景兼具雄、奇、险、秀的特色。自古有"匡庐瀑誉满天下"的盛名。庐山于1997年经联合国教科文组织批准列入《世界遗产名录》。

【名山览胜】

仙人洞

仙人洞又称佛手岩，是一座因大自然的风化作用而形成的天然岩洞，相传是中国古老神话——八仙过海中八仙之一吕洞宾修道成仙的地方，故名仙人洞。仙人洞前有圆门，过圆门有一块悬空落石，往北伸展，名"蟾蜍石"。石背裂缝处长有虬曲古松，即石松，也石上刻有"纵览云飞"四字，此景可视作仙人洞乃至庐山的标志。

含鄱口

庐山东谷的含鄱口，海拔1211米，山势峻拔，怪石嶙峋，形凹如口，以"势含鄱湖，气吞长江"而得名。极目口外，"江湖"浩荡，帆影点点。含鄱岭前石坊刻有"含鄱口"三字，左右分别刻"湖光"与"山色"。山上伞形亭即望鄱亭，是观鄱阳湖日出极佳之地。晨光微现，水天一色，既而一轮红日喷薄而出，金光万道，灿烂无限。若月夜登含鄱口，但见群星灿烂，渔火万点，波光月色，相映成趣，为庐山胜景之一。

秀峰

秀峰位于庐山南麓，是由香炉、鹤鸣、双剑、姐妹、文殊、龟背诸多山峰组成。香炉峰像有紫烟缭绕，鹤鸣峰型像鸣鹤飞翔，双剑峰势似芙蓉插天，姐妹峰态如娟娟秀女，文殊峰似尖锥直刺云端，龟背峰脊如行龟遇云。这些山峰千姿百态、峻峭秀丽、层峦叠翠、风光迷人，聚尽山南之美。"庐山之美在山南，山南之美在秀峰。"秀峰为庐山山南五大丛林之一，不仅峰秀，而且瀑秀、峡秀、潭秀、林秀、石秀、寺秀，诸秀荟萃，各施其妍。

龙首崖

龙首崖位于庐山大天池右侧约200米处，为庐山胜景之一。龙首崖高及千尺，拔地而起，从左侧一岩仰观，有如巨龙昂首直冲云霄。登龙首崖俯瞰，深渊百丈，涧水轰鸣，怪石满目，青松横生，景色奇异、壮观。龙首崖下有文殊古洞，传说是古天池寺僧修行之所。

五老峰

庐山有90多座山峰,其中五老峰以其嶙峋怪石和从山麓仰视就像5个不同姿态的老人并坐而得名。五老峰从不同位置去观察,姿态各异,有的似诗人吟咏,有的似勇士高歌,有的似渔翁垂钓,有的似老僧盘坐。其第三峰最险,峰顶刻有"日近云低"、"俯视大千"等字样。唐代诗人李白曾在五老峰下筑太白书堂,峰后有青莲寺,李白曾在此隐居。

汉阳峰

汉阳峰位于庐山东南部,海拔1474米,为庐山最高峰,峰顶呈馒头状,其中有石砌的汉阳台。据说在月明风清之夜,可观汉阳灯火,因而得名。汉阳台附近有一石碑,上刻"大汉阳峰"四字。台前悬崖形如靠椅,据传大禹治水时,就曾坐于这块崖石之上俯视长江,思考怎样"疏九江",由此而称"禹王崖"。登上顶峰,南瞰鄱阳湖,波平若镜;北望长江,一泻千里。

三叠泉

三叠泉堪称庐山第一奇观。泉水从海拔1453米的庐山第二高峰大月山流出,经过五老峰背,由北崖口悬泻于大盘石上,又飞泻至二级大盘石,再喷洒到三级大盘石,形成三叠,落差达155米。一叠直垂,水从20多米高的簸箕背上倾注而下,发出洪钟般的响声;二叠稍曲,高约五十米,如雪似雾;三叠最长最阔,浩浩荡荡,若玉龙飞舞,直入潭中,正如李白在其诗中所描述的:"飞流直下三千尺,疑是银河落九天。"谷风吹过,泉水似冰绢飘洒空中,宛如万斛明珠,随风散落,在阳光下五光十色,晶莹夺目。

招隐泉

招隐泉位于庐山风景区内的三峡桥,泉水澄澈如碧,味甘若饴,又名"天下第六泉"。招隐泉的由来跟唐代茶圣陆羽紧密相连。"招隐"两字的来历有两种说法,一是陆羽曾隐居浙江苕溪,人称"苕隐",由此而演变为"招隐";另一种说法是由当朝的大官吏李季卿慕名召见隐居在此的陆羽,因"召"和"招"同音,故而得名。

白鹿洞书院

白鹿洞书院为中国最早的高等学府之一，位居于中国四大书院之首。唐代李渤、李涉曾兄弟曾在此隐居读书。李渤养一白鹿自娱，人称"白鹿先生"。公元825年，李渤在原读书处扩建书堂，名曰"白鹿洞"，宋初扩为白鹿洞书院，它和无锡东林书院、河南嵩阳书院、湖南岳麓书院合称"四大书院"。

东林寺

东林寺位置在庐山西麓，为我国佛教净土宗发源地。东晋时期，名僧慧远在此建寺授徒，倡导"弥陀净土法门"，并创设莲社。东林寺在唐时达到鼎盛，有殿、厢、塔、室计310余间。扬州高僧鉴真东渡日本之前曾造访过东林寺，后偕东林寺僧智恩同渡日本，慧远及东林净土宗的教义也随之传直至现在日本，至今日本东林教仍尊庐山东林寺慧远为始祖。

龙 虎 山

> 杳杳寒山道，落落冷涧滨。
> 啾啾常有鸟，寂寂更无人。
> 淅淅风吹面，纷纷雪积身。
> 朝朝不见日，岁岁不知春。
> ——寒山《杳杳寒山道》

【名山初识】

龙虎山位于江西省鹰潭市西南20千米处，它是典型的丹霞山，山体是中生代的红色砂砾岩。山秀水美，景色壮丽，为国家级风景名胜区。这里，还是我国的道教创始人汉代张道陵传道炼丹之所在。历来为道教名山。据说，龙虎山原名云锦山，因为山上有一石壁，高达百丈，宽约1千米，形似五彩云锦。东汉永元初年（公元89年），张天师及弟子在云锦山炼"九天神丹"，后来灵丹炼成，于是天庭派来龙虎守护，故改名龙虎山。龙虎山的仙水岩景区，方圆七、八里的范围内，有"九十九奇峰，二十四仙岩"之胜。区内，丹山临碧水，清溪绕奇峰，加上松茂竹盛，风光极佳。天师府、上清宫、芦溪河、悬棺遗址以及仙水岩等是龙虎山的主要游览地。

【名山览胜】

龙虎山的道教建筑很多，最为著名的建筑群有三处：上清宫、正一观和嗣汉天师府。

上清宫位于上清镇东头，为我国规模大、历史悠久的道宫之一，初建于东汉，它的高度与皇宫只差一尺，由此可以看出龙虎山的道教在当时是多么受尊崇。上清宫整个建筑以三清殿及玉皇殿为中心，共有8座山门。原来的建筑绝大部分已经被毁。至新中国成立时，只剩下大上清宫门楼、钟楼、午朝门、下马亭还残存着。遗存的唯一道院是东隐院，东隐院创建于南宋年间，后因忽必烈十分器重该院道士张留孙，东隐院因此得以修缮。现在院内的善恶井、梦床、神树等文物古迹，仍然不失为旅游的一大看点。

正一观位于龙虎山主峰下面，是祖天师张道陵在龙虎山最初炼"九天神丹"的地方。汉朝末年，第四代天师传人张盛，为了祭祀天师，于是在天师草堂遗址处修建了"祠"，南唐时期更名为"天师庙"，宋代称"演法观"，明代重新修建，并且扩大了它的规模，被敕封为"正一观"。正一观主要建筑有正殿、玉皇殿、玄坛殿、仪门、钟鼓楼等，但可惜的是，它们皆已被完全毁掉。

嗣汉天师府，亦称"大真人府"，是张天师以后的各代传人起居和祭神的所在。它位于上清镇中央，一直有"龙虎山中宰相家"之称，它是一座王府式的道教古建筑。府门坐北朝南，高大宽敞，气势雄伟。门前庭院正中镶嵌着八卦太极图。府门两侧有一对抱柱楹联："麒麟殿上神仙客，龙虎山中宰相家"，由此可以看出历代天师既是"神仙"又是"宰相"的双重显赫地位。天师府大致可分为三大部分，即以三门为主体的前路建筑群，以私府为主体的中路建筑群，以万法宗堂为主体的西路建筑群。

龙虎山山水奇绝，风光秀丽。它有99座山峰及108处人文和自然景观。仙水岩是龙虎山景点最集中的景区，这里风光绮丽，有"十不得"胜景。

"道堂坐不得"岩形状似道教做法事的道堂，因为其下面是水流湍急、波浪汹涌的无底深渊，因而被称为"道堂坐不得"。"尼姑背和尚走不得"峰形状如依偎在一起的夫妻，因而也叫做"夫妻峰"，此岩可以称得上是"天下第一景"。奇特无双的仙女岩，又名"仙女配不得"。它在泸溪河水涯一道碧湾里，就如同一位刚从泸溪河出浴归来尚未穿衣的仙女，形态逼真，令人叫绝。"莲花戴不得"峰在仙桃石的附近，它是一丛如同莲花一样绽放的石峰，因其形似花瓣朝天的水中莲，故得名"莲花峰"。"仙桃吃不得"峰状若一个大桃子，传说这是孙行者从王母娘娘的蟠桃会上偷来的仙桃。"丹勺用不得"岩形状像一把炼药用的勺子。"云锦披不得"峰色彩鲜艳,形状似一面红艳艳的云锦,云锦峰是龙虎山丹霞地貌最杰出的代表作。神鼓石,又称蘑菇石,被称做"石鼓敲不得"。"剑石试不得"峰状若一块被刀劈成两半的试剑石,因而得名。远远望去,那座石山真的如同用宝剑劈开了一条缝,所以也叫做"一线天"。"玉梳梳不得"石状似一断齿的梳子,横亘于泸溪河中,传说它是昆仑山上生长了八百年之久的黄杨木精所变的御梳,为天宫稀世之宝,后来不慎掉落人间。总之,每一处胜景都有自身美丽的神话传说。

龙虎山既是中国四大道教名山第一山,1988年被列为第二批国家重点风景名胜区,同时又是国家4A级景区、国家地质公园和国家森林公园。

三 清 山

> 空山不见人,
> 但闻人语响。
> 返景入深林,
> 复照青苔上。
>
> ——王维《鹿砦》

【名山初识】

风景如画的三清山位于江西省东北面的玉山和德兴两县市交界处,因为三清山的主峰玉京、玉虚、玉华三峰像道教祖师玉清、上清、太清一样列坐峰顶而得名。三清山最高海拔是1816米。古代叫做"东南望镇"。历朝历代文人墨客留下了"览胜遍五岳,绝景在三清","江南第一仙峰,天下无双福地"等无数称赞三清山的优美诗句,现代有人称它东险西奇、北秀南绝,美在自然,奇在深幽,兼具泰山的雄伟、华山的峻峭、衡山的烟云、匡庐的飞瀑。

三清山以自然景色闻名于世,它的山峰"奇中出奇,秀中藏秀",所以被誉为"黄山的姐妹山"。三清山的自然景色在4个方向上各有特色:东面的景色因险峻著称,西面的景色因奇异著称,南面的景色因险绝著称,北面的景色则因秀丽而受瞩目。

【名山览胜】

秀丽的梯云岭景区是三清山自然景观最奇绝的景区之一,它海拔1557米,不但景区范围广阔,而且其中景物众多,分布在从响波桥、外双溪,玉皇顶、玉台、经梯云岩、南天门以及游仙谷一带。三清山"十绝景"中的五绝景在梯云岭景区:

观音听琵琶、司春女神、神龙戏松、道人拜月和巨蟒出山。

玉京峰景区海拔1816米，这里是三清山最高、最中心的景区，玉京峰景区范围从九天应元府、红茶花谷、经郁松岭、跨鹤桥、登真台、玉华峰、玉虚峰，到蓬莱三峰一带。三清山"十大绝景"的"木鱼镇鳌"、"猴王献宝"就在这个景区，这里是三清山景色最多、最有游览价值的景区。

气候宜人的西华台景区在三清山的北麓，它其实是宋、明以来的登山石级古道，这一景区和别的景区不同的地方在于它的气候温和、略带一点湿润，这里的林木比别的景区多，所以这里适宜于避暑纳凉，因此它有"绿色王国"、"清凉世界"等美誉。

三清宫景区海拔1530米，是三清山道教建筑最多的地方。三清山是以道教文化为中心，道教在这里历史悠久。据说东晋葛仙出家以后就是在这里修道成仙的。明朝时期是三清山道教活动的鼎盛时期。三清山人文景观也与众不同，例如风雷塔是一座用巨大的花岗岩琢成的石塔，塔是六面垂檐型的，一共有7层，位于三清宫"震"方悬崖的边缘，下面是深谷，地势奇险。因为这里道教文化集中，所以三清山有"清绝尘嚣天下无双福地，高凌云汉江南第一仙峰"的美誉。三清山的道教建筑遍布全山，这些建筑的规模与气势，可以和青城山、武当山、龙虎山媲美，因此三清山博得了"露天道教博物馆"的盛名。

神秘的三洞口景区位于三清山的西部，其主要特点是从高峰进入幽谷的深处都是景观，这是其他景区所不具备的。三洞口位于从汾水关通往梯云岭去的登山途中。第一洞口形状像虎口，因为它是由虎嘴形山岩组成的，因此被叫做"老虎洞"。第二洞口形状像古井，因此叫做"幽冥洞"，洞是由天然岩石相垒而成，洞深10余米。人必须用双手和双脚，支撑在洞壁石缝中间，慢慢交替着移动身体，稍微不小心就会跌落洞底，因此游人在过这个山洞的时候必须加倍小心。第三洞口叫做"阎王关"，因为它的形状像一座雄伟的殿宇，因此人们这样命名。阎王关全部由天然岩石构成。

玉灵观景区距离三清山风门大约有1.3千米，它最早建于明代景泰年间，后来被大火烧毁。清嘉庆十八年重新修建，但是同样被火烧毁，仅留下残碑断柱，后来虽然又重新对它进行了修建，但是早已经没有原来的样子。玉灵观观中有一股清澈的山泉，由石隙用竹管引进水池，游人路过这里的时候，可以品尝一下这清冽的泉水。在这里欣赏南谷，会觉得石峰、石笋就如同凌空而起一样，高的有六七十米，低的二三十米，状似山林，由此形成三清山奇特的"石林景观"。

灵秀古朴的石鼓岭景区位于三清山南麓，这一景区是一个还没有完全开发的景区。石鼓岭景区的最大特点是有很多瀑布和山泉。它的"玉帘瀑布"高34米，宽30米，是三清山最大的瀑布之一。石鼓岭位于三清山南麓的金沙溪中，因为石鼓岭上面有一块形状像大鼓的奇石，因此得名为石鼓岭。主要景点还有三杏抱梅、金桥、泉水岩、八仙洞等。

三清山于1982年被列为国家重点风景名胜区。

井冈山

南山塞天地，日月石上生。
高峰夜留景，深谷昼未明。
山中人自正，路险心亦平。
长风驱松柏，声拂万壑清。
即此悔读书，朝朝近浮名。

——孟郊《游终南山》

【名山初识】

井冈山位于湖南和江西两省交界的罗霄山脉中段，是江西省西南的重要门户。井冈山呈明显的两级阶梯，井冈山中部多崇山峻岭，两侧是低山或丘陵。在新民主主义革命时期，毛泽东、朱德等老一辈无产阶级革命家就是在井冈山建立了中国第一个农村革命根据地，在这里点燃了中国革命的燎原烈火，因此井冈山是融自然景观和革命圣地于一体的国家重点风景名胜区。

【名山览胜】

笔架山位于茨坪西南35千米处的地方，海拔1357米。主要由中峰（扬眉峰）、西峰（望指峰）、东峰（观岛峰）三大峰组成，形成一个"山"字形，从远处看去就像古代的笔架，因此得名为笔架山。笔架山因险峰、奇石、古松和杜鹃景观为特色，云海和日出是景区的奇观，它的峰崖鬼工神斧，岩石造型奇特。著名的五指峰是井冈山的主峰，位于茨坪西南6千米，海拔1586米，它的山峰并列如同五指一样，峰峦由东南往东北绵延数十千米，五指峰的两边巨峰对立，中间有条深谷，半山腰有一个传说是当年太平天国军驻地的"天军洞"。秀丽的五指峰山峦叠峰，景色奇异，第四版百元人民币的背面就是五指峰。

黄洋界位于茨坪西北方向大约17千米处，海拔1343米，这里峰峦重叠，地势险峻，毛泽东曾经在他的诗词《水调歌头·重上井冈山》诗中写道："过了黄洋界，险处不须看"，十分形象地描绘了黄洋界的险境。黄洋界的气候也变化万千，时常弥漫着茫茫的云雾，就像汪洋大海一样，因此黄洋界又叫汪洋界。红军当年在黄洋界上修建的哨口工事和上山的小路现在还可以看到遗迹，红军当年的营房也保存得十分完好。

茨坪位于井冈山的中心即茨坪盆地，茨坪海拔826米，是一座幽静、美丽的山城。茨坪的中心是挹翠湖公园，挹翠湖就像世外桃源中的神湖，静谧幽邃。美丽的茨坪的各式建筑，都是依山就势而修建的。它的人文、自然景观特别丰富，它是革命时期井冈山军事根据地的中心，同时茨坪也是整个革命根据地党、政、军领导机关和红军后方单位的所在地，这里有毛泽东、朱德等人的当年居住地、红四军军部、新遂边陲特别区、工农兵政府防务委员会等旧址。

桐木岭位于茨坪北面9千米，海拔866米，也是人文和自然景观相结合的景区。这里遍山桐树，春夏都有桐花盛开，因此有"桐木岭"之称。

在井冈山到处可见清泉如丝如带地缭绕林间，从远处看去，似和漂泊的烟云相伴而行，而百跌泉更像是万丈白缎飘舞，似灵异的仙女在翩翩起舞。井冈山瀑布的特点是星罗棋布，大小飞瀑随处可见。其中，最为典型的是五龙潭仙女瀑和金狮面中的"马撒尿"飞瀑，让人赞叹，给人以精美奇特的印象。五龙潭的瀑布更是因为造型奇特胜出，龙潭位于茨坪西北方向7千米处，由龙潭和金狮面两个美丽的景区组成。著名的五神河是龙潭"五潭十八瀑"的源头，溪水冲击小井峡谷以后，陡然跌落绝壁以下，又连续飞下四级断崖，于是形成梯状的五个气势磅礴的瀑布和深潭，这就是碧玉、金锁、珍珠、飞凤、玉女等五潭五瀑。

井冈山于1982年被列为国家级重点风景名胜区。

鄱 阳 湖

秋高水初落，鳞介满沙脊。
浩如太仓粟，宁复数以粒。
纷纷渔舟子，疑若挽可拾。
横湖沉密网，脱漏百无十。
虫虾杂魴鲤，骈首吐微湿。
小人利口实，刀机污鳞鬣。
鲲鲸亦狼狈，风雨移窟宅。

玉渊有神祠，变化在嘘吸。
胡宁饱膻香，忍视万鱼急。
幽潜不足恃，感叹百忧集。
寄谢漆园吏，于计未为得。

——杨时《鄱阳湖观打鱼》

【名水初识】

风景秀丽的鄱阳湖目前是我国最大的淡水湖，旧时被称为彭蠡，也叫彭泽，位于长江南岸，江西省北部平原之上。鄱阳湖的整体形状像一只葫芦系在长江这条腰带上。假如以都昌和吴城之间的松门山，这里湖面最窄，即"葫芦颈"的位置作为界，鄱阳湖可以被分为南北两湖：北湖是鄱阳湖进入长江的长条形港道，南湖则是水域辽阔、水面苍茫无边的鄱阳湖主湖。

鄱阳湖南北长170千米，东西宽74千米，湖岸线达1200余千米。湖北端水位18.9米时，湖面面积达4646.6平方千米。湖中有大小岛屿41个，湖区周围连接11个县（市），是赣北著名的鱼米之乡。

【名水览胜】

美丽的鄱阳湖烟波千重、浩瀚万顷。人们举目四望，只看见天水相接，渺无涯际，呈现出汪洋大海般的苍茫气韵，鄱阳湖不愧有"浩渺中华第一湖"的美称。广阔的鄱阳湖接纳赣江、信江、抚河、修水和饶河五条大江之水，汇成大湖，蓄水量近250亿立方米。鄱阳湖巨大的蓄水能力，对江西北部平原的农业灌溉特别重要，在洪水季节还能够为调节长江水量发挥积极作用。

渺无边际的鄱阳湖不仅空阔无边，气韵苍茫，而且环湖百里，遍布胜迹，实在是旅游观光的大好去处。例如，在鄱阳湖万顷波涛中突起一座岩岛，名叫鞋山岛。鞋山岛高不过百米，但是小岛名头并不小；六朝时期它以"独石"著称，唐代称大姑山，明清以来，因其形状如鞋而命名为"鞋山岛"。鞋山岛上有大姑庙，香火颇旺。据近代著名地质学家李四光教授考证，鞋山岛是200万年以前第四纪冰川时期形成的巨大冰碛物；也有人认为鞋山岛是鄱阳湖"湖蚀"作用下的产物。不管是前者还是后者，鞋山岛对于研究鄱阳湖和庐山的地质演化历史都具有重要的学术意义。

鄱阳湖属吞吐型的过水湖泊，赣江等江西众多江河的水都注入鄱阳湖，翻阳湖北侧与长江相通。每逢盛水期，湖面扩大，茫茫一片，广阔无际；而在枯水期，湖面缩小，湖水落槽，鄱阳湖湖水水束如带。所以，鄱阳湖有"洪水一片，枯水一线"的说法。每年10月至翌年3月,水落滩出,草洲湿地碧绿无垠,会吸引大批来自内蒙古草原、东北沼泽和西伯利亚荒野的珍禽候鸟来这里越冬。这足以容纳数以百万计珍禽候鸟自由栖息的广阔水面,于是成了无比壮观的"天鹅湖"。根据科考报道,每年来鄱阳湖越冬的白鹤已经达到4000只,是世界上发现的最大的白鹤群落。

在观鸟季节走进鄱阳湖湖区,人们如同进入一个候鸟的乐园。举目四望,可以看到数以万计的候鸟和平共处的壮观景象。特别引人注目的是白鹤在阳光的照耀下银光闪闪,好像一串珍珠链锁在云水之间,璀璨夺目。远远眺望如同点点白帆在天边飘动,近观似玉雕在水中亭亭玉立。鸟儿们时而信步徜徉,时而窃窃私语,时而引颈远望,时而展翅腾飞。在这万籁俱寂的天水之间,群鸟争鸣,竞争引吭高歌,它们奏响了世界上任何乐队都无法演奏的最美妙的交响曲。

鄱阳湖保护区不仅有飞禽,还有河麂和江豚等其他珍稀动物,它们大都是国家二级保护动物。江豚是水生哺乳动物,常聚群觅食翻滚在鄱阳湖,人们称为"江猪拜水"。河麂又被称为牙獐,冬季出没在湖滩、草洲,夏季藏匿在荒丘之中。有的时候,人们会在一片草洲上或湖边,看到数只甚至十多只河麂,特别难得。

在鄱阳湖和长江相连的湖口,有著名的石钟山。石钟山的山形如覆钟,濒临深渊,渊侧山下有洞穴,淹没在水中,每当微风吹来,渊水冲击山洞,发声如洪钟,为鄱阳湖一大妙景。宋朝时期著名词人苏东坡写过一篇著名的《石钟山记》,名山和名作交相辉映,使石钟山成为远近闻名的游览胜地。山上风光绮丽,唐、宋建筑现在犹存。在湖口不远的湖中,有一座郁郁葱葱的石山,这座石山一头高一头低,好像一只巨鞋漂浮在水面,因此称鞋山。是进出鄱阳湖的船只必经的地方,游船可泊。

在鄱阳湖西边的永修县,有一座临湖古城,被称为吴城。吴城在历史上曾和湖北省的武昌镇齐名天下。鄱阳吴城是鄱阳湖中一个孤立的城镇,只通水路。湖的东面,在都昌县境内有座古城遗址,古城年代可追溯至春秋战国,曾兴盛一时,后来不知为什么突然淹没于水下,至今还是考古学界的一谜。在鄱阳湖西北面上,是著名的庐山。从有名的庐山含鄱口眺望鄱阳湖,蔚为壮观。举世闻名的庐山五老峰陡立鄱阳湖岸边,高耸入云的山峰常常有云雾缭绕,"一山飞峙大江边"的巍然气势,令人叹为观止。游客沿鄱阳湖湖畔的波阳、余干、都昌、永修、星子等县城一路走去,都是江南水乡古城,在那里,人们可以尽情领略鱼米之乡的风光。

烟波浩渺的鄱阳湖周围溶洞很多,著名的有龙宫洞、狮子洞、涌泉洞等。这些洞中钟乳石千姿百态，在各色灯光的照射下，显得特别神秘。置身洞中，人们如同进入了一个神奇的迷宫，令人流连忘返。

因为历史文化名山，著名的庐山就在鄱阳湖畔，所以每一位到庐山旅游的游客都忘不了到鄱阳湖一游。下庐山之后再去游石钟山、龙宫洞等，这条旅游线路正在逐渐升温。

甘 棠 湖

湖光秋月两相和，
潭面无风镜未磨。
遥望洞庭山水翠，
白银盘里一青螺。

——刘禹锡《望洞庭》

【名水初识】

九江甘棠湖，原名景星湖，位于江西省九江市中心，后人为纪念唐江州刺史李渤德政，改名甘棠，面积近18万平方米。它南接庐山清泉，西吐余水入江，是一个"自有源头活水来"的天然湖泊。风平水静时，匡庐倒影。清风徐来，碧波荡漾，湖水轻拍堤岸。波光云影中，重楼飞檐的烟水亭浮碧水而起，一座雅致的曲桥，自岸边延伸至亭上。跨湖长堤上，柳丝依依，繁花似锦。朝阳夕辉、月朗星疏之时，泛舟湖上，别有一种情趣，令人流连忘返。

【名水览胜】

风光优美的甘棠湖北部有一座绿树掩映的小岛，岛上的一组古色古香的建筑，就是烟水亭，是湖区最著名的景点。烟水亭为一水榭建筑，人们习惯上把岛上整个建筑群称为烟水亭，其实每座建筑各具其名称。左为翠照轩、听雨轩、亦亭；右为浸月亭及船厅；中间依次是烟水亭、纯阳殿、五贤阁；观音阁。这三组建筑既各有特色又相互联系。形式变化多端，风格协调统一。庭院、天井内花木扶疏、奇石玲珑，清新典雅，令人赏心悦目，是一座典型的江南水上园林。烟水亭乃历代文人骚客宴饮嬉游之地。亭内有风格迥异的楹联匾额，或叙事绘景，或写意抒情，联自景出，景因联雅，文景交融，游亭观联，趣味盎然。

烟水亭侧有藏剑石匣一对，立于亭前石级两旁，含纳峰藏剑之意。据载：九江常遭屠城及匪寇骚扰，按阴阳家之说，都因郡城面对庐山双剑峰而引起。因此凿了藏剑匣，将双剑峰的"双剑"藏入匣中。从烟水亭放眼向南眺望，在湖面波光粼粼、水岸交接的远方，青黛色的山脉起伏迤丽，那就是名闻中外的避暑胜地庐山。在烟水亭向四处眺望，别有一番景致。甘棠湖与南门湖很早以前是一片相连的水面，唐代江州刺史李渤为了便于行人来往，在湖上筑起了一道长堤，把湖一分为二，东为南湖，西为甘棠湖。长堤中段建了多孔桥沟通两湖。后人称此堤为李公堤，此桥作思贤桥。堤上遍植垂柳，仿佛一条绿色的锦带，由此堤可登上高十二米、六角三层的"映月楼"，举目眺望，碧水如镜，彩霞映波，岸柳成荫，景色如画。甘棠湖堪为九江市民休闲、娱乐的佳地。

甘棠湖的李公堤实际是条湖堤，长1千米，好似青蛇卧波，将湖面一分为二。堤中段有一拱桥相连，使得湖水相通。大堤之上树荫如盖，常有青年男女依伴而行，被人戏称为"情人路"。而此湖、此堤、此桥真正的名字，却是大有来由。

李公就是李渤。李渤，字澹之，洛阳人，唐穆宗即位，召为考功员外郎，后为权臣所顾忌，唐长庆元年（公元821年）也就是白居易离开九江的第四年，他被调任江州刺史（九江古时称江州）。李渤对九江很有感情，年轻的时候在庐山山南读过书，就在现在的白鹿洞书院。故地重游到江州，正值大旱，庄田颗粒无收，朝廷还要按丰年征收赋税，他体察下情，为民请命，使朝廷免下了江州赋税。当时江州城，一出城南门，就是南门湖，要到对岸必须绕一大圈。李渤为了百姓行走方便，就组织民众在南门湖中修筑堤坝。堤长700步（约1千米）沟通南北变通途，堤上还建桥安闸，控制和调节水位，兼有灌溉农田之利。因为周代的召公爱民如子，他常在甘棠树下现场办公，解民疾苦，后人就常用"甘棠"二字赞颂有功德贤能的官员。江州人为感谢李渤比之"召公"，颂其"甘棠"。将新建的堤命名为李公堤，外湖为甘棠湖，桥名为思贤桥。

山 东 省

泰 山

岱宗夫如何，齐鲁青未了。
造化钟神秀，阴阳割昏晓。
荡胸生层云，决眦入归鸟。
会当凌绝顶，一览众山小。

——杜甫《望岳》

【名山初识】

　　泰山雄峙于山东省中部，它前邻孔子故里曲阜，背依省会泉城济南，乃五岳之首。由于地处我国东部，号称东岳。泰山的绝对高度并不大，它的最高峰玉皇顶海拔只有1524米，但是，泰山雄峙于海拔高度仅仅50米左右的华北平原上，其四周的丘岗山岭的高度也仅有100～200米，这近1200米的相对高差使泰山显得突兀高耸，巍峨雄峻，犹如一个端坐在大平台（华北平原）上的巨人，俯视着齐鲁大地的千里原畴，给人以巨大、凝重的感觉。所以，"重于泰山"的成语广为流传。根据泰山的总体形态，在"五岳"中又流传着"泰山如坐"的说法。

　　构成泰山本体的岩石是以黑云（母）斜长（石）片麻岩为主的一套古老变质岩，其成分与花岗岩接近。地质学上称为"晚太古代"（距今大约24亿年）泰山杂岩。这类岩石特别坚硬，抗风化的能力远远高于砂岩、石灰岩等沉积岩。因此，在地壳变动的漫长过程中，大约在距今1亿年的"燕山运动"期间，泰山随着华北平原的隆起，原先盖在它们上面的沉积岩层被逐步剥蚀风化，相对坚硬的泰山杂岩露了出来。到距今3000万年的时候，泰山开始具备了雏形，与此同时，这里发生了强烈的断层作用，产生了一系列纵横交错、大小不等的裂隙与断层，包括近于东西走向的泰山山前大断裂等，将泰山山体肢解割裂，形成多个断块山地；并沿着断裂进一步风化破坏，造成了一条条断层峡谷，两侧出现陡峭峥嵘的悬崖绝壁。例如，今天的泰山十八盘，便是人们沿着断谷修筑起来的层层台阶，从中天门直上南天门，气势磅礴，极为壮观。

　　泰山能够成为中华的名山，原因是多方面的。泰山的地质历史为它成为"名山"奠定了物质的、形态的基础，而后期的人文因素则是泰山真正成为"五岳名山"的关键。在我国的上古神话传说里就讲到，盘古完成了开天辟地的伟大事业后，不久就死去了。他的身躯头东脚西躺倒在大地上，化为"五岳"：头为泰山，胸腹为嵩山，左臂为衡山，右臂为恒山，脚不华山。由于泰山是盘古的头变的，理所当然，泰山成了"五岳"之首。

　　在春秋战国时期，泰山是齐鲁的分界。齐桓公称霸时，多次到泰山会盟各国诸侯。我国著名哲人孔子的一生活动与泰山有密切的联系，留下了许多遗迹。孔子"登泰山以小天下"的感喟流传至今；"苛政猛于虎"的故事就发生在泰山旁侧的一座小山上。

　　秦皇汉武的封禅祭天活动更使泰山闻名遐迩。按照本意，"封"是指到泰山上筑坛以祭天："禅"是在泰山边上的小山梁甫扫除以祭地。后来把帝王到泰山地区祭祀上苍、宣扬自己"受命于天""功德卓著"的一套礼仪统称为封禅。其实，历代帝王封禅泰山的历史，至少也有4000年之久了。据《史记》"封禅书"载，自无怀氏至西周就有72个君主到泰山祭过天，举行封禅大典。不过到了秦始皇之后才把泰山封禅正式列入史籍记载。秦二世泰山封禅之后，命丞相李斯篆书诏文，刻石为铭，这便是著名的泰山石刻，现存真迹仅十字，堪称稀世奇珍。

【名山览胜】

岱庙

　　岱庙为历代封建帝王到泰山封禅时举行大典的地方。岱庙主殿天贶殿是我国三大宫殿建筑之一，始建于北宋时期。殿内正中奉祀"东岳泰山神"像，壁画是"东岳泰山神出巡图"，生动地描绘了东岳大帝出巡的盛大场面。汉柏院内有五株汉柏，传为汉武帝亲手所植，院内碑刻林立，由秦至清各朝代碑石共1600余块。东御座是帝王到泰山封禅时休息的地方。岱庙已成为历史文物、诗文、绘画、书法、雕刻艺术的综合博物馆，可称我国古代文化艺术的宝库。

岱庙坊

　　岱庙坊高12米，宽9.8米，进深3米，清康熙年间由山东巡抚兵部右侍郎赵祥星和提督布政使施天裔创建。坊系石作，重梁四柱，通体浮雕，造型雄伟壮观，雕工精美细致,是清代石雕建筑难得的珍品。

中天门

中天门正处泰山半腰,也叫称"二天门",为泰山中、西路交会处,有清代建的中天门石坊一座,大门上题着"中天门"三字。这里是泰山主峰的屏障,仰望岱顶,莲花峰前危崖万仞南天门形如天阙;俯视山下,龙潭、虎山水库如镶嵌的翡翠。中溪溪水曲折蜿蜒,奔涌而下。中天门旁有一巨石,状如卧虎,因此得名"伏虎石"。

经石峪

经石峪在泰山龙泉山下,传说为晒经石,宋代称石经峪,明代始称今名。在一大片石坪上,镌刻着金刚经全文,原有1000多字,因年久风化,现已不足1000字。其创造年代和书写镌刻者,均已无考。经石峪西侧,有石亭一座,名"高山流水之亭",为1572年所建。此外,尚有宋、明、清各代题名、题词多处。

云步桥

行于云步桥的路上,开始一段平坦舒适,称作"快活三里"。民间传说此处有能解治百病的"玉液泉",是清光绪年间泰安县令毛蜀云所建。这里群峰环绕,山势险峻,飞泉清溪,云雾弥漫,人行桥上似游天际。

玉皇庙

玉皇顶旧称太平顶,也称天柱峰。玉皇庙建于此,为泰山地势最高的建筑物,由山门、玉皇殿、迎旭亭、望洒亭与东西禅房组成。主殿供奉的是玉皇大帝铜像,庙院中央有块"极顶石",上有石碑,石碑上刻"泰山极顶"及"1545米"两行字。庙内还有"古登封台"、"天左一柱"等著名的石刻。西北侧还有古登封台碑,古代帝王登山祭天,就是在此处设置祭坛。

南天门

南天门原称三天门,元代道教首领张志纯首建此门,登上南天门,极目四野,天高地阔,心旷神怡,有登云上天之感。碧霞祠为岱顶上最大的建筑群。碧霞元君上庙,为宋大中祥符年间修建,正殿内供奉泰山女神碧霞元君铜像,右边送生娘娘,左为眼光奶奶。大殿前为明代铜碑两座,祠内有铜铸千斤鼎与万岁楼,南神门上有歌舞楼,整体建筑布局周密,结构严谨,玲珑精巧,金碧辉煌,云雾起时若隐若现,胜似天上宫阙。

十八盘

十八盘是登泰山最艰难的一段行程,从对松山至南天门,约千米长。盘道两旁,山峰高耸入云,如壁直立;东为飞龙岩,西为翔凤岭,南天门之下则是摩天云梯,俗称十八盘。云梯中间有一石坊,名"升仙坊"。摩天云梯高悬天门,矗立于悬崖峭壁之间,使天险度通途,使游人得以攀登而上,直达天门。

旭日东升

"旭日东升"为泰山最迷人的景观。黎明时分,漫天云彩与茫茫云雾连成一体,宛如两轮太阳同时跃出海面。不过,此景不能轻易看到,只有在夏至或冬至前后才能欣赏海上日出的奇观。泰山距东海最近处约230千米,人的视野在地平线上只有140千米,显然看不到海上日出。但是由于泰山的高度和地理位置加之光的折射作用,使人们有机会在泰山上观看到海上日出。

云海玉盘

泰山云海玉盘多出现在夏秋雨季,若云顶高度低于1500米,在岱顶便能看到浩瀚的云海了。泰山云海有时白云翻滚,如浪如雪;有时乌云翻腾,形同蛟龙翻身;有时白云平铺万里,宛若千里棉絮;有时云朵填谷壑,又像连绵无垠的汪洋大海。站在岱顶,俯瞰下界,可见片片白云与滚滚乌云融为一体,汇成滔滔奔流的云海,风起云涌,起伏跌宕,有的前进,有的沉浮,有的跳荡。一瞬间,或堆絮积雪,或龙腾虎跃,或万马齐奔,雄浑壮阔,令人心潮起伏。

晚霞夕照

当夕阳西下又适逢雨后初晴、天高气爽之时,若漫步泰山极顶,仰望西天,则朵朵残云似峰如峦,道道金光穿云破雾,直洒人间。在夕阳的映照下,云峰之上均镶嵌着一层金灿灿的亮边,不时闪烁着奇珍异宝般的光辉。那五颜六色的云朵巧夺天工,变幻莫测;如果云海在这时出现,满天的霞光则全部映照在"大海"中,那壮丽的景色、大自然生动的情趣,令人陶醉万分。

崂 山

我昔东海上，崂山餐紫霞；

亲见安期生，食枣大如瓜。

中年谒汉主，不惬还归家。

朱颜谢春晖，白发见生涯。

所期就金液，飞步升云车；

原随夫子天坛上，闲与仙人扫落花。

——李白《寄王屋山人孟大融》

【名山初识】

在我国著名旅游城市青岛市有一座山峰。它雄峙于黄海之滨，挺然峭拔，气势宏伟，风光瑰丽，这就是天下闻名的道教名山——崂山。远远望去，崂山群峰高耸，云气缭绕，海光山色，变幻无穷；进入山岭，但见奇石林立，清泉潺潺，苍松古庙，曲径通幽。尤其是在盛夏季节，许多地方酷暑难耐，而这里却凉风习习，清爽宜人，实在是一处难得的避暑胜地。

崂山为花岗岩山，此处花岗岩质地坚硬细密、颗粒均匀、色调柔和，是上好的建筑材料。北京天安门广场人民英雄纪念碑即是用崂山花岗岩建造的。崂山的形成经过漫长的地质历史。大约在5.2亿年之前的晚元古代时期，整个胶东地区淹没在汪洋大海之中。后来，海水开始退去，露出陆地；到距今约1.3亿年的在古代中期，地壳发生断裂，形成今天以莱阳为中心的胶莱内陆湖盆，当时崂山就位于这个盆地的东南。到了距今大约1亿年的白垩纪中期，在燕山运动的影响下，在海洋—青岛断裂的东侧，有5期大规模的岩浆侵入地壳，在地壳深处慢慢冷凝成为花岗岩体，形成复式的崂山花岗岩。后来，这里历经沧桑变化，随着陆地的抬升，花岗岩中发育了以北东方向为主的几组断裂，同时覆盖其上的地层被剥蚀殆尽，最后花岗岩体露出地面并隆起，成为今天崂山的雏形。在崂山花岗岩出露后大约6000万年的漫长岁月里，它又经过流水和冰川等地球外营力的"雕琢"，终于造就了如今崂山的奇异峰峦，雄伟壮美的奇特景观。

崂山古称劳山、牢山、辅唐山、鳌山，是山东半岛的主要山脉。最高峰世峰（又称崂顶）海拔1133米，是我国海岸线上最高的山峰。崂山背负平川，面对大海，巨石巍峨，群峰峭拔，既雄旷泓浩，又不失绮丽俊秀，《齐记》中有"泰山虽云高,不如东海崂"的记载。

【名山览胜】

崂山素以"海上名山第一"与道教名山而著称,崂山为道教传播要地,被称为"道教全真天下第二丛林",有"九宫八观七十二庵"之说,太清宫、上清宫、明霞洞、太平宫等皆为历史悠久的道教宫观,人文景观与自然景观交相辉映。

登临崂山,一边是碧海连天,惊涛拍岸,另一边是奇岩怪石,古木葱茏,令人心胸开阔,气舒神爽。清代文人蒲松龄在《西江月·崂山太清宫》中赞曰:"独坐松林深处,遥望夕阳归舟,激浪阵阵打滩头,惊醉烟波钓叟。苍松遮蔽古洞,白云霭岫山幽。逍遥竹毫拿在手,描写幻变苍狗。"

巨峰

巨峰又称崂顶,是崂山九大风景游览区中最高最险峻的一个。该峰极顶有一块岩石,数尺见方,名"盖顶",又名"磕掌",仅能容三四人,巨峰山势陡峭,攀登艰险,"巨峰旭照"、"崂山火球"、"云南奇观"、"巨峰佛光"为巨峰闻名四大奇观。登上崂山之巅,可以居高临下,欣赏碧波万顷的滔滔黄海、如珠似玉的礁盘海岛,五彩云霞美妙变幻,奇峰竞秀山峦风情。夏季可观赏"云海奇观"、"崂山火球"的壮美气势,冬时能领略到"银峰晶挂"的万千景象。在崂山顶观海上日出,这里为中国观日出最早佳境之一,景色令人叹为观止,"巨峰旭照"这一奇观被纳为"崂山著名十二景"。

太清宫

太清宫又名下清宫,始建于西汉武帝建元元年(公元140年),位置在崂山南麓老君峰下,前临太清湾,背倚七峰,是崂山道教祖庭,为崂山最大的道观,全真道天下第二丛林。

太清宫现占地3万平方米,建筑面积约2500平方米,共有房舍150余间,共分3个独立院落。东南院是三官殿,殿前院内有两棵干粗合抱的耐冬(山茶花),据说是明永乐年间道士张三丰从海岛上移植于此。蒲松龄在《聊斋志异》和《香玉》篇里年描写的香玉和绛雪,就是院中的一株红牡丹和白耐冬的化身。中间的院落是三清殿,西院是三皇殿。上清宫坐落在太清宫西北,有前后二处庭院和偏院,前殿祀三清,后殿祀玉皇,左右偏祀三官及七真。太平宫位置在仰口湾畔的上苑山麓,正殿旧祀三清及玉皇,配殿东供三官,西奉真武。华楼宫位于崂顶西北,有老君殿、玉皇殿、关帝殿各三间。明霞洞位于上清宫北约3里的玄武峰近山顶处，主要建筑为斗母宫。

龙潭瀑

龙潭瀑位置处于崂山八水河中游，从百尺悬崖飞流直下，喷珠吐玉，状若龙舞，故名"龙潭瀑"。潭中碧水凝寒，清澈见底。山雨过后，往往洪涌瀑注，飞腾叫啸，极为壮观。

九水十八潭

九水十八潭是崂山主要游览区之一，长约3千米，由众多景点组成，合称为九水十八潭。一水有至柔潭，二水有居卑潭、未封潭、未始潭，三水有无隅潭、无极潭，四水有自取潭、俱化潭、中虚潭，五水有间潭、得鱼潭，六水有得意潭、无几潭、不带潭，七水有餐霞潭、饮露潭，八水有清心潭，九水有洗耳潭、潮间瀑等重要景点，曾以"九水明漪"之誉列崂山十二景之一。

【名山人文】

崂山为我国著名的道教名山，全盛时期，有"九宫八观七十二庵"，全山有上千名道士。历史上著名的道教人物丘处机、张三丰都曾在这里修道。崂山地区道教活动产生较早，据一些历史资料记载，在汉末"五斗米道"之前，崂山地区道教活动已成一定规模。明代《即墨志》载："吴王夫差曾登劳山得灵宝度人经。"

崂山道教有史料记载的最早庙宇，是始建于公元前140年的太清宫三官殿前身——三官庵。在崂山《太清宫志·开山始基篇》中有这样的记载："武帝建元元年辛丑（公元前140年），江西瑞周府高乐县人张廉夫来崂山之阳，修茅庵一所，供奉三官……又于建元三年壬寅（公元前139年）再建庙宇，供奉三清，名曰'太清宫'，为开山始祖。"创始人张廉夫本是一位才子，仕至上大夫时年仅23岁，于中元三年甲午（公元前147年）弃官修道。当他在西汉昭帝始元二年丙申（公元前85年），从崂山太清宫回江西鬼谷山三元宫时，已有86岁的高龄了。据说他在后来的时间内又数次来崂山，带来江南各道教庙庵的经书与韵曲，为崂山太清宫道藏、经乐、韵律、曲牌的汇集发挥了重要的作用。

东汉时期，张角以《太平青领书》为道旨，创建"太平道"，发动黄巾起义。起义失败后，张陵在太平道的基础上发展而创建了"五斗米道"。道教文化在原基础上新增添了一部分法术内容，这在《道藏》中被列为"四辅"，该时期崂山的道教经文中分别增加了"太平部"、"太清部"、"太玄部"等典籍。

唐初,李渊父子尊奉老子为"玄玄皇帝",道教因此得以发展。《图书集成》中有这样的记载:"天宝四年(公元745年)敕许王到崂山为玄宗炼长生之药,并敕改崂山为辅唐山,以劳宠之。"崂山景区内未发现许王在这里炼长生之药的遗迹,却在棋盘石景区中留有纱昙奉旨采药炼丹的石刻遗迹。李白在《赠王屋山人》这首诗中写道:"我昔东海上,劳山餐紫霞。亲见安其公,食枣大如瓜。愿随夫子天坛上,闲与仙人扫落花。"李白与当时作为唐王朝宫廷乐师的李筠一道云游崂山,并将宫廷音乐曲牌传给崂山太清宫的道士,并成为太清宫沿用至今的早课经韵曲牌。这都证明了崂山被唐王朝宫廷视为一座道教仙山是无可置疑的。

1279年,南宋灭亡,末代皇帝的两个爱妃谢丽、谢安化妆从水路逃到崂山,在太平光国院出家入道。谢氏姊妹精通宫廷音律,她们的到来,使崂山道教宗教音乐又一次与宫廷音律融合,使其既具山林的清雅之风,又有宫廷的华贵之质,这对流传至今的崂山应风乐的产生及发展起到了决定性的影响。

明代,崂山道教中先后出现了几位修道有成的道士,其中当首推闻名于大江南北的侠道张三丰。他以高深的内功修为与卓越的武功技击术培养出一批高徒,使龙门派在中华大地上衍生出几十个支派,崂山道教中的鹤山派、金山派、金辉派即是这些支派中的一部分。

发生在明代万历年间的僧道太清宫之争,最后以道士胜诉而告终,万历皇帝除敕令重修太清宫外,还特意为太清宫颁赐了《道藏》至《续道藏》共计5485卷,使崂山道教的经文藏典达到相当丰富的程度。清代前期和中期,崂山道教仍然处于兴盛时期,到了清代康熙年间,崂山的道教更加兴盛,对外始称"九宫八观七十二庵"。

崂山景区山光海色,昔日秦皇汉武都曾登临此山寻仙,唐明皇也曾派人进山炼药,历代文人墨客者在此留下游踪。崂山道士更是天下闻名,著名道士刘若拙曾为崂山挥笔写下"海角天涯名景胜,秦皇汉武屡敕封。古来游仙知多少,元君老子初相逢"的诗句,瑰丽的山海奇观、奇特的自然景物、神秘的道教文化,一起构成了崂山风景区的自然与人文,道教的"返璞归真"内涵和崂山自然生态互为诠释,浑然天成,崂山自古就被称为"神仙窟宅"、"灵异之府"。

千 佛 山

鸡鸣春日晓，钟落上方幽。
树湿云犹住，山空翠欲流。
酒床随客去，诗草付僧收。
虚羡岩栖子，尘镳不可留。

——边贡《山寺》

【名山初识】

位于山东省济南市东南部的千佛山，北临滔滔黄河、南邻巍巍泰山，主峰海拔285米。千佛山原称历山，相传远古时代的虞舜耕稼于此，后来又被改称为靡笄山、靡山、舜山、庙山、舜耕山、迁袯山等名。隋开皇年间，有人依山势凿窟雕佛像多尊，并建"千佛寺"，这才慢慢有了"千佛山"之称。

【名山览胜】

深秋时节的千佛山，满山红叶流丹黄花撒金，景色愈加迷人，因而，每逢"九九"重阳节就会有大批文人骚客，携茱萸酒、拎菊花糕来登山赏菊，明朝知名文学家边贡曾在《九日登千佛山寺》中写道"背岭丹枫直，垂岩紫菊肥"。千佛山南北侧生长着丹枫、黄栌，每到秋天，叶红如霞似火。清人朱照在《重阳节同人挈酒历山登高》一诗中有云："闲招两三友，把酒醉山南。静喜高松下，香偎野菊间。"

元代成宗定三月三、九月九，在各州县祀三皇——伏羲、燧人、神农。此时寺内僧人举办佛事活动，香烟袅袅，经声佛号，钟磬扬韵。达官贵人、善男信女纷纷来焚香叩拜，而后游山赏景。为应祭祀需要，商贾就带着应时的商品进山来，从此千佛山会也就由原来单纯的文人登高，演变成了各阶层聚集的庙会。

如今千佛山山会规模越来越大，登山赏菊雅趣越来越浓。每年刚进农历九月，登高者就纷至沓来，在临近重阳节的前几天，人们就从全国各地带着当地的特产来这里，其商品之丰，人数之多，实为惊人。

兴国禅寺

兴国禅寺位于千佛山阴山半腰，占地3000平方米，为千佛山的主体建筑。始建于隋开皇年间，时称"千佛寺"，唐贞观年间经扩建更名为"兴国禅寺"。其中包括大雄宝殿、卧佛殿、观音堂、达摩殿、弥勒殿、千佛崖、龙泉洞、极乐洞、黔娄洞、对华亭等。据石志记载,明成化七年(1471年)该寺曾不幸遭兵火破坏。

明成化四年(公元1468年)八月三日,德王府内官苏贤游赏千佛山,看到当时情景不胜慨叹,遂捐资建佛殿、僧房、厨房、粮仓等。殿内塑释迦牟尼、大悲观音、地藏王菩萨、十八罗汉、四大天王像,门前有济南清末秀才杨兆庆所书写的楹联石刻:"暮鼓晨钟惊醒世间名利客,经声佛号唤回苦海梦迷人。"门内两侧有钟鼓二楼,进寺门南侧千佛崖石壁上雕刻佛像多尊。山崖由西向东依次有龙泉洞、极乐洞、洞天福地石坊、对华亭。

云径禅关坊

云径禅关坊位于兴国禅寺西门外,木质结构,清乾隆年间因乾隆游千佛山于此驻跸而建造,为四柱三楼式。坊的正背两面匾额所书红底金字,"云经禅关"之含义是寺院高耸,云雾弥漫,游人至此进入仙境到达佛门净地,"峰回路转"之语则出自宋代著名散文家欧阳修的《醉翁亭记》,借以形容这里的地势险峻,也暗示人们应超脱红尘,脱离苦海回头是岸。

龙泉洞

龙泉洞位于兴国禅寺西门内南侧陡峭的石壁下,山风吹来,呼啸作响好似龙吼,因而得名。洞内东侧跟极乐洞相通。南侧石壁镌有佛像,合掌瞑目趺坐。下边有一小门,门内是一垂直深潭达2米,水清见底四季不涸,昔日僧人汲此水烹茶,以飨游人。清朝诗人刘大绅在《咙龙泉洞》一诗中写道:"千尺高岩万树林,时时洞口老龙吟,不知几夜清秋雨,并作寒泉一水深。"

舜帝庙

舜帝庙又名重华宫,是历山院的主体建筑,坐落于历山院中部南侧十余米高的围栏平台上,坐南向北,七楹出厦,白粉墙,庑殿顶,黄色琉璃瓦,斗拱额枋均施以彩绘显得富丽堂皇。正脊两侧饰以螭吻,檐角饰仙人、龙、凤、狮、天马、海马等瑞兽,极具神奇色彩。祠堂内塑有帝舜坐像,左右舜妃娥皇、女英陪衬,另有4家臣侍立两旁。帝舜手持镇圭,头戴冕旒,身着黄龙袍,神情庄严肃穆。

祠堂内东西南三面墙上绘着壁画,整幅画卷长34.4米,高3.5米,由"尧祭于河洛"、"禅让"、"烧仓填井"、"象耕鸟耘"、"淦雷泽"、"陶河滨"、"作什器于寿丘"、"柴祭泰山"、"帝舜南巡"、"逝葬苍梧"等传说故事穿插组成。

舜祠

舜祠又称"重华殿"、"重华协帝殿",在历山院的东南角。它历史悠久,商周时代即已存在,据北魏郦道元《水经注》中记载:"城南对山,山上有舜祠……《书》,舜耕历山也云在此。"祠内正中为虞舜塑像,头戴冕旒,手执镇圭,两侧配享珠冠蟒服的娥皇、女英二妃。传说舜的眼睛为双瞳,名字重华,他德高望重,才华超群,后继尧位治理天下,使国家繁荣昌盛,因此后人立祠祀奠。

三圣殿

三圣殿在舜祠的西侧,坐南向北,五楹出厦,白粉墙,庑殿顶,绿色琉璃瓦,斗拱额枋彩绘艳丽,正脊、檐角也饰吻兽,极具庙堂气氛。殿内塑有尧、舜、禹三帝坐像。尧居中,舜和禹配坐左右。三圣两侧,侍立的四大臣分别是皋陶、契、后稷、伯夷。皋陶制定刑罚,契主管民政,后稷主持农事,伯夷专管祭祀。殿内四周皆绘壁画,南壁为大禹治水受封赏,东壁是治理九州,西壁描绘的是后稷耕作。整座殿堂形式古朴,好像把人们带回了远古社会。

千佛崖·极乐洞

千佛崖位于兴国禅寺院内南侧,为济南市较早的造像群,对研究我国隋代佛教很具价值。崖上有隋开皇七年(公元587年)到开皇十五年(公元595年)所镌刻的佛像共九窟,总计130余尊。极乐洞为造像群中的主窟,中间阿弥陀佛盘膝趺坐,高3米,身后饰佛光。大势至菩萨,观世音菩萨侍立左右,高近3米,此乃开皇十一年(公元591年)凿成,其他各窟皆散落在洞外石壁上。

黔娄洞

黔娄洞在极乐洞以东,是周代齐人黔娄子隐居之处。洞深十余米,三折之后呈长方形,而积近20平方米,正中原有坐像。洞中上端有石刻一方,大字是"黔娄洞",小字记载黔娄子之身世。其大致内容是:黔娄子,周代齐国人,修身清节,不事王侯,隐居在这里,凿一石洞,终身不再下山,曾著书四篇,名《黔娄子》,皆言道家之事。鲁公听说他有才能,就派使节聘请他做宰相,被他拒绝。齐威王每遇兵败,即来请教,黔娄子授给他秘语,于是便可转败为胜。洞内迎门石壁上亦嵌一碑,亦记述黔娄子的故事:"黔当先生卒,覆以布被。覆头则足见,覆足则头见,有人曰:"斜其被则殓也'。黔娄之妻曰:'斜之有余,不若正之不足。先生生而不斜,死而斜之,非先生之意也'。"此语至今仍为世人所流传。

弥勒胜苑

弥勒胜苑位于千佛山东麓,占地面积约3万平方米,由雕塑"欢喜弥勒佛"、"樱花园"等组成。正门牌坊为四柱三门冲天式建筑,整体造型庄重博大,气势不凡。主体造像为弥勒佛,佛像通体高20米,花岗石质的莲花宝座高约9米,直径30米。号称"江北第一大佛"。

园内东西两侧为对称的仿清式建筑,高低错落,虚实结合,给弥勒胜苑增添了悠悠古韵。弥勒佛身后的环形山崖上有镌刻浮雕,面积126平方米,记载了弥勒佛的传说及生平业绩。"大肚能容容天下难容之事,开口常笑笑世间可笑之人",这句话是对弥勒佛心胸博大、乐观开朗形象的生动描述。

弥勒胜苑北面正门有一对花岗岩雕成的大象,分别卧伏于盘道两侧。大象为佛家吉祥兽,大圣欢喜天之神体,象征着力量雄强,精神圣洁。卧象正中,登15级台阶后就是一座花岗石质牌坊。牌坊为四柱三楼式,高9.9米,宽12.5米。4根立柱矗立在四墩巨大莲花饰文的须弥座上,由4对石鼓夹抱,鼓上雕有狮头,象征勇猛威严。4根立柱由檐脊连接,檐下斗拱错落,脊端雄峙。四柱顶端饰有八件佛教供器:轮、螺、伞、盖、花、罐、鱼、长,象征祥瑞。牌坊前后颜额各有四个大字:前额是"弥勒胜苑",后额为"皆大欢喜"。

观音园

在观音园园内,池中矶石卧波,秀石点饰。四周垂荫,虫鸟欢歌。池内水清见底,荷花芳艳,金鲤戏游。内设喷泉,喷珠溅玉,彩虹映日,美景怡人。荷花池中有"白衣观音"矗立,高达13米,为观音园中最大的雕像。池周还有各种各样的观音像,造型端庄,惟妙惟肖。

卧佛

卧佛是佛祖释迦牟尼的侧身卧像。花岗岩质,长10米,重50吨,东西横卧,头朝东,面向北,右手托于头下。身穿通长大衣,面颊丰满,两肩宽阔,头上有肉髻螺发,两耳垂肩,眉目修长,双眼微眯,胸饰寓意祥瑞的万字符,法相慈善祥和。

齐烟九点坊

齐烟九点坊位于千佛山西盘道中段，建于清道兴二十五年（1845年），为二柱一楼式。坊前匾额上刻有"齐烟九点"4字，是历城县令叶圭书所题，引自唐代诗人李贺《梦于》诗中"遥望齐州九点烟"之句。济南一带古代属齐州，城北有秀山9座，山势独特，有的似清水芙蓉，有的似鸟鹊飞翔，有的似凤凰展翅，有的似双标对立……云雾润蒸，岚烟缭绕，因而称"齐烟九点"。坊后"仰观俯察"典故，源自晋代大书法家王羲之《兰亭序》"仰观宇宙之大，俯察品类之盛"。

唐槐亭

唐槐亭位于山腰盘路西侧，亭旁有一株古槐，据说唐朝大将军秦琼曾拴马于此，人称"秦琼拴马槐"。老树之树干半枯，后于空心中又生一幼树，所以又称"母抱子槐"。唐槐亭以树而得名。

万佛洞

万佛洞在千佛山北麓，展线长达600多米，汇集我国"莫高集锦"、"龙门精华"、"麦积厅观"、"云岗荟萃"四大艺术名窟于一洞，经过艺术浓缩、重构，塑造佛祖、菩萨、弟子、天王、力28888尊，其中最大的卧佛长28米，洞外仿乐山大佛高15米，而最小的只有20～30厘米。佛教艺术自东汉传到中国，经长期消化吸收汲其精华，已形成具有中华民族精神的特殊风格。这些风格在这里得到充分体现，可一瞻北魏、唐、宋各时期的造像风采。

瀛芳园

千佛山樱花林中有一座园中之园，名叫瀛芳园。它是樱花林的有机组成部分，占地四亩，为一半封闭式的亭园，大门设在北侧，门内拙石横卧以作屏障，这里是樱花的世界。除樱花外，园内还配植松柏、黄栌、迎春等花木，与之争芳斗艳。

桃花园

桃花园位于万佛洞北侧山坡，占地7公顷，遍植山桃、品种桃、垂柳桃、红杏、榆叶梅2400余株。初春时节，桃花盛开，夭夭艳艳；落英缤纷，似红云流霞。四季翠柏，葱茏储润。百鸟嘤鸣，蜂喧蝶舞。园东南面高坡上，建有"红雨亭"，石质圆形宝顶,玲珑通透。石柱上刻有楹联:"蟠桃献寿,花雨缤纷映九点;翠柏逢春,熏风淡荡暖三齐。"

梨园

梨园在万佛洞和弥勒胜苑之间,面积4000多平方米。这里的梨树共有200多棵,阳春三月景色迷人,梨花似雪,叶芽嫩绿,素淡娇媚,弥漫春园。正如金代诗人段继昌在《梨花》诗中所描绘的那样:"一林轻素媚春光,透骨浓熏百和香。消得太真吹玉笛,小庭人散月如霜。"园内尚散植杏花、桃花,四周又植以苍翠的柏树、松树,将梨花衬托得格外姣美。

【名山人文】

舜文化博大精深,乃是中华民族宝贵的精神财富。虞舜是中国上古的一位明君,他不但受到普通百姓的普遍爱戴,而且受到孔子、孟子等儒家开山大师的推崇。所谓"仲尼祖述尧舜","孟子道性善,言必称尧舜"。儒家所传习的"五经",其中最早的一部《尚书》,以及《论语》、《孟子》便记载了虞舜的史迹,并将其作为中心人物予以极力颂扬,提倡以其做楷模来规范社会习俗。

舜是个德高望重的人,在我国至今流传着"舜耕让畔"、"雷泽让居"、"河滨陶器不苦窳粗劣"和"一年所居成聚、二年成邑、三年成都"等经典故事。他具治国之才,后代行天子事,他勤政爱民、任人唯贤、广修水利、发展农耕、教化万民,把国家治理得繁荣昌盛,邻国皆来归顺于他。他以"天下为公",推行禅让制度,一直为后人敬仰。"大孝格亲"亦为舜之美德,其继母曾设计百般陷害他,舜仍事亲如故。

虞舜还多才多艺为中华文艺的倡导者。他抚琴唱曲,自作的《南风歌》提出了"诗言志、歌永言、声依永、律和声、八音克谐、毋相夺伦、神人以和"的观点。他创制的《韶乐》大乐章,曾使孔子"三月不知肉味。"

舜文化乃千佛山文化的主旋律,千佛山文化又是舜文化的载体与龙头。舜躬耕之历山,现在遗有历史悠久的舜祠,还有三圣殿、舜裔宗祠、大舜石图园,舜耕园等名胜,它们将璀璨的大舜文化蕴藏其中,博得历代各界人士前来瞻拜,就像舜祠中的楹联所写:"仁民爱物,功高华夏千秋远;忠国孝亲,德泽子孙万世昌。"

刘鹗的《老残游记》内有这样的描述:"到了铁公祠前朝南一望,只见对面千佛山上,梵宇僧楼和那苍松翠柏,高下相间,红的火红,白的雪白,青的靛青,绿的碧绿,更有那一株半株的丹枫夹在里面,仿佛宋人赵千里的一幅大画,做了一架数十里的长屏风。"千佛山峰列如屏,铺翠洒金,松柏蓊郁,洞雕密布,是一座既含自然之美、又蕴悠久文化历史的千古名山。

微 山 湖

> 大明湖上一徘徊,两岸垂杨荫绿苔。
> 大雅不随芳草没,新亭仍傍碧流开。
> 雨余水涨双堤远,风起荷香四面来。
> 遥羡当年贤太守,少陵嘉宾得追陪。
>
> ——蒲松龄《重建古历亭》

【名水初识】

微山湖位于苏北、鲁南之间,它像一面硕大的宝镜,巧妙地镶嵌在作为中华民族历史文化重要标志的大运河上。她烟波浩渺,横无际涯,是我国十大淡水湖之一。

微山湖由微山、昭阳、独山、南阳4个相接的湖泊组成。因微山湖的面积最大,故统称微山湖。微山湖南北长达120多千米,东西宽数十、十几千米不等,总面积1200多平方千米。年均水深1.5米,蓄水量17亿立方米。南水北调东线工程完成之后,蓄水量将达到20亿立方米以上。

微山湖左扼津浦,右跨运河。乘飞机往来于京沪间的旅客,在飞临微山湖上空时,若凭舷窗俯瞰,可见它似熠熠生辉之明珠,散布于芳草碧树丛中,格外让人醒目怡神,若从陆地自徐州乘列车北上,驶过苏北群山,便可遥望湖荡上万顷碧波,船樯帆影,往来如织。极目望去,湖面如锦若缎,苇荷争绿摇红;鸢飞鱼跃,百鸟翻彩;岛似螺黛,岸柳袅袅。

【名山览胜】

微山湖是一个十分年轻而又古老的大湖。说她年轻,是因为她的湖龄满打满算才几百年的时间。说她古老,是因为在她的怀抱里沉积着上至商周、中跨两汉的历史文化。微山湖中有众多的岛屿,微山岛就是其中的一座,它位于微山湖的中心,因岛上遗有商代仁人"微子"的墓葬而得名。据《史记·宋微子世家》记载:微子名启,是殷商第二十九代王帝乙的长子。因其母在生他时,身份还是帝乙之妾,故不能继承王位。纣王继位后暴虐荒淫,微子多次进谏他都不听,微子一气之下来这里隐居;死后便葬在此地的山顶。微子墓及陵区现在占地6.67万余平方米,亭殿整齐，翠柏森森，为幽静典雅之所。该山便因这位古人而得名微山。后在漫长的地质变迁中，山的周围渐次形成湖泊，它也随之逐渐变成岛屿，其名也随之而改作微山岛，湖亦因岛得名叫做微山湖了。这里除了商代仁人微子外，还有"汉初三杰"之一的张良及春秋时宋襄公的"太宰"目夷君的墓葬。由于这三世贤人安息于此，该岛因此又得了一个美妙而神秘的名字：三贤山庄。另外，在革命战争年代，中国共产党领导的铁道游击队、微山湖游击大队、运河支队、黄河支队等抗日武装曾先后把此岛作为根据地，以微山湖为屏障，神出鬼没地打击敌人，在这里谱写了可歌可泣的英雄篇章。

微山湖地处于暖温带季风大陆性气候，温度较高，无霜期也较长，雨量适中，很利于水生动植物的生长繁殖。据调查，现有鱼类78种，浮游生物248种，资源量达数万吨。

如今的微山湖，春日，冰雪消融，渔讯乍起，满湖白帆点点、渔歌阵阵。岸边、岛上果树凝翠，花香随风飘溢，姹紫嫣红。夏季，湖水碧绿，清波荡漾，一望无边的荷花环岛蔽岸。秋天是微山湖丰收的时节，到处鲜果飘香，满湖菱莲嫩脆。到了冬日，百里湖面银装素裹，鸭雁翔集，自然另有一番景象。而待到溯风走冰，河破天惊，奔腾澎湃，势若排山倒海，也是世间难得多见的自然奇观。

大 明 湖

泺水发源天下无，平地涌出白玉壶。
谷虚久恐元气泄，岁旱不虞东海枯。
云雾蒸润华不注，波涛声震大明湖。
时来泉水濯尘土，冰雪满怀清与孤。

——赵孟頫《趵突泉诗》

【名水初识】

大明湖，六朝时称"莲子湖"，隋唐时又称"历水陂"，宋代称"西湖"。它位于山东省济南市区中心的旧城北部，湖面面积0.46平方千米。湖水由市区诸泉水汇聚而成，出北水门流入小清河。

大明湖自唐代起就颇有名气，后经历代清淤整治，植荷栽柳，到了清代时已形成"四面荷花三面柳，一城山色半城湖"的秀美景色。如今大明湖景色更加迷人，一年四季美景纷呈。春天，湖上暖风吹拂，微波荡漾岸上柳丝随风轻轻摆荡；夏日，湖中荷绿片片，嫣红点点，蜻蜓在湖面做着特技飞行；秋季，湖中芦花飞舞，水鸟翔集；冬日，湖面银装素裹，分外妖娆。

【名水览胜】

历下亭

历下亭位于湖心小岛上，因处历山之下而得其名。它四面临水，绿柳掩映，八角重檐，朱梁画栋，是一座古色古香的木结构建筑。唐天宝四年（公元745年），著名诗人杜甫曾与北海太守李邕于此亭饮宴，并写下《陪李北海宴历下亭》诗。诗中"海右此亭古，济南名士多"一句被人们广为传诵，历下亭也因此天下闻名。亭中匾额"历下亭"三字，乃清乾隆皇帝手书。亭北名士轩内，墙上嵌有杜甫、李邕的石刻画像以及济南历代名人的画像，门前抱柱上刻有对联："杨柳春风万方极乐，芙蕖秋月一片大明。"

北极阁

北极阁坐落于大明湖北岸，亦称北极庙、真武庙，为一座道教庙宇。建于元至元十七年（1280年），明代永乐年间重修。庙宇建在7米多高的石砌高台之上。正殿内供奉北方水神真武帝君之像，像侧有龟蛇二将、四天君塑像，均栩栩如生，口目传神。后殿名叫启圣殿，供奉着真武父母之塑像。

汇波楼

汇波楼位于大明湖东北岸北水门之上。北水门是曾巩任齐州知州之时，于北宋熙宁五年（1072年）所建，是济南唯一的北城门，既可设闸泄水、防水，又可通渡舟楫。明洪武四年（1371年）修建新城墙时，在北水门上修建了一座两层高的城楼，因城内诸泉汇流入大明湖，再经北水门流出城外，因而命名为汇波楼。汇波楼建成后，成为人们登临赏景，集宴赋诗的好去处，历代文人雅客多有题咏。楼为重檐两层城楼式建筑，气势恢宏。登上汇波楼，北可眺望鹊、华两山秀色，南可俯观明湖美景，夕阳西下时，还可领略到济南八景之一——"汇波晚照"的绮丽景象。

铁公祠

铁公祠坐落于大明湖北岸西端，是为纪念明代兵部尚书、山东参政铁铉而修建。明建文帝时，燕王朱棣南下夺位，攻至济南，铁铉率军民坚守拒敌，屡挫燕王。朱棣攻下南京称帝后，铁铉被俘英勇牺牲。后人敬其英烈，遂立祠祀之。

小沧浪

小沧浪位于铁公祠旁，为一处具有江南风格的小园林。始建于清乾隆57年（1792年），由小沧浪亭、曲廊、荷池等组成，因系效仿苏州沧浪亭风格修建，且规模不大，故取名小沧浪。曲廊顺着湖岸而建，湖水穿渠引入荷池，池边建有八角翘起的小沧浪亭，整组建筑布局奇巧新颖，境界超凡脱俗。小沧浪的园门两侧，刻有清人刘凤诰描绘济南风光的名联："四面荷花三面柳，一城山色半城湖。"为清代书法家铁保所书。

遐园

遐园坐落在大明湖南岸，为清宣统元年（1909年）山东提学使罗正钧创办山东图书馆时所建，本为山东省图书馆的一部分，后脱离划归大明湖公园。遐园是参照宁波著名藏书楼天一阁而建造，建成后因景致清雅，藏书丰富，在当时很有盛名，有"南阁（天一阁）北园（遐园）"之誉。园内花木扶疏，山石嶙嶙，亭台巧置，有读书堂、明漪舫、浩然亭等建筑，均造型奇巧，古朴典雅，有"济南第一标准庭院"之美誉。

辛稼轩纪念祠

辛稼轩纪念祠位于大明湖南岸，是为纪念南宋著名词人辛弃疾而建。祠堂为古代官署型建筑，纪念祠坐北面南，共3个院落，建于一条中轴线上。祠堂大门青瓦红扉，门额"辛稼轩纪念祠"乃陈毅元帅题写。厅内有辛弃疾塑像及其生平介绍、各种版本书籍、名人题咏、绘画等。

南丰祠

南丰祠位于大明湖东北隅岸上，乃为纪念北宋文学家曾巩所建。曾巩是江西南丰人，世称"南丰先生"北宋熙宁五年（1072年）任济南知州时，他倡修水利，修建了北水门、汇波桥、百花堤等，使济南水患大为减轻。

2004年，济南市对大明湖风景区进行了大规模扩建和改造。大明湖的湖面扩大了，湖区周边环境也更加美好。

济宁北湖

千里莺啼绿映红,

水村山郭酒旗风。

南朝四百八十寺,

多少楼台烟雨中。

——杜牧《江南春》

【名水初识】

济宁北湖位于山东省济宁市南郊 6 千米处,它像一颗耀眼的明珠镶嵌在济宁水乡中。山东济宁历史悠久,文化积淀深厚,为驰名中外的孔孟之乡及礼仪之邦。济宁地理环境优越,水资源丰富,可称得上是"江北水乡"。这里不仅河流纵横交错,京杭大运河贯穿南北,而且湖泊很多,沿运河形成条状湖群。

北湖的形成要追溯到 300 多年以前。清康熙三十三年(1694 年),济宁知州吴柽为防止湖水北泛,波及济宁,就在南阳湖中修筑了一条 4.2 千米长的横堰,将湖北部隔开,自此济宁北湖初步形成。

【名水览胜】

北湖水域开阔,空气清新,自然植被茂密,野味浓郁,气候宜人。湖中芦苇荡茫无际崖,荷花塘碧叶映眼。盛夏时节,苇草争绿、荷花竞红,一派"接天莲叶无穷碧,映日荷花别样红"的景象。又兼水中船只穿梭、鸢飞鱼跃、鸭栖岸渚、雁鸣苇间,人与自然协调,是一个生态平衡的难得之地。北湖常年有 30 多种鸟类栖息,渔产品丰富,盛产鱼类 82 种,各类底栖、浮游动物和水生植物达 300 多种,是一个没有污染的优良天然水产养殖场。

北湖阁是湖滨的主体景点。为一座仿古的三层楼阁,高 24.7 米,飞檐翘角、古朴大方、气势雄伟。北湖阁的四周是占地 2.5 万平方米的绿地广场,植满了奇花异草、长青树木。登上阁的顶层极目远眺,湖区美景尽收眼底,尤其是波光粼粼中的迎宾岛、湖心岛等更显得秀丽幽美多姿。

如今,济宁北湖已成为曲阜怀古、泰山览胜、梁山攒义、微山湖观光旅游线路中不可不看的佳境。

东 昌 湖

春阴垂野草青青，
时有幽花一树明，
晚泊孤舟古祠下，
满川风雨看潮生。

——苏舜钦《淮中晚泊犊头》

【名水初识】

东昌湖位于山东聊城市区，旧称护城河、环城湖，1995年更名为东昌湖。总面积为4.2平方千米，略小于杭州西湖。以黄河水为源，蓄水约1680万立方米。水深3～5米，常年不竭。为中国长江以北最大的城内人工湖泊，有"南有西湖，北有东昌"之说。

东昌湖始建于宋熙宁三年（1070年），筑城墙及护城堤时，掘土成河。宋熙宁九年（1076年）重修护城堤，湖面相应扩大。明清时期，湖的水源由运河调节，大码头和铁塔处建有启闭两用水闸。清光绪二十八年（1902年），因运河河道淤塞，其一度水源断绝。1935年，运河重新疏浚，湖的水源略有补给，保持着一定的水面。中华人民共和国成立后，经过多次治理，引黄补源，湖的面貌发生了本质性变化。湖水清澈，没有任何工业污染，景色秀美宜人。营造出聊城"城中有湖，湖中有城，城湖河一体"的独特风貌，是山东西部与冀、鲁、豫接壤地区最为著名的风景区。

【名水览胜】

东昌湖的中心是已有千年历史的1平方千米的正方形聊城古城。古城原貌保存完好，街道以古城正中的光岳楼为中心，向四面辐射，形成了东西南北四条古城区干道，其他大街小巷，也都是整齐分明，垂直交叉，形成棋盘方格网状框架。古城区民居，至今依然保留着白墙、灰瓦的传统建筑风格。古老的京杭运河两岸，街巷布列，各种店铺民居，依坡就势，临河而建。条石铺砌的大小码头，株株苍郁的古槐，以及宋代隆兴寺铁塔，国家级重点文物、清代建筑山陕会馆，依旧会使人们体味到昔日运河漕运鼎盛时期古聊城的繁荣与辉煌。

东昌湖人文历史内涵深厚，旅游资源丰富。聊城历史十分悠久，人杰地灵，历史上曾涌现过许多杰出人物，如明朝宰相朱延禧，清代名臣傅以渐、任克溥，书画名家邓钟岳，近代的抗日民族英雄范筑先，著名学者及社会活动家傅斯年，以及青年楷模张海迪与领导干部的楷模孔繁森等都是其中的杰出代表。此外，在《水浒》、《聊斋》、《金瓶梅》、《老残游记》等这些中国古代名著中，对古聊城和东昌湖均有描述。千年的沧桑历史以及层出不穷的杰出人物，奠定了东昌湖风景名胜区丰厚的文化背景和底蕴。绮丽的自然风光和诸多的文化景点，也汇成了东昌湖风景名胜区的丰富旅游资源。风景区内，错落散布着我国现存古代最高大的木结构建筑之一的明代光岳楼，可称为中国佛教文化的瑰宝的宋代铁塔，集商业和文化之大成的精美清代建筑山陕会馆，清代四大私人藏书楼之一的海源阁等名胜古迹，还有傅斯年纪念馆、民族英雄范筑先纪念馆、孔繁森同志纪念馆等文化景点。

湖心岛坐落于聊城东昌湖西北隅，面积为2750平方米，主要建筑有望岳亭、溢香斋、翠园、沁园、金鱼馆以及石刻雕塑等。

望岳亭位置处于岛的西北角，高7.8米，占地80平方米，黄琉璃瓦垂檐六角攒尖顶，六柱拱托，柱间设有坐凳，供游客休息。垂檐内绘制的为《聊斋志异》中胭脂的故事。建筑奇巧精美，与光岳楼遥相呼应。

香园在东昌湖西北畔。建于1994年，占地面积2800平方米。这里湖面开阔，碧波涟漪。园内荷香亭精巧别致。亭四面环水，建有小桥，连接湖岸，亭桥相接，极有江南特色。荷香亭西是荷香岛，岛上垂柳依依，奇石嶙峋，鸟语花香。

河 南 省

嵩　山

　　二室凌青天，三花含紫烟。
　　中有蓬海客，宛疑麻姑仙。
　　道在喧莫染，迹高想已绵。
　　时餐金鹅蕊，屡读青苔篇。
　　八极恣游憩，九垓长周旋。
　　下瓢酌颍水，舞鹤来伊川。
　　还归空山上，独拂秋霞眠。
　　萝月挂朝镜，松风鸣夜弦。
　　潜光隐嵩岳，炼魄栖云幄。
　　霓裳何飘飖，凤吹转绵邈。
　　愿同西王母，下顾东方朔。
　　紫书倘可传，铭骨誓相学。
　　　　　　——李白《赠嵩山焦炼师》

【名山初识】

　　嵩山位于河南省登封县境内，北临黄河，南依颍水，地处于九州与五岳之中，故称中岳。在地质构造上，它与泰山、华山、庐山都不相同，它在形成过程中，尽管也发生过断裂，但褶皱起着主要的作用，所以它是褶皱山。其山貌形态与前者也不相同。它主要由两组峰群构成：东为太室山，主峰为峻极峰，高1494米；西为少室山，主峰为御寨山，海拔1512米。太室山峰峰相连，葱葱茏茏，如苍龙卧地，所以清代的魏源称之为"嵩山如卧"。

　　嵩山的主体主要由古老的石英岩构成，石英岩岩性坚硬，不易风化，往往形成陡峭的山峰，如太室山、少室山；它的周围则是更为古老的片麻岩、片岩（距今大约25亿年），以及年代较近的古生代、新生代石灰岩、页岩，构成相对低矮的丘陵与岗地；此外某些地段还可以见到岩浆岩。早在25亿年前、18.5亿年前及5.7亿年以前，这里发生过外一系列造山运动，在地质学上叫"嵩阳运动"、"中岳运动"和"少林运动"，使得上述岩层发生强烈变形，造成褶皱及隆起，先后形成嵩山背斜、颍阳——东金店向斜、箕山背斜以及中岳庙断裂、五指岭断裂，后者将嵩山背斜截为太室山、少室山与五指岭三段，这就是今天嵩山的雏形，在更为新的地质年代里，喜马拉雅运动又使嵩山进一步抬升，加上风化、重力崩塌等综合作用，才形成了如今嵩山奇峰耸翠、层峦叠秀的风光。由于嵩山在地层、构造以及矿产等地质学方面的典型特征。

嵩山共有七十二峰，太室山和少室山各有三十六峰，太室似龙眠，少室如凤舞，层峦叠嶂，雄浑奇秀，林幽壑深，峰峰有典，有"上有七十二峰，下有七十二寺"之说。山上还有谷、洞、潭、瀑等各类天然景观，夏季层峦叠嶂，满山都是郁郁葱葱的林木；冬季雪后，这里就成了一个银色的世界，景色绝佳。嵩山有著名的"十二胜景"："龙潭贯珠琼浆流，嵩阳洞天景色幽。少室夕照垂金钱，御寨日落苍谷口。石池高耸云崖畔，石僧迎宾站山头。石笋闹林柏涛滚，珠帘飞瀑震山吼。高峰虎踞云天啸，猴子观天盼解咒。熊山积雪稍奇观，峻极远眺天地悠。"景色风物互不相同，各有妙处，无边美景令人流连忘返。

【名山传说】

嵩山属伏牛山系，史书中关于伏羲与黄帝把伏牛山作为活动的中心，有许多记载。《孟子》中有："禹避舜之子于阳城"，"益避禹之子于箕山之阴"。箕阴即为阳城，在嵩山南麓。《礼记》记载："伯益旧政，就国于箕山之阴，是箕山为益封国也"。现在舜墓在嵩山之马峪川，启母墓位于嵩阳书院之左，许由、巢父墓均在箕山之巅，"尧舜遗风"、"尧天舜日"之语至今传扬。《庄子》云："尧让天下，许由遂逃箕山，洗耳于颍水。"传说许由在山泉之下正在为牛饮水之时，大尧与之商谈禅让天下，许由听说此事，立即把饮牛喝水的瓢挂在山崖上，将自己的耳朵用此水洗了洗，以示去其污秽之言，逃入深山老林去了，现在仍有"挂瓢崖"、"洗耳泉"。

【名山传说】

嵩山分作东西两支，东是太室山，西是少室山，二山的历史由来已久。太室山下有启母庙，庙前有启母阙，庙后有启母石。传说大禹受命继父任去治水，因治水心切，连吃饭都顾不上，他与妻子涂山氏相约送饭以击鼓为号，涂山氏听到鼓声方来送饭。禹在凿山时变作一只大熊，力大无穷。一次正干活时不小心一块石头滚下去击响了鼓，涂山氏听到鼓声急忙把饭送来，一眼看到禹是只熊，羞愧难当，扭头便跑。禹随后追赶，追至太室南麓时，涂山氏已经化成一块大石头。此时涂山氏女已身怀六甲，禹便对巨石大声哭喊："还我儿来！"只听见山崩地裂一声轰响，巨石开裂，蹦出禹的儿子，取名为启，因此这块石头就叫启母石。涂山氏化作石头后，她的妹妹又与大禹结了婚，居于太室山西边的一座山下，抚养夏启王长大成人。古代妻子又称之为室，所以禹的第一个妻子住的山便叫太室山，第二个妻子住的山称少室山。

【名山览胜】

嵩山自古天下奥，《诗经·大雅》云："嵩高维岳，峻极于天"，清乾隆皇帝游嵩山诗曰："自古山川秀，太少无穷奥。"

嵩山之奥首先表现为它是一部华夏历史文化的缩影，可于这里领略中华的历史进程，仰韶文化、龙山文化、三皇五帝、夏都阳城在这里皆有遗迹。它以博大的胸怀，孕育了华夏民族辉煌灿烂的文明史，在嵩山久远的历史长卷中，记载着历代30多个帝王祭祀封禅的故事，黄帝、唐尧、夏禹都曾来此游览、狩猎、祭典。周公姬旦、汉武帝刘彻、唐高宗李治、女皇武则天以及清圣主乾隆等，数次来游嵩山、封中岳。诗仙李白、诗圣杜甫以及欧阳修、范仲淹、程颢、程颐、司马光等历代文豪，还有书法名家蔡京、苏东坡、黄庭坚、米芾等都游历过嵩山，他们咏山川之秀美，诗壮丽之篇章，留千古之绝唱，为源远流长的嵩山文化添上了浓浓的一笔重彩。

嵩山以居京畿，而三教兴盛，以其古老而蕴无穷奥妙。禅宗祖庭少林寺，道教圣地中岳庙，以及宋代四大书院之一的嵩阳书院，它们鼎足而立。嵩山"会五岳之精粹，纳三山之灵气"，少林武术奥妙神奇，建筑风格独具魅力。寺、庙、宫、观星罗棋布，祠、庵、塔、堂、院、宅、台、坛、阙、馆繁多，碑刻题记、石雕、壁画，比比皆是，历史上就有"三里一寺、五里一庵"之说法，为全国著名的文物之乡。

嵩山之奥还表现于嵩山是一部地球发展的史书，其地质文化在中国名山中所独具。它历经了几十亿年漫长的地质演变，是中原大地沧桑巨变的地质标本，嵩山在百余平方千米的范围内显露了太古代、元古代、古生代、中生代、新生代的地层，被地质界称为"五世同堂"，在这里，各类地质、地貌景观随处可见，地层的发育完整，构造形迹复杂而清晰，古生物化石丰富，一直以来受中外地质学家的瞩目，有"天然地质博物馆"之美誉。

嵩山的人文景观、自然景观，历史学家称其为"文物之乡"，建筑家称为"建筑艺术宫"，书画艺术家称之为"书画艺术珍藏馆"，地质学家称其为"五世同堂"，旅游家将其誉之为"五岳之尊"，武术界公认它"天下功夫第一"。李白的诗中写道："神仙多古貌，双耳下垂肩，嵩岳逢汉武，疑是九嶷仙。我来采菖蒲，服食可延年，言终忽不见，灭影入云烟。喻帝竟莫悟，终归茂陵田……"传神地描绘了嵩山的神风仙韵。只要是研究过嵩山、游历过嵩山的人，无不为它的博大精深、奥妙无穷所倾倒，都把它作为华夏文化的摇篮、炎黄子孙的渊源。

太室山

太室山"赫赫天中王，巍巍踞中州"，太室山东西横亘，奇峰起伏，雄深高大，气势巍峨，就似黄河南岸的一座天然屏障。太室山主峰峻极峰海拔1494米，古来便有"嵩高峻极"、"峻极于天"之说法。

攀登峻极峰，一般是经由无极洞北上。无极洞乃唐隐士潘师正隐居地，更有传说讲老子曾在此地思索写出的《道德经》。沿无极洞拾级而上，经石船行至峻极宫，西望即可见桂轮峰上有一岩石突兀，极像一位老人束发敞衣，身背药篓，一手采药，一手举铲，故称"仙人采药"。穿过峻极宫继续向前攀行，玉柱峰仿佛一位巨人巍然屹立。对面陡峭的山壁上，遗有宋代书法家米芾的"第一山"石刻，书法遒劲有力，气如太室与嵩山浑然一体。前方摩天崖下是一石庵，名为炼丹庵，相传是女道焦炼师所居。由炼丹庵拾级而上，可见一座黄色琉璃瓦盖顶的建筑，这就是行宫，这里石壁陡立，山道崎岖通天，石壁上刻着"吾目不使旁瞬，吾足不容求息也"，这是徐霞客对这一段艰险山路的如实描绘。

攀石阶而上就达峻极峰顶，因清乾隆皇帝曾在峻极峰上赋诗树碑，因此峻极峰又称"御碑峰"，乃是历代帝王在此封禅祭天的地方。峰顶平敞开朗，形同宝幢之盖，四周群峰相向，惟中居高巍。登峰远眺，南有箕颍，山河拱卫；西有少室，争峭夺魁；东列群山，谷幽峰奇；北横黄河，其一线连天处，即古老的伊洛河三角洲、河图洛书的出处。宋代词人范仲淹登峻极峰后，发出了"不来峻极游，何以小天下"的感慨。

我国历史上唯一的女皇武则天，曾几次登临嵩山禅祭游览，加封中岳。武后天册元年（公元695年），武则天于嵩山峻极峰建造"登封坛"，第二年又登上峻极峰加封中岳，并在坛的东南刻碑一座，名曰"大周升中述志碑"。且为了纪念登嵩山封中岳这一盛大典礼，武则天诏令把当时的嵩阳县改为"登封县"，即今登封市，改阳城县为"告成",即今日的登封市告成镇,以铭记她"登"嵩山"封"中岳,大功"告成"之意。

太室三十六峰中还有一座'万岁峰',其名称的来历是在汉武帝登嵩山时,随驾官员在这里高呼万岁之声回荡山谷,此起彼伏,臣子们就讨好地说是山呼万岁,史称"嵩呼"。汉武帝闻言龙心大悦,于是将此峰命名为"万岁峰"。

少室山

少室山又称"季室山",因金末时宣宗曾屯兵少室山顶,抵御元兵,故又称为"御寨山"。它地处太室山西侧,主峰连天峰海拔1512米,为整个嵩山山脉的最高峰。

气势险峻的少室山,以其峰奇、路险、石怪、景秀而闻名于天下。山中群峰耸翠,千奇百异,有的拔地陡起,有的逶迤连绵,有的像猛虎咆哮,有的似雄狮初醒,峰峦参差,峡谷纵横。从山南观之,一组山峰,层层叠压,形若千叶舒莲,从唐代起就有"少室若莲"的说法,因此亦称其为"九顶莲花山"。

少室山的南面,山姿极似古人戴的忠靖冠,因此宋代又有"冠子山"之名。少室山东侧山峰,参差错落,人们依其形态,称为"石榴嘴"。站在少林寺南望,少室山堑然若屏,高峰之下从西向东并列着五座小峰,人们根据其各自姿形,称为棋、鼓、剑、印、钟。在剑峰西侧,可见一巨石如削,雨过天晴之时光洁耀目,好似白雪,遂被称为"少室晴雪"。

少室东侧,有一道蜿蜒盘绕的峡谷,名叫"玉皇沟",山谷的东口叫"吸风口",峡窄深谷,令人望而生畏。西口叫小寨口,能直通山顶大寨东天门。东天门下还有一道东门壕,当地人称之为"响潭沟"。响潭沟壁如刀削,沟宽仅十余米,深却达数百丈,谷内经常浓雾弥漫,若风浪呼啸奔腾谷外,当地人称其为"喷雾口"。峡谷中心,有一巨石形似猴子,飘浮云上若隐苦现,被称为"猴子观云海"。

少室山的安阳宫主殿洞为三皇洞,其内供奉释迦牟尼、孔子和老子,门上写道:"才分天地人总属一理,教有儒释道终归一途",由此可以知道三教在中岳嵩山已熔为一炉,因而它具有其他名山难以具有的魅力。

少林寺

少林寺素有"天下第一名刹"之誉,该寺已有1500多年历史,因坐落于少室山下的茂密丛林中而得其名。少林寺为中原文化之渊薮,文化底蕴深厚,人文历史悠久，既是佛教在国内的最大宗派——禅宗的祖庭，也是中华武术最大宗派——少林武术的发源地。

北魏太和十九年（公元495年），孝文帝为安顿西域高僧传教，而依山敕建少林寺。释迦牟尼的大弟子摩诃迦叶的第二十八代佛徒达摩，漂洋过海来到广州，经南京，北渡长江至嵩山少林寺，广集信徒手传大乘佛教，被我国佛教界尊奉为禅宗的初祖，少林寺也因而被奉为中国佛教的禅宗祖庭。

少林寺以禅宗与武术并称于世，隋唐时期已颇负盛名。宋代，少林武术已自成体系，独树一帜，史称"少林派"，成为中国武术派别中的佼佼者。至元明时期，少林寺已拥有僧众2000多人，成为驰名海内外的大佛寺。千佛殿内供毗卢佛铜像，因此亦称毗卢殿，殿内砖地上还遗存着20多个直径约4.5厘米的洼坑，是往昔寺僧习拳练武时的脚坑遗迹。脚坑分布方圆不大，呈一条线状，此为僧人刻苦练功的见证，也表现了少林拳法所谓"曲而不曲，直而不直"的特点。千佛殿东侧为白衣殿，三面墙绘有少林拳谱壁画，壁画长约有20米，十分生动地表现少林寺僧人练拳习武时的情景。

少林寺虽历经沧桑，遭受过兵劫匪火，但是留存下来的文物仍然相当多。如清康熙皇帝亲笔题写的"少林寺"匾额，自北齐以后的历代石刻400余品，唐至清代的砖石墓塔250多座，建于北宋的初祖庵大殿，绘于明代的五百罗汉巨幅彩色壁画，创作于清代的少林拳谱和十三和尚救秦王等彩色壁画等，皆具有较高的历史、艺术与科学价值。

中岳庙

中岳庙位于太室山南麓黄盖峰下，原名"太室祠"，始建于秦代。秦汉时庙址在万岁峰上，其后两次迁址，唐玄宗李隆基又增建太室祠。宋、金、元、明、清历代修葺，尤其是明、清两代进行了大规模的修整。今日的建筑格局，是清高宗弘历依照北京紫禁城的形式设计再建的，现存的宫、殿、阁、楼、亭、台等建筑400余间，石刻碑碣100多座，占地达37万平方米，前后长达600余米。建筑雄伟，布局严谨，为我国著名的古代建筑群之一。

中岳庙前方约300米处，有一座太室阙，乃中岳庙的象征性大门，亦是我国仅存的几座汉代建筑之一。太室阙采用整齐的青石块垒砌，分为东、西两半阙，间距约8米，高约4米，厚约70厘米，堪为研究汉代社会建筑艺术的珍贵资料。

中岳庙的大门为中华门，沿庙宇中轴线依次而上，有遥参亭、天中阁、配天作镇坊、崇圣门、化三门、崇高峻极坊、峻极殿、寝殿、御书楼等建筑，共11进院落。在这些建筑里，最雄伟的是峻极殿，也称中岳大殿。它高达20余米，面阔九间，进深五间，面积达920平方米。大殿重檐庑殿黄色琉璃瓦顶，富丽堂皇，斗拱和梁架均有刻画，殿内天花板中部有精雕细刻的盘龙藻井。峻极店是中岳庙的正殿，与北京故宫的太和殿相仿，乃是河南现存最大的寺庙殿宇。

位于崇圣门东面有一座"古神库"，传说宋代重修中岳庙时，把原有的神像埋于此地。库旁站有四尊铁铸的"镇库将军"，高约4米，重约700千克，振臂握拳，怒目挺胸，威风凛凛，生动传神。这样的铸像，在其他寺庙是没有的。庙内还有自汉至宋种植的古柏三百余株，其中有的形态颇为奇特。

法王寺

法王寺在太室山南麓玉柱峰下，北依嵩岭，含抱若椅；俯瞰二熊诸山，排列如拱。它始建于东汉永平十四年（公元71年），至今已有1900多年历史，为佛教传入中国后最早的寺院，可谓中国有寺之始。阳城侯刘竣经汉刘庄批准在法王寺出家，是中国最早的僧人，可谓中国有僧之始。三国魏明帝青龙二年（公元234年），法王寺被改名为护国寺，后又多次更名，唐代宗大历年间（公元767—779年），复命名法王寺。至宋仁宗时（1023—1063年），又赐名"东都大法王寺"，元、明以后仍袭用"法王寺"旧名直至今天。

法王寺周围山峰叠列，溪水潺流，苍松翠柏，景色秀丽。现今共有7进寺院：山门殿、未来佛殿、天王殿、大雄殿、地藏殿、西方圣人殿以及卧佛殿。增建了洗心河、拜佛桥、功德亭、焚金台、栏板望柱、钟鼓楼、毗卢殿、藏经楼等精美建筑，并铺上了青石路面，占地面积64245平方米，建筑面积5555.8平方米。寺东有峡，形若园形大门，位嵩山顶端为"嵩门"，为登封八大景观之一。

嵩阳书院

嵩阳书院地处嵩山南麓太室山下，原称嵩阳寺，创建于北魏太和八年（公元484年），隋朝时改称"嵩阳观"，唐朝又改为"奉天宫"，五代后周时更名为"太乙书院"，宋朝方改为"嵩阳书院"，此后始终是历代名人讲经授典的教育场所。书院有房舍近百间，面积1万余平方米。中轴线上的主要建筑，从大门至藏书楼，前后五进院落，最前是卷棚大门三间，正楹为先圣殿，次为讲堂，讲堂后为道统祠，最后乃藏书楼。中轴线两侧配房，都是硬山式建筑，分别是"程朱祠"、"丽泽堂"、"博学斋"书舍等。整个书院建筑和寺庙相比别具风采，古朴典雅，廊庑皆全，巍然壮观。

嵩阳书院曾历经元、明、清各代重修增建，鼎盛时期学田有1700余亩，生徒达数百人，宋代大学者程颢、程颐、司马光、范仲淹，都曾在这里讲学。书院藏书达1000多册，其中不乏比较珍贵的书，有《朱子全书》、《性理精义》、《日讲四书》等。嵩阳书院是一所历史悠久，规模较大的官办书院，与湖南的岳麓书院、江西的白鹿洞书院、河南商丘的睢阳书院，合称为我国古代"四大书院"。

"石韫玉而山辉，水怀秀而川辉"，中岳嵩山名齐泰华而成其雄，脚卧河洛而助其秀，雄奇瑰丽，巍然峭拔。这里独占中国六最：禅宗祖庭——少林寺，现存规模最大的塔林——少林寺塔林，现存年代最久远的塔——北魏嵩岳寺塔，现存最古老的石阙——汉三阙，树龄最长的柏树——汉封"将军柏"，现存历史最悠久的观星台——告成元代观星台。

唐代著名田园诗人王维在《归嵩山》诗中写道："清川带长薄，车马去闲闲。流水如有意，暮禽相与远。荒城临古渡，落日满秋山。迢迢嵩山下，归来且闭关。"宋代文学家欧阳修则在《咏嵩山》中赞曰："望望不可到，行行何向盘。一径林梢出，千岩云下看。烟岚半明灭，落照在峰端。"美丽的嵩山集五岳之精精，纳三山之灵气，雄浑险峻，秀逸迷人，以其丰厚的内涵与无穷的魅力而傲迎天下。

鸡公山

独游千里外，高卧七盘西。
山月临窗近，天河入户低。
芳午平仲绿，清夜子规啼。
浮客空留听，褒城闻曙鸡。

——沈佺期《夜宿七盘岭》

【名山初识】

鸡公山位于河南信阳市南约35千米，旧曾称鸡翅山，属大别山支脉，雄居武胜关、平靖关、九里关之间，为我国南北的天然分界线，咽喉之地，曾冠"中州锁钥"之名，又因气势雄壮，景致优美，有"青分楚豫，势压嵩衡"的美誉。鸡公山夏季凉爽，气候宜人，是我国著名的避暑胜地，与北戴河、庐山、莫干山齐名。

【名山传说】

鸡公山因山体形态似一只引颈而啼的雄鸡而得名。这里还有一个美丽的传说，据说，在天上为王母娘娘司晨的神鸡，下凡啄食害虫，饱食后一时忘了天规，情不自禁地引颈长啼，天门立即关闭，神鸡再也回不了天庭了，就留在人间，化为鸡公山。鸡公山的主峰报晓峰，海拔784米，酷似雄鸡的头部，也称公鸡头，两侧有灵华山和长岭，宛如雄鸡的两翼，峰之左右两沟像鸡爪，椭圆形的南岗便像鸡腹，峰顶有巨石叠起，若鸡冠；一石伸出，像鸡嘴，石背上绿树芳草，可视为羽毛，有人名之曰："春来芳草满枝头"。

【名山览胜】

鸡公山为长江、淮河两大水系的分水岭，地处亚热带与暖温带的地带，气候特点是冬天漫长、夏季短暂、秋天早至，春季来迟，温暖湿润，空气凉爽，十分适于动植物生长，被誉为"生物宝库"、"豫南绿色明珠"。此处植被种类繁多，森林覆盖率达97%以上，有高等植物1000余种，其中有国家重点保护植物水杉、秃杉、珙桐，国家二级保护植物香果树、银杏。这里既有南方的马尾松、黄山松、青冈栎、白栎、厚朴等，也有北方的杨、柳、榆、槐、泡桐等。药用植物也特别丰富，约有300种，其中有很多珍贵药材，像七叶一枝花、何首乌、土三七、五加等。野生果树、野生花卉种类繁多，有猕猴桃、山葡萄、山胡桃、野樱桃、山梅、野山楂、山杏、杜鹃、兰花等。野生动物也有很多，鸟类有210多种，兽类百余种，爬行类动物24种，两栖类动物十余种。环颈雉是国家珍稀动物，还有国家级保护动物如金钱豹、小鸨、大鸨、黑麂。国家二级保护动物包括小灵猫、斑羚、白冠长尾雉、苍鹰、蓝翅八色鸫、红腹锦鸡、大鲵等。

由于气候适中，鸡公山以"山明水秀，林翠泉清，气候凉爽，别有天地"令人为之向往。一年四季，各有佳景。春季，山花烂漫，红色的杜鹃花、黄色的雏菊，迎春绽放，生机盎然。夏日，凉爽舒适，平均气温为24℃，"午前如春，午后似秋，夜如初冬"，有人赞道"三伏炎蒸人欲死，清凉到此顿疑仙"。秋季，漫山遍野的红叶黄花，俏丽醉人。冬季，满山银装素裹，一派北国风光。随着季节交替，鸡公山呈现十大景观：晴晨云海、晓峰朝晖、晚霞余晖、楼台赏月、云头观雨、雨后黄花、彩虹跨谷、银装素裹、怒云撞峰与坳雾疾飞。鸡公山一年中有3个月有云雾笼罩，峰云相接，每当清晨或雨后，是观看云海的最佳时机，因此有"云雾公园"的美称。

鸡公山多奇峰怪石，在二道门南面山脊上有远近闻名的"五怪石"：有的像跪拜的和尚；有的似蹲着的罗汉；有的如爬行的乌龟；有的宛若跳跃的青蛙；有的就似奔跑的肥猪。再向前走，还有"磊磊石"与"落落石"，这两块巨石，石上有石，错落有度。与报晓峰遥遥相对的"鹰蹬石"，形如苍鹰，注视雄鸡。东冈还有一块高大的"将军石"，是为了纪念明末农民起义领袖李自成而命名。此外，鸡公山上还有恋爱石、双立石、卧牛石、仙人石、虎钳石等，各个生动传神，栩栩如生。

鸡公山早在明朝时就已经开始开发了。到了1903年，美国传教士李立生、施道格登发现了这个人间仙境，就向西方宣扬，其后，先后有20多个国家的牧师、传教士、富商巨贾和中国的权贵蜂拥而至，在这里的清山秀水间大兴土木，建起各种样式的避暑别墅、尖顶的教堂式、外形不规则的珑木式、典雅的宫殿式等，因此这里被称为"万国建筑博物馆"。

凭借得天独厚的自然环境，近年来鸡公山的旅游事业迅猛发展。游人来此可重点游览以下景区：大深沟景区、北山景区、东沟景区从山脚沿水道而上，一路可欣赏栈道、犀牛卧波、野猪林、秀女潭瀑布、一线瀑等美景，风景清丽灵秀，山青潭碧，鸟鸣山幽。北山风景区位于北岗，环境清幽，修建了很多外国的洋楼别墅，从建筑上便可寻迹鸡公山的发展史。东沟在鸡公山东侧山谷内，景观以瀑布为主，游者可乘坐索道沿山谷缓行而下，再徒步越过一段松林险坡，就可到谷底观瀑。谷底瀑布有三叠瀑布、龙潭瀑布、龙宫瀑布、天井瀑布、北瀑布群、东瀑布群等19处，这些瀑布常年皆有，水势随季节变化。避暑山庄景区位于鸡公山山腰，这里山势巍峨，古松参天，好像一个世外桃源。整个山庄的建筑群可分为十组，形式多样，别具洞天。此处还有巨石，似元宝状，上有"天下第一大元宝"7个字。报晓峰景区与防空洞景区都位于鸡公山中心部位，景点分别有报晓峰、灵化仙境、颐庐、活佛寺等。

鸡公山自然保护区是天然的绿色基因库，为踏青、避暑、疗养的极佳去处，1988年，鸡公山被列为国家级重点风景名胜区。

云 台 山

人事有代谢，往来成古今。
江山留胜迹，我辈复登临。
水落鱼梁浅，天寒梦泽深。
羊公碑尚在，读罢泪沾襟。

——孟浩然《与诸子登岘山》

【名山初识】

在河南省修武县境内有一座山势险峻，峰峦起伏的山峰，此山常年云雾缭绕，因此，人们将其称作云台山。它北邻山西省，东接辉县市，属太行山系，面积约50平方千米。整个游览区有奇峰秀岭36座，天然溶洞20余个，主峰茱萸峰海拔1304米。由于山势险峻，主峰孤峦秀矗，状如一口巨锅，兀覆在群峰之上，古称"覆釜山"。

【名山览胜】

翠屏峰

翠屏峰山势突兀，拔地而起，峰顶有"阎王鼻"。宛若阎王仰脸向天，自鼻以上为黑色，鼻以下的部分为白色，传说此阎王黑白分明，明察是非，昼断阳，夜审阴，是此地的主宰，权力至高无上。

万寿寺

万寿寺位于翠屏峰下，为一座佛教庙祠。跨进山门便是弥勒殿，大雄宝殿供奉释迦牟尼，这尊像乃是泰国捐赠的金佛。佛像胸间的图案象征着太阳光芒四射及燃烧的火，后来一直作为佛教吉祥的标记。寺院的后门，有一小溪自高处流入清池，池中就是优质的矿泉水，泉侧小庙供奉着财神爷。

温盘峪

经过迎宾洞，左侧的山谷开裂成隙，形成了温盘峪。峪深80余米，最宽处却不过丈余，峪上群山环抱，致使狭深的峪内空气对流不畅，形成了自己独特的小气候。这里冬暖夏凉，温度适中，好像处在恒久的温暖中，故名温盘峪。温盘峪内秀险幽秘，集泉、瀑、溪、潭于一谷，素有"盆景峡谷"的美誉。峡谷南北长约1000米，两岸峭壁山石秀丽，宛如鬼斧神工，雕琢而成一巨大盆景，又好似名山大川浓缩后的精华，园林专家称其为"自然山水精品廊"，景区内可欣赏逍遥石、相吻石、灵龟戏水、双狮吸水、龟背石等景观。

九龙潭

温盘峪内有九龙潭，传说是古时九龙栖息之地，分别是白龙潭、子龙潭、眠龙潭、青龙潭、黄龙潭、卧龙潭、黑龙潭、首龙潭等，因峪内温度变化不大，因而潭水常年温度在 10℃ 左右。行至黑龙潭，一挂瀑布从山壁间喷薄而出，动态的水溅入静态的水中，似堆雪飞扬，壮观美丽。唐代钱起在《仲春晚寻覆釜山》一诗中写道："崖口乱流处，竹深斜照归。主人卧磻石，心耳涤清晖。春雷近作解，空谷半芳菲。云栋采虹宿，药圃蝴蝶飞。"

子房湖

据说汉朝建立以后，张良帮刘邦建立汉业之后功高震主，恐遭不测，几次辞官恳求告老还乡。回到家乡之后，张良仍然寝食难安，便偷偷地微服出行，隐居来到了云台山。因张良字子房，因而这里便得名"子房湖"。现在的景区是在原有湖泊上加高修建的，湖面 20 余万平方米，长约 4000 米，最宽处 300 米，水深呈阶梯状分布，北浅南深，是一座中型水库。子房湖尽头有两个小村庄，便是子房村，相传为张良子孙繁衍而成的。隋末唐初，刘武周与李世民先后在这里屯粮食、兵器，故后人称之为"东仓"、"西仓"。

达摩峰

传说印度僧人达摩来中国传教，到少林寺面壁十年，仍常有杂念溜入心头。于是达摩走出寺庙，要找一处理想的静处修行。后来他来到云台山，在子房湖西畔山峦上凝神静坐。这里人迹罕至，达摩高居山巅，终日与山岚流云为伴，终于心灵净化，寂然无念，似山一样入定下来，不久即化仙而去，此处则留下了"达摩峰"和与之遥遥相对的"佛龛峰"。

佛掌峰

子房湖西畔有一"黄楝沟"，里面景色宜人，最出奇的是这里朝天伸展而出的几个山峰，相连似掌，因而得名"佛掌峰"。佛掌峰上有"天堂"，是一个独家独户的自然小村庄。古时苛捐杂税繁重，有人躲在佛掌峰上开荒种地，遍栽果树，过起了自给自足、无忧无虑的生活，因此名之为"天堂"。

天瀑

天瀑是云台山景观之最，也为中华之最。天瀑落差 310 米，瀑宽 5～7 米，其高度称冠九州，可谓"飞流直下三千尺"。瀑声如雷贯耳，其势壮观，不见其形已闻其声。唐代诗人冷朝阳在《瀑布泉》一诗中这样写道："潺漫半空里，霖落石房边。风激珠光碎，山歌练影偏。"和天瀑遥遥相望的对面山上，有"观瀑台"，此台是看水景的最佳观赏处。观瀑台边也有一组山瀑挂壁，瀑上青苔宛若孔雀落壁，被誉之为"孔雀泉"。

唐公石

站在小寨沟向对面山峰观看，可以看见高山群岚之中，似有一位古代官吏头戴乌纱帽，悠然坐于山上，这就是本地人传说的唐公石。据说明朝嘉庆年间，唐成因审了诰命，名声大振，却又因而遭到排挤，仕途坎坷，历经磨难，在遭贬途中，经此地游山赏水以泄愁闷，越思越觉官场险恶。从此消了仕途之念，在此化仙而去，留下了这块山岩供后人纪念。

茱萸蜂

茱萸峰山势突兀，为云台山之主峰。传说真武帝在此苦志修行、成仙而去，这里也就成了闻名遐迩的道教圣地。人们把此处又称为"小北顶"，意为这里离北天门很近，会有天神经常关注。

【名山人文】

云台山历史悠久，人文景观繁多。据考证，早在东汉时期就有帝王以及皇室成员到此采风、避暑。魏晋时，又有很多名士来此避难、隐居，唐宋时佛教盛行，多处建寺建塔。特别是唐宋以后，云台山成了文人雅客游山玩水、谈诗论道的主要去处之一。唐朝诗人王维在《饭覆釜山僧》一诗中吟道："果从云峰里，顾我蓬蒿居。藉草饭松屑，焚香看道书。"

云台山中药植物品类繁多，唐代孙思邈曾来此采药炼丹，到现在这一带山区还流传着孙思邈服仙丹升天的故事。王维亦曾在云台山写下了"独在异乡为异客，每逢佳节倍思亲。遥知兄弟登高处，遍插茱萸少一人"的千古名句，汉献帝刘协、魏晋"竹林七贤"、孙思邈、唐太宗李世民及其大将尉迟敬德等人都在此留下了历史遗迹。当前，保留或正在修复的古迹以及其他人文景观有：东汉皇帝刘协的汉献帝陵、"竹林七贤"隐居的百家岩、孙思邈炼药的药王洞、王维作诗的元贞观、万善寺、影寺等。

云台山山峭水秀，凉爽宜人，明代于谦描述它"云蒸雨气千峰暗，树带溪声五月凉"。这里泉瀑丰富、植被茂密，原始次生林覆盖了整个山峦，各种树木与奇花异草种类达四百多种。常常是头上碧水蓝天，脚下千里浮云，山峦在云雾上飘浮游

王屋山

晚虹斜日塞天昏，一半山川带雨痕。
新水乱浸青草路，残烟犹傍绿杨村。
胡人羊马休南牧，汉将旌旗在北门。
行子喜闻无战伐，闲看游骑猎秋原。

——雍陶《塞路初晴》

【名山初识】

在河南省西北部，有一座位列中国古代九大名山之一、汉魏时被列为道教十大洞天之首、号称"天下第一洞天"的大山，因其山有三重，"山形如王者车盖"，所以称其为王屋山。它北依山西高原，领太行千里；西邻中条山脉，接秦晋之大地；东系济水之源，通百川沧海；南襟黄河一带，望嵩岳一点。王屋山总面积265平方千米，峰峦叠翠，气壮势雄，宫观林立，人文荟萃，著名的《愚公移山》故事就发生于此。

【名山览胜】

王屋山有奇峰秀岭38座，神洞名泉26眼，碧波飞瀑8大景，洞天福地5大奇观，宫观建筑及遗址点缀其间，主要景点有阳台宫、紫微宫、天坛顶与王母洞等。这里夏天泉瀑争流，气候凉爽，紫微湖碧波荡漾，皇家道观有千年历史，气势宏伟；王母峡飞瀑流泉，声震数里之外；九里沟奇峰绝壁，大瀑布自悬石向下飞泻；五龙口香炉峰独立；小黄山风光旖旎……唐代著名诗人刘禹锡曾写下"春来山事好，归去亦逍遥。水净苔莎色，露香芝术苗"之句。

天坛顶

王屋山绝顶海拔1715.7米，传说中华民族祖先轩辕黄帝联合炎帝，登王屋山设坛祭天，受天符于此坛，遂打败蚩尤，统一华夏，王屋山被视为天下第一祭坛，绝顶就称为"天坛"。天坛顶独柱耸立，上接尾箕，超然如在霄汉之表，人称"擎天地柱"，有"运日月以旋，衡地道纲维"之美誉。这里是华夏子孙寻根问祖之地，因此亦被称为华夏一统圣地。在天坛山顶，有一块巨大的砾石，传说为女娲补天石,地质学家鉴定为海洋性砾石,形成当在太古代。

愚公村

这里是传说中"愚公移山"的地方,在王屋山之阳,此为一条从王屋山主峰延伸下来的南北走向的大山梁。山梁西侧是愚公村,东边是小有河,愚公村的人每天要到小有河去打水,正是这条大山梁给他们带来了许多不方便,所以愚公要带领他的子子孙孙挖掉它。如今可以看到,在这条大山梁的中部,确实断开一条很大的山口,远远望去,真像人工开挖的一样。

阳台宫

阳台宫位于王屋山脚下愚公村的西侧,现存的建筑为自南而北,依山随势,错落有致,气势宏伟,显示了我国古代能工巧匠的聪明才智。阳台宫始建于唐,今存的主体建筑三清殿与玉皇阁为明正德年间重修。最为人瞩目的是三重檐阁式建筑玉皇阁,凌空欲飞的飘逸之势,让人们赞叹不已。主体建筑上的几十对石刻柱子,使得这座宗教圣地成为石刻艺术的殿堂;柱子上雕有翻滚的云龙、朝凤的百鸟、闹梅的喜鹊、苏武牧羊、八仙过海、战蚩尤的黄帝等,无一不栩栩如生,呼之欲出。阳台宫内苍松翠柏,葱葱茏茏,其中的一株七叶菩提树,树围近3米,高14米,传为唐代所留。

丹凤朝阳

如果站在阳台宫前的石阶上击掌,便会听到鸟叫声,当地人说这是"凤凰鸣"。阳台宫所以有凤鸣之音,据说是该宫建在了凤尾根部。登高而望,阳台宫后面的天坛峰形如凤首,对天而鸣。宫前的9条大山岭合称九芝岭,自北向南以扇面形展开,形似凤尾。附近的几座小山岭好似凤肩、凤背、凤腰、凤翅和凤心。山民们把这里奇异的地形叫做"丹凤朝阳",被认为是风水宝地。

紫微宫

沿王屋山腰的环山渠盘桓到山中,再沿一条小河溯行,便可以到达紫微宫。紫微宫为攀登天坛峰的起点,据说李世民叔父李道宗曾于此隐居,后来司马承祯也在此处住过。紫微宫内有一棵粗大的银杏树,8个人才能合抱,有"七楼八拐棍"之名,树上挂满了各路信奉者敬献的幔帐。

【名山人文】

王屋山为道教圣地，曾被尊称为"道教天下第一洞天"，吸引一批批有道之士在此修炼，如司马承祯、玉真公主、孙思邈等，来王屋山修道，相继建造了阳台宫、紫微宫、清虚宫、十方院、灵都殿等规模宏大的道教宫观，使王屋山宫观林立，名道云集，香客如织，成为全国道教活动中心。

仙道文化是王屋山文化的灵魂，和道教发展密切相关。道教乃黄老哲学，神仙信仰，神学三大文化意识在宗教旗帜下综合而孕育出来的汉民族宗教，它的最高追求是生命本体的"自由"与"长生"，主张入山修道成仙。祖先为神，山川为宗的观点，是其理论的组成部分，素有仙山之称又出于神水的王屋山，理所当然就成为名士高道首选的"洞天福地"。

王屋山古属九州之中州，天坛峰拔地接天，居中而独高，其后为五斗峰压阵，左右有日月二峰守护，前有华盖峰开路，其格局如"王者之屋，众仙之宫"，其势如"王者驾临"。历经上千年诸多名士、高道的经营，宫观建筑和自然景观又构成"天地星宿同构宇宙"的格局。全部宫观的轴线都对准天坛，天坛背后的王母峡恰好呈现出向东南方开口的杓状，遂构成一个北斗七星拱捧天坛的紫微垣神话。天坛顶正好拱围其中，仿佛天上北斗七星的转动和天坛同步。

从王屋宫观遗址分布看，大体可分三路：一是阳台宫经天坛到王母洞为西路；二是金卢顶峰为主的东路；三是麻姑庙灵都观、平阳府为主的中路。构成纵向不同、意境各异的山岳道观地带。每路因海拔高度不一样，宫观有的在平地、有的在台地、有的在峰顶，形成了空间层次的不同，佳树奇峰和玉宇琼楼交相映衬，自然景和仙境高度融合的"三重神仙洞府"。自阳台宫经迎恩宫至紫微宫属于"神人共处的世俗仙境"，是神和人共处兼容的天地；经瘦龙岭到天坛顶是"众仙天府"，是行天子之礼、祭祀天地山川的神坛；从远尘沟至灵山洞为神仙处居之宫。理想化的自然风景成了成仙不死的仙境，从而体现了先哲们的人和自然和谐共处的宇宙观；也体现了先人们对天地神君的崇拜思想。

仙灵之气，山川之丽，宫观布局之妙，交织成王屋山之魂。千百年以来，王屋山不仅为道家人物采药炼丹、修身养性以求得道成仙之地，它还因其集雄、奇、险、秀、幽于一体的自然景观，吸引了众多的帝王将相、文人雅士来此寻幽访胜。李白、杜甫、白居易等皆来此游览，留下许多摩崖石刻与脍炙人口的名篇佳作。李白吟出"愿随夫子天坛上，闲与仙人扫落花"之句，白居易也由衷赞曰"济源山水好"。

湖 北 省

武 当 山

混沌初分有此岩，此岩高耸太和山。
面朝大顶峰千丈，背涌甘泉水一湾。
灵源仙洞三方绕，古桧苍松四面环。
谷口仙禽常唤语，山巅神兽任跻攀。
此是高僧成道处，故留踪迹在人间。
古来多少神仙侣，为爱名山去复还。

——吕岩《题太和山》

【名山初识】

武当山位于湖北省十堰市境内，又名太和山、参上山，主峰天柱峰海拔1612米，是我国著名的旅游胜地。

武当山为褶皱山。武当山山体主要由中元古界（距今约25亿年）的变质岩组成，由于岩石性质很独特，地质学上专门称之为"武当群"，其周围则是震旦纪与古生代的沉积岩。距今大约4亿年的时候，这里发生了一次强烈的造山运动，叫"加里东运动"，武当山的岩层发生褶皱并隆升，形成了一个"背斜"（也就是身上拱的弯曲），其背部正是"武当群"变质岩，而背斜的两翼（向上拱曲的两坡）便是震旦纪和古生代的沉积岩。武当山隆起后经过一段漫长时间的剥蚀，形成了众多的山峰；由于主峰朝南，构成了今天武当山的主峰——天柱峰四周的群峰俯峰领首，大致朝向主峰的格局，形成所谓"七十二峰朝金顶"及"万山来朝"等奇观。

武当山有七十二峰、三十六岩、二十四涧、三潭、九井、十池等知名胜境，众多奇峰异景环向天柱峰，从四面八方向主峰倾靠，有如"万山来朝"，形成奇特的"七十二峰朝大顶，二十四涧水长流"的罕见的天然奇观。

武当山道教历史文化源远流长，拥有70千米的古建筑群。古诗云："五里一庵十里宫，丹墙翠瓦望玲珑"，明代作当做"皇室家庙"，御封"大岳"。它是我国如今保存最完整、规模最大、等级最高的道教古建筑群，在世界上也极为少见。加之武当武术、道教音乐等传统文化瑰宝相映衬，形成了极富特色的武当文化，有"自古无双胜境，天下第一仙山"之盛誉。

【名山览胜】

武当山的自然景观以雄为主，并且有险、奇、幽、秀等多重美的特征。古代的人或以地貌形象，或因为信仰的神仙给以命名，编织出无数优美动人的神话传说。金童、玉女峰飞鬣扬鬃昂首霄汉，狮子峰摇身舞爪戏耍云间，形势如同大岳香案，给人以"日月为柱"的联想；三公五老峰好像玉笋瑶参，挥云披霞，让人有一种"郡真行吟"的享受；主峰周围扬波溅珠、水花飞溅的溪涧、珍禽异兽出没的悬岩还有吞云吐雾的山洞和孕日育月的潭池等，构成一幅无比瑰丽的丹青长卷，蔚为天下奇观。

武当山的四季景致因季节不同而各有特点：春季，到处繁花似锦、香风抚肌舒髓；夏季，风云变幻莫测、景色绚丽多姿；秋季，金桂飘香、红林褥地；冬季，满山被冰雪覆盖，犹如银铸玉雕的艺术大厅，堪称世间美景，成为武当山闻名的自然景观。武当山还有"静八景"和"动八景"。静八景：天柱晓晴、雷火练殿、陆海奔潮、平地惊雷、祖师映光、空中悬松、金殿倒影、月敲山门；动八景即金猴跳涧、海马吐雾、黑虎巡山、乌鸦接食、飞蚁来朝、梅鹿衔花、雀不漫顶、猕猴献桃。唐朝时期吕洞宾在题《太和山》诗中曾经描述武当山之美："石缕状成飞凤势，凫纹绾就碧螺鬟。"

武当山因为宏伟的建筑规模著称于世，它有着中国规模极大的道教宫观建筑群。武当山的建筑是根据真武帝修仙神话来进行安排布点的，并且这些建筑是按照政权和神权相结合的意图进行营建的，充分体现皇权和道教所需要的庄严、威武、玄妙、神奇的艺术氛围。从山脚下到武当山的山巅天柱峰金殿，用一色青石铺成一条70千米长的"神道"，沿这条青石神道两旁修建了八宫、二观、三十六庵堂、七十二岩庙、三十九桥梁、十二亭台等一系列庞大的建筑群。武当山的建筑群还充分利用了峰峦的高大雄伟和各个崖洞的奇峭幽邃，把每个宫观都建造在峰峦岩洞间的合适位置，让它们和周围林木、岩石、溪流和谐一体，并且相互辉映，体现了道教"崇尚自然"的宗教思想。

复真观

复真观背依狮子山，右侧有天池飞瀑，左接十八盘栈道，远眺如同出水芙蓉，近看仿佛富丽城池。复真观又被称为太子坡，据记载，明永乐十年，明成祖朱棣敕建玄帝殿宇、山门、廊庑等29间。当时的建筑大师们，巧妙地利用狮子峰的特殊地形，按照山势的回转，建起犹如波浪起伏的奇特的夹道墙，被称为九曲黄河墙。走进二道山门豁然出现一座宽阔的院落，漫步走进，但见小院重叠、十分幽静雅适，前面有依岩而建的"五云楼"，当中建有"皇经堂"、"藏经阁"，后面有高台之上的"太子殿"。整体布局左右参差，高低错落，和谐而完美，充分体现了道教"清静无为"的宗教思想内涵。置身复真观最高的地方，俯视深壑，曲涧流碧；遥望群山，千峰竞秀；每逢夕阳西下，还可以看到武当"太和剪影"的奇伟景观。这座在武当山狮子峰六十度陡坡上的古代建筑，被现代的建筑学家赞誉为：能够利用陡坡开展建筑的经典建筑作品。

玉虚宫

玉虚宫全称"玄天玉虚宫"，相传真武帝得道升天以后曾经被玉皇大帝封为"玉虚相师"，因此玉虚宫建成以后，被永乐皇帝钦定为"玄天玉虚宫"。最早建于明永乐十一年（1413年），"玄天玉虚宫"在明朝中叶嘉靖年间又得到了扩建，放眼望去，了无边际。古人曾经赞誉玉虚宫是"隐三台十州之羽客，度九州万国之苍生"的道教圣地，明朝著名文学家王世贞也止不住赞叹："玉虚仿佛秦阿房。"以前的玉虚宫是管理整个武当山的大本营，在明朝时期兵权是特别敏感的事，而武当山作为皇家庙观由皇帝特许蓄养500道兵，用来保障各宫观的安全。这在全国各道场中是绝无仅有的，由此可见当年武当山的显赫权势。现在存在的部分建筑和遗址，建筑的宫墙高大厚重，犹如月阑绕仙阙，卷拱三孔宫门由极为巨大的精雕琼花须弥石座托衬，其中两翼八字墙镶嵌琉璃琼花图案，朱碧交辉，无比壮美富丽。

南岩

南岩又被称为"紫霄岩"，由于它朝向南方而得此名，是道教所称真武得道飞升的"圣境"。南岩的全称是大圣南岩宫，把武当山人文景观和自然景观结合得非常完美，并且南岩还是武当山三十六岩中风光最美的一处。于明永乐十一年（1413年）重建，今存石殿、南天门、碑亭、两仪殿等一系列建筑。民间传说，八仙之一的吕洞宾就曾在南岩修道，现在这里还留有他作的一首诗。南岩景观丰富多彩而独具特色，有一峰兀起、景色十分秀美的飞升崖，有伸出悬崖绝壁的龙头香，还有建在危崖上的古石殿。工匠们巧借地势，依山傍岩，使个体精致小巧的建筑能够形成大起大落、颇具气势的建筑群。位于南岩的古建筑，在手法上打破了传统的完全对称的布局和建筑模式，使南岩建筑和环境风貌达到了高度的和谐统一。

紫霄宫

紫霄宫初建于宋朝宣和年间，根据文献记载，宋徽宗信奉道教，自称教主道君皇帝。有一次他做梦，梦见了一位"火神"。有一方士为他圆梦，说必须派水神到南方压镇才能确保国家无患。因此便在这里建造道观，赐名"紫霄元圣宫"。宋朝末年金兵南下，紫霄元圣宫横遭兵灾涂炭，元世祖忽必烈希望利用宗教稳定民心，于是再次大兴土木重建紫霄宫，让紫霄宫成为"国家祈福之地"。

紫霄宫的后面是展旗峰，前面对着照壁、三台、香炉各峰，右侧是雷神洞，左侧是禹迹池、宝珠峰。周围的山峦天然竟然形成一把二龙戏珠的宝椅，因此明朝永乐皇帝封紫霄宫为"紫霄福地"。紫霄宫的建筑规模宏大，气势磅礴，因为紫霄宫是皇家祈福之地的特殊地位，因此布局庄重，陈设十分考究，各个殿堂内道教崇奉的神、仙济济一堂，在这里构成了神秘玄虚的神仙世界。紫霄大殿是武当山上唯一一座重檐歇山式木结构的殿堂，这座在全国古建筑中屈指可数的特殊抬梁式大木结构的道教建筑，利用地形地势起伏，建在三层崇台之上，更显其宏伟壮观，气势宏伟。有着千年历史的紫霄宫，其顺应自然的建筑风格，充分体现了道家文化的内涵，保留有丰富而生动的古代文化内容。

金殿

金殿是武当山的象征，也是武当道教在皇室的扶持下走向鼎盛高峰的结果，堪称国宝。金殿坐落在海拔1612米的武当天柱峰之巅，建于明永乐十四年（1416年），进深为3间，高5.54米，长4.4米，宽3.15米，全为铜铸鎏金，是世界上罕见的铜建筑精品。

根据考证，富丽堂皇的金殿是在北京铸造成的构件，从水路运到古均州，然后全部由人工搬运至天柱峰拼装完成的。近期科学家考证发现，承托金殿的两块巨大的底座，其材料是有着数亿年历史的化石，而且也是从外地运来的。铜铸鎏金的金殿是重檐庑殿式仿木结构，是当时中国等级最高的铜铸建筑规制，仅仅面饰鎏金就耗费黄金60千克。金殿的殿顶翼角飞举，上面饰有龙凤、海马、仙人等吉祥之物，栩栩如生，惟妙惟肖。金殿虽为铜铸，但是其结构殿身的立柱、梁枋以及瓦鳞、窗棂、门槛等各种形状都有，且每块铸件之间严丝合缝，仿佛天成。金殿历经近600

年的风雨雷电、严寒酷暑,现在仍然金光夺目,它的熠熠光彩体现了中国古代匠师极其高超的技艺,是我国古代铸造工艺的惊世作品,也是我国劳动人民智慧和古代建筑科学技术水平的历史见证。

太和宫

太和宫在明代被称为朝圣殿,建成于明永乐十四年(1416年),清代康熙以后称为太和宫大殿。太和宫大殿还有一个俗称,叫金顶,明朝永乐十年明成祖朱棣下令敕建,历时4年,经过工匠辛勤劳动,在险峻陡峭的峰顶建成这雄伟瑰丽的建筑群。明朝嘉靖年间扩建之后,以金顶城墙为界,城墙外面的称为"太和宫",城墙里面的叫"紫金城",又被人们称为"金殿",而事实上,"太和宫"和"紫金城"原本就是一个整体。

匾额上书写"大岳太和宫"的朝圣殿前面建有无墙阁,梁栋上面彩绘各种图案纹饰,精美绚丽。两侧是钟楼和鼓楼,钟楼里悬挂明永乐十三年(1415年)铸造的巨大铜钟,击之万山回应,声音洪大如同惊雷。太和宫大殿是砖石结构,歇山顶式,琉璃瓦屋面,墙体下部是石雕须弥座。"朝圣殿"里供奉着十几尊神像,其中真武大帝的执旗捧剑等造像是铜铸鎏金。太和宫大殿里面有明清两朝的文物,从这些文物上反映出许多历史文化内涵,具有很高的研究价值。

五龙宫

五龙宫建筑的后面是灵应峰,它上接五龙峰,环境清幽,还保存原始遗风,历史上被称为"神仙窟宅"、"灵应之地"。根据《太和山志》记载,在公元7世纪初的唐贞观年间,天下大旱,唐太宗李世民派遣均州太守姚简上五龙地方祈雨。姚简在这里遇到5位风流倜傥的儒生,自称五龙君,于是姚简向其求雨,结果大雨如注,解除了天下旱灾。唐太宗龙颜大悦下旨建造五龙祠,从这个时候拉开了武当山古代建筑的序幕。明永乐十年,明成祖朱棣在武当山大兴土木,在五龙进行了大规模建筑,并赐额为"兴圣五龙宫"。到了明嘉靖年间,五龙宫各类殿宇道房达到850间,当时人们盛赞五龙宫是"层层历落怪松,拥殿千朵芙蓉"。我国古代著名的道教人物尹喜、尹轨、马明生、陈抟等,都是在这里修道有成。五龙宫附近的道教古迹遗存特别多,华阳岩、尹仙岩、灵应岩、凌虚岩、老姆岩、自然庵等,这些古迹不仅风景优美,也是武当山道教发展的历史见证。

【名山人文】

武当山的道教文化博大精深，源远流长。根据资料记载，我国的武当山道教融会了多种华夏文化，它和佛、儒学三足鼎立，道教思想基本特征是以"道"为最高信仰，用老子的《道德经》作为基本教义，并且吸收了儒教的忠孝理论观念，逐步衍化形成。武当真人张三丰曾经在一首诗中写道"庆云开天际，祥光塞死基"，十分生动地描绘了道教文化的神秘。

武当山被人们视为道教修身炼道的福地。人们传说，早在西周时期就有净乐国第五太子真武来到武当山修道，他被后世奉为"真武大帝"得道飞升，是中国道教取"非武不足以当之"的意思，武当山也在"真武大帝"飞升后而得名，并逐步成为中原道教活动的圣地。

武当山的道教文化得到封建帝王的推崇，开始自唐朝初期，唐贞观年间遇大旱，唐太宗李世民派遣均州吏姚简到武当山祈雨灵验，后来在灵应峰敕建"五龙祠"。从宋朝到清朝，历代皇帝极力推崇武当山的真武神，奉为"社稷家神"。在元朝时期道教开垦田地数百顷，养众万人，有九宫八观等，一百多处庙宇及坛、亭、台、桥。到明朝武当山道都达到鼎盛时期，建成九宫九观等33处道教庙宇，全山各宫观有道士少则三四百人，多则五六百人，使武当道教宫观空前宏大，成为明朝皇帝和朝廷直接控制的武当道场，因此，武当山被人们称为"皇室家庙"。

武当山道教文物远近闻名，除古建筑群以外，历代统治者和四方信士曾制造数以万计的金、银、铜、玉、珠、铁、锡、石、泥、丝、木等各种质地的神像法器安放在武当山，使武当山各宫观的室内陈设富丽堂皇，被称誉为"黄金白玉世界"。武当山现在仍然存有注册文物7000多件，具有非常高的科研和艺术观赏价值。

武当道教音乐也久负盛名，道教音乐是武当道教文化的一个重要组成部分。自从唐太宗开始建"五龙祠"以后，武当山一直是帝王将相、芸芸众生祈福禳灾的特别重要道场，别具神韵的武当山道教音乐，融合宫廷、民间、宗教音乐于一体，具有庄严肃穆和神秘飘逸的独特风格。

由武当道教中产生的武当武术历史悠久、名扬四海、博大精深。武当山历代都有高道羽士，他们都是武功与修道并重，把道教哲理蕴于武当拳理，将丹道功法融汇在拳艺之中，逐渐形成了从理论到功法都蕴含着无比高深哲理和精妙拳技的独特武当武术。元末明初武当道士张三丰是集其大成者，被尊称为武当武术的开山祖师。后来经过历代武术家不断创新、实践、充实、积累，逐渐形成中华武术一大流派，一向有"北宗少林"、"南尊武当"之称。被称为"内家功夫"的武当拳因其松沉自然、外柔内刚，行功走架仿佛浮云流水连绵不绝的独特风格在武林中堪称一绝，逐渐成为中华武术的主要流派之一。

千百年来，武当山以其奇景佳色、名胜古迹、道教文化，吸引着历朝历代的无数名流羽士、文人骚客。北魏时期郦道元的《水经注》中引《荆州图副》记载：武当山的"山形特秀，异于众岳"。李方叔在《武当赋并序》中把武当山和五岳比较："拟秀厚于恒嵩，埒清雄于衡华"。明代白悦也曾经吟诗道："名山游历遍，谁似此山奇"。保存至今的明代诗文楹联仍然有"武当万古郁未吐，得吐居然压华嵩"以及"四大名山皆拱揖，五方仙岳共朝宗"和"顶镇乾坤举世无双胜境，峰凌霄汉天下第一仙山"等一些佳句，这些诗句高度赞美了武当山的不凡身姿和重要的历史地位。

九 宫 山

真人何人结幽栖，
累世奎光焕紫泥。
日月高奔黄道近，
衡庐傍出玉绳低。

——谢枋得《九宫山》

【名山初识】

秀丽的九宫山位于幕阜山脉的中段，湖北省通山县境内，西连南岳衡山，东接匡庐，广袤连绵数百里，总面积210平方千米。九宫山的中心景区由九宫山镇、森林公园（自然保护区）、铜鼓包、石龙沟、闯王陵主要五部分组成。九宫山有奇峰耸立，幽谷纵横，泉瀑奔涌，飞云荡雾，古木参天，竹林似海。九宫山百川挂岩，千峰竞秀，万木争艳。一方面有江南山峰的奇秀，另一方面又具塞北岭岳的雄伟，雄、奇、秀、险集于一身，被世人赞誉为九天仙山。

九宫山的山峰雄奇险峻，景色迷人，不但是游览佳境，更是游客的避暑胜地，盛夏季节日平均气温11℃左右。大崖头瀑布落差420米，是全国之最；位于海拔1230米的云中湖，是我国最具特色的高山湖泊；森林公园面积40平方千米，有珍稀动物17种，珍稀植物有34种。

九宫山的历史悠久，人文景观星罗棋布，根据历史记载，南朝晋安王陈伯恭有兄弟9人为避战乱，建九座行宫在这里，因此得九宫山之名。南宋道士张道清来到九宫山开辟道场，香火之盛，是全国五大道场之一。1645年，明末农民起义领袖李自成殉难在九宫山牛迹岭。国家重点文物保护单位闯王陵是现在全国唯一保存下来的农民起义领袖陵寝。

【名山览胜】

九宫山北距武汉178千米，一〇六国道顺山脚而过，环山公路把全部旅游景点连成一体。山上有70余家休养院所。

九宫山著名的景色特别多，其中以下景观最突出。

迎客松

在九宫山山门的怪松坡上长着一棵优美的青松，在路旁向游人招手，微笑，喜迎八方来客，这就是倾倒过无数游客的"迎客松"。迎客松挺拔高大，主干笔直，青苍滴翠。迎客松的树冠向下侧倾斜，仿佛是在向游人鞠躬行礼。有几根横枝长达数丈，斜伸垂地，如同向游人伸出的热情的手臂，在微风中轻轻摇曳，向游人热情招手。迎客松就像一位风姿优雅的礼仪小姐亭亭玉立地站在这景色怡人的云山雾海中，迎接四方游人。在迎客松的旁边还有"望客松"、"送客松"、"含羞松"、"父子松"和"姊妹松"等各式各样的奇松。

云中湖

云中湖，因为其高在峰顶耸入云雾的下端，常有雾团飘于湖面，因此被称为云中湖。云中湖的湖面面积有6.7万平方米，蓄水量100多万立方米，最深处35米。温暖的春夏之际，云雾常聚集在湖面，随风飘飞，山峰倒映，微波荡漾。湖的出口正对西方崖谷，夕阳斜照的时候，霞光、水光、云影、山影汇集倒映在湖面，五光十色，绚丽多姿，被称为"云湖夕照"，是九宫山上最有特色的自然景观之一。春天，云中湖湖岸幽静、清爽、绿草如茵，遍野山花烂漫，树上百鸟啁啾，人行云上，车行树梢，鱼翔崖巅，燕巢水底，景致十分奇妙。炎炎夏天，云中湖是山中的天然游泳池。冬天，云中湖凝结成一块晶莹的巨镜，是天然滑冰场。

石龙沟

石龙沟长达7千米，由万余级石阶连贯全境。石龙沟景区中建有石拱桥7座，铁索桥3座，跳石、栈道各一处，用悬崖、奇石、古树、叠瀑、潭池等景致组成不同的自然景观，是一个原始森林带。石龙沟景区可分为上下两大部分，上段用奇石、寿木和大片混交林组成，统称"翠寿坡"。石龙沟的坡上汇集了九宫山所有植物的60%。入口处，向东仰望可以看到神女峰，沿石级下行，在数百米的地方，一巨石透空耸立，传说女娲补天的时候，有一石坠落九宫山，就是这块奇石，故名为"补天遗石"。途中有"神雕石"、"龙源瀑布"、"卧龙池"和"音乐桥"。游客从石龙沟上段走下来，看见溪东一石兀立，好像穿着宽领大袖的老人，"石龙沟"前面对着一巨崖，传说是懒拙和尚的化身。再沿沟往下行，叠瀑连珠，斑斓纷呈，千变万化。游人进入"锁云桥"，只见桥下涧水奔流，两侧都是高达百米的花岗石崖，桥的两端连接一条栈道。游人再往前走几百米，有一道索桥便是"归龙桥"，"归龙桥"的桥下有一条首尾俱全的石龙，半掩在溪水中，似逆水而上。传说是"龙湫"的龙，想要乘水雾飞出沟外，跃出龙门后化为鲤鱼。因此小龙后悔莫及，即跳还龙门，虽然已经还原为龙身，但是已经筋疲力尽，无力再上，掩入水中而化为石龙，所以沟名为"石龙沟"。

樱花沟

樱花沟是一条长约7千米的幽长峡谷，沟上游分支出许多翠谷、幽谷，两边都竞相开满樱桃花，故名樱花沟。有3条发源于老鸦尖和太阳山北峰的巨泉，仿佛是一个横写的"山"字形，从开满樱花的樱花沟右侧的千米高峰上流到谷底汇合，形成无数深潭飞瀑，犹如少女跳出千姿万舞，在林海中吟唱出百转千回的迷人泉韵。只见溪底彩石斑斓，三步一瀑，五步一潭，美景迭现，层出不穷。樱花沟的第一段叫"三潭一现天"，三潭即三级瀑布，一线天就是指一条山峰紧峙的幽谷。游樱花沟要以观泉流、瀑布、森林景观为主，主要景点有鄂南龙潭、瀑布群、金鸡岩、仙人簸米、林海幽径和鹿角洞等。

森林公园

九宫山的森林公园是一座真正的植物园、动物园、药物园和百花园。生长着鹅掌楸、香果、银杏、三尖杉、楠木等多种我国特有的珍贵树种和国家保护的珍稀植物40余种。有药物500多种，珍贵药材有人参，灵芝等120多种。有野生动物160多种，有国家进行保护的一类、二类、三类珍稀动物如金钱豹、香獐、白颈长尾雉、白鹇、雪狐、娃娃鱼等20多种。昆虫100多种，鸟类90种。来到森林公园，就如同走进了音乐岛，杜鹃的鸣声，婉转绵回；画眉的歌声，优美动听。森林公园在险峻中见柔媚，秀美中显清雅，是人们进行森林考察和野外旅游的好地方。

闯王陵

闯王陵是明朝末年农民起义领袖李自成的墓，闯王陵位于九宫山西麓牛迹岭小月山上，坐南朝北，占地200余亩。主要建筑有门楼、墓冢和陈列馆。闯王陵墓门前两侧伫立着两对明代的石狮、石象，正门上面镌刻宋体金字"闯王陵"。墓冢位于门楼之上，由门楼起步，登58级石阶，即至李自成墓冢祭台，椭圆形的闯王墓冢长满了厚厚的绿草，墓前立着一块"李自成之墓"的荷花绿色大理石石碑。闯王墓前有拜台，两侧有看台、花坛，花坛中种有梅花、雪松、香樟等名贵植物。墓上有下马亭、激战坡，墓的下面有幽径石桥和纪念碑台。闯王陈列馆设在门楼、墓冢的最上方，距墓冢有36级台阶的地方。陈列厅内有李自成在湖北坚持抗清壮烈殉难的历史事迹介绍，有李自成同清兵最后决战的李家铺古战场和著名的皇躲洞遗址照片，还陈列有李自成珍贵遗物鎏金马镫和各个历史时期的史志文献。邻近陈列馆的左侧是一块斜缓的大石坡，名为"激战坡"，是李自成当年殉难之地。当地"有庄人怜者，草葬之"。李自成死的时候，时年39岁，成为又一农民起义的千古遗恨。300年来，李墓仅为石垒荒冢，新中国成立以后，通山县人民政府在1952年将其作为文物保护，1965年作为湖北省第一批重点文物保护单位。从1975年九宫山旅游事业开发以来，国家拨款筹建闯王陵，修通了公路，并且在1979年竣工。

九宫山于1988年被列为国家级重点风景名胜区。

大 洪 山

适与野情惬，千山高复低。

好峰随处改，幽径独行迷。

霜落熊升树，林空鹿饮溪。

人家在何许？云外一声鸡。

——梅尧臣《鲁山山行》

【名山初识】

雄伟壮丽的大洪山位于湖北省随州市西南部，总面积大约是330平方千米，主峰宝珠峰海拔为1636米，被冠以"楚天第一峰"的美名。大洪山山体总的说由西向东，纵横随州、宜城、枣阳、钟祥、京山5个市县，所以人们说它是中原的中枢，江汉的要塞之地。中国建筑学会郑志霄先生考察完大洪山以后说："桂林的岩洞，庐山的凉爽，黄山的苍松，泰山的险峻等都被大洪山所拥有，而大洪山一山分四季，十里不同温"的气候特点，这是其它山不具备的。大洪山独特的植被结构和山体走向，让它的气候与众不同。大洪山平均气温15℃，因此大洪山是人们观光游玩、避暑疗养的好地方。

【名山览胜】

大洪山的自然风光能够闻名天下，是因为大洪山有历史价值较高的天然林生态群落。大洪山的森林覆盖率在百分之八十五以上，让人感觉整个大洪山就是一个绿色的海洋。大洪山的所有植物都具有明显的南北过渡特征，落叶、阔叶树和常绿树交融，形成四季山体都是绿色的风景特色。

"楚天第一峰"的大洪山不仅具有优美的自然景色，更让人着迷的是它奇特的山体。大洪山的山体别有一番韵味，造型不规则的大洪山山势形成了大洪山独有的特色，大洪山的每一块岩石、每一座山峰都是一个景观，甚至可以说是每走一步就换一景色。在奇形怪状的山峰中间有许多同样造型千奇百怪的岩洞。最深的双门洞和钟乳石以及最奇特的两王洞，造型奇特，令人拍手叫绝。山有水才有灵气，大洪山自然也有很多的山泉，不过不同于别处的是，大洪山在每一处有泉水的地方修建了很多泉池，著名的有18处：新阳温泉、珍珠泉、万寿泉等。宝珠峰峰顶的黄龙池，泉水水质清澈甘醇；白龙池享有"鄂中瑶池"的盛誉。因此大洪山获得了"苍松翠柏佳木秀，绿水青山瀑更美"的称誉。

在人文方面，大洪山具有悠久的佛教文化历史。洪山寺从唐朝宝历年间便开始兴建，唐文宗赐匾额题写为"幽济"、"灵济"，明思宗赐名为"楚天望刹"，寺中现在还有一块明代圣谕石碑，多块宋、元、明、清等朝代的各样石碑。

古老的大洪山地势险要，大洪山地处要塞，因此历朝历代都是兵家屯兵的首选要地。在历史记载上有5次农民起义在大洪山爆发，抗日战争时期，大洪山景区内的熊氏祠是鄂豫边区抗敌工作委员会的旧址。总之，大洪山不仅有丰富的自然资源，而且有宝贵的人文资源。

大洪山于1988年被列为国家级风景名胜区。

洪　湖

八月渡长湖，萧条万象疏。
秋风片帆急，暮霭一山孤。
许国心犹在，康时术已虚。
岷峨家万里，投老得归无？

——苏轼《望湖亭》

【名水初识】

被人们称为"莲藕之乡"的洪湖，位于湖北省洪湖市境内的西南部，处在江汉平原的南端，面积127平方千米，水深2米多。洪湖湖面开阔，港汊交错，被人们称为"千里洪湖"。洪湖湖水呈淡绿色，向湖面看去，大部分湖面绿水荡漾，清澈见底，洪湖是江汉平原上最大的水质无污染的淡水湖泊。

洪湖是在长江和东荆河之间洼地发育而成的泛水湖，东面和西面和长江相通，北面接东荆河。每年一到汛期，江河水倒灌洪湖，成为江汉之间的一个特大水袋。新中国成立前，这里是"三年淹两水"，给人民造成灾难，是名副其实的"水涨万顷浪，水退满湖荒，十年九不收"的"洪水"湖。20世纪20年代后期，这里成为中国共产党领导下的鄂西革命根据地中心。1927年7月，中国共产党领导下的洪湖游击队就战斗在这里，现在湖区西北瞿家湾还保留着当年小镇的风貌，湖区西北建有贺龙将军纪念馆。新中国成立以后，政府领导人民修堤治理水患，控制、调节江河水的泛入，防洪排涝有效控制了洪湖水位，在这里人们还建了一些水电站，为湖区生产提供了大量的能源。

碧波荡漾的洪湖不但水产丰富，而且景色绚丽多姿。四季皆有特色，渔家风情别具一格，是理想的水上旅游风景区。每到春天，湖面上渔帆点点，绿草依依；夏天，荷林丛丛，野花盛开；秋天，莲满菱熟，游人可以自由自在泛舟湖上，品香莲、尝鲜菱，亲身体验一下水上渔家生活的乐趣；冬季，九雁十八鸭等候鸟群居洪湖，则人们可开展狩猎活动。美丽的洪湖，用它特有的自然风光，每年吸引着大批国内外的游客。

【名水览胜】

洪湖历史文化悠久，湖光水色宜人，自然景观和人文景观资源丰富，有不少名胜古迹。

乌林历史名胜风景区。位于洪湖市城区以东15千米处，隔江与南岸的赤壁市赤壁山相对，是江汉平原罕见的丘陵地带。著名的赤壁之战"火烧乌林"就发生在这里。主要相关景点有：白骨塌、红血巷、乌林寨、曹操湾、摇头山、放马场、曹公祠。另外，乌林历史名胜风景区还有屈家岭文化的圆山遗址；有两汉、两晋、南北朝、唐宋元明清时期的墓葬群12处；有陈友谅故里及跑马岭、射凤台、打金场等遗址。

瞿家湾镇明代一条街位于洪湖市西北部，南临洪湖，北靠内荆河，始建于明弘治九年（1497年），是一个集明代古街与革命历史名胜为一体的风景点。老街主街道宽4米、长500余米，是湖北境内罕见的明代古街，属国家级重点文物保护单位。街面上百家商户店铺，从建筑到经营方式，皆古色古香，一派古朴典雅风貌，被专家们誉为"传统建筑之宝"。第二次国内革命战争时期，这里是湘鄂西苏区的首府，是湘鄂西苏区政治、军事、经济、文化中心。现存旧（遗）址22处，主要有：中国共产党湘鄂西分局遗址、中国共产党湘鄂西省委员会旧址、湘鄂西省苏维埃政府旧址、湘鄂西省革命军事委员会旧址、中国共产党湘鄂西省第三次代表大会旧址、《工农日报》社旧址等。

湘鄂西苏区革命烈士纪念馆又称烈士陵园，落成于1984年11月10日。馆址坐落于中心城区西南缘的长江之滨，陵园占地面积0.2平方千米，国家主席李先念为纪念馆题写了馆名。纪念馆以烈士祠、陈列馆、纪念碑为主体，辅以牌坊、人工湖、花坛、假山组成。整个建筑错落有致，气势宏伟。纪念碑居陵园的核心部位，通高23米，碑身正面镶嵌"湘鄂西苏区革命烈士纪念碑"12个黑色磨光花岗石的立体行书大字。碑身背面浮刻有贺龙元帅1957年书写的"革命烈士们的业绩鼓舞着我们永远前进"的题词。底座正面是国务院1957年12月为洪湖纪念碑撰写的碑文。1987年10月，该馆被国家民政部定为全国重点烈士陵园。1996年3月27日，由江泽民主席亲笔题写"贺龙元帅"的贺龙铜像落成于该馆。另外，洪湖市城区还有中国共产党鄂中特委旧址等革命旧址10多处，以及国际友人路易·艾黎居住过的旧址等。

白鳍豚自然保护区位于洪湖市新滩至螺山长江江段，全称为中华人民共和国长江新螺段白鳍豚自然保护区，是我国国家级白鳍豚自然保护区。经科学探测，该区共有白鳍豚100多头。白鳍豚号称生物界的"稀世珍宝"、"水中大熊猫"，不仅在仿生学、生物学和军事学方面具有极高的研究价值，而且极具观赏价值。目前，该保护区已成为洪湖市的一大旅游景点。

洪湖湿地自然保护区以洪湖为主要保护区域，成立于1996年。保护区面积37088公顷，以水生和陆生生物及其生境共同组成的湖泊湿地生态系统、未受污染的淡水资源以及湿地生物多样性为主要保护对象。洪湖湿地的恢复和重建已被列入"中国湿地保护行动计划优先项目"和国际湿地公约局数据库。据调查，洪湖湿地保护区内现有各种植物472种，隶属于116科、303属。另有列入《国家保护的有益的或者有重要经济、科学研究价值的陆生野生动物名录》物种131种。保护区是各种水鸟重要的越冬地和迁徙"驿站"，每年来此越冬的雁鸭类等水禽都在百万只以上，已知有各种水鸟8目、13科、65种。列入《中华人民共和国政府和日本国政府保护候鸟及其栖息环境的协定》的物种69种；列入《中华人民共和国政府和澳大利亚政府保护候鸟及其栖息环境的协定》的物种16种（兼属《中日候鸟协定》和《中澳候鸟协定》的物种有12种）。洪湖湿地于2000年12月升格为省级湿地自然保护区，2002年，洪湖被列为国家级湿地自然保护区。

磁　　湖

怪石倚洪流，朱栏截荒磴。

来窥空旷野，喜值波澜定。

涵虚无边裹，见底皆渌净。

磁湖万家会，华阁相辉映。

双峰引西湫，控带浮郭盛。

乃知一聚落，富庶亦有命。

铁冶今久贫，豪右盖已病。

忆初缔造人，有力如卓郑。

瑰材照密石，岁久尚鲜莹。

俯仰正忘归，白日动明镜。

风顺当进帆，徘徊寄孤咏。

——孔武仲《磁湖安流亭》

【名水初识】

秀丽多姿的磁湖位于湖北黄石市区的中心，总面积10平方千米。磁湖因为湖边盛产磁铁而得名。苏东坡和他的弟弟曾经在磁湖泛舟吟诗，使磁湖名扬全国。磁湖的主要景点有睡美人、鲶鱼墩、澄月岛、野趣园、映趣园、逸趣园等。在磁湖景区内，山形峻峭，水域纵横，山环水抱，交相辉映，如人间仙境。人们泛舟湖上，湖水澄碧，水平似镜，远山含黛，如诗如画，让人不忍离去。"磁湖夕照"是黄石八景之一。

【名水览胜】

美丽的澄月岛位于磁湖的南半湖，面积1.67万平方米，其中建筑面积6600平方米，水面3300平方米，绿化面积6700平方米。澄月岛四周环水，进岛处是一座半月形的拱桥，名为玉带桥，这里的正门是一座全木结构两重八角的古典式古朴大方的门楼，两边有对联，上联是：寄身磁湖，揽月无需穷碧汉；下联是：客来仙岛，飞舸何必赴瑶池。澄月岛的东南为一组江南仿古园林建筑群，建筑群里面设的主厅、副厅、侧厅、展览室、六角亭等，都是全木结构，飞檐琉璃瓦大屋顶，建筑群的四周有花圃、假山、水榭、金鱼池、长廊、荷花池、花木和照镜台。澄月岛北端有五个明代风格小亭，亭林里面，配有"嫦娥奔月"、"玉兔捣药"两座形象逼真的雕塑，还有藕香池、露天舞厅和荷花汀等。

磁湖三面环山，一面临江，仿佛一颗镶嵌在长江飘带上的蓝宝石，风景秀丽多彩。风景区拟规划以磁湖作为中心景区，向东延伸至西塞山，向南一直到月亮山，向西包括东方山，这里形成以"三山一湖"为框架的省级风景区。由于湖水和长江相连，水产特别丰富。湖水底下都是磁铁石，这些湖水下的磁石使湖水变成了磁化水，因此磁湖是开展旅游疗养的好地方。湖滨修建了游览线路，磁湖周边还建了游泳池、跳水馆、疗养院。历代相传东吴名将陆逊曾经在这里操练过水军。游人在观赏磁湖美丽的自然风光的时候，也可凭吊三国陆逊操练水军时的胜迹。

长江三峡

朝辞白帝彩云间，
千里江陵一日还。
两岸猿声啼不住，
轻舟已过万重山。

——李白《早发白帝城》

【名水初识】

汹涌澎湃的长江起源于被人们称为世界屋脊的青藏高原唐古拉山的冰川，它汇百川纳万流，从西向东奔腾不息，长江之水滋养了中华大地千年文化。长江三峡，两岸异峰突起，江中水流湍急，美景天成。瞿塘峡雄峻，峡两岸山峰苍翠突兀，长江江心浪高流急；巫峡清秀，十二峰更是楚楚动人，神女的俏影引人神往；西陵峡奇险，两岸山峰壁立千尺，江水奔腾，一泻千里。这里无峰不雄，无滩不险，无洞不奇，无壑不幽。山、水、泉、林，洞相映成为奇景，相得如诗。长江三峡看不完的绮丽风光，留下了无数旅人凝视的眼神及流连忘返的脚步！

【名水览胜】

瞿塘峡

瞿塘峡西起重庆奉节的白帝城，长约8千米，是长江三峡中最短的一个峡，一向以"雄"著称。此峡中河道狭窄，河宽不过百米，最窄的地方仅几十米，这让两岸峭壁相逼甚近，更增添了几分雄气，古人云："便将万管玲珑笔，难写瞿塘两岸山。"瞿塘峡里面，粉壁墙、孟良梯、凤凰泉、风箱峡、古栈道、犀牛望月峰等壮观景色让人目不暇接；历代碑刻更是层出不穷，俨然一个流动的书法艺术展览馆。两岸山势高峻，悬崖峭壁，赫然挺立；峰高壁陡，两岸山峰绝壁夹江而立，云天一线。瞿塘峡中湍急的江流、两岸绵延不断的山峦，构成了一幅更加壮丽的画卷。

夔门

夔门又被称为瞿塘关。两岸的高山险峰凌江夹峙，是长江从四川盆地进入三峡的大门。夔门两侧的险峻高山，南面的叫"白盐山"，北面的称"赤甲山"，拔地而起，高耸入云。邻近长江两岸则壁立如削，恰似天造地设的大门。人们隔江相望，江白辉映，蔚为奇伟。白盐山和赤甲山这两座山经历风剥雨蚀，岩壁好似刀削斧砍一般，非常秀丽。白居易在《夜上瞿塘》一诗中曾经赞咏："岸似双屏合，天如匹练开。"夔门把滔滔长江紧束成一条沟壑，"众水会涪万瞿塘争一门，"唐代大诗人杜甫用一"争"字活画出夔门的赫赫壮观水势。船过夔门，人们抬眼回望，整座夔门雄姿便展现在人们的面前，"夔门天下雄"五个大字鲜明而醒目，李端浩的篆刻巍哉夔门和行书夔门"瞿塘"也跃然眼前。

巫峡

著名的巫峡西起重庆高巫山县的大宁河口，东至湖北省巴东县的官渡口，这里峡长谷深，迂回曲折，奇峰蜿蜒连绵，烟云氤氲缭绕，景色清幽至极，仿佛一条美不胜收的山水画廊。

巫峡以幽深秀美著称。整个巫峡峡区奇峰突兀，怪石嶙峋，峭壁如屏排列，绵延不断，是三峡中最可观赏的一段，充满诗情画意，到处有景，景色相连。这里群峰竞秀，气势峥嵘，云雾缭绕，姿态万千，使人神驰心往。巫峡以十二峰最为著名，而这十二峰中又以神女峰最惹眼；神女峰上挺秀的石柱，形似亭亭玉立的少女。巫峡景区内有不少古迹，游人容易见到的是集仙峰下著名的孔明碑。集仙峰峰形似群仙相聚，上分两叉，很像剪刀插天，因此又名"剪刀峰"。集仙峰下有长方形的白色岩壁，上刻"重崖叠嶂巫峡"6个大字，相传是诸葛亮所书。

神女峰上有一挺秀的石柱，宛如亭亭玉立的少女。她每天第一个迎来朝霞，又最后送走晚霞，因此又称望霞峰。宋玉《神女赋》中，楚襄王和神女幽会的故事也是神女瑶姬下凡助禹治水传说中的女主角，化作少女之巧石倩立峰侧，这让神女峰独领风骚千年。历代骚人墨客为神女峰撰写了许多诗词歌赋表示歌颂。

在中国的古代神话中，传说神女峰是西王母幼女瑶姬的化身，曾经帮助夏禹开凿河道，排除积水。水患消除以后，为了确保行船平安而留在巫山，因此博得后人尊敬奉祀。神女峰对岸飞凤峰下现在还存有授书台，据说是瑶姬授书夏禹的地方。

巫峡栈道

栈道是指在山间的石壁上凿孔架桥、连接亭阁的山道。人们在悬崖峭壁上镶进横木，铺上木板，临近江的地方则有石墩、铁链，非常安全。三峡栈道长约60千米，基本上都是在悬崖绝壁上开凿出来的，途中有石桥越过沟壑，坦坡十分少，工程特别艰巨。栈道修成以后，行人、纤夫走起来特别方便。巫峡段从巫山县对岸起，至四川和湖北两省交界处的青莲溪止，长30千米。栈道是古三峡的一部交通史，也是中华民族的人民和大自然的抗争史。踏着栈道上每一块石板，都能够品味出这部历史中的悲壮和艰辛。随着长江航动的发展，这些栈道逐渐退出了历史舞台。三峡工程蓄水以后，大部分古栈道长眠江中，被历史所覆盖。

西陵峡

三峡中的西陵峡位于湖北宜昌南津关到巴东官渡口的长江上游段，全长126千米。西陵峡因宜昌市的西陵山而得名，三峡中此峡最长。峡两岸山峰雄伟峻拔，从西向东，由高渐低，错落起伏，富有动态之美；峡中江水滩险流急，汹涌奔泻，颇为壮观。宋朝时期的著名文学家欧阳修高度评价了西陵峡的风光，留下了"西陵山水天下佳"的有名诗句。西陵四峡分别是：兵书宝剑峡、牛肝马肺峡、黄牛峡、灯影峡。这里滩外有滩,险中有奇景,惊中见美景。著名的西陵三滩分别是:青滩、泄滩、崆岭滩,每滩都有往日险象丛生的历史记载和当今伟大的征服者化险为夷的壮丽诗篇。这里溪、泉、石、洞众多,鳞次栉比,参差错落。泉幽洞深,溪清石奇,几乎都和名人相连,留下了传颂千古的胜迹。古人曾经说,西陵"滩如竹节稠,都是鬼见愁"。现在,西陵航道经过整治,畅通无阻,游人可以顺利观赏山川美景。

灯影峡

闻名于世的灯影峡绝景,就是崖顶上的4块峥嵘巍峨的象形石。这4块石头颇似家喻户晓的唐僧、孙悟空、猪八戒、沙和尚。若是处于最佳角度,就可以看见神通广大的孙悟空正手持金箍棒,跨过一条溪沟,走在前面开路;唐僧、猪八戒、沙和尚则紧随他的后面,活灵活现。如果是黄昏过此,夕阳从山后映照崖顶,这4块奇峰怪石映于深蓝色的天幕上,因船动而景摇,别有风趣,仿佛正在演出一场精彩的峡江皮影戏,即当地人叫"灯影子戏",因此人们给这段峡谷取了一个这样诗意的名字,叫做灯影峡。此外,灯影峡的两岸,岩石黄灰兼而有之,还有一些地方呈现银白色,仿佛皎皎明月,辉洒大地,因此这段峡谷又叫"明月峡"。

自古以来,三峡地区就流传着许多美丽动人的民间传说。

三峡的灵魂人物屈原便和端午节的由来有密切联系。据传,屈原投江以后的一天夜里,家乡的人都梦见他又回来了,而且还像以前一样峨冠博带,只是面容憔悴忧戚。乡亲关切地上前询问原因,屈原说是因为他们投进江中的米饭大都被鱼虾抢去了,假如把米用箬叶包好,做成菱角形状,鱼虾见了就不敢吃了。于是第二年的五月初五,乡亲们便按照屈原的梦中嘱咐,把用箬叶做成的角黍,即粽子投入江中。这个风俗形成了传统,延续下来。

湖 南 省

衡 山

衡山巨镇白云齐，锦乡峰峦入望迷。
势压苍梧知海近，气吞星斗觉天低。
箫韶日下鸣丹凤，楼阁空中驾彩霓。
骢马同游穷胜览，归鞍不觉夕阳西。

——黄仲芳《衡山》

【名山初识】

衡山，又名岣嵝山，是著名的五岳中的南岳。衡山地处湖南省中部，湘江西面。根据古书记载，南岳位于星度二十八宿的轸星之翼，"度应玑衡"，也就是说，它像衡器一样，能够称天地的重量，能"铨德多钧扬"，因此命名衡山。衡山山深林密，古木参天，秀丽幽邃，郁郁葱葱，浓荫蔽日，有"五岳独秀"、"天下南岳"的赞誉。

衡山最高峰是祝融峰，海拔约1300米，虽不甚高，但和湘水相依为伴，相得益彰，显得高大巍峨。衡山南起衡阳的回雁峰，北至长沙岳麓山，绵延150多千米，有七十二峰罗列，可谓气势宏大。站在半山远望，祝融峰像大鹏的头，芙蓉天柱各峰像鸟身，紫盖香炉等各峰似伸展飞翔的双翼，这让衡山多了些灵动的韵味。清朝魏源在《衡山吟》中比较五岳称道："恒山如行，岱山如坐，华山如立，嵩山如卧，唯有南岳独如飞，朱鸟展翅乘云天，四旁各展百十里，环侍主峰如辅佐"，极为精到地指出了衡山的总体特点。

【名山览胜】

在五岳之中，南岳衡山以势雄、景秀、境幽、文丰作为特色。世人称南岳有"四绝"，即祝融峰的高、藏经殿的秀、方广寺的深、水帘洞的奇。

相传舜南巡，禹治水，都到过衡山，历代帝王祀典，除汉武帝因衡山道远而迁祀安徽潜山，即今天柱山以外，南岳祀典相沿不变。南岳衡山历史悠久，古往今来，成为僧道修真延年、骚人墨客游赏的圣地。山上文物古迹众多，在参天古树之间掩映着数十座具有民族风格的古老寺庙、亭台和众多的石刻古迹。其中著名的有南岳庙、藏经殿、方广寺、福严寺、南台寺、黄庭观、九仙观等。

南岳庙

南岳庙在衡山的南岳镇，由山门、盘龙亭、正川门、御书楼、嘉应门、御碑亭、大雄宝殿、寝宫、后门、东西便门和四角楼建筑群组成，占地9.8万平方千米，是我国五岳庙中规模最大、总体布局最完整的古建筑群之一，它和泰山的岱庙、嵩山的中岳庙并称于世，还因为雕塑精美独步于五岳庙。根据《南岳志》载，唐初建司天霍王庙，唐开元十三年（公元725年）建南岳真君祠，宋大中祥符五年（1012年）建后殿，宋、元、明时期继续加以扩建，清朝康熙四十七年（1708年）修复，同治年间（1862—1874年）又被毁，现在所看到的庙为清光绪八年（1874年）重建。

藏经殿

藏经殿在衡山祥光峰的下面，以前的名称是小般若禅林，相传是南朝光大二年（公元568年）名僧慧思所修建，陈后主妃曾经到庙中避乱，并拜慧思为师。后来明太祖朱元璋赐《大藏经》一部，现在已经丢失，因此命名藏经殿。原建筑历经修葺，现殿为1931年重修。藏经殿附近有大片原始的古木森林，环境优美秀丽，一般人认为除衡山风景最佳外，历来以"藏经殿之秀"誉称，是南岳"四绝"之一。

南台寺

南台寺在衡山的掷钵峰下，据《南岳志》记载，南台寺为南朝梁天监中创建，唐天宝二年（公元743年），僧希迁（又名石头和尚）在这里居住，辟为道场。世称僧希迁是禅宗八祖，有南台寺为其创建一说。1911年《日本僧藏经记》碑文中，称日本僧六休是僧希迁的四十二代孙，日本佛教曹洞宗视南台寺是他们的祖庭。南台寺经过数次修葺，现存建筑为清光绪年间修整。

岳 麓 山

春过潇湘渡，真观八景图。
云藏岳麓寺，江入洞庭湖。
晴日花争发，丰年酒易酤。
长沙十万户，游女似京都。

——张祁《渡湘江》

【名山初识】

风景名胜岳麓山位于长沙市湘江的西岸，峰海拔300多米，是南岳衡山七十二峰之一。南北朝时期的《南岳记》就曾经提道："南岳周围八百里，回雁为首，岳麓为足"，岳麓山因此得名。它千百年来就是著名的风景区，这里冬暖夏凉，绿荫浓郁，仿佛一扇翡翠玉屏，纵横在湘江的两岸，有"岳麓之胜，甲于楚湘"的称赞。

【名山传说】

传说圣祖祝融南下传经授道的时候，南岳还只有回雁一座孤峰，圣祖的72个弟子请求赐南岳一个雄姿。于是圣祖便派弟子们每人领守一座山峰，但是这山的走向，则要根据弟子们下山传经授道的功劳大小而来确定。

听了这话，72个弟子纷纷准备下山，只有排行72的最小弟子不慌不忙，只是背上包袱，沿湘江水流行走。他走到哪里，好事就做到哪里，凡是人们要他做的事，他一定都帮忙，一路上留下了人们的称赞。当小弟子走到长沙的时候，发现有个妖精变成一位法师，正在运用邪道残害村民。他于是筑起法坛，和法师对讲，揭露妖精的骗术。法师恼羞成怒，跳进湘江，兴起巨浪，冲向小弟子的法坛。可是小弟子的法坛非但不垮，还不断地升高，变成一座大山，镇住了疾风恶浪，压住了法师，让他显出乌龟精的原形。

原来是南岳圣祖在暗中帮助自己的小弟子，而且他又标定了衡山的走向，小弟子的讲坛位置，就是现在的岳麓山。据说，如果人们站在南岳祝融峰顶，晚上竟然还能看见岳麓山的灯火。

【名山览胜】

驰名中外的岳麓山风景秀美，著名的景点有：清风峡、爱晚亭、麓山寺、云麓宫、白鹤泉、飞来石等。

清风峡

郁郁葱葱的清风峡,位于岳麓书院向麓山寺去的谷地。清风峡树木繁茂,溪涧环绕着流淌,三面倚奇峰,景色美中夹秀,人们游在其中,立刻被美景陶醉,仿佛进入物我两忘之境。清风峡内,不仅有中国古代的四大名亭之一爱晚亭,还有著名的舍利塔,有刘道一墓、蒋翊武墓等。

爱晚亭

爱晚亭和滁县的醉翁亭、杭州的湖心亭、北京的陶然亭一起并称为"中国四大名亭",它建于清乾隆五十七年(1792年),原名红叶亭。后来,根据唐朝著名诗人杜牧的《山行》诗中:"远上寒山石径斜,白云深处有人家。停车坐爱枫林晚,霜叶红于二月花",于是改名为爱晚亭。爱晚亭由4根大红柱支撑,单檐画壁,亭角向上飞翘,自远处观看似凌空想要飞起的样子。毛泽东青年时代曾经寓居岳麓书院,常和朋友来此游憩、学习,现在,这座亭上的匾额"爱晚亭"三字,就是毛泽东在20世纪50年代初亲笔手书。爱晚亭内还立了一块石碑,上面刻有毛泽东亲手书写的《沁园春·长沙》的诗句。

枫林亭

距离爱晚亭不远,是一座看起来相对比较朴素简单的小亭,附近有清朝末年岳麓书院学监程颂万所刻"放鹤"和"二南诗刻"等著名诗文。

舍利塔

走过枫林亭不远处即是舍利塔,舍利塔前碑刻有"隋舍利塔"的字样,其背后还刻有"共建菩提"。舍利塔旁边的兰涧,是一条两边的崖壁上长满兰花的崖沟。走过枫林亭以后,可见清风峡内有几座墓葬,分别是革命党人刘道一、覃理鸣、蒋翊武的墓,辛亥革命阵亡将士的公墓,还有肖伟烈士墓等。

麓山寺

诗中写道:"一簇楚江山,江山胜此难。觅人来画取,到处得吟看。鹤隐松声尽,鱼沈槛影寒。自知心未了,闲话亦多端。"杜荀鹤这首著名的《题岳麓寺》,写出了岳麓寺的无限风光和独特魅力。

麓山寺最早建于西晋泰始四年（公元268年），多次遭受焚毁，又屡屡复建。麓山寺由大门、弥勒殿、五观堂、大雄宝殿、钟鼓楼、观音阁等建筑构成。麓山寺大门是牌楼式，牌楼正中上面镌"古麓山寺"4个字，门楼两旁镌著名的楹联"汉魏的最初名胜，湖湘第一道场"。

一进大门可以看见放生池，随后是第一进殿弥勒殿，佛台上供奉弥勒佛像。二进殿是大雄宝殿，即是正殿，位于寺内中心位置，重檐歇顶，殿内佛台供奉着释迦牟尼佛三身佛像，极为庄重。大雄宝殿的左侧是五观堂，主要用于寺内僧众就餐。接待宴客的客堂位置在大雄宝殿左前方，而高僧讲经的地方位于大雄宝殿的右前方，即讲经堂。

观音阁在寺的后部，又被称为藏经阁，是清康熙三十九年（1700年）复建的。阁为三开大殿，供奉观音菩萨三尊，观音阁前有两株松，其中之一树龄已经有1700多年。观音阁廊柱上镌刻有一副对联，是唐朝诗圣杜甫所作"寺门高开洞庭野，殿脚插入赤沙湖"，而阁匾"观音阁"三个大字则是唐代大书法家欧阳询所书。

云麓宫

著名的云麓宫是一处道家建筑，由山门、关帝殿、吕祖殿、三清宝殿等组成。进入山门第一进殿即是关帝殿，它位于望江楼的一楼，关帝殿门悬"云麓道宫"四字匾额，殿门两边的对联写道"对云绝顶方为麓，求道安心即是宫"。关帝殿内供奉关帝君像，三清宝殿位于关帝殿的后面，殿中供奉三尊神像。道教在岳麓山活动的历史非常久远，而明成化十四年（1477年）建起云麓宫以后，道教在这一地区就以这里为活动中心。

白鹤泉

著名的白鹤泉位于麓山寺上方的南侧，这是一口奇泉，甘甜味美，历代寺僧都把它作为饮用水。泉上方筑有单檐的方亭，修建有泉台和汉白玉石栏的护围。

笑啼岩

白鹤泉南边悬崖有一个笑啼岩，是由青年猎人和花仙女相爱，两情相悦，笑逐颜开的传说而命名。因为笑啼岩处在两峰夹峙形成的瓶颈位置，每每山风吹拂，就会发出似啼如笑的声音。

赫石坡

美丽的赫石坡是一处自然景观的聚集地，位于湖南师大的后山，用巨石、幽谷、清溪和花木作为元素组成。这里溪泉淙淙，花草繁茂幽香，野趣盎然。赫石坡内建有岳王亭，六角重檐，岳王亭内有青石碑，是为纪念民族英雄岳飞而修建。附近建有忠烈祠，原来是岳王庙，歇山顶覆黄琉璃瓦，建筑的外形看上去雄伟壮观。

【名山人文】

千百年来，有无数的文人墨客、达官显贵到岳麓山来游赏，他们留下了众多的历史古迹和文化故事。到宋朝时期，随着潭州讲学之风的盛行，岳麓山更是胜友如云，张载、朱熹等人常常流连山间，感慨"年华供转徙，眼界得清新"，让岳麓山的文化色彩更加浓厚。

禹王碑

岳麓山的云麓峰左侧峰峦上是著名的"禹王碑"，它是岳麓山古老文化的象征。禹王碑石刻有奇特的古篆字，字分9行，共77字。相传4000多年前的洪荒时代，大禹治水的时候曾经到过南岳，并在岣嵝峰立下了这块石碑。东汉赵晔的《吴越春秋》中就曾经记载了这一传说："禹登衡山，梦苍水使者，投金简玉玉字之书，得治水之要，刻石山之高处。"

唐朝文学家韩愈因此登临岣嵝峰寻访禹碑，留下了"蝌蚪拳身薤叶拨，鸾飘风伯怒蛟螭"的著名诗句。宋嘉定五年（1212年），何致游南岳，在岣嵝峰寻找到碑文，过长沙时请人翻刻在岳麓山巅。明代杨慎曾经撰禹王碑释文："承帝曰咨，翼辅佐卿。洲诸与登，鸟兽之门。参身洪流，明发尔兴。久旅忘家，宿岳麓庭。智营形折，心罔弗辰。往求平定，华岳泰衡。宗疏事衷，费劳余神。郁塞昏徙，南渎愆亨。衣制食备，不必操持。万国其宁，窜舞永奔。"

到了明清两代，吟咏禹王碑的诗词特别多，其中有朱翊銮的《禹迹亭》以及崔应科的《禹碑》、石公荫的《登禹王碑憩望》、沈一揆的《禹碑》等。这些诗词大都表达了对大禹治水功绩的敬仰崇拜和对碑文难以认识、解释、理解其中意思的感叹，例如沈一揆的诗云："平成绩奏几千年，石壁遗文尚宛然。岂是后人偏好事，应知古圣示心传。龙蛟影动云烟乱，珠露光凝日月悬。愧我读书五万卷，空来拟议未能诠。"

麓山寺碑

除禹王碑以外，岳麓山还有一块著名的碑刻麓山寺碑。碑高近 3 米，宽 1 米多，是由唐朝时期著名文学家、书法家李邕撰文和书写，黄仙鹤刻石。碑额采用篆书"麓山寺碑"4 个大字，碑文共 1400 余字，骈散文体兼用，叙述了麓山寺从晋泰始年间建立到唐朝开元立碑时共 500 年间的兴废修葺、历代禅师宣扬佛法的经过，还有岳麓山的秀丽风光。

李邕撰写的这座碑碑文是行楷书，词句华丽，字体秀劲，集汉魏碑铭之长，碑的背面还有米芾等宋元时期名家的题名，因而历代书法家都把它视作珍品。因这些碑的文采、书法、刻工都精湛而且独到，所以人们又称赞它为"三绝碑"。"三绝碑"在我国古代碑刻艺术中有极高的声誉，自古至今，许多著名文人游览岳麓山的时候都特意来观摩此碑，宋朝时期的张论、明朝时期的李东阳等都留下了吟咏它的著名诗篇，可见其对后人影响之大。

岳麓书院

诗中吟道："教同化雨绵绵远，泉似文澜汩汩来"，岳麓山下闻名全国的岳麓书院，创建于公元 976 年，这个占地 2 万多平方米的古建筑群，到现在已经有上千年的历史。

"准楚有材，于斯为盛"，人们举步进院，大门两旁的这副对联特别引人注目。书院的中心建筑是讲堂，就是在这个讲堂上，南宋时期的著名理学大师朱熹举办了大型学术会讲，当时有"道林三百众，书院一千徒"的美誉。历代历朝名家宗师也多会聚这里，传道授业，谈古论今。

经过讲堂，走过后屏，豁然开朗，眼前凸现一座特别大的御书楼。这座曾经以收藏御赐图书为主的古代图书馆，饱尝兵灾战火的劫难，屡毁屡建，现在得以修建完好。图书馆内珍藏着 5 万余册图书，供海内外学子教学研究使用。"三湘隽士讲研地，四海学人向往中"，浓浓的古老文化氛围，深厚的中华文化底蕴，让岳麓书院名扬天下。

岳麓山的自然风光清幽秀丽，古老文化源远流长，拥有奇、珍、幽、美 4 个字的赞誉。湘江碧水就在它足下缓缓流淌，可谓锦绣山水，风光无限美好，人们形容它"碧嶂屏开，秀如琢玉"。明朝诗人李东阳赞美岳麓山，诗中云："危峰高瞰楚江干，路在羊肠第几盘？肆树松杉双径合，四山风十一僧寒。平沙浅草连天远，落日孤城隔水看。蓟北湘南俱人眼,鹧鸪声里独凭栏。"陈毅元帅也在 1956 年写下《岳麓山顶眺望》诗:"岳麓山头任我行,三湘眼底绝风神。西南云气来衡岳,日夜江声下洞庭。"

张 家 界

不到张家界,焉知天下奇。
抬头一柱远,回首万尘低。
罗汉迎宾早,飞云入峪迟。
天然图画里,休道不如归。

——吴徽钟《天然图画》

【名山初识】

风景如画的张家界,又被称为青岩山,位于湖南西北部的武陵山脉腹心地段,面积有 130 平方千米,是中国第一个国家森林公园,有黄狮寨、琵琶溪、腰子寨、金鞭溪、砂刀沟、后花园、朝天观 7 条主要的旅游线。张家界景里面有三千奇峰拔地而起,耸立在原始旷野的上面;八百秀水蜿蜒曲折,穿行在莽荡峡谷之中。张家界的美景融峰、林、洞、湖、瀑于一身,集合奇、秀、幽、野、险于一体,"五步一个景,十步一重天",被人们称誉为一颗璀璨的风景明珠。

【名山传说】

人间仙境的张家界原来称作青岩山,并且青岩山上也并没有姓张的人家居住,后来改名为张家界,这名字的来历还和汉留侯张良有关。

传说汉高祖刘邦平定天下以后,滥杀功臣。留侯张良想到了淮阴侯韩信被害之前讲的话"狡兔死,走狗烹;飞鸟尽,良弓藏;敌国破,谋臣亡",他于是想要效法当年越国范蠡隐匿江湖。可是到哪里去才好呢?进入江淮,乃刘氏腹地;到留县封国,不能长久安居;秦岭、巴山一带又是虎豹成群,不是养生延年的好地方;西北方,匈奴骚扰……

他思来想去,最后决定只有到南方。古时三闾大夫屈原被流放,曾经游荆州、武陵,还给沅、澧二水各座名山留下了许多著名诗句:"沅有芷兮澧有兰,思公子兮未敢言"、"广开兮天门,纷吾乘兮玄云"……可能那里是人间的仙境。于是张良携带家眷来到了天门山,又辗转登上了苍翠欲滴的青岩山,发现这里别有天地,正是张良想要寻求的"世外仙境"。从这以后,他便在这里隐居下来,修行学道,并且留下了一脉张氏子孙。

传说张良为了使青岩山水更加美丽，曾经在青岩山南边种植了7棵银杏树。这7棵银杏树长得异常高大，就像7把巨伞，撑在半山腰。7棵银杏树被张良刻上了"人间仙境张家界"7个大字，之所以把青岩山叫做"张家界"就是因张良赐名。

【名山览胜】

神秘幻影

张家界内石林密布，四面绝壁，中间则是千姿百态的峰林。峰峦拔地而起，直入云霄，层层幽谷叠翠，峭壁千仞。由于特定的地理环境，四季景色各异，特别是雨后初霁，云海、云瀑、云烟、云雾、云涛，烟波浩渺；冬天银装素裹，山舞银蛇，一派壮丽景色。峰石形态在各角度观赏都有不一样的感受，具有神秘之感。隔琵琶溪向"望郎峰"望去，酷似少妇的倩影，往前百步，它又变为翘首眺望的年老村妇。天子山居高临下，俯瞰群峰，千座峰林，无边无际，峰顶上的松林有云海覆盖，飘忽不定，让人感觉气势磅礴、气象万千、变幻莫测。

奇峰异景

张家界境内耸立着的奇峰异石数以千计，姿态各异，变化多端。如金鞭岩雄伟壮观、金光闪烁，是一座拔地而起、三面笔陡、高耸入云的巨大石峰。南天一柱、定海神针、闺门岩、百丈绝壁等景观也造型奇特。峰石有的情趣盎然，有的形象生动。"夫妻岩"似一对恋人，身姿倩影，使人想入非非，此外还有千里相会、将军岩、雾海金龟、老鹰咀、天桥、力重仙阁等，充分诠释了"奇"、"怪"二字。

岩峰见奇的武陵源，还有稀有的珍贵树木。各种松树有的挺立于峰峦之上，有的从刀削般的岩壁横空出世，也有的扎根于陡峰或断崖的缝隙之中。有的林木簇生在奇峰异石之巅，任风刀霜剑，仍然直耸云天，令人有壮志满怀之感。天子山上的"月庭"奇观也令人叫绝，当月明星稀、万籁俱寂时，银色的月光山峰石林披上了一层"魔纱"，似一群魔影游荡在幽谷之中，叫声凄厉，令人悚然惊惧。

幽雅仙境

武陵源不仅有拍案叫绝的山，更有令人心旷神怡的水。山与水的相互交映，呈现出一幅"山因水更奇，水因山更秀"的幽雅图画。张家界有"秀水八百"之说，事实上较大的溪流有48条。向东流的金鞭溪和索溪贯穿整个景区，并有琵琶溪、花溪、沙刀、龙尾溪、矿洞溪等溪流。这些溪流的源头在众多的流泉飞瀑,如鸳鸯瀑、万迭瀑、六月飘雪等,流经坡度大的地段又形成激流溪涧,如百瀑溪、麻溪等,而一些低洼的地方则形成潭或湖,较小的泉潭有紫草潭、跳鱼潭等,大的有天池以及宝峰湖和索溪湖等。山泉亦很丰富,以白沙井最为著名,有"冷水锄茶慢浓"的说法。雨季时,索溪洪流滚翻,干旱时,泉水不断、洪流滚翻。

这些涓涓细流,在许多山体造成了狭长的纵横冲沟、峡谷,由西至东不到6千米长的索溪河岸,被切成深壑幽涧,共有48样。南北纵向峡谷主要有黑草沟、一线天、白虎堂、百丈峡、别有洞天、王家峪、十里画廊、矿洞溪、沙刀沟、琵琶溪等。这些峡谷奇峰耸立,溪涧蜿蜒,林叶繁茂,空间多变,形成幽深奥秘的境界。因为形成时间不一样,同中有异,异中有同,各显风骚。十里画廊、沙刀沟、金鞭溪、鸳鸯溪、青龙沟,与奇山、绿水、异树,勾画成一幅幽雅的山水画。

秀美风光的张家界是大自然的宠儿,这里的山川秀色,全无人工雕琢与粉饰,它的美景全靠天造地设,风雨雕琢。无论是高山、洼地、深涧、幽谷,还是洞壑、石潭、奇花、异草,都是自然成型,自然成趣,自然成景,自然成名。它含而不露,若不身处其境,无论如何都见不到它的本来面目。于宝峰湖上泛舟,可观赏到胜于西湖的美景;在空中田园漫步,尽享诗情画意;若游览于紫草潭,一定会被大自然的景色所陶醉。远在明代,就有人题诗赞道:"高峡百丈洞云深,要识桃源此处寻。"

野趣横生

张家界有原始次生林,古树名木,奇花异草和名贵药材,姿态万千,色彩缤纷。黄石寨与"黑枞垴"原始次生林,隔壑相望,方圆达4万平方米,4面陡壁如刀削,人难攀上,覆盖着苍翠葱郁的松林,有鸟儿在林中徘徊。姿态雄奇的乔木,有弯曲如巨蟒的黄山松,称为"蟒松";凌空巨石上生有的大仿栗树,俗称"石生树"。金鞭溪畔有根箍石板的楠木,俗称"双楠抱石"。此外,还有枝干三度相连的"重欢树"。武陵源风景区,人烟稀少、山高林密,又盛产猕猴桃等野果,为野生动物提供了良好的生存条件,被称为"野趣、原生态、人迹罕见——地球上为数不多的无人之境"。

浩荡云瀑

浩荡云瀑亦名瀑布云。这种云的特征是从高处往低处流淌,或在峡谷之间飘流,借风力以显示其"飞流直下"的壮观气势。此为天子山最独特的云,有时天气变化特别大,斜雨骤至,风神疾走之时,大块、大绺雪白的浓云,犹如巨大的瀑布从天际间飞流而下,落至半山腰又猛地收住,似水流一般溅开腾起,场面动人心魄。

张家界有时也有另一种不规则的云,只有在风向不定时才出现的短暂现象。这种云有时如烽烟四起,从石林绝壁直往上冒;有时像波浪起伏弥漫涌现在山腰之间,而山峰、山脚下却一丝这样的云也没有;有时像白絮似地在半山中回荡,落在岩松或石林之中而逐渐消失,有时像游练似地在山岩间悠然游逛,有时又聚集在人的周围,形成浓黑的烟云,遮天蔽日,像一幕大布罩在天空。

西海光环

茫茫西海是一个奇特的石林海洋,数以千计的石峰,千姿百态。风景地段有一根高约200米的石柱,拔地而起,峰顶叠翠,两个小石峰中间镶嵌着一块小石头。这块神奇的石头及奇妙的石峰,每年都要发一次光,光亮就像放花炮那样,光芒四射,照亮了神堂湾一带,把整个西海照得犹如白昼。光亮由小变大,由此及彼,最大的亮度持续三四分钟,最后像把所有的能量都释放尽了一样,慢慢地消失。

据传说,这是向王天子在为民祈祷,向苍天烧香发出的火光。也有人说,向王天子在跳神堂湾时,把手中的枪投向官军而碰在石头上所迸发的火光。西海光环是大自然的神奇现象,至今还未有人对其作出合理的解释,这又给人类增加了一个未解之谜。

金鞭怪影

武陵源金鞭溪有一人成三影的奇异景观,是当地人吉祥幸福的佳话。金鞭溪清澈见底,像一条洁白的飘带飘动在武陵源。秋天从水绕四门至张家界,可沿途观玩五步一景、十步一天的景致,溪水叮咚、鸟鸣蝉叫,野花新香,山果串串,如诗如画,令人流连忘返。当行至五千米许,若遇上晴空万里的好天气,就会惊讶地发现,有神奇的场面出现,自己的影子由一个逐渐变为三个,人动影随,影随人至,场面奇幻。

奇声异响

坐落在天子山上的神堂湾,自古以来就蒙上一层神秘的面纱。它是一个天然的半圆形天坑,面积多达10余公顷,三面悬崖陡壁,湾内深不见底,神秘莫测。时而霞光万道,瑞气千条;时而又阴风惨惨,雾雨绵绵。更令人惊叹的是,只要在潭边附近,耳边便隐隐约约听见一片鸣锣击鼓、人喊马嘶的声音,似有千军万马在鏖战。特别是每年除夕之夜,神堂湾里便可听见鼓乐齐鸣,人声鼎沸,像成千上万的人们聚在一起欢度节日一样。有人说,当年向王天子率众将士跃入神堂湾,那阵阵的喧闹声,是向王和众将士在闹除夕。也有人说,神堂湾深不见底,里面"藏龙卧虎",是那些动物发出的啸声。还有人说,神堂湾的石头有磁性,记录下了当年向王与官军作战的声音和狂风暴雨、电闪雷鸣的声音,在特殊的条件下这些声音又会被放出来。时至今日,也无人潜至神堂湾的底层,其神秘的面纱仍未揭开。

山间红月

在武陵源的月亮垭有时会出现红色的月亮令人惊奇不已。月亮垭的红月亮,一般出现在春夏季的每月中旬,发生在久雨初晴的晚上八九点钟的时候。圆圆的月亮,像早晨初升的太阳,月色血红,发出黄昏时的光晕,把贺龙公园、石家檐、神堂湾一带照得通明,如晨曦初照,给那高耸入云而静谧的大峰林染上一层金红色。1个小时后,这种现象渐渐消失。

因为张家界地理环境特殊,形成了罕见的奇特砂岩峰林和峡谷地貌,整个景区内山清水秀,峰奇石怪,洞阔景神,野趣横生,构成奇特的大自然美景。张家界还是一个天然的地质博物馆、植物园、生物基因库、内容丰富的自然博物馆,是人类的宝贵财富,地球上的一块瑰宝,被人们誉为"天然的盆景、向往的仙境"、"中国山水画的样本"。

九嶷山

枫叶沾秋影,凉蝉隐夕晖。
梧云初暗霭,花露欲霏微。
岭色随行棹,江光满客衣。
徘徊今夜月,孤鹊正南飞。

——汤显祖《秋发庾岭》

【名山初识】

神奇的九嶷山坐落在湖南省宁远县境内,又名苍梧山。《水经·湘水注》记载:

"九嶷山盘基苍梧之野，峰秀数郡之间，罗岩九举，各导一溪，岫壑负阻，导岭同势。游者疑焉，故曰'九疑'。"是因为人们望着九座相似的山峰不胜疑惑，故名为九疑。舜源峰是九嶷山最高峰，因舜帝的传说而得名，舜陵、舜庙均在舜源峰下，另外八峰为娥皇、女英、桂林、杞林、石城、石楼、朱明、箫韶。九嶷山属喀斯特地貌，山奇、洞幽、水秀、林青，景区内有大面积原始森林，其中有被誉为"九嶷三宝"的石枞、香杉和斑竹。

【名山览胜】

始祖虞舜的藏精之所就在九嶷山，《史记》中记载了关于先祖舜帝的宝贵史料，其中就有舜埋葬的地方——江南九嶷。舜陵坐落在舜源峰脚，是中国五大古帝陵之一，也是目前唯一的舜帝陵。

舜帝是五帝之一，号有虞氏，因德才突出被尧帝选中继承帝位。据《史记·五帝本经》载："舜南巡狩，崩于苍悟之野，葬于江南九嶷。"传说他的二位妃子娥皇、女英听到舜帝的死讯后便来寻找，她们不停地哭泣，眼泪洒落在竹上，留下斑斑泪迹，由此有了斑竹，又叫湘妃竹。据传说舜帝是为百姓操劳过度成疾而逝的，所以九嶷山一带的人们为他修陵筑庙，用隆重祭祀来纪念他。

舜陵位于九嶷山峰舜源峰脚，陵前建有舜庙，因远古时帝王驾崩后均以山为陵，故现在的舜陵也只是一个大概的位置。舜庙是为了便于祭祀而建的，相传夏朝时始建，原址在九嶷山的太阳溪，明朝朱元璋在位时移至舜源峰下。

舜帝陵经过屡次修缮，目前陵庙祭碑廊内保存了36方历代祭碑。陵庙分为两个自然院落，共11个单体建筑，三面筑有宫墙，宫墙内中轴线上由北至南分别为山门、午门、拜殿、正殿、寝殿。陵区里有参天古木，香杉、将军树挺拔葱郁。在陵庙里面有古人留下的《禅让图》、《仁孝图》、《二妃泣竹》、《南巡图》、《韶乐图》等多幅壁画，均为舜帝贤明的故事。

紫霞岩

紫霞岩原名重华岩，因舜帝名重华而得名，后因洞内紫气飘绕，故名紫霞岩。紫霞岩位于九嶷山舜帝陵南一千米山腰处，系喀斯特地貌地下溶洞，洞口轩昂，气势恢宏。洞内有风洞、雨洞、雷洞、八音堂，气象万千，宛如仙境。洞口岩层交错，气势磅礴，半月形的绝顶崖壁好像随时都会散落下来。在洞口处，即可感到丝丝冷气，凉爽怡人。这里有雄浑的瀑布流水声，石钟乳也以巨大、精美著称，洞中有地下河流如九曲黄河，贯穿始终，穿洞过桥。

洞内石壁留有自唐宋以来的名人题刻、题墨，堪称一绝。洞内石笋、石柱星罗棋布，触手可及，每一处都好像精美的雕塑。而洞中非常空旷，可同时容纳数千人，地势平坦，气温适宜，给人舒适感，令人久久不愿离去。

宁远文庙

宁远文庙又名学宫，是我国目前保存比较完整、始建年代最早的四处文庙之一，世有"北有曲阜孔庙，南有宁远文庙"之说。庙内的石浮雕精美绝伦，尤其是20根高浮雕镂孔龙凤石柱群，为全国古建筑所独有。宁远文庙历经宋、元、明、清，历代10余次修缮，面积达10282平方米。进入宁远文庙，但见前园绿影重重，池映莲荷，游鱼可数，后院廊坊相连，曲廊环回，殿宇巍峨，如入仙阁。

玉琯岩

玉琯岩位于舜帝陵两千米处的九嶷洞村，四面环山，碧绿青翠，如一颗翡翠珍珠落于盘中，故又称"天下第一盆景"。玉琯岩为喀斯特地貌，有原始次生林，怪石嶙峋的山冈上长满千年古树，盘根错节，穿山破石，或含石丁根，形成千奇百怪的自然景观，令人赞叹。这里不仅景色宜人，石刻精美，还有何侯炼丹全家升天、舜帝遗玉琯等神奇玄幻的传说。玉琯岩是九嶷山保存崖碑刻最多的景点，现存有宋代方信孺"九嶷山"巨字题名刻及东汉文学家蔡邕的《九疑山碑》等数十方前人碑刻，在众多的碑刻中，最出色的为清光绪年间的蝇头小楷，不但书法精美，而且刻工极精，为碑刻中的极品。

舜寝九嶷

舜寝九嶷位于大界村东南方向，有一处巨大的山形景观。远观犹如一位巨人仰卧于九嶷大地，头、额、眉、鼻、颈分明，身躯伟岸，长发抛甩。据传说它是由舜帝的身躯羽化而成，观此景者，无不称奇。

桃花岩

桃花岩位于藻溪仙境景区北部的海江村，是一地下水洞，共1100米长。洞内岩壁石钟乳，灿若桃花，洞顶石乳，如串串珍珠，悬空欲滴。洞内流水，清澈碧透，水平如镜，缓缓流动。洞中泛舟，如同夜行于银河之中，如飘似飞。

云龙牌坊

云龙牌坊位于湾井路亭村,始建于明崇祯十二年,为旌表该村举人王姓所建。全木结构,歇山单檐,檐下饰蜂巢状"如意斗拱"七层,重叠出跳,飞檐宝顶。檐坊上有木雕人物,飞禽走兽,雕工精美,栩栩如生。据记载,历代祭舜官员、文人骚客常在此小憩,留有不少诗文题墨。明代地理学家徐霞客也曾在此住宿两晚,并把美丽的九嶷山田园景观记录在《徐霞客游记》中。

凤凰岩

凤凰岩位于盘家湾村凤凰岭上,紫韦岩西2千米处。岩内空气清新,钟乳石姿态万千,光洁如玉。洞中有洞,洞洞相通。主要景点有:百凤落巢、箫韶引凤、凤舞苍穹、群龙戏凤、双凤求凰、凰宫凤殿、喷泉飞雪、凤台望月等。全岩长1500多米,游人可尽览地下溶洞的奇特景观。

九嶷山挺拔雄伟的山峰、苍翠葱郁的林海、怪石嶙峋的溶洞、汩汩流淌的溪泉,尽皆各自成景,从古至今有无数文人墨客来此凭吊舜帝,吟咏如画的美景,脍炙人口的佳句层出不穷。在这里不仅能听到关于舜帝的美好传说,还能观赏到秀美风光和名胜古迹,毛泽东曾在《七律·答友人》一诗中写道:"九嶷山上白云飞,帝子乘风下翠微。斑竹一枝千滴泪,红霞万朵百重衣。洞庭波涌连天雪,长岛人歌动地诗。我若因之梦寥廓,芙蓉国里尽朝晖。"

韶 山

> 势削悬崖断,根移怒雨来。
> 洞深山转伏,石尽海方开。
> 废寺三盘磴,孤云五尺台。
> 苍然飞动意,未肯卧嵩莱。
> ——吴伟业《穿山》

【名山初识】

韶山位于湖南省湘乡、宁乡、湘潭交界处。它于楚南拔地而起,海内皆知,它是一代伟人毛泽东的家乡,是毛泽东早期生活、学习、劳动和从事革命活动的地方。韶山人杰地灵,境内人文景观和自然景观交相辉映。

【名山探源】

韶山的历史在远古时代就有记载,据史料记述:"韶山,相传舜南巡时,奏韶乐于此,因名。"《辞海》也有相关描述:"相传古代虞舜南巡时,奏韶乐于此,故名……山有八景,风景优美。"传说当年舜帝南巡,途径于此,并为这里的景色所陶醉,便在这里安营扎寨,狩猎耕田。这时南来寻夫的娥皇、女英二妃也到了这里,舜帝大喜,便在山上举行隆重盛典。随从奏起宫廷中悠扬悦耳、动人心魄的《韶乐》,引凤来仪,百鸟和鸣,当地百姓也闻声而至,一起欢庆。后人在山上修建了"引凤亭",把山命名为"韶山"来纪念舜帝。

又有传说:"韶氏三女于此山得道,有凤鸟衔天书到,女皆仙去。"这在当地已编成故事:唐代有韶氏三女居山学道,行善积德,心无旁骛,至诚至切,终日以桃为食,感动上苍。直到有一天,一只美丽的凤凰口衔天书而至,背着三女上山,成仙而去。故最高峰名为"仙女峰"韶山也由此得名。

后来,孔夫子听到韶乐,由衷地发出赞叹:"闻韶,三月不知肉味!"可见韶乐神奇的魅力。

【名山览胜】

韶峰

韶峰,又称仙女山,仙女峰,当地人把它叫做仙顶灵峰。韶峰高516米,为南岳72峰之一,它雄伟挺拔,风光秀丽,群峦环抱,以雄伟陡峭居湘乡、宁乡、韶山三地交界之处。在峰顶远眺,韶山风物尽收眼底,由于独秀于群山环抱之中,所以有"跻其巅俯视群山若子孙,南岳洞庭望之若即"的美妙词句。

韶峰附近的韶山八景:韶峰耸翠、塔岭晴霞、仙女茅庵、凤仪亭址、胭脂古井、石壁流泉、顿石成门、石屋清风,各具风韵,令游人如置身仙境。韶山八景的每一景点,都有动人的典故,载入了《湘潭县志》或湖南省志《广舆记·卧游册》之中。韶峰顶端,"峭壁插霄间,朴压群山。箭韶流响白云关,绝顶才宽三五尺,秀挹天颜……万古头颅新色相,月挂金环。"

韶峰被当地人当做韶山的象征,清代湘乡籍文人周定宁游韶峰后,赞叹韶峰的风光,留下了脍炙人口的诗篇:"绕岫岚光凝欲滴,长风轻袅云烟侧。山涵五月六月寒,地拥千山万水碧。从来仙境称韶峰,笔直削山插天空。天下名山三百六,此是江南第一仑。"

仙女庵

仙女庵位于韶峰山腰,"四奇景"各具特色:六朝松"亭亭玉立势凌霄,万古清风万古涛,沾得圣朝新雨露,怕人问说六朝豪",飞来般"飞来此地几千秋,舵卷帆收去也不,料得苦钱难满载,一船消尽古今愁",四方竹"虚心亮节异寻常,志欲圆而行欲方,世态炎凉洋不顾,留真面目寄仙乡",白石泉"白石粼粼一派泉,空山涵印月中天,红尖不许丝毫染,流向人间洗劫缘"。

胭脂井

胭脂井为一眼泉水,位于韶峰南面山腰,水流终年不断,被称为胭脂古井。古井泉水不论季节,总是呈红色,十分罕见。相传舜帝在此狩猎和耕种时,带着娥皇和女英两位妃子在韶山居住。两妃以井为镜,每日对镜梳妆,梳洗时,脸上的胭脂不慎落入水井,将井水染成一片粉红,"胭脂"古井得名于此。

滴水洞

滴水洞位于毛泽东故居西边4千米处,是一个三面临山、一面以一小山涧作为出口的狭窄低谷,由于谷深清幽,酷似一洞,山上有一泉水,滴入谷中,故称"滴水洞"。

这里竹木繁茂,山涧缓缓水流,四季鸟语花香,深谷清幽雅静。特别是炎热夏季,滴水洞气温比谷外低$3\sim5℃$,是避暑疗养的好去处。这里原是毛泽东祖父的居住地,毛泽东小时候去湘乡外婆家经常从这里经过。山洞西北的一个山嘴,传说过去有老虎常在此歇息,故称"虎歇坪",现存两只卧虎石雕。

滴水洞开发了八景亭、八景石碑、石刻、猴亭等景点,滴水洞侧的最高峰景点位于滴水洞群山中部,站立山顶环顾眺望,南望可见韶峰群山叠翠,北望可俯视大坪全貌。正如毛氏族谱里诗曰"一沟流水一拳出,虎踞龙盘在此间,灵秀聚钟人未识,石桥如锁几重关"。

清乾隆年间,韶山湘乡的一位举人戴炯为《中湘韶山毛氏族谱》做序时说:"湘之西有韶山,山峻以复,泉洁以长,茂林修竹,云气往来,中可烟火百家,田畴沃壤……夫山水秀绝,必生奇才。韶山虽不在中州往来之地,赋客骚人所不到,必将有兼山川之秀,追踪古先生其人者,为国之华,为邦之望,使人与地具转!"韶山气候宜人,空气清新,它奏着《韶乐》从远古走来,像一幅历史的长卷、一首清丽的乐曲、一篇优美的抒情诗。

洞 庭 湖

洞庭春溜满，平湖锦帆张。
沅水桃花色，湘流杜若香。
穴去茅山近，江连巫峡长。
带天澄迥碧，映日动浮光。
行舟逗远树，度鸟息危樯。
滔滔不可测，一苇讵能航？

——阴铿《渡青草湖》

【名水初识】

洞庭湖是我国第一大淡水湖，位于长江中游，横跨湘鄂二省。水面面积为2400平方千米，为我国著名的水上旅游景观之一。洞庭湖浩荡无涯的苍茫气势和朝晖夕阴、碧波帆影、气象万千的绚丽景色，不知倾倒过多少游人。历代著名的诗人骚客，为洞庭秀色留下了许多千古传唱的名句佳作。例如，唐代大诗人杜甫形容洞庭湖是"吴楚东南坼，乾坤日夜浮。"唐代著名诗人孟浩然诗云："洞庭秋正阔，予欲泛归船。莫辨荆吴地，唯余水共天。"元稹则用："人生除泛海，便到洞庭波。驾浪沉西日，吞空接曙河。"来形容洞庭美景。宋代词人孝祥的《念奴娇·过洞庭》云："洞庭青草，近中秋，更无半点风色。玉鉴琼田三万顷，着我扁舟一叶。素月分辉，明河共影，表里俱澄澈。悠然心会，妙处难与君说。"更是把洞庭月夜的神韵描绘到极致。

洞庭湖区不仅风景宜人、物产丰富，而且历史悠久，是楚文化的发祥地；湖上的君山和湖畔的岳阳楼最负盛名，沿湖其他的名胜古迹也甚多。

洞庭湖以烟波浩渺，风光秀丽著称。范仲淹的《岳阳楼记》形容洞庭湖"衔远山，吞长江，浩浩荡荡，横无际涯，朝晖夕阴，气象万千"，形象细致地描绘出洞庭湖波澜壮阔、雄浑博大的气势。

【名水览胜】

洞庭湖湖区名胜古迹众多，较著名的有岳阳楼、君山、慈氏塔等。

岳阳楼位于岳阳市区西门城头。面临碧波荡漾的洞庭湖，遥对青螺滴翠的君山，北枕气势磅礴的长江，南望风景秀丽的潇湘，位列我国江南三大名楼之一。

岳阳楼的前身为"鲁肃阅兵楼",于赤壁之战时构建,唐开元四年,中书令张说谪守岳州,将阅兵楼扩建为一座三层楼阁,名南楼,后名岳阳楼。岳阳楼高21.35米,为四柱三层、飞檐盔顶纯木建筑。整个楼的建筑充分利用了美学、力学、建筑学、工艺学等,可见前人无穷的智慧,因而自古就有"岳阳天下楼"的美誉。

在北宋滕子京重修、范仲淹作《岳阳楼记》以后,岳阳楼才真正名扬天下。范仲淹著名的《岳阳楼记》虽然仅300余字,但是内容方博,哲理精深,气势磅礴,其中"先天下之忧而忧,后天下之乐而乐"成为传世佳句。此文使岳阳楼名声大噪,正所谓"文以楼存,楼以文名"。

洞庭湖中有一个小岛,名君山,它宛如白银盘里的一只青螺,在烟波浩渺的洞庭湖中与岳阳楼遥相呼应。君山岛东西长1千米,南北宽0.7千米,山体略椭圆形,由72个小山头构成。山上有许多名胜古迹和优美动人的传说:有黄帝君山铸鼎,舜帝与二妃爱情的千古绝唱,唐朝柳毅传书,宋朝杨幺起义及吴敏树兄弟建庙等。

二妃墓在君山岛东麓。大舜南巡时死于苍梧山,他的娥皇、女英二妃见夫久出未归,就四处寻找,找到洞庭湖中的君山后,忽闻舜帝不幸逝去的噩耗,不禁肝肠寸断,血泪连连忧伤成疾,不治而亡,葬在了这里。墓为石砌,前立石柱,上雕麒麟、雄狮、大象等动物,中竖墓碑刻"虞帝二妃之墓"。墓前20米之处有一对引柱,高2.8米,上面有一副楷书石刻对联:"君妃二魄芳千古,山竹诸斑泪一人。"墓北面不远便是湘妃祠,是宋代嘉定四年,岳州知府李邕,为纪念舜帝的两个妃子修建的。

柳毅井在君山龙口舌根处,是传说故事"柳毅传书"中的柳毅进龙宫的入口。柳毅井于1969年重修,风格别致,深十余米,井壁上书"柳毅井"三个隶书大字,浑厚有力,给柳毅井平添了无限风采。距井约5米处有一斜坡甬道,顺石阶逐级而下,伸向井中水下,井壁刻有一幅手执宝剑的巡海神浮雕,传说是柳毅的引路者。这条甬道,就是柳毅下洞庭龙宫的道路。柳毅井与洞庭湖边相隔不远,站在井边能听到洞庭湖的浪涛声,可是井水面却总比湖水面高出三四米,井中的水任意抽提,水源不竭,总是那么深。其水甘甜清洌,无杂质,是制茶酿酒的上品。

在重修柳毅井的时候,又于其上修复了柳毅传书亭。它是由两个长4.2米、宽2米的长方形亭相互交错而组成的多角形建筑。全亭由10根柱架支撑,高约6米,亭顶上覆绿色琉璃瓦,6个翘首有鳌鱼雄踞,将传书亭点缀得更为美观。两亭连为一体,组成双顶鸳鸯结构,自成一种古色古香的风格,诠释着龙女与柳毅的爱情,丰富了柳毅传书故事的内容并加强了感染力。

慈氏塔，建于唐开元年间，是湖南省最古老的建筑之一。位于洞庭湖滨的岳阳天岳山，高达39米，八角七层，实心楼阁式。塔的四周有28个小神龛，内置佛像，塔檐饰有莲花。每层檐角悬吊铜铃，微风袭来，叮当作响，充分体现了唐代塔形建筑的美感。慈氏塔巍然耸立在洞庭湖畔，与气势雄伟的岳阳楼遥相呼应，和浮游水面的君山一起，组成了一幅极富诗意的山水画。

洞庭湖周围还有众多名胜如小乔墓、怀甫亭、三醉亭、鲁肃墓、屈原祠、紫金庵等。这些古迹，使洞庭湖具有了丰厚的文化底蕴。在著名天然淡水湖中，洞庭湖更为历代文人墨客所钟爱，为其留下了大量诗词文赋，成为我国极具文化色彩的名湖。

广 东 省

丹 霞 山

> 石梁剑阁断还连，新筑双堤路蜿蜒。
> 金界开时天恰半，铢衣覆处地无偏。
> 孤峰俨示轮王相，九品中分宝座莲。
> 缉宇珠林成不日，掌光从此与灯传。
>
> ——陆世楷《游丹霞山》

【名山初识】

丹霞山位于广东、湖南、江西三省交界处，在仁化县城南9千米处，丹霞山高仅为408米，却被称为岭南奇山，主要是由于它是世界上丹霞地貌最全面、类型最多、最典型的地区。

景色灵异的丹霞山，吸引了历代文人墨客纷纷前来争睹它的灵秀，他们游兴之极，给丹霞山遗留了许多珍贵的摩崖石刻和碑刻。丹霞山摩崖石刻的覆盖率近10%。丹霞山不但景色秀丽，它还有许多动人的神话传说。其中就有女娲补天的传说。丹霞山的风水地貌，适合墓葬，因此丹霞山有很多墓葬群，但是因为历代盗墓者的破坏，研究价值已经不大。近期在丹霞山宝珠峰洪岩附近悬崖上的岩洞里发现了两副木质的棺材，被称为"悬棺"。但是由于洞穴地势险要，难以进入，所以目前尚无法断定这两副悬棺的年代。由此可见丹霞山的人文历史悠久。

1988年，丹霞山被列为国家重点风景名胜区。

【名山览胜】

丹霞山风景独特，根据海拔不同，风景也各异。丹霞山的风景区可分为上中下三层：上层景区主要有长老峰、宝珠峰、海螺峰；中层景区主要景点为别传寺；下层景区最著名的是"龙鳞片石"。此外还有锦岩洞天胜景，岩洞内建有观音殿、大雄宝殿，还可观赏到马尾泉、鲤鱼跳龙门等景点。

长老峰有一座别致亭子，可用来观看日出，因为它建在峰顶，人坐在亭中，有驾驭风的感觉，故名为"御风亭"。虽然丹霞山不是很高，但在这里赏日出也独具一番韵味，前人有诗为证："游尽日出风景地，独有丹霞日出美。"在长老峰上，只需坐在亭中，就能观赏到周围的美景，如玉女拦江等。翔龙湖位于长老峰南，周围有九龙峰、仙居岩、乘龙岩等。这里还有号称天下第一绝景的阴元石、阳元石。

宝珠峰也景点众多，主要有驼石朝曦、虹桥拥翠、龙王泉等景点。驼石朝曦位于宝珠峰北端，是丹霞山最高的景点。虹桥拥翠位于海螺峰与宝珠峰中间的背山低谷中。这里有一块巨石，长千米，是由海螺峰去宝珠峰的唯一通道。此石便为"虹桥"，一边下临深壑，一边与山崖相连。

海螺峰顶有螺顶浮屠，是清代修建。格式是正方形，用红岩板石筑成。它由祭坪、基座、塔身三部分组成。祭坪全用石板铺成，周围设有供台；螺顶浮屠高 8.37 米，塔身共分 4 层，是丹霞山较大型的建筑。海螺山峰下面有海螺岩、晚秀岩、雪岩、大明岩等岩洞，或奇特，或幽深。

别传寺原名长老寨。该寺为爱国高僧澹归禅师于清康熙初年创建，其师天然和尚曾说法于此。寺院建筑玲珑庄严，曾住众千人，其规模之大，堪与韶关南华寺、云门寺媲美。乾隆及民国年间曾两次被焚，焚后相继重修，民国时期广东省省长李汉魂先生曾拨款重修并立有重修碑文。目前的别传寺红墙碧瓦，斗拱飞檐，古朴而庄严。全寺背靠悬崖，面对云海、姐妹峰、童子拜观音、茶壶峰、朝天龙，诸峰时隐时现，令人有飘飘欲仙之感。寺院附近有水清如镜的"玉池倒影"，两树相连为一体的"鸳鸯树"，青葱悦目的"龙盘翠竹"，花香迷人的"双池碧荷"，还有观摩台、天然岩洞等名胜，确是一处人间仙境。

下层景区有一块著名的石头，名为"龙鳞片石"，此石可随四季的更换而变换颜色。下层景区还有幽洞通天，它是一个被自然风化侵蚀而成的岩洞，洞口刻着"幽洞通天"4 个字。幽洞通天里面就是一个圆筒形的水平通道，洞内高 0.7 米，长不到 6 米。从幽洞通天出来，就会进入一个高达 70 余米的通天大洞，在此洞中，可以观赏到中层风景。

罗　浮　山

依依宜织江雨空，雨中六月兰台风。
博罗老仙时出洞，千岁石床啼鬼工。
蛇毒浓凝洞堂湿，江鱼不食衔沙立。
欲剪湘中一尺天，吴娥莫道吴刀涩。

——李贺《罗浮山人与葛篇》

【名山初识】

罗浮山位于广东省惠州市西北方，距惠州 45 千米，距广州 90 千米，横跨博罗、龙门、增城三县，高 1000 余米，总面积 214 多平方千米。因其与南海县境内的西樵山为姊妹山，故又名东樵山。罗浮山于中生代的白垩纪形成，由罗山和浮山合成。大约在 800 多万年前，这一带的地壳发生变化，巨大的花岗岩体受挤压而隆起，再经过几千万年的风雨侵蚀，才逐渐形成奇峰林立的罗浮山。《后汉书郡县志》载："博罗有罗山，以浮山自会稽浮来傅之，故名罗浮。"因而当地流传浮山泛海嫁罗山的传说。有诗为证："浮山泛海自东来，嫁与罗山不用媒。合体真同夫与妇，生儿尽作小蓬莱。"

罗浮山共有大小峰峦 432 座，近千处名泉瀑布，石室幽岩 72 个，洞天奇景 18 处。山势挺拔雄伟，层峦叠翠，景色秀丽，山色万变。罗浮山为中国道教十大名山之一，在道教名山中，被称为第七洞天、第三十二福地，素有岭南第一山之称。

罗浮山雄伟挺拔，巨石幽壑，奇峰嶙峋，飞瀑如雷，溪涧幽深，烟笼雾锁，恍如人间仙境，神府洞天福地名不虚传。远在汉代时，罗浮山就已被列为五岳之后的十大名山之首，与西樵山一起享有"南粤名山数二樵"的赞誉。罗浮山素有"百粤群山之祖"、"岭南第一山"之称，并位列广东四大名山。

【名山览胜】

罗浮山的三大特色为奇峰怪石、飞瀑名泉、洞天奇景。

奇峰怪石

在罗浮山大小 400 多个峰峦中，形状各异，千姿百态，像玉女、像罗汉、像狮子、像骆驼，可谓"满山皆奇石"、"峰峰有灵境"。主峰飞去顶又名飞云峰，高达 1296 米，是罗浮山最高峰，因常有云雾缭绕、彩云飞渡而得名。远观之，宛如倚天宝剑，直插云霄。

飞瀑名泉

"满山皆甘泉"，"无泉不成瀑"用来形容罗浮山，最为贴切，瀑布近千处，其数量之多为国内名山之首。其中最著名的有白水滴、黄龙洞、白水门、流杯池等瀑布。而罗浮山的泉水丰富，终年长流，入口清凉甘甜，口碑极好。冲虚古观内的"长生井"，宝积寺背后的"卓锡泉"，酥醪观旁的"酿泉"为罗浮山三大名泉。"长生井"的泉水，相传是葛洪当年炼丹用的，近年已被鉴定为可直接饮用的"含锌的重碳酸钙型"优质天然矿泉水。

全山有大洞18个，小洞几百个。这里指的洞是洞天，"洞中别有天地"之意，而非洞穴。洞景极佳的有朱明、华首、白鹤、黄龙、酥醪等洞。朱明洞为其中之最。

【名山人文】

罗浮山不仅山水绮丽，风景如画，而且神话、传说、古迹繁多，古时就被认为是神仙府邸、南海蓬莱，留下了许多玄幻的传说。东晋时，著名道士葛洪曾在罗浮山修行炼气。葛洪字稚川，丹阳句容人，著有《抱朴子》内外篇等，他是著名的道教理论家、医学家、炼丹家。据《晋书》卷七十二《葛洪传》载，在葛洪81岁羽化成仙前，一直栖居罗浮山。

葛洪在罗浮山时，建有南庵都虚观，后改名冲虚观；西庵黄龙观；东庵九天观；北庵酥醪观。此后罗浮山的道教、佛教都很盛行，山上的宫观庙宇最多时有九观十八寺二十二庵，现存五观五寺，其中冲虚观被定为全国重点宫观之一。其余四观为酥醪观、九天观、白鹤观、黄龙观。

冲虚观位于罗浮山东麓、白莲湖畔，依陡壁凌霄而建，气势恢宏壮观。观前有一石桥，名会仙桥，经会仙桥穿过古木荫蔽的园林，便来到冲虚观门前。山门前有一副石刻楹联"妙景空不空四百峰峦朝紫府，尊躬上之上五千道德启玄门"，笔走龙蛇，字体遒劲；门口也刻着一副对联"典午三清苑，朱明七洞天"。

冲虚古观内有灵官殿、三清殿、黄大仙殿、吕祖殿和葛仙殿五重殿宇，此外还有百余间寮房等附属建筑。三清殿左侧斋堂内，有一口"长生井"，相传为葛洪炼丹取水之地，这口井的水长年不枯，四季保持在2米左右，有古诗为证："传闻地献宝，灵液出凤草。每日汲三升，何必安期枣？"

冲虚观内有一个八角形的水池，名为"洗药池"。葛洪在广泛搜集和整理民间的各种验方秘方后，写成了《肘后备急方》等医书。清代诗人丘逢甲为纪念葛洪，在洗药池畔作诗云："仙人洗药池，时闻药香发；洗药仙人去不还，古池冷浸梅花月。"并刻于巨石上。

洗药池的附近有一个"东坡亭"，为"东坡山房"旧址。宋代诗人苏东坡好道，被贬惠州后，于罗浮山搭建了东坡山房，开辟了药圃，还以罗浮山的人参、地黄、枸杞、甘菊、薏苡等中草药为题，写下了《小圃五咏》。他对葛洪很崇拜，在给儿子苏过的一首诗中写道："东坡之师抱朴老，真契早已交前生。"可见其对葛洪的仰慕之情。

冲虚观的西面，有一洞，洞之四周密布桃林，故名"桃源洞天"，每年桃花盛开时，景色甚美。有诗为证："一道飞云响云涛，会仙桥带两崖高。繁花片片随流水，淡涧泠泠见碧桃。"据传说每年七八月的时候，每天下午都有成千上万的蝴蝶在这里飞舞，故又名"蝴蝶洞"。

桃源洞上面有一飞来石，从飞来石顺"云梯"而上，就可到达"遗履轩"。相传遗履轩是葛洪与其师鲍靓谈经沦道的地方。一天，两人谈到天刚亮的时候，忽然两只燕子朝他们飞来，但当他们将两只燕子捉住以后，才发现不是燕子，乃是一双靴子。以后便有神仙遗履于此的传说了，轩由此而得名。

罗浮山不但是道家修炼之所、佛家的圣地，也是众文人聚集之所。自古以来，不知多少诗人骚客，英雄豪杰为罗浮仙山所倾倒，慕名而来者络绎不绝，颂扬之词汗牛充栋。其中就有司马迁、李白、杜甫、韩愈、苏轼、杨万里、刘禹锡、朱熹、屈大均、汤显祖等，并都有以罗浮山为题的名篇佳作。

鼎 湖 山

山在春深处。

望苍穹、青逼眼帘，润浸肺腑。

千载庆云云缭绕，依旧晨钟暮鼓。

有散人、时来吊古。

料得异日归此处，泛轻舟、倚枕听飞瀑。

临紫砚，吟骚赋。

<u>丝丝杨柳丝丝雾</u>。

更那堪、红蘅翠药，雁声如故。

云际青烟藏不尽，漫澨池亭幽树。

恰又见、当年鸥鹭。

人境结庐何处是？莫徘徊、此生相尔汝。

梦醒后，忘归路。

——佚名《贺新郎·重游鼎湖山》

【名山初识】

鼎湖山位于广东省肇庆市东北18千米处，整个景区奇峰秀美、风景绮丽，主要有鼎湖、三宝、凤来、鸡笼、伏虎、青狮、石仔岭等十多座山峰，主峰鸡笼山高千余米,是珠江三角洲地区的最高峰。

关于鼎湖山得名众说纷纭,一说是因山顶有湖,湖水四季不涸,故名"顶湖";一说是因中峰圆秀,山麓诸峰三歧,远望如鼎,故名鼎湖;一说,黄帝打败蚩尤后,采首山之铜在此铸鼎,鼎成升仙,为纪念黄帝得道入仙班而习称鼎湖,美好的传说为鼎湖山增加了神秘的色彩。

【名山览胜】

鼎湖山自古便为众游家必游之地,清康熙年间,鼎湖山风景区分东西两片,共有"十景"可观。后经逐步开发修葺,形成新二十景,东区为天溪——天湖景区,包括小歇群峰、碑亭凝谊、曲径云封、庆云环翠、龙潭飞瀑、幽谷奔雷、双虹飞堑、艺苑飘香、远眺砚洲、天湖探险十景;西区为云溪——老鼎景区,包括鹤亭小憩、伏虎听泉、葫芦妙迹、白鹅戏水、圣水浴佛、水帘洞天、三昧幽胜、古潭潜龙、跃龙古庵、白云怀古十景。鼎湖山山清水秀,登高眺望,但见莲花峰、三宝峰、归云峰、青狮岭、白象岭、屏门岭、龙门山、伏虎岗,层峦叠翠,绵亘曲折,怪石嶙峋,远岫云飞。

鼎湖山覆盖着茂密的森林,并蕴藏着丰富的泉水,从而造就了姿态万千的流泉飞瀑。云溪景区北坡龙溪泉坑内就可观赏老龙潭、跃龙潭、水帘洞等8处瀑布,其中最为壮观著名的为飞水潭瀑布。飞龙瀑溪水翻崖而下,若白练垂挂,被巨石阻挡分成三股,喷雪吐珠,宛如天降银龙,蓦然跌入深潭。游人至此暑气全无,1917年,孙中山先生曾与爱国华侨共游鼎湖山,并在飞水潭中游泳,还题写了"众生平等,一切有情"的木匾。62年后,宋庆龄又为此亲笔题字:"孙中山游泳处。"潭边崖壁还有名仕章太炎题写的"涤瑕荡垢"四个大字。在崖壁还有一诗:"危亭激赏奔雷势,万转千回认主流。便使征途多曲折,不随渣滓共沉浮。"字体刚劲,刻工精细,现仍清晰可见。

沿山径缓缓前行,只见满目浓碧,溪流淙淙,瀑布飞泻,水汽蒙蒙。只要每登高几十米,就有一处瀑布,根据山势和水潭形状,瀑潭之名也形象贴切。有白鹅潭、跃龙潭、水帘洞等。水帘洞前是一个圆形的碧潭,四周悬崖如削,好像置身于一个天井。水帘瀑布从崖壁的一个缺口处奔流而下,由于飞流倾注之处,有岩石向外突出,故而形成了一排如梦如幻的水帘。

鼎湖山位于北回归线附近,在地球上,北回归线穿过的地方大都是荒凉的沙漠,鼎湖山却截然相反,这里雨水充沛,山清水秀,林木茂盛,郁郁葱葱,形成了一片约40平方千米的原始森林。有2000多种野生植物、300多种栽培植物,还有

170多种鸟类、30多种兽类和20多种蛇类等许多珍稀动物。这里有丰富的负离子，清肺怡人，爽人心脾，被人们形象地称为"天然氧吧"。鼎湖山得天独厚，满山皆宝，遍地奇珍，具有极其重要的科研价值。为此，联合国把鼎湖山定为"人和生物圈"生态定位研究站。从此，鼎湖山便有了"北回归线上的绿宝石"、"活的自然博物馆"、"绿色宝库"等诸多赞誉。

【名山人文】

佛教在中国有很久的历史，鼎湖山深受其影响，自唐代以来就是著名的佛教圣地。早在唐仪凤三年（公元676年），禅宗六祖惠能高弟智常禅师就在鼎湖山西南之顶老鼎创建龙兴寺，宋代改名为白云寺。此后，这里高僧云集，环山建起三十六招提，前来朝拜、游览的香客络绎不绝，成为佛家圣地。

到鼎湖山传播佛教的有明代高僧、位于中兴禅宗三大长老之一的憨山和尚。明崇祯年间，有个和尚来到三宝峰，发觉这里众山环抱，面临谷地，峰峦叠起，状若莲花，山灵之气全聚于此，便结草为庵，号称莲花庵。次年，这个和尚又请来高僧栖壑和尚入山并奉为住持，大兴土木，重建山门，并按地势倚山筑殿，改莲花庵为庆云寺。庆云寺在建筑风格上，与自然山水高度和谐统一，融合在一起形成了相互渗透的有机综合体，它的主要构架以鼎湖山的真山真水为素材组景，以不破坏自然生态环境为原则，随形就势，成就了山岩、流泉、草木同体的自然风貌。清代以后，庆云寺规模越来越大、香火鼎盛，成为岭南四大名刹之首。

鼎湖山历代僧侣们爱生乐善，都有崇高的精神追求，在极端艰苦的条件下，造寺院、建经堂、修桥铺路、种树造林，积千百年之功，鼎湖山才因"此山乃博山钟鼓，云栖规矩"以及"禅、净、律三宗俱善"而四海皆知。

鼎湖山山明、水秀、林茂，自古至今，吸引着无数文人墨客登临。"幽壑仙都翠做堆"，人们盛赞鼎湖有王屋之奇、青城之秀、武夷之清、西樵之逸、丹霞之媚、委羽之幽，兼有我国六大名山之特色。

西 樵 山

西樵夜上欲拈星，掩映溪山草木青。
拾级登攀千百步，寻仙指引二三萤。
悠悠暮鼓开禅悟，袅袅香烟赞佛灵。
仰谢观音垂雨露，虔诚合十诵心经。

——佚名《游西樵山宝峰寺》

【名山初识】

西樵山与罗浮山共享"南粤名山数二樵"之誉。西樵坐落在广东南海市民乐镇，高344米，距广州市68千米，是岭南著名的旅游胜地之一。西樵山方圆约20千米，山上有8个村庄、72座山峰、36个岩洞、28处瀑布和200余处清泉，真是一个峰奇洞的"西樵之瀑"在此山中、泉清水长的游览胜地。尤其是瀑布引人入胜，"西樵之瀑"被列为羊城八景之一。

西樵山因为有众多流泉瀑布，所以又有"泉山"的美称。西樵山根据山势走向分西部、中部和东部三处景区。这三个景区各具特色，西部景区风景如画，山色秀丽，庙宇成群，名胜多，景点密；其他两个景区，山舞蜿蜒，洞深坡陡，林木葱郁，流泉飞瀑，怪石异洞散落其间，雄伟奇异，险峻清幽。

【名山览胜】

游览西樵山的人们必先到白云洞。白云洞是全山景物最胜处，同时又是入山的必经之路。董必武在1964年游西樵山后写有："欲览西樵胜，先应访白云。"以赞白云洞。

一进白云洞，只见鸟语花香，亭台楼阁，飞溅的瀑布，缓缓的清流，壁立的危岩，错落的巨石，如入仙境。这山谷就是白云洞，是由三面陡壁构成的，相传明代有学者何白云结庐读书于此，故才名为白云洞。白云洞兼具峭壁与飞瀑之美。峭壁上露出一角晴天，前面一条瀑布凌空直下，壁上刻有"飞流千尺"四字。飞流千尺又称大云泉，为西樵山四大瀑布之一。"飞流千尺"的泉水沿地势流成潮湖、鉴湖、会龙湖。潮湖在白云洞的最高处，湖处在半山腰，湖水比白云洞入口高约100米，据说湖水能涨退如潮。湖口处有一小亭名为枕流，内有一奇石，形如出水的芙蓉。泉广朗坪流下，经白水坑，成三叠石燕岩高数十米，长百余米。早晚和阴雨天时，有成千上万只石燕在洞中壁间栖息，群起飞舞时看碧空飞燕，水中投影，十分有趣，因此得名石燕岩。相传西樵山在五六千年前是一个巨大的采石场。在其周围方圆12平方千米的范围内，散布石器。当年采石，主要用火烧水浇法，这种方法利用热胀冷缩的原理使石块断裂。用这种开采方法采出的石头比比皆是，石场遗址还对我国南方手工业发展的研究起了相当重要的作用。石燕岩洞中有洞，洞中又有长50多米，宽、深数十米的深坑，积泉水而形成小湖，湖水清澈碧透，湖上有桥。湖中还有两块巨石，一浮于水上似汽车，一浸在水下像牌坊，分别称为"水中汽车"和"水底牌坊"。据说这牌坊有28米高，而其顶部离水面还有5米。

从石燕岩继续前行，只见两面石壁直立，高约33.3米，有如高楼夹道，仰望可见崖上有一洞口显露蓝天，这就是"险煞万仞"的"天窗格"。顺路而上扶栏窥望，四方形的峭壁垂直而下，活像个天街，黑洞洞的不知有多深，过一会儿，才隐约可见深渊下闪着蓝光，原来是绿得发蓝的湖水。有人说那石湖就63米深，天窗格最少也有100多米。

在碧云村口有一棵极大丹桂，高达20米。每年中秋前后，颜色深红的丹桂花争相开放，香气袭人，数里之外就可闻到。桂花酒是西樵的特产，饮后回味无穷，沁人肺腑。

从丹桂园穿过碧云村，村北口，有一口宽1米、深2米的水井，井水清澈见底，入口甘甜，冬温夏凉。由于它是一个终年不枯的小喷泉，自清乾隆年间建井以来，泉水不断上涌，溢于井外。井旁绿树环绕，浓荫蔽日，井上却没有一片落叶，即便故意把一片树叶放进井里，很快也会被水流带走。故起名无叶泉，有"西樵山第一美泉"之称。

西樵山除了景色秀丽，还以盛产茶叶闻名。唐人曹松，住在山上黄龙洞下，荷锄自食，并从浙江带来茶籽在此种植，以采茶品茶为乐，从此满山飘满茶香，因此西樵山又被称作"茶山"，所产之茶即人们已熟知的"云雾茶"。

西樵山于1988年被国务院公布为国家级重点风景名胜区。

星　　湖

四顾山光接水光，

凭栏十里芰荷香。

清风明月无人管，

并作南楼一味凉。

——黄庭坚《鄂州南楼书事》

【名水初识】

星湖在广东省肇庆市北郊，景色秀丽，风光旖旎，被游客誉为"人间仙境"。湖面浩瀚似海，湖堤有20余千米长，串绕着碧绿青翠的小岛，将面积约5.3平方千米的湖面分割为东湖、青莲湖、里湖、波海湖和中心湖5个湖区，总称为星湖。星湖山水，娇娆多姿，可谓山清水秀、峰峻洞奇，是我国南方著名的旅游胜地。其风光被人们总结为牌坊览胜、平湖幽堤、阆风夕照、玉屏叠翠、石林峭骨、虹桥雪浪、水月岩云、崧台揽月、石室藏奇、千年诗廊、碧霞映玉、天柱摘星、莲湖泛舫、阿波泉涌、桂轩留醉、杯峰浮绿、敞天石洞、月魄松涛、仙掌秋风、波海朝晖20个景点。1982年，星湖成为国家首批重点风景名胜区之一。

【名水览胜】

星湖湖区共有7座峭拔的石灰岩山峰，南列由东而西依次为阆风岩、玉屏岩、石室岩、天柱岩、蟾蜍岩、仙掌岩，状若贯珠，并排而列；北列为阿坡岩独峙。整个造型恰如"北斗七星"，浑然天成，故称为"七星岩"。对于七星岩的来历，有很多说法：有人说这7座岩峰是女娲补天时留下的7块灵石，也有人说是天上七仙女因羡慕凡间生活、偏爱肇庆美景而下凡化身而成等。

七星岩的最东峰为阆风岩，旧名"石角岩"，以道教经籍中有"昆仑山三角，其一角干辰之辉，名曰阆风巅"之说而得名。山峰高耸入云，与玉屏岩之西峰呈对峙状，气势雄伟。如登至峰顶，东望可见羚羊峡、鼎湖山，鸟瞰星湖全景。岩东南北三面临水，多溶洞。东面有含珠洞，洞外有两石下垂如悬磬，叩之铿然可闻金石声。西麓的钟鼓洞内有一石，逢水满时，滴水叮咚作响，如奏仙乐。南面有一无底洞，深邃漆黑，绵亘曲折，难穷其底。

玉屏岩与阆风岩相连，山势陡壁如削，中带横岭，似孔雀展屏。上行过玉皇殿，至三仙阁，三仙阁外面有两个溶孔，一大一小、一深一浅、一竖一横，形成似脚印的凹穴，被称为"仙人履"。沿山道直上，有一大石悬空而挂，以石块轻轻敲击，声音清脆悦耳，且敲击不同部位会发出不同的声响，所以称其为"八音石"，又称"扶啸台"，相传是何仙姑坐莲所化，又传为蓝采荷曾用竹笛所化。沿途还有"含珠径"、"小千尺峡"、"石林"、"醉石"等奇景。半山腰处石壁夹峙，中间有狭窄小径，仅容一人通过，顶部嵌一巨大圆石，一半平铺于登道上，一半凌空虚悬，危危乎似坠不坠，因状如仰口含珠，故名"含珠径"。

石室岩为七星岩景区名胜古迹最为集中的景点，也是星湖的中心游览区，几百年前就以风景优美而名扬天下。岩顶名"嵩台"，相传是天帝宴请百神之所。岩下的石室洞，是七星岩诸洞中开发最早、空间最大的洞，是"星湖20景"之中的"石室藏奇"。石室岩洞分龙岩洞、暖岩洞、碧霞洞、莲花洞4个风格各异的洞穴，洞高2~30米不等，洞内穹窿宽广。龙岩洞和暖岩洞为水洞，可驾舟遨游；碧霞洞和莲花洞是旱洞，可踱步畅游。每个洞穴各有特色。龙岩洞石乳纷垂，有佛手香橼、鲤鱼吐珠、母鸡伏雏、倒吊莲花、狮守龙门、石室龙床等，奇景美石，形态万千。暖岩洞中尽头处是抱珠井，井中好像有亿万颗玉珠不断喷涌而出，为难得一见的奇观。碧霞洞散布石笋、石幔，有犀牛望月、仙女下凡、孤帆远航、金童玉女伴寿星、花果山水帘洞等，构成一幅绚丽多姿的天然图画。莲花洞中有璇玑台，台上和崖壁处崖刻琳琅满目，令人目不暇接。

石室洞内最有文化色彩的是摩崖石刻。洞口左侧为李北海碑亭，内有唐著名文学家李邕于开元十五年所书的《端州石室记》碑刻，形象地描述了进入石室洞后的神奇感受，歌颂了大自然山水的美景，斥责了虚妄的仙境。岩洞内外石刻遍布，上自唐宋，下至明清，共有200余处，内容多是诗词歌赋，且多出自名家手笔，故有"千年诗廊"之美誉。石室岸洞，洞内有洞，山水相融，奇景处处引人入胜，而且文物荟萃，古迹汇聚，才有古人在崖壁上留下"岭南第一奇观"6个大字。

石室洞南口左侧，傍山面水有一组宫殿式建筑，名曰"水月宫"。水月宫始建于明嘉靖年间，原为观音堂，据传观音能显现32种应化色相，以"水月"色相最为高洁，因而得名"水月宫"。水月宫对面湖面上有一组水亭，呈放射状排列，中间一座八角重檐，四旁各一座四角单檐，由曲栏连接为一体，又以"飞龙桥"连接湖滨，与水月宫相连，亭桥栏阁，相互交辉。在亭上可环顾四周景色，月、岩、云倒映入湖，天上人间浑然一体，构成"水月岩云"奇景。

天柱岩与石室岩相连，高114米，是星湖最高峰，峻峰峭立，一柱擎天，透出一身浩然正气。南坡建有天柱阁，登高近眺烟波浩渺的平湖，远望湖中群岩倒影，湖光山色，风韵无限。前后临崖的半山亭、峰顶的摘星亭，更为天桂岩增添了灵秀之气。

星湖西部的蟾蜍、仙掌、阿坡三岩，各自独立。蟾蜍岩四周布满石沟、石笋，以顶上有形状雕似蟾蜍的奇石而得名。仙掌岩位于星湖中央，三面临水，顶略平，如掌腕，又耸峙有石笋，形似五指，远望若仙人巨掌擎天，故名"仙掌岩"。

阿坡岩位于湖北。星湖"八洞"中最著名的"双源洞"和"敞天石洞"均位于此。双源洞在阿坡岩东麓，洞内有两源合一的地下河，曲折幽深，可驾小舟入游；洞中钟乳石、石柱、石笋林立，琳琅满目，怪石嶙峋。敞天石洞，又称"出米洞"，因洞顶已部分坍塌，有个"天窗洞"，从洞里可以见到蓝天白云、绿树红花，别有一番情趣；洞内石笋排列成行，满目奇石。

七星岩摩崖石刻是我国南方保存数量最多、分布最集中、水平最高的摩崖石刻群。在七座岩峰总面积不足1.5平方千米的崖壁上，镌刻着自唐朝至今共523则石刻题记，现为国家级文物保护单位。

惠 州 西 湖

苏子长怀西子意，老来梦落岭南云。
玉池漫与东江水，明月空携绿羽裙。
芳草年年犹未歇，佳人代代总相闻。
当年故事听何处？波影浮图绕日曛！

——佚名《惠州西湖》

【名水初识】

惠州西湖位于广东惠州城西面，紧靠市区，北通东江，西面和南面群峰叠翠。湖区景色优美，布局妙在自然，素有"苎萝仙子"的美称。古时曾与杭州西湖、颍州西湖齐名。宋朝诗人杨万里曾有诗曰："三处西湖一色秋，钱塘颍水与罗浮"，其中就有惠州西湖。史书载有"大中国西湖三十六，唯惠州足并杭州"。

惠州西湖为天然湖，景区面积3.2平方千米，其中水面占地1.68平方千米。湖水深浅不一，一般在1.5米左右，个别水深3~4米。湖面上，烟波浩渺，堤桥如带，把西湖分为平湖、丰湖、南湖、菱湖、鳄湖五大部分，五湖一脉相通。其中平湖面积最大，景物也最多。湖周围有孤山、泗洲塔、朝云墓、准提阁、明月湾等景点。在碧波千顷的湖面上，又有点翠洲、荷花亭、芳华洲、百花洲、红棉百榭等景点。拱北桥、西新桥、明胜桥、圆通桥、迎仙桥、烟霞桥六桥将五湖联结在一起，使西湖有"五湖、六桥、七山、十六景"之称。湖内洲渚交错，桥亭掩映；湖边竹岸杨堤、山景倒映湖中，摇曳生姿，烟云聚散，深具曲折变幻之妙。

【名水览胜】

闻名遐迩的点翠洲是平湖中面积最大的岛屿，北宋时洲上建有孤屿亭，明代建为点翠洲亭。1913年建了留丹亭，来纪念辛亥革命"马鞍之役"所牺牲烈士。亭榭红墙绿瓦，朱柱屹立，四周青翠欲滴，碧波荡漾，被人们誉为"留丹点翠"，是惠州西湖一美景。

百花洲位于西湖明月湾附近，明朝时建有落霞榭，也称为花墩。清朝末年重修，在旧址上建镜芙轩。春天各种花卉盛开，香溢西湖，绣球翠玉令人心醉。绵绵细雨时，在轩里遥望"榜岭春霖"，山色空漾，满目清碧，景色奇丽。"花洲话雨"为西湖一美景。

泗洲塔位于西湖西山上，又名玉塔，是湖区最高的建筑物。始建于唐朝，为纪念泗洲大圣僧伽而建。塔高37.37米，塔外为7层，内13层，砖木结构。明嘉靖四十三年（1564）塔毁，明万历四十六年（1618）重建。新中国成立后修复，还增建了步级扶梯，登临塔顶，可俯瞰惠州全景。"玉塔鸟瞰"，为西湖又一景。在夕阳西下，霞光万道之时，"雁塔斜辉"是惠州西湖传统八景之一。"雁塔斜辉"可与旧日杭州西湖的"雷峰夕照"相媲美。月夜下的"玉塔微澜"也别具一番风韵。

飞鹅岭位于南湖西北部，三面临水，山势如鹅张翼，传说为仙人乘木鹅至此而化成岭。高70多米，是西湖沿岸的最高峰。登上山顶，可俯瞰惠州全城，有"飞鹅览胜"一景。这里自古便为兵家必争之地，孙中山、周恩来先后于1923年、1925年登临岭上指挥作战。

惠州西湖历史悠久，宋朝苏东坡谪贬惠州3年，曾大力资助修堤建桥，留下了朝云墓、六如亭、苏堤、西新桥、东新桥等遗迹，还有苏东坡手迹和摩崖上的宋、明、清名人题刻。西湖的特色是山川透邃，幽胜曲折，浮洲四起，青山似黛。树木葱茏之中隐现古色古香的亭台楼阁，景色浑然天成，形成了十六景：玉塔微澜、苏堤玩月、象岭云飞、榜岭春霖、留丹点翠、花洲话雨、红棉春醉、荔浦风清、西新避暑、孤山苏迹、花港观鱼、飞岭览胜、芳华秋艳、丰山浩气、南苑绿絮、准堤远眺，被列入广东省第一批省级风景名胜区。

广西壮族自治区

伏 波 山

伏波山下系江船，画角钟声破晓烟。
无数青山相对出，中流夜雨带帆悬。
惊残龙梦愁珠去，直踏蛟宫泛斗还。
最是无情分水岭，一时南北鼓阗阗。

——彭而述《伏波晚掉》

【名山初识】

伏波山坐落在漓江之畔，险峰挺秀，景色优美。在伏波山上，可以东瞩七星岩，南眺象鼻山，西望独秀峰，北瞻叠彩诸山。由于伏波山一半插入江潭，一半枕于陆地，每年春夏江水暴涨时，山麓遏阻着滔天巨浪，使江水倒转回旋，景色十分壮观。

【名山探源】

伏波山的名字，暗含着降伏波涛之意，除了这个说法，"伏波"之名还有一个动人的传说。

相传东汉年间，有一位著名的"伏波将军"名叫马援，他的一生极具戏剧性和传奇色彩，也与这座大山结下了奇缘。

马援是一位侠肝义胆的爱国将领，一生戎马，南征北讨，功绩彪炳。他有一颗赤诚的爱国之心，当时匈奴乌桓正在骚扰北方边疆，马援主动请求率军出战，他激动地说："男儿要当死于边野，以马革裹尸还葬耳，何能卧床上，在儿女情长乎？"后来的成语"马革裹尸"说的便是此事。

东汉建武十八年（公元42年），光武帝派遣马援攻打交趾郡，他带领将士们大获全胜，开拓了骆越，并且立铜柱为界，确立了东汉在南疆的版图。威名赫赫的伏波将军从交趾凯旋归来时，沿途不忘"为郡县治城郭，穿渠灌溉以利其民"，也为这座大山附近的百姓做了许多好事。当时的百姓为了纪念马援，就在山上建祠奉祀，此山也以他的名号为名。

马援是一位为国为民的清官，却在伏波山下蒙受了不白之冤。原来，就在他回朝前，见南疆一带盛产坚硬光滑的薏苡，既能入药又可食用，可以克除瘴气对将士们的伤害，于是装了一船想沿途给士兵食用。当船行刚至伏波山下时，就从京城传来消息，有人向光武帝上书，告发马援在南疆冒功领赏，而且还大肆收受了整整一船金银珠宝。马援听后顿时义愤填膺，当即将一船薏苡倾入漓江，以示清白，从此他的名字也与伏波山结下了不解之缘。

"大丈夫志穷当益坚，老当益壮"，是马援常挂在嘴边的一句话，也是他的座右铭。这位老将军一生为国，赤胆忠心，最后也履行了他的诺言。他在抱病参加攻击"五溪蛮夷"之战时，在营中病故。伏波将军的高尚情操在伏波山留下了千古佳话，宋宗道传凭吊道："铜柱威声怀有蛮，肯贪粞载涸溪山。无人为起文渊问，端的珠还薏苡还。"

【名山览胜】

伏波山风景秀丽，岩洞奇异，有还珠洞、试剑石、千佛岩、癸水亭、八桂堂、钟亭、水塔亭、正夏堂、珊瑚岩和听涛阁等诸多美景，登顶眺望，可以欣赏到甲于天下的桂林山水，因而有"伏波胜景"的美誉。

还珠洞

还珠洞又名伏波岩、玩珠洞，因马援将军倾薏还珠而得名。山洞位于伏波山腹，在此遥望江东，一片葱翠绝尘。

还珠洞内有很多著名文化遗迹，其中以北宋书画家米芾的自画像最为珍贵。米芾，字元璋，号海岳外史，与北宋苏轼、黄庭坚、蔡襄一起号称北宋四大书法家。他的自画像极为罕见，刻于石壁之上的更是异常珍贵。画像身着古衣冠，宽袍大袖，右手伸出二指，似有所指，迈开右脚作行走之势，神态自若，风度翩翩。画像的上方，有宋高宗的御笔题刻："襄阳米芾，得名能书。六朝翰墨，渔猎无余。骨与气劲，妙逐神境。风姿亦然，纵览起予。"

还珠洞也曾是一个佛教圣地，佛教的信徒们在洞内雕塑了许多佛像，唐朝宋伯康在公元852年还镌刻有造像记。洞内的唐人造像和宋代题刻被誉为"胜绝在桂林岩洞之上"，其中有一宋诗赞曰："天所神剜不计年，洞中风景异尘寰。江波荡漾青罗带，岩石虚明碧玉环。地接三江真迹在，天连合浦宝珠还。重来恍似乘槎到，惭愧云门夜不关。"

试剑石

试剑石为一从还珠洞洞顶垂悬下的巨石,在距地面仅寸许的地方戛然而断,似利剑削之,故名为"试剑石"。明《赤雅》中亦有记载:"其最奇者,有石悬空而下,状若浮柱,去地一线不合。闻昔有神人名揭谛者,试剑于此。"《广西通志》说:"洞中踞石有巨人迹,宛如刻纹。又紫白二蛇,蜿蜒相向,存浮石络其项,大似老龙戏珠。"

关于试剑石的传说很多,流传最广的传说是马援试剑造成的。宋经略安抚使范成大,曾在这里举行盛大的鹿鸣宴,祝愿乡试高中的举人"应表明年第三闻"。在此之前,桂林地区考中过两名状元,一是唐代的赵观文,一是宋代的王世则,传说还珠洞"岩石连,出状元",所以试剑石又名"状元石",表达了人们高中状元的美好期盼。

千佛岩

千佛岩也称千佛洞,与还珠洞紧密相连。洞内分三层,顶层刻有佛像36龛239尊。这里的佛像多为晚唐作品,面目清癯,体态温和,服饰简单,雕工精细,有的还镌有造像记:"桂管监军使赐绯鱼袋宋伯康,大中六年九月二十六日镌……"距今已有近1200年,是珍贵的佛教艺术杰作,有很高的鉴赏和研究价值。

癸水亭

伏波山北面临水之处有癸水亭,由宋代著名词人范成大修建。

范成大职兼数十州,一直与民同心,具有善良、清廉崇高的品德。据说他修建此亭是为百姓祈祷平安,因为当时的人有一种说法:"癸水绕东城,永不见刀兵。"当年此亭落成时,范成大还作了一首《癸水亭落成诗》,"愿挽江流接河汉,为君直北洗檐枪",希望此地永保和平,不见刀兵。

八桂堂

八桂堂位于伏波山西北八角塘附近,是宋代广西经略安抚使程节于宋绍圣四年(1097年)兴建。因他在这种植了8株桂树,故得此名。

八桂堂地处桂林三大名山之间,北枕叠彩,东南倚伏波,西南傍独秀,是"岁时栽盍提醪,口箫腰鼓,以游遨燕赏为事"的好去处。八桂堂是一组亭台楼阁的建筑群，有"车骑乐舞"的广庭，有"迎曦"、"待月"楼，塘中州上有"熙春台"，水上有"流桂泉"、"知鱼阁"。记载八桂堂的作品有《骖鸾录》、《桂海虞衡志》、《岭外代答》和文人题刻等，可见其景致古时已名扬天下。

钟亭

钟亭在伏波山南麓、还珠洞南口西侧，是一座单层翘檐攒尖顶的方亭，因亭中存有古钟，故而得名。

钟亭方正古朴，内悬一巨钟，重2524千克，铸造于清康熙八年（1669年），是用来宣扬孔有德封藩建旗之功。孔有德本是明朝旧将，从清入关有功，被清封为定南王。不久，李定国率领农民军攻克桂林城，孔有德自缢而亡。15年后，他的女婿孙延龄、女儿孔四贞来到桂林任广西将军，和仪托事，便在这里铸钟纪念其父。钟顶有一卷《多心经》，四周的围栏用"皇图巩固"、"帝道遐昌"、"佛日增辉"等作铭文的引首。钟与钟亭已成为这段历史的见证。

美丽的伏波山峻峰环翠，古木葱茏仙韵弥漫，青罗带绕，碧玉簪新。明董传策在赋中写道："烟崖削壁落青苍，洞口江涛泊大荒。疑有神来挥玉斧，却看悬处插牙璋，伏波不辨明珠载，剑石谁怜干将光。错把疑珍恼明主，丹心只合照横岗。"桂林山水在这里显得更加幻化神奇，仿佛一幅富有立体感的美妙画卷，令游人如入仙境，久久不愿离去。

花 山

> 野寺分晴树，
> 山亭过晚霞。
> 春深无客到，
> 一路落松花。
> ——施闰章《山行》

【名山初识】

美丽的花山风景名胜区，位于广西壮族自治区宁明、龙州两县境内，以古代壮族的大批山崖壁画为主要景观，散布于2800多平方千米范围内，大壁画有64处，以花山和明江两处最为集中。花山的明江和左江的流水之妙、崖壁之奇，为花山涂抹上一层神秘色彩。岸边的崖壁、山峰连绵不绝。山峰特别有个性，雄浑庄重。而山崖壁画多画在下临深渊、上难攀缘的河道拐弯绝壁之上，并画有各种鸟兽和圆形图案。全部图案是用赭红色单线勾勒，线条粗犷，形象逼真。古人是怎样画上去的，令人费解。

花山如此雄奇而神秘，不断吸引着众多的国内外学者和游客前来考察研究和探奇览胜。

【名山览胜】

花山崖壁画为春秋战国时期创作，距今已近3000年了。壁画所描绘的社会内容，有关专家进行过多次考察和论证，有说是壮族先民骆越人在庆祝征战的胜利，有说是骆越人庆祝丰收，有说是古人祭祀水神，众说纷纭，仍须考证。

花山崖壁画的记载最早见于明代，明代黄定宜曾对壁画进行过描绘。他的《考辨随笔》中记载："沿溪三十六峰，皆山岸壁画也。"张穆《异闻录》中记载："广西太平府有高崖数里，现兵马持刀杖，或有无首者。舟人戒无指，有言之考，则患病。"清末《宁明州志》中记载："花山距城五十里，峭壁中有生成赤色人形，皆裸体，或大或小，或执干戈，或骑马……沿江一路两岸，崖壁如此类者多有。"关于其年代，有从上古一直到近代的各种说法。

花山崖壁画画面高近40米，长170米，图像呈赭色，作画颜料可能为赤铁矿或含有大量氧化铁的红土，并掺和有胶着剂。共计有大小图像1300多个，分为正身人像、侧身人像两种。正身人像一般比较高大，双臂平伸，曲肘上举；双脚叉开，平蹲。侧身人像通常体小形卑，有头戴高帽者，有辫发拖地者，作捧物舞蹈或跳跃状。此外，还有动物图像和一些圆形图像，人们或认为是日、月，或认为是车轮，但从它们的图案、吊耳、排列等来分析，多认可是铜鼓、铜锣。画面还有羊角钟等。整个画像，单线勾勒，形象传神，线条粗犷，虽经历代风雨的侵蚀，依然清晰可见。

花山崖壁画富含古代骆越、西瓯文化积淀。多数人认为崖壁画作画意图与原始宗教有关，描绘的是宗教祭祀活动。人们估计是为了祭祀水神，或镇压水妖。

这样地势险要规模宏大、内容丰富的壁画，不仅在国内是少有的，在世界上也是罕见的，难怪人们说花山崖壁画是壮族古代艺术璀璨的明珠，可与敦煌壁画相媲美。

花山于1988年被列为国家级重点风景名胜区。

桂 平 西 山

瘦竹藤斜挂，
丛花草乱生。
林高风有态，
苔滑水无声。

——元好问《山居》

【名山初识】

桂平西山位于广西壮族自治区东南部桂平市境内，城郊1千米处的西山名胜为主景区，包括太平天国金田起义遗址，太平山动植物自然保护区，紫荆山壮村瑶寨风情，北回归线标志等景点组成的集锦式景观。总面积约2000平方千米。有人赞道："桂林山水甲天下，更有得城半边山"。桂平西山即"半边山"西山。

桂平西山又名思灵山、思陵山，海拔600余米。西山风景名胜，远在古代就扬名天下。唐御史李明远辞官后隐居西山，留下了吏隐洞等名胜。宋代理学家周敦颐及其弟子程颐、程颢到此地讲学读书，游览了西山后，留下"畅岩"二字石刻。北宋文学家苏东坡在思灵山下留下了《定风波·红梅》词以赞其美景。

桂平西山以奇石、绿树、香茶、甘泉著名。峰峦嵯峨，在数十乃至百余立方米的巨石叠嶂中，有怪石嶙峋，石径通幽，石树参天，绿荫匝地，自然景观雄壮绚丽。西山茶闻名遐迩，清香爽口，远销各地。甘泉历来为世人所称道。近年来，人们利用甘甜的乳泉水，酿制成了不少琼浆佳酿，有被誉为"广西茅台"的乳泉酒，有含对人体有益的多种微量元素和矿物质的"罗汉果露"等饮料。

【名山览胜】

刚进山，便是李公祠和洗石庵。祠是为纪念唐御史李明远建的，建于唐末，历代多次修葺。

洗石庵建于清顺治三年（1646年）。据《桂平县志》称：庵名"洗石"，盖佛家认为西山之石，"身居瘴乡，粗莽唐突"，让"雨、露、烟、月、潭"不断洗刷，才能清净剔透。以此鼓励在这里的出家人，要经过不断的修炼，才能成其正果。

西山名胜古迹达100多处，最著名的有八景。其中不乏保留较为完整的佛教建筑、庙宇。

官桥秋柳——西山脚下，原有一座古老的石桥，宋代以前，桥畔有接官亭，清末时被洪水冲毁。现已扩建为新桥，桥畔之亭亦为近年重建，名为秋柳亭。故景名"官桥秋柳"。

忠勇松涛

忠勇亭的大路两旁，整齐地林立着几十株两人合抱不住的大松树，山风袭来，松涛澎湃。其中有一种松树，老皮翻叠，状如鱼鳞，这就是"龙鳞松"。相传乾隆下江南时曾在此游玩。走得汗流浃背，脱下"龙袍"挂到此树上。后来此松便有"龙鳞"生出。

碧云石径

在李公祠附近，有一条幽深曲折的石径。夏天，石径两旁的浓荫像一把把绿色的大伞遮住了阳光，给人以凉爽舒适之感。到了冬天，这一带密林又挡住寒风，使这条小路始终保持着春天般的温暖。路的尽头可见一块石碑，刻着斗大的"碧云天"三个字，遒劲俊逸，故此景名为碧云石径。

龙华晚眺

龙华寺建于清康熙年间，在西山众多古建筑中算是极雄伟的。寺内有四大金刚、十八罗汉等100多尊佛像，雕工精巧，神态丰富，栩栩如生。寺前为文昌阁，由此凭窗远眺，但见茫茫沃田生机盎然，两江从西山背后两边奔流而出，蔚为壮观。

乳泉琴韵

龙华寺侧是著名的乳泉。泉旁有一块花岗岩巨石，一棵根须裸露的玄妙大树，盘根错节长在石上。"乳泉"二字刻于巨石底下，为古人所书。泉深1米多，泉水冬不枯夏不溢，清甜可口，用来泡茶则茶香，酿酒则酒醇，故桂平的"乳泉酒"远近驰名。乳泉水质明净，杂质极少，含钾、钠、钙、镁等对人体有益的多种微量元素。泉旁有乳泉亭，为民国初年（1912年）旧桂系军阀首领陆荣廷所倡建。

石洞仙踪

乳泉旁有一石洞，深不见天，形似弯月，这是西山一个幽古之洞——吏院洞。传说唐代御史李公明，被贬后偶游西山发现此洞，于是就此隐居不出，羽化成仙，故名为"石洞仙踪"。

飞阁回栏

李宗仁为纪念孙中山先生而建此阁，称"中山飞阁"，依山傍险，石径曲折，回栏绵亘。

东湖叠翠

山麓东侧有一人工湖，名东湖。沿九曲小桥可至湖心岛。可划船、游泳。湖边层层峰峦，倒映湖中。故名为"东湖叠翠"。

此外，还有"云台曲水"、"朝阳亭"等景点。

西山茶早时就全国闻名，到明代已享盛誉，是广西唯一的全国名茶。

桂平西山于1988年被列为国家级重点风景名胜区。

榕　　湖

> 溪涨清风拂面，
> 月落繁星满天。
> 数只船横浦口，
> 一声笛起山前。
> 　　　　——陆游《夏日六言·其三》

【名水初识】

榕湖位于广西桂林市中心、阳桥的西侧，与桥东的杉湖通过漓江相连，与桃花江相通，湖岸生长古榕树，由此得名。榕湖（包括杉湖）原为唐代建桂林城时的护城河，至明代时，城池向南扩展，演变成内湖。榕、杉湖景区是桂林一个公益性公园，是供游人游览、休闲、娱乐的风景胜地。澄湖绿水，曲桥亭榭，繁花茂树，景致宜人。游人在此不但能饱览湖光山色，而且可以寻访名胜古迹。

【名水览胜】

湖心亭位于榕湖的湖心岛上，为一组仿古临水亭廊，大小两亭由连廊相接。大亭8角、重檐，凌驾水面；小亭4角，单檐尖顶，坐落岸边，以直角形曲廊与大亭相连，湖岸之上有九曲桥衔湖心岛，掩映于湖光翠柳之间，与亭廊构成一体，显出平稳中求变化，临水而有飞动之感，景色十分壮观。

古南门地处市区榕湖北岸，是桂林市重点文物保护单位。古南门又称榕树门。

据载为唐代名将李靖于唐武德四年（公元621年）平定岭南后，在桂林筑置城防新建，是桂林"唐城"的南大门，距今1300多年之久。

阳桥处于秀峰、象山两区之间，榕湖和杉湖接合部的水面上。宋名青带桥或永济桥，木质结构，元代焚毁。明改建石桥。洪武间桂林城南扩，榕湖、杉湖变成内湖，名阳塘，桥亦更名为阳桥。历代多经修葺、扩建。1974年扩建成现状：石拱结构，3跨，各5米，全长22.2米；桥面加12～32米，沥青铺筑，两旁栏杆有汉白玉雕花。很久以前，青带桥一带就是商业中心区。现在榕杉湖区，市政府机关、商业网点、宾馆环立，这一地带，已成为南北通衢和政治、文化、经济，旅游的中心。

大榕树地处榕湖北路西段古南门前，为小叶榕，高18.6米，冠幅直径达32米，有800余年树龄。今仍枝繁叶茂，浓荫蔽日，成为游人必观的桂林八景中的"榕城古荫"。

朝霞亭位于榕湖东侧、湖滨饭店前，坐落在小叶樟、夹竹桃与翠竹间的一个260多平方米的小岛上。为6角、单檐、攒尖顶小亭，三面有石桌石凳，围栏环绕，北面有曲桥通达，是喧闹市区中难得的一片净土。每当日出，霞光满亭，使人进取，妩媚可亲。

漓　江

过尽顽疆乱石堆，
绣山一穴忽天开。
明知不是秦人洞，
容得渔舟日往事。

——查慎行《绣山岩》

【名水初识】

如诗如画的漓江发源于广西壮族自治区兴安县号称华南第一峰的猫儿山，流经桂林、阳朔，至孚乐县恭城河口。自桂林至阳朔的80多千米水程，漓江幽胜曲折，穿行在峻峭挺拔的群峰之间，像一条青绸绿带，绵亘萦回。漓江兼有青山、秀水、奇洞、美石四绝，还有绿洲、险滩、深潭、飞瀑四胜。江中多洲，岸边多滩，乱石遏流，浪回波伏，茂树环绕，翠竹竞秀。漓江景观可因时、因地、因气候变化而变化。晴朗时，上下天光，一碧万顷，层峦叠嶂，尽入眼帘；烟雨时，岚雾缭绕，若隐若现，若断若续，一派空蒙；月明之夜，群峰如洗，银波如练，若置身空灵世界，清远无限。沿江错落分布着质朴的田园，也是观赏当地人文民风的佳处。"百里漓江,百里画廊",每一处景致,都像是一幅典型的中国泼墨山水画。

【名水览胜】

猫儿山

猫儿山坐落在广西壮族自治区兴安、资源两县交界处,距桂林市110千米,有公路直达山顶,是漓江发源地,号称华南第一峰。猫儿山林青木秀,空气宜人,生态环境极佳。漓江两岸的山峰伟岸挺拔,形态各异,石峰上多长有茸茸的灌木和小花,远观之,如美女身上的衣衫。猫儿山雄伟挺拔,林海浩瀚,云海、佛光四季可见,正所谓"一山有四季,十里不同天"。山上有种类繁多的珍稀动植物,自然景色秀丽壮观,是览胜、猎奇、度假、避暑的绝佳之所。

漓江烟雨

漓江烟雨是漓江风景的一大特色。云绕奇峰,瀑悬飞练,船影若幻,雨浪如烟。所有的一切全都变得朦朦胧胧、如幻似梦。每当烟雨季节,这一带景色变幻莫测,十分神奇。晨时,春雨迷蒙,江面上浮动着一层白茫茫如轻纱般的雨丝,此时的漓江就更有一种朦胧梦幻之美。一江清流,一川烟雨,几分绰约,几分清晰。江面渔舟数点,轻帆几叶,从山峰倒影的画面上流过,仿佛行于青山之顶,分不清是船行于群山之巅,还是人飘于云雾之中。烟雨中的漓江,柔情似水,一时感觉不知是人在观景,还是景在撩人。飘飘忽忽,如入梦境,似真似幻。

黄布倒影

漓江山色美,倒影更美;漓江倒影之美,其中黄布滩倒影最为醉人。这里江流清澈,碧绿透底,从岸上可以清晰地看到江底有块长宽各数米大的黄色的大石板,恰似一匹黄布平铺在河床之上,黄布滩因此得名。江水把动态、灵性、生命带给大山,同时把人带进神话的世界。那水里的山,比岸上的山更为俊美;而且因为水的流动,山也仿佛一起流动,山的姿态,也随着船的位置,不断变化,奇景迭出。

独秀峰

独秀峰平地拔起,一枝独秀,人们喜欢用"南天一柱"来形容它的挺拔。当晨曦辉映或晚霞夕照时,孤峰似身披紫金袍、腰系紫金带,故又名紫金山。从西麓拾级而上,登完300余级石阶后即可到达峰顶,由此俯瞰,桂林数千米奇山秀水一览无余。故到桂林游览的游客,多数先游览独秀峰,鸟瞰一下桂林全貌。独秀峰山麓还有

"读书岩"、"月牙池"等景点。读书岩据传说南北朝文学家颜延之曾在此读书。在独秀峰顶,有两层、红柱、六角、重檐、瓦顶的仿古亭。红柱间有通透花窗,东西向双开门。亭侧还有一方亭,亭前有10平方米平台,围栏环绕,高踞悬崖之巅。登临四望,云生足下,星列胸前,千山万户,尽入眼中,不禁使人生出豪迈之感。

九马画山

旧时民谣唱道:"看马郎、看马郎,问你神马几多双?看出八匹是榜眼,看出九匹状元郎。"船行江面,仰首望去,一面丹青巨画平铺于峭壁上,画中群马神态各异。石壁顶端,有一匹高头大马,好像在迎风长啸,隐约可闻;下方有两匹银灰色小马,好像在悠闲地吃草;左边的枣红马正在扬鬃狂奔,右边的雪青马正在翘尾紧追;还有鱼尾峰上的先锋马和冷水滩上的落后马等,共有9匹,故称九马画山。这9匹骏马或立或卧,或奔或跃,或饮或嘶,形神逼真,毕肖传神。据传说它们本为天宫神马,齐天大圣孙悟空任弼马温时,趁他看管不严,偷下凡间,由于它们均为神马所化,因而形态莫测,难以辨认。

象鼻山

象鼻山又称象山,酷似一头临江吸水的巨象,由此得名。从滨江路步行下江岸,可一览象山全景,"象汲长波,洞生明月",象山的第一景便是"象山水月"。象鼻与象身之间有一大洞,便是著名的水月洞。水月洞里江水奔流,可泛小舟。在月明之夜,它的倒影则构成"象山水月"奇观,"水底有明月,水上明月浮",而使历代多位诗人吟咏不止。有诗赞曰:"水底有明月,水上明月浮。水流月不去,月去水还流。"訾洲与象山隔河相望,翠竹簇簇,果树葱葱,竹篱茅舍掩映其间。雨时,云蒸雾腾,村舍与绿树皆似披上一袭轻纱,前人称之为訾洲烟雨,将其列为桂林八大胜景之一。此时的象鼻山仿佛被赋予了生命,在烟雨中惟妙惟肖。"象山水月"被视为桂林的象征,是中外游客最为神往的景点之一。

叠彩山

叠彩山坐落在桂林市北部,面临漓江,因山石层层横断,远望如匹匹彩缎相叠,故得此名。相传过去山上多桂树,故亦名桂山。又因山麓有奇特的风洞,人们还称它为风洞山。沿山南麓的登山古道拾级而上,数十步即可到达叠彩亭。叠彩山是市内风景最为集中的地方,有越山、四望山、明月峰和仙鹤峰。上山,一路古木参天,山色绚丽,与园林建筑叠彩亭、秀山书院、仰止堂等相融成趣。峰顶拿云亭是观景的最佳去处，古人称这里是"江山会景处"。山上石刻很多，太极阁的摩崖造像和石刻，艺术价值极高。出叠彩亭依山右行至望江亭。再向上攀登，就能到达明月峰顶的拿云亭。置身于拿云亭中，好像上能摘星揽月，摩天拿云；下能俯瞰漓江蜿蜒南去。远望群山峻岭，秀丽奇特；近看桂林全貌，尽入眼中。

骆驼山

骆驼山即驼峰，位于普陀山南麓，是地壳运动融蚀后形成的一块残石，因其形状像老式酒壶，故又名酒壶山，山南刻有"壶山"二字。明朝江南书生雷鸣春，嗜酒如命，偏爱桃花，在山下种了桃林，日夜在桃树下饮酒，时人称之为雷酒人，他亦以酒人自号。死后葬于山下，山壁上刻有"雷酒人之墓"字样，并著有《大文参》、《桂林田海志》。山麓以常绿的南迎春为背景，衬以碧桃、红叶李、红千层等；春日，桃花盛开，可见"驼峰赤霞"的胜景。山南侧为盆景苑，近2000盆的各类盆景均为珍品，各具神韵，意趣天成。景区内建有鱼池、叠石、平桥、曲廊、水榭、亭台，曲折清幽，如置身于仙境，让人流连。

芦笛岩

芦笛岩充分体现了洞奇石美的特点。它处在桂林市西北的光明山，洞深240米，游程约500米，由于洞口长有芦荻草，并可制牧笛而命名。洞内有天然形成密集的钟乳石，它们的线条丰富流畅，有雄伟粗犷之势。加以灯光陪衬，创造出种种意境，使错落有致的石柱、石笋、石钟乳、石旗、石幔变为一件件艺术品，给人充分的想象空间和艺术享受，整个岩洞恰似一次大自然的艺术之展。岩内的钟乳石色彩十分鲜艳美丽，红如珊瑚，绿如翡翠，黄如琥珀，白如羊脂，五彩缤纷，恰似传说中的仙宫那样神奇。置身其中，不仅能欣赏到大自然鬼斧神工造就的形态美，还能感受园林的色彩美和意境美，俨然置身于一座艺术殿堂。

德 天 瀑 布

急流喷沫斗雷霆，
险过江平响亦停。
任送波涛千万迭，
能移孤嶂插天青。

——龚鼎孳《晓发万安口号》

【名水初识】

德天瀑布位于中越边境、中国广西大新县，为国家级旅游景点。瀑布横跨中越两国，是亚洲第一、世界第二大的跨国瀑布。瀑布气势雄壮，一波三折，层层倾落，水势激荡，声闻数里。瀑布河水时急时缓，忽分忽合，迂回曲折于千年古木间；更有花草掩映，群鸟低回。江水忽遇断崖，狂泻而下，站在瀑布之下，水气蒸腾，上接云海，其滚滚洪流，折而复聚，连冲三关。仰望瀑顶，群峰浮动，巨瀑如海倾；水沫飞溅，如有万斛明珠同时倾落。德天瀑布雄壮神奇，瑰丽多姿，碧水长流，永不涸歇，无论春夏秋冬，阴晴雨雾，皆各具情态。其魄力、其气势、其风采，震魂慑魄，摇动心旌，令无数游人震撼。

【名水览胜】

德天瀑布在春夏季节，河水暴涨，激流排山倒海急泻而下，响声如雷，水雾遮天，很像一位冲锋陷阵的将军。其间，木棉花竞相开放山野，如火的木棉散布于一片银河倾盆之间，把德天瀑布点缀得更加美丽；褐色居屋在翠竹掩映下云雾缭绕的风景着实令人心旷神怡。木棉又称红棉，是南方特有的乔木，花季时满树彤红。木棉树高大挺拔，但不成群，都被人们不经意地发现。此地山腰密布红艳艳的木棉，山底是碧水涟涟的小瀑布群，景色非常迷人，而谷底则是一片绿水休闲区和水中红沙树林园，共5000平方米，可供人们泛舟、垂钓、在水中丛林漫游。

德天瀑布的变幻多姿是一大特色。她像模特儿表演时装秀，早、午、晚分别展现出一幅幅瑰丽生动的图画。中午艳阳高照时，百米来宽的断崖上，巨瀑倾泻而下，跌宕50米；冲撞声回荡于山涧，数里皆闻。黄昏时，夕阳刚好挂在瀑布上方，暮色中的瀑布如白练垂挂，似缟绢垂天，与橘红偏暗的夕阳和晚霞交织，美得引人遐想。如运气好，清晨会见到彩虹银瀑同时出现的奇景。瀑布猛撞河谷，激起水花狂舞，使雾气弥漫山间；朝阳东升时，瀑布前的雾气折射阳光便产生了美妙的彩虹。

瀑布周围的群山有梯田层层。秋天，梯田铺金，层林俱染。一眼望去，碧水梯田，奇峰错落，轻纱袅袅，民居水车，耕夫锄荷，小桥流水间有竹筏穿行，原来是渔人在撒网捕鱼……一幅美妙的青山绿水南国田园风光尽收眼底。梯田旁，便是中越边界的石山。石山中有中越边境的53号界碑，为1896年所立。界碑虽经多年风雨侵蚀，历经沧桑，但"中国广西界"的五字刻纹仍工整有力，清晰可辨。

在飞流的瀑布下面，有一个30多米深、200多米宽的深潭。深潭里，生活着各种鱼类。周围的人们经常到潭里撒网捕鱼，渔舟在瀑布下漂荡，使瀑布更有诗意和生气。渔夫们粗犷的山歌，与瀑布的轰鸣，奏出一支动听的山野之歌。如此美丽的风景，凡是观赏过德天瀑布的游客，无一不对这一美景奇观赞叹不已，并有极高评价。

四川省

峨眉山

> 蜀国多仙山，峨眉邈难匹。
> 周流试登览，绝怪安可息。
> 青冥倚天开，彩错疑画出。
> 泠然紫霞赏，果得锦囊术。
> 云间吟琼箫，石上弄宝瑟。
> 平生有微尚，欢笑自此毕。
> 烟容如在颜，尘累忽相失。
> 倘逢骑羊子，携手凌白日。
>
> ——李白《登峨眉山》

【名山初识】

峨眉山闻名天下，景物清幽秀丽，山势嵯峨峭峻，自古以来就有"峨眉天下秀"的美誉，更是我国佛教四大名山之一。唐代大诗人李白曾满怀激情地歌颂峨眉山："蜀国多仙山，峨眉邈难匹。"

峨眉山的形成是相当复杂的。早在距今8亿年前的晚远古代时期，峨眉山的所在地还是一片大海，但在造山运动的影响下，有大面积的花岗岩岩浆挤入地壳，便构成了峨眉山的基底。在距今7亿到4.5亿年的寒武纪至奥陶纪时期，在这里沉积了一套包括砂岩、页岩、石灰岩和白云岩在内的浅海—滨海相沉积岩；稍后于加里东造山运动期间，峨眉山地区发生抬升。到了距今2.8亿年前的二叠纪，这一地区再度下沉，成为海洋，并沉积了厚层的石灰岩。大约在距今2.7亿年前，这里发生强烈的火山喷发，大量的玄武岩岩浆从地下溢出，覆盖在厚层的石灰岩上；现在峨眉山的金顶、清音阁、龙门洞等处都能见到这种黑色的岩石——峨眉玄武岩。之后又历经沧海桑田，到距今约6000万年前的燕山运动时期，峨眉终于隆起成山。同时它的岩层发生褶皱，变为轴向为南北的复式背斜，其两侧发生了断裂，外侧向下跌落，中间向上抬升，峨眉山至此才构成雏形。又经历漫长地质年代，到了距今数百万年前的喜马拉雅运动，峨眉山经过流水冲刷、风雨侵蚀及其他的物理、化学因素，使山形山貌发生巨大改变，玄武岩发育有垂直节理，例如，金顶边上壁立千仞的舍身崖就为玄武岩的节理面；石灰岩发育有岩溶，又如，九老洞便是白云岩的岩溶产物；而"黑白二水洗牛心"的牛心石，则是玄武岩长期被流水冲刷的结果，并成为著名景点。

峨眉山是大峨山、中峨山、小峨山的总称，坐落于我国四川省境内。峨眉山以其优美的自然风光和"佛国仙山"而闻名于世。峨眉山独特的地理位置，使气温垂直变化明显，植被带谱明显；由山麓至山顶依次呈现出亚热带、温带、亚寒带、寒带等气候类型。峨眉山特殊的气象景观，如金顶的云海、日出、佛光、圣灯、朝晖、晚霞等，千变万化，奇幻无穷，为峨眉山景区的一大亮点。

【名山览胜】

伏虎寺

峨眉山第一大寺伏虎寺，始建于唐，明末遭毁。清代贯之禅师率徒重修，建成有十三重殿宇的巍峨大庙。伏虎寺后山峰状若老虎蹲伏，故得此名。伏虎寺规模宏大，殿堂雄伟，辉煌壮观。寺周的楠林名为"布金林"，是全山最大的人造林，楠、樟、柏、松有10万余株，楠木参天，浓荫蔽日。令人称奇的是，伏虎寺所有的殿堂都被枝繁叶茂的林木遮掩，但四重大殿层顶上却从不存败叶，洁净如洗，一尘不染，因而伏虎寺又名离垢园。

万年寺

万年寺为汉代采药老人蒲公理佛之所，晋代始建寺宇，初名普贤寺。唐改为白水寺，宋又改为白水普贤寺，明万历年间终改为圣寿万年寺。寺内有明建无梁砖殿，殿顶由砖一券一伏，券拱而成，顶空穹隆宽广，上画有4位天女，怀抱箜篌、芦笙、琵琶、笛子，仙衣飘飘。穹隆下为骑着白象的普贤菩萨像，为铜铸，共高7.35米，重62吨。寺内右侧有一长方水池，传说唐代诗人李白曾在此闻听名僧广浚弹琴。

清音阁

清音阁与龙门洞合称"水胜双绝"。清音阁上部为精巧玲珑的楼阁；中部有接御、牛心二亭，二亭两侧各有一石桥，分跨在黑白二水之上，状如双翼，故名"双飞桥"。黑白二水汹涌撞击牛心石,声传至深谷幽林,恰如古琴弹奏,任人领略天清清音。有"峨眉山第一风景"的美誉。

洗象池

据传说普贤菩萨上山时由此路过,给他骑的象洗过一次澡。故名"洗象池"。这里天高气爽,房屋多虚足凌空,可供人凭栏欣赏远近峰峦的美景。尤其明月当空之时,洗象池更是熠熠生辉,充满诗情画意,有诗为证:"普贤骑象进查何之,胜迹空余洗象池;一月映池池贮月,月池感应妙难思。"

洪椿坪

洪椿坪始建于明万历年间,原名佛禅院,因寺外有三株洪椿古树,故而得名。寺内一联曰:"大椿以八千岁为春,八千岁为秋。"此联出自《庄子·逍遥游》,形容洪椿树的古老和寺庙悠久的历史。春夏雨后初霁的早晨,飘起似雨非雨、如雾非雾的晓雨时,飘忽迷蒙,如梦如幻。

雷洞坪

雷洞坪始建于唐末,原名"雷洞祠",根据《搜神后记》中的一则典故而建此祠。雷神殿、洞坪堂为明万历年间增建。此祠为清同治年间重建,后倾倒,仅存崖畔一亭供游人游览。崖下云雾茫茫,深不可测。盛夏时节,崖下雷雨轰鸣,崖上却晴空万里。因为此处海拔较高,多悬崖,冷暖气流一般在岩下便呈饱和状态,因此游人喧哗引起的震动即可在低处促生雷雨。游人到此,可以利用这种自然现象,尝"呼风唤雨"之乐。

龙门洞

龙门洞处在峨眉河中游,这里两山对峙,宛如一门,门壁间有一大洞,相传曾有神龙居住。此处因流溪清澈,色如碧玉,所以这段峨眉河又名玉溪、玉峡。南宋文学家范成大在《峨眉山行纪》中将其誉为"天下峡泉第一胜"。如遇洪水,一道瀑布飞泻而下,还有数道细流由河岸喷射而出,犹如游龙奔腾,故名曰"九龙吐水"或"九龙游水"。峡中有一块数米长的岩石,形如船舶,顺卧溪面。据传说为普贤上峨眉山时曾乘坐的"仙舟",满载经卷,后停泊此地,因而得名普贤船,亦名菩萨船。

萝峰

萝峰是峨眉山平原区的第一座山峰,气势峻伟挺拔。这一带降水充足,而山上又林茂峡深,因而萝峰常常云雾缭绕;即使有当空烈日,别处的山峰突兀千万里晴空,这里依然云雾茫茫,远远望去,如诗如画,别具一格。

华藏寺

金顶寺庙始建于东汉,初称普光殿,为峨眉山古寺之一。正殿永明华藏寺,为清时重修。殿后原有铜造佛殿一幢,阔20余米,深数米,俗称金殿,中奉普贤菩萨。铜殿及华藏寺均毁于火,而石碑现存于殿侧卧云庵。卧云庵左侧数十步即睹光台,危崖凌空,前为万仞绝壁,是观日出、云海、佛光的极佳之所。

佛光

佛光与日初、云海、圣灯号称四大圣景,佛光又叫祥光、宝光,要在云平风静的午后才可看到。此时可见崖前云雾上有五彩光环环绕,而只有自己的身影映入光环中央。清代谭钟岳曾作诗云:"非云非雾起层空,异彩奇辉迥不同;试向岩石高处望,人人都在佛光中。"佛光一年四季都在峨眉山出现,为世间罕有的奇景。

圣灯

圣灯也是峨眉山四大奇景之一。如秋季,雨后初晴,无月光之夜,人们站在崖边,俯瞰谷底草丛,便见台下深谷漆黑一片,只有几点绿莹莹的豆大光点在谷底飘来飘去,渐渐地越来越多,既而满谷皆是,因其像菩萨撒下的夜明宝珠,故僧人称为"佛灯"。其实,这是因为峨眉山富含磷矿,矿体久雨后易释放出一部分磷化氢气体,发出绿光。因其光度较弱,故必须在没有月光的夜晚才能观赏到。

青 城 山

怀师不可攀,师往杳冥间。

林下谁闻法,尘中只见山。

终年人不到,尽日鸟空还。

——杜甫《寄青城山颢禅师》

【名山初识】

青城山坐落在四川成都平原西北部边缘的都江堰风景区内，东距成都 68 千米，距都江堰仅 10 多千米。主峰老霄顶海拔 1600 米，林木葱茏，峰峦叠嶂，诸峰环峙，形若城郭。青城山以幽静清丽闻名，古有"三十六峰、八大洞、七十二小洞、一百零八景"之说，南宋诗人范成大形容这里"历井扪参兴未阑，丹梯通处更跻攀。冥蒙一云气，破碎岷山千髻鬟"，古有"青城天下幽"的美誉。青城山还是我国道教发祥地之一，据传说东汉张道陵曾在此讲经传道。青城山共 36 峰，宫观 38 处，是著名的道教名山，被称为道教第五洞天。

【名山探源】

青城山在历史上有很多名称，两晋、隋唐、唐开元十八年前称为"清城山"，有山上大字石刻为证。清城二字源出中国神话中"清虚以守神"，意为清虚空灵构建成的仙境，《列子·周穆王篇》写道："清都、紫微，天帝所居也"。两汉和三国时期改叫"汶山"或"天谷山"，秦时叫渎山。此外，还有丈人山、赤城山、清城都、天国山等名字，均有典故及动人传说。

青城山这个名字，是在唐开元十八年（公元 730 年）出现。唐玄宗李隆基解决飞越寺僧众与常道观道人争夺这块"神仙都会"而产生的，历时 20 多年的佛、道之争，裁决为"观还道家，寺依山外旧所"。不知他是否有意，在亲书手诏时，将"清城"写作"青城"，致使青城之名，流传千古。唐明皇可称一字之圣，他去"水"作青城，仅仅去掉水旁，而意境却更高一重。"青城"生动描绘了林木叠翠、诸峰环峙、状若城郭的美景，概括出青城山的神韵，可称神来之笔。

【名山览胜】

建福宫

建福宫在丈人峰下青城山门左侧，初名丈人观，始建于唐代，后历经多次修复，现存两殿三院。建福宫建于峭壁之下，气势非凡，左侧是明庆府王妃遗址，西行千米，即至岩石耸立、云雾缭绕的"天然图画"。南宋诗人范成大曾在此为宋帝祈福，并留下《青城山会庆建福宫》一诗："墨诏东来淘驿传，璇题金榜照山川。祥开圣代千秋节，响动仙都九室天。触石涌云埋紫逻，流金飞火烛苍巅。只应老宅庞眉客，长记新宫赐号年。"皇帝特赐名为"瑞庆建福宫"。诗人陆游也有诗赞曰："黄金篆书榜金门，夹道巨竹屯苍云。岩岭划若天地分，千柱眈眈在其垠。"观宫内现在保存有古木假山、委心亭、明庆符王妃的梳妆台遗址，以及壁画、楹联等文物,均有很高的观赏价值。

天然图画

天然图画坐落在建福宫与天师洞之间,海拔893米,两峰夹峙。游人可见亭阁矗立于苍崖立壁、绿荫浓翠之间,如置身于画中。亭阁后仙鹤成群,唳于山间的驻鹤庄;两山之间的悬崖有巨石横卧,被称为"天仙桥",相传为仙人聚会游戏的必经之桥。

天师洞

天师洞自建福宫北行两千米即至,始建于隋朝大业年间,有文献记载,原址为黄帝祠,相传东汉时张道陵曾在此修行,被世人奉为天师道的创始人,故称天师洞。它处在青城山中央的混元顶下,三面环山,一面临涧,古树参天,非常幽静,山门悬挂蜀州李世瑛所作对联:"胜地冠两川,放眼岷峨千派绕;大名尊五岳,惊心风雨百灵朝。"观内正殿是三清大殿,为重檐歇山顶楼阁式建筑,面积达580平方米,古朴雄伟,别具一格。正殿内供奉着道教尊神三清像:玉清境清微天元始天尊,手持灵珠,象征洪元世纪;上清境禹余天灵宝天尊,怀抱太极,象征混元世纪;太清境大赤天道德天尊,手持羽扇,象征太初世纪。天师洞右下角有一小殿,名为三皇殿,内有轩辕、伏羲、神农氏石像,唐玄宗裁决佛道之争的手书诏石碑即陈列于此。天师洞前还有一株银杏古树,高50余米,树干短粗,布满钟乳似的良瘤,形态奇异,树龄已达2000余年,相传为张天师亲手所植。

祖师殿

祖师殿处在天师洞右后侧山腰间,出天师洞过访宁桥即至。祖师殿又名真武宫,始建于唐代,唐代诗人杜光庭、薛昌,宋代张愈均曾在此隐居。唐睿宗的女儿玉真公主也曾修道于此,以求成仙。该殿环境清幽,背倚轩辕峰,面对白云溪,四周林木森蔚,碧嶂丹岩,溪间烟飞雾绕,深远莫测。于清同治四年重建,整个建筑似北京的四合院,殿内供奉着真武大帝和三丰祖师像,还有八仙图壁画、诗文刻石等遗迹。

朝阳洞

朝阳洞处在主峰老霄顶岩脚,相传为宁封真君栖息之地,《舆地纪胜》记载:

"宁先生洞在龙宫山后石室中。昔先生居此洞,黄帝诣而师之。"朝阳洞由大小二洞组成,两洞相距五米,洞口正对东方,深广数丈,可容百人。这里苍岩壁立,鸟道盘迁,千年古树,奇峰异石,常隐没于山岚雾瘴之中,唯洞口豁然开朗。清人黄云鹄曾在此栖居,并撰联道:"天遥红日近,地厌绎宫宽。"近代著名画家徐悲鸿也曾在此撰联:"空洞亲迎光照耀,苍崖时有凤来仪。"

上清宫

上清宫为青城山第一峰,处在距峰顶约500米的半坡上,始建于晋代,现存观宇为清同治八年(1869年)至"民国"初年间,道士杨松如、龚仰之多次重修及近年所建。上有"天下第五名山"、"青城第一峰"等摩崖题刻,宫门"上清宫"三字由蒋介石题写,楹联为于右任题写:"于今百草承元化,自古名山待圣人。"宫内祀奉道教始祖李耳,有老子塑像和《道德经》五千言木刻,两旁还有张大千绘的麻姑、王母、三丰祖师、花蕊夫人画像等遗迹。上清宫后为老霄顶,建有观日亭、圣灯亭、云海亭等,供游人赏观日出、神灯和云海奇观。

玉清宫

玉清宫处在丈人峰北坡,从圆明宫往南上行里许即至。1938年,成都慈善会在古天真观旧址重建。共有殿两重,上殿为纯阳殿,祀吕祖;下殿祀宁封丈人和药王孙思邈。相传孙思邈晚年曾居青城山,著名药典《千金要方》就是在此完成。殿内有于右任先生于1946年题写的"玉清道院"匾额,有刘咸荣、方旭等人诗刻。玉清宫环境清幽,视野开阔,站在殿堂平台上可俯瞰山下,宫左堡坎下有莲蕊石,宫后有天然泉等古迹。

青城后山

青城后山坐落在青城山后、泰安乡境内,西北领卧龙自然保护区,东北与赵公山相接,东越天仓山、乾元山可至天师洞、福建宫,西南与六顶山、天国山接壤,与青城山一脉相承,深藏不露,极富神秘色彩。青城后山景点起始站为泰安寺,史料记载,泰安寺建于唐,明朝时有僧人数千,极为鼎盛。

出泰安寺逆江而行,过五龙沟牌坊,依次经过龙隐亭、鞠躬亭和绿风亭,便来到三潭雾泉,此处被誉为青城后山的绝佳美景处。龙隐峡峡谷两岸悬岩峭壁,栈道逶迤曲折。再过藏春亭、飞虹亭、桃源亭,桃源亭下有桃源村,群山环绕,古木参天，一派山村野趣。刚过桃源村，便是充满玄幻色彩的白云洞。该洞有上、中、下三层，洞内钟乳参差，如入仙境。相传唐代的白云祖师在此修行，故得此名。

【名山人文】

青城山是道教发源地之一，是中国著名的道教名山。相传道教天师张道陵晚年显道于青城山，并在此羽化成仙。此山成为天师道的祖山，历代天师均来青城山朝拜祖庭。

道教是中国创立并发展的传统宗教，道教史一般把东汉晚期张道陵天师在西蜀所创天师道作为道教出现的标志。张道陵，原名张陵，旅居四川，闻道于鹤鸣山中，依据《太平经》造作道书，自称出于老子口授，奉老子为教主，以《道德经》为经典，开创了天师道，被后人尊为张天师。

青城山是道教发祥地之一，天师道的祖坛亦在此，道书中称青城山为十大洞天的第五大洞天，青城主峰大面山又是七十二福地之一，著名诗人陆游有诗形容这里的道教文化："断云浮月磬声残，木影如龙布石坛。偶驾青鸾尘世窄，闲吹玉笛洞天寒。奇香满院晨炊药，异气穿岩夜浴丹。却笑飞仙未忘俗，金貂犹著侍中冠。"

青城山也是古蜀圣地，《山海经》中亦有"成都载天山"的描述，青城仙源，源远流长。《列仙传》云："宁封子者，黄帝时人也，世传为黄帝陶正。"道教的十大洞天各有一位主治神仙，宁封便是青城山的主治神仙。青城大面山还是道教七十二福地之一。唐杜光庭《青城山记》中记载："大面之顶，去平地七十二里，为兹山之主，非常人所到。灵禽异兽，奇花异草，靡不有焉。其上琼楼仙宝，金阙玉堂，得道之人造之乃见，非凡俗所窥也。"此大面山为正一玄坛元师赵公明的祖山，故又称赵公山。赵公山上带有巴蜀图语的道教古"石符"，还刻在深山崖壁上。秦汉时，青城山为祭祀山川的圣地，自古便被称为"洞天福地"、"神仙都会"，为道教创立积淀了悠久的仙缘。

古往今来，人们以"幽"字来概括青城山的景色，青城山空翠四合，峰峦、溪谷、宫观皆掩映于繁茂苍翠、葱葱郁郁的林木之中。道观亭阁取材于自然，不假修饰，与山林岩泉融为整体，体现出道家崇尚质朴自然的风格。"蜀山西南千万重，仙经最说青城峰。青城嵌岑倚空碧，远压岷峨吞剑壁"，优美的自然景观与幻化神奇的道教文化构成了青城山独特的魅力。

贡 嘎 山

寒色孤村暮，悲风四野闻。
溪深难受雪，山冻不流云。
鸥鹭飞难辨，汀沙望莫分。
野桥梅几树，并是白纷纷。

——洪昇《雪望》

【名山初识】

贡嘎山坐落在四川甘孜藏族自治州，横跨泸定、康定、九龙三县境内，面积约1万平方千米。藏语中贡为雪，嘎为白，贡嘎的意思是洁白的雪峰。贡嘎山为横断山系的第一高峰，也是世界上著名的高峰之一，它的主峰海拔7556米，有"蜀山之王"的美誉。贡嘎山终年白雪皑皑，是自然界又一大奇观。

【名山览胜】

贡嘎山风景区由海螺沟、木格错、五须海、贡嘎南坡4个景区组成。

海螺沟

海螺沟处在贡嘎山脚下，它有3个特点：第一个是从山脚远望积雪终年不化的贡嘎雪山，气势恢宏，雄伟壮观；第二个是世界上冰川一般位于海拔较高处，可是在海螺沟海拔较低的地方，就能望见冰川从险峻的峡谷倾泻而下；第三个是在这冰天雪地的冰川世界里，竟然有一股温度高达90℃的沸泉。因为冰川运动，海螺沟里形成了冰石蘑菇、冰阶梯、冰刻槽、弧拱、冰珍珠湖等造型奇异、巍巍壮观的景象。

海螺沟具有亚热带到高山寒漠带的多种动植物，保存有许多第四纪的活化石，有植物4800余种，动物400余种，是世界上罕有的动植物集中地。海螺沟有70多平方千米原始森林，是我国古老与原始生物物种最丰富的地区之一，海螺沟也是世界上许多珍稀物种的栖息地。海螺沟内造型奇特的树处处皆是，有生在大石上的，有盘缠在巨石周围的，有几十种植物共同攀附生长在一棵树上的千奇百怪，令人叹为观止。

木格错

康定木格错处在甘孜藏族自治州首府康定县北部，距康定城有26千米，它由木格沟、木格错海等景点组成。木格错景色优美，有温泉、湖泊、关门石奇峰怪石和长达8千米的叠瀑等众多景点。木格错海是一个高原湖泊，面积约为3平方千米，湖水最深处达70多米。湖的三面环林，松树、高山柳和杜鹃树。有很多野生动植物在此生存。

五须海风景区位于贡嘎山西面九龙县城北，距九龙县城25千米，景区总面积150平方千米，景区平均海拔3500米。由五须沟、五须海、十二仙女峰及日鲁库等组成。

五须海湖面1.2平方千米，湖水最深处30余米。五须海被当地人喻为"仙女梳妆的明镜"。原始森林和宽阔的草甸环绕湖泊，湖水碧绿透明，环境幽静。从夏到秋周围百花盛开，争奇斗艳。古树盘根错节、藤枝攀缘缠绕，杜鹃树伸向湖面，使五须显得原始、古朴，置身其间，仿佛进入仙境。

十二仙女峰峰峦秀丽，形如仙女亭亭玉立一侧，与五须海交相辉映，每当晨曦初露，薄雾轻泛，湖面一片蒸腾，人们称"仙女早浴"；夕阳西下，十二仙女峰倒映于湖中，如入仙境，被人们称为"仙女回宫"。湖泊周围有天生桥、牛鼻洞、瀑布、巨大古冰川漂砾石等许多大自然奇观。这里，民风民俗古朴，藏寨建筑古老，还有很多传说和神话故事。

贡嘎南坡地理上由贡嘎西南坡景区组成，位于康定县六巴乡境内，景区各景点均分布在贡嘎山的西坡和南坡，由日布交高山草甸、玉龙溪泉华滩、温泉、巴旺海、人中海、贡巴冰川、巴旺冰川、原始森林等组成。玉龙溪、日布交一带风景秀丽，以高山河谷草甸和由钙化作用形成的泉华滩为特色，泉华滩布满形态各异的五彩缤纷的彩池。夏秋季节，草地绿草茵茵，繁花似锦。

子梅山的原始森林和大叶杜鹃林为该地的一大特色，姹紫嫣红的杜鹃花布满山梁和河谷，令人赏心悦目。人中海、巴旺海是贡嘎山区两处最大的古泥石流堰塞湖，周围环境原始，风景秀丽。贡巴冰川是贡嘎山区的大型现代冰川。贡嘎山西坡的贡嘎寺，是藏传佛教噶举派古寺，是距主峰最近的寺庙，是观赏贡嘎山主峰的最佳位置。贡嘎日出、贡嘎云海等奇景尽收眼底。

贡嘎西南坡景区是一个具有科学性、知识性、探奇性很强的地区，是地理学、生物学、气候学等学科不可多得的科考基地，也是从西坡登贡嘎山主峰的必经之地。

贡嘎山地区是现代冰川较完整的地区之一，有海螺沟冰川、燕子沟冰川、磨子沟冰川、贡巴冰川、巴旺冰川五条大型的冰川。

贡嘎山风景名胜区于1988年8月被国务院批准为国家级风景名胜区，是我国面积最大、环境容量最大的风景区。

四 姑 娘 山

一峰插云云不穿，云中忽漏出左肩。
一峰穿云欲上天，乱云又复蒙其巅。
峰低峰昂云作怪。云合云离山变态。
殷勤挽山入云中，倏忽推山出云外。
隔云看山山不青，入山看云云无形。
但觉雨疏疏，烟冥冥，
不知深林积翠外，白日自在空中行。
我径拨云出其顶，始觉云高不如岭。
足踏云头万朵飞，下方看作青霄影。

——孙原湘《登白云栖绝顶》

【名山初识】

四姑娘山位四川省西部，横跨小金县与汶川县，由横断山脉中四座毗连的山峰组成，当地藏民相传，此山为四个美丽的姑娘所化，故而得名。景区原始，古朴、幽静、神秘，有陡峭险奇的山峰，苍翠浓密的森林、绿草似毯的草甸、蜿蜒曲折的溪流、晶莹璀璨的冰川、飘逸奔放的瀑布、含烟凝碧的高山湖泊、时而出没的珍禽异兽，奇景迭出，美不胜收。

四姑娘山风景区经多次断裂、隆升、变质后，逐渐形成现在的地貌。山麓森林浓密，绿草茵茵，清澈溪流潺潺不绝，一派秀丽的南欧风光，人称"中国的阿尔卑斯"，与卧龙自然保护区和米亚罗红叶风景区相毗邻。山的南侧为主要风景区，沃日河北岸有双桥沟、长坪沟、海子卢等几条支流，从北向南纵深十余千米到数十千米，穿行于陡山险谷之中。在高原独有的净洁透明的蓝天下，皑皑雪山、奇峰翠树、瀑布飞泉、草甸溪流交织互融，展示出一处处奇异美景。位于长坪及海子两沟深处的四姑娘山最为雄峻，海拔6250米，终年积雪，高耸入云，蔚为壮观。四姑娘山外有数十座山峰，如五色山、猎人峰、牛心山等，有的如犀牛望月，有的如雄狮咆哮，有的如雪雕展翅，形象生动，多彩多姿。另外，四姑娘山的冰川从山顶一直延伸至海拔4000米的高山草甸，面积约40平方千米。每逢盛夏，冰川映花丛，银光闪闪，格外绚丽。温柔是美，霸气也是美，这种美物化为山峰、沟壑、行云、流水，使四姑娘山成为国家级风景名胜区。四时风姿，各擅其美，朝晖夕阴，气象万千。四姑娘山顶终年冰雪覆盖，如四个冰清玉洁的姑娘亭亭玉立。

【名山览胜】

在四姑娘山"四姐妹"中，四妹海拔 6250 米，为"四姐妹"之最，是邛崃山脉的最高峰，气势磅礴，景色壮丽。大姐、二姐、三姐分别为 5355 米、5454 米、5664 米。她们肩挨着肩，手拉着手，亲密相处，一个个冰清玉洁、滴丽俊俏，于邛崃山巅展芳容，于阿坝高原舞长袖，既向往着东面川西坝的繁华，但对西面贡嘎山的雄伟更为眷恋。因为贡嘎山是"蜀山之王"，四姑娘山则被人们称为"蜀山王后"。

游四姑娘山，中间必须经过巴朗山垭口，巴朗山是邛崃山脉的一部分，藏语称"巴郎拉"。巴郎山风景区沿途高山草甸浩茫无际，犹如一幅巨大的地毯覆盖山间；成群的牛羊悠然自得。蓝天白云间，茫茫的云海浮动于山腰，将雄浑的山脉分成上、下两部分，上面是野花缤纷的高山草甸，下面是神秘苍翠的原始森林。巴郎山垭口峭壁嶙峋，岩石高悬，险象环生。古人有诗云："立马秋风绝顶山，千崖万壑拥斑斓。拨开云雾依辰极，身在青霄紫气间。"从山顶俯瞰，白云铺满长长的峡谷，风起云涌，波澜壮阔，颇为壮观，令人赞叹。

海子沟

海子沟全长 19 千米，沟内有十多个高山湖泊，较著名的花海子、浮海、白海、蓝海、黄海等。湖水清澈碧，清风徐来，荡起千层碧波，万点晶莹。蓝天和白云都将自己最美丽的身影映在这高原上的小海上，四面山色层次分明地栖息在碧水之中，安详怡然。湖中生有无鳞的远古鱼类，成为今天人们了解这块土地的活化石。站在大海子边，看黄鸭在水面飞翔，听美妙的音乐般的空山鸟语，让人不禁冥想这些海子的灵性，圣洁的水洗却尘世的烦扰，生命从此归于永恒。

双桥沟

双桥沟是四姑娘山最美丽的沟，全长 38 千米，面积约为 217 平方千米。景区分 3 段，可观赏到十几座海拔 4000 多米以上的雪山。下段为杨柳桥，有阴阳谷、白杨林带、日月宝镜山、五色山等景点；中段为撵鱼坝，包括人参果坪、尖山子、沙棘林、九架海等景点；上段为牛棚子草坪和长河滩，包括阿妣山、猎人峰、械松

※ 中华文明历史长卷 ※

逸彩、血筑墙垣、牛棚子、长河坝等。其中古猿峰、鹰喙岩、猎人峰、金鸡岭这些大自然鬼斧神工创造出来的奇崖，让人惊叹不已。夏季，奇花异草装簇其间，十里香飘，漫步于此，宛如置身仙境。

长坪沟

长坪沟全长29千米，峡谷幽深，宁静怡人。景区内有古柏幽道、喇嘛寺、干海子及高数十米的飞瀑倾泻飞出，并有奇石之景。春天，山花与油菜花竞相开放；秋日，赤桦与红枫争艳。郁郁葱葱的翠柏、青松历经沧桑，哗哗作响的飞瀑、流泉在密林中流淌，古代驿路在茫茫林海里曲折穿梭。

【名山人文】

四姑娘山风光虽美，风情更美。这里有悠久的历史，风景区内居住着藏、羌、回、汉等民族。藏族嘉戎文化源远流长，那动人的神话、古老传说、热烈隆重的祭祀庆典、悠扬悦耳的山歌、矫健欢快的锅庄舞蹈、片石垒就的寨楼、热情好客的乡民，还有香喷喷的青稞酒、酥油茶……构成了一幅浓郁的藏族风土人情画。

四姑娘山有国家一类保护动物扭角羚、棒鸡、绿尾虹雉、白唇鹿、金丝猴、云豹、雪豹；二类保护动物毛冠鹿、红腹锦鸡、小熊猫、藏马鸡、血雉、盘羊、马鹿、猞猁、林麝等，是中国大西南地区珍稀动物的基因库。四姑娘山风景区属中国西部亚热带植物区系向青藏高原植物区系的过渡地带，有四川红杉、岷江柏、独叶草、星叶草、四川牡丹、延龄草等珍稀涉危植物。区内有野生植物150余科、520余属、1500余种，仅见于青藏高原的中国高原三大名花——杜鹃花、龙胆花、报春花，景区内也均有分布。其花在初春时节点缀于山野草丛，小巧玲珑，在春寒料峭中显得格外引人注目，别具一番滋味。

西岭雪山

深秋沙草马长嘶，塞柳千条覆曲堤。
水落渭河诸派合，天围华岳万峰低。
旧游金谷云烟散，故国铜驼枳棘迷。
紫气近来东望满，函关何用一丸泥。

——沈永令《秦中》

【名山初识】

西岭雪山坐落在四川大邑县境内，离成都市区 105 千米，山顶终年积雪，千年不化。庙基岭为景区内最高峰，海拔 5364 米，高耸入云。因杜甫名句"窗含西岭千秋雪，门泊东吴万里船"，故而得名。景区集林海雪原、险峰怪石、高山气象、奇花异树、激流飞瀑、珍禽稀兽等景观于一身，浑然天成，美不胜收。

据考证，2 亿年前，西岭雪山原是火山多发区，这可能对西岭雪山的形成产生重要影响。鸳鸯池旁有两个洞，就是当年的火山口。鸳鸯池有可能是当年冰川融化后形成的。

白沙岗一带，海拔 3200 多米，一边是云雾迷漫，一边是朗朗晴空，阴阳界为高原气候与盆地气候的分界线，酷似太极图，世所罕见。日月坪一带，有日出、佛光、华光、云海等气象景观。景区内属亚热带湿润季风气候，四季分明，年平均气温为 16.2℃，1 月平均气温 4.2℃，7 月平均气温 23.7℃。山高、林密、泉清、兽奇为雪山的四大特色。

西岭雪山地理条件得天独厚，海拔 700～5000 米，气温迥异，立体气候特征明显，四时之景一山皆有。随着游人攀登高度的高低，同一季节可览四季风光。西岭雪山风景名胜区景观以原始森林为依托，春天看奇花，夏天观飞瀑，秋天赏红叶，冬天弄冰雪。在海拔 1300～2100 米的低中山区，青山叠翠，百花争艳，而在海拔 3200 米以上的高山区则是山舞银蛇，白雪皑皑。海拔 3312 米的红石尖，是大自然赋予游客的观景台，向西可看见绵延数百里的大雪山，日出时，可见"日照金山"的奇观，向东可望见一泻千里的成都平原，西岭雪山景区美景尽收眼底。

这里的春花，尤其大片杜鹃是从低海拔处开到高海拔处；而秋天的红叶恰恰相反，由高处往低处走。西岭雪山的红叶特点是杂，适合远观，好像是一块调色板，赤橙黄绿青蓝紫交相辉映，格外奇妙。

西岭雪山是珍稀植物的宝库，原始植被保存完好，内有数百亩成片的珙桐林，有绵延数十里的高山杜鹃花，千亩万株的古桂花林。有各类植物 3000 多种，森林覆盖达 95% 以上植被群落完整，密林掩映。

这里还是濒临绝灭的珍稀动物的天堂，国家一类保护动物达 12 种之多，如大熊猫、金丝猴、牛羚、红腹角雉等。

西岭雪山以水景众多，以九瀑一线天、五彩瀑、豹啸泉为佳。

西岭雪山于 1988 年被国务院公布为国家级重点风景名胜区。

邛　海

水口移舟入，烟中载酒行。
渚花藏笑语，沙鸟乱歌声。
晚棹沿流急，春衣逐吹轻。
江南《采菱曲》，回首重含情。

——薛蕙《泛舟》

【名水初识】

邛海处在金沙江支流安宁河上游，距四川西昌市东南5千米。是因为地层断陷而形成的天然高原湖泊，海拔1510米，被人们称为"高原明珠"。从空中俯瞰，邛海形似一只缓缓前行的蜗牛。长11.5千米，宽5.5千米，湖岸线长达35千米。邛海的地层基本是由凝灰岩和火山角砾岩构成，质地疏松，好像一块巨大的海绵，四周的水从地下渗透到这个下陷的洼地，积水量大，约30平方千米的广阔湖面蓄水3.2亿立方米，等同于杭州西湖的4倍。湖水平均14米深，最深处达34米。

汉朝时邛海称邛池泽、邛池，后更名为邛海。湖周群山环绕，东靠巍峨的大凉山，西傍青幽的泸山，南临葱茏的螺髻山，山清水秀，邛海犹如一块碧绿的翠玉，镶嵌在青山绿野之间，形成绚丽如画的湖光山色。

因湖水源于湖底岩溶裂隙水及山泉水，故水质极佳，清澈碧透。在不同的季节和天气，根据湖水深浅不同，会呈现纯净细柔的绿、蓝、青各色，显示出高原湖泊独有的特色。

【名水览胜】

游邛海，若泛舟赏月则更具妙趣。月白风清之夜，皎洁的明月，翡翠般的水，俯仰水天之间，二月相映，上下媲美，远山近水，游人小舟，此情此景都沉醉在这浓浓月色之中。渔舟风灯初上，渔火若隐若现，若灯若星，月光如洗，湖面荡金，充满诗情画意，那美景更是令人销魂。清代诗人杨学述《月夜泛舟邛海》诗中即有"天空临皓月，海上最分明。境过银河界，人来水廓城。龙宫悬宝镜，蜃市接蓬瀛"的赞咏。

每当严冬来临，四面远山白雪皑皑，而奇怪的是，飘飘扬扬的雪花散落到山脚时就戛然而止，再也不到湖面上，以至在环湖四周的山麓边缘处自然形成了一道黑白分明的雪线，正如一位白衣女郎席地而坐，临湖梳妆，令人神往。

邛海地理条件优越，海拔高而纬度低，气候宜人，四季如春，冬时温暖，夏时清凉，四季均宜游泳、泛舟、垂钓，是避暑避寒的理想之所。意大利著名旅行家马可·波罗在游览邛海后，对其景色大加赞赏，在《马可·波罗游记》中写道："碧水秀色，草茂鱼丰，珍珠硕大，美不胜收，其气候与恬静远胜地中海，真可谓东方之珠。"如今沿湖新增有海滨公园、新沙滩、莲池、阳光度假村、萝莎玫瑰园、青龙寺、核桃村观赏园等景点供游人游玩。

邛海不但风光旖旎，还是著名的天然渔场，盛产鱼虾，每年产量可达5万公斤。湖内有白鱼、鲤鱼等鱼类40多种。秋末冬初有近20种候鸟长途跋涉来此越冬。

位于邛海之滨的泸山，因近泸水而得名，又因其形如蹲蛙，又称蛙山。泸山与邛海相映成景，仿佛一对相互依偎、形影不离的恋人。山林中石径透迤盘旋，满山遍野葱茏苍郁的密林和攀干附枝的老藤，直达山顶。浓荫丛中隐有历代修建的光福寺、蒙段祠、三教庵、祖师殿、观音阁、王母殿、玉皇殿、青羊宫、五祖庵等10余座古刹。这些古刹分别为儒家、道教、佛教所有，三教于同一座山上各传各教，和睦相处上千年，这种情形在世界上实属罕见。在山上的汉柏、唐柏、明代紫薇等千年古树珍奇无比。登临望海楼或上至峰顶，极目眺望，邛海景观尽入眼中，但见群峰叠翠，水平如镜，湖中小岛错落，渔舟点点；而邛海也似一面晶莹透澈的明镜，将泸山美景映照在自己的画面中，湖光山色相映成趣，浑然一体。明代状元杨升庵谪戍云南，途经西昌时曾投宿于泸山，俯瞰泸山夜景时赞叹之余，留下了"老夫今夜宿泸山，惊破天门夜未关。谁把太空敲粉碎，满天星斗落人间"的著名诗篇，将邛海夏夜点点渔火的迷人景色描述得如此形象动人。

由邛海和泸山风景是川南一大胜景，远在晋代就以清、幽、丽、雅而闻名，现已被列为四川省十大风景区之一。古人所称的邛都"八景"中，碧波朝阳、泸峰春晓、邛池夜月、古寺晚钟、螺岭积雪、龙行甘雨等都集中于此。

泸 沽 湖

汀洲春草遍，风雨独归时。
大舸中流下，青山两岸移。
鸦啼木郎庙，人祭水神祠。
波浪争掀舞，艰难久自立。

——揭傒斯《归舟》

【名水初识】

泸沽湖处在云南宁蒗彝族自治县永宁乡与四川盐源县之间的崇山峻岭中，如一泓汪汪碧水，被人们誉为世外桃源。纳西族摩梭语"泸"即"山沟"，"沽"即"里"，"泸沽"便为"山沟里的湖"。宁蒗临近四川西南边缘，这里群峰林立，地势起伏落差大，海拔悬殊，垂直性差异显著，从而形成了"一山分四季，十里不同天"的立体气候，而这独特的地貌和立体气候又形成了丰富的自然资源及多姿多彩的自然景观。湖岸曲折多浅滩，有三岛、九洲、十八湾之说。泸沽湖不仅以自然风光美使人流连忘返，而且以其特有的民族风情引人入胜。那美妙绝伦的湖光山色和独特的风俗民情，使这翡翠般的世界闪耀着古朴而神秘的色彩。

【名水传说】

传说很久以前，泸沽湖原是一片草木肥美的牧场，有个牧童在放牧时发现一条大鱼把一个岩洞塞住了，牧童正饥饿难耐，便用刀割了一块鱼肉烧来吃。到了第二天，那鱼身上被割处又长拢了。于是牧童天天来割鱼肉吃，连土司给的一点点粑粑都剩下了。土司感到十分奇怪，以为牧童偷了他家食物，便用皮鞭狠狠地抽打牧童，逼他说出了事情的真相。贪婪的土司想把这条神鱼据为己有，就率众人去拉鱼，但怎么也拉不出。最终土司自己套上几头牦牛去拉，硬把那鱼拉出了洞。谁知，汹涌的洪水突然从岩洞中喷出，倾刻间就把土地和村庄都淹没了。只有一个正在喂猪的摩梭姑娘急中生智跳入猪食槽，随波飘去，死里逃生。相传她就是摩梭人的祖先。至今还沿用着独木剜成的猪槽船。这动人的传说，与西方广泛流传的诺亚方舟神话有很多类似的地方。

【名水览胜】

泸沽湖是由地壳运动、断层陷落而形成的高原湖泊，海拔约2700米，面积达50平方千米。以湖心为界，西部属云南省宁蒗县地界，东部则属四川省盐源县管辖。整个湖泊，状若马蹄，犹如一个还在母体中的胎儿。泸湖湖平均深度40米，最深处93米，是云南第二深湖泊，仅次于抚仙湖。由于地处偏僻，泸沽湖保持了良好的自然生态环境，它的水质特别纯净，风光具有近乎原始的质朴美。湖心散布诸多岛屿，湖泊四周群峰环绕，蛾黛弯环，烟波百里，湖水清澹；湖光山色，交相辉映，宛如仙境。古诗云："泸沽秋水阔，隐隐浸芙蓉。并峙波问鼎，连排海上峰，倒涵天一碧，横锁树干重。应识仙源近，乘槎访赤松。"

泸沽湖湖水清流碧透，随天空色彩或为孔雀蓝，或为橙蓝、灰白，变幻莫测。湖内多产裂腹鱼，鳞细、体肥、肉嫩、味鲜。还有天鹅、黑颈鹤、斑头雁等珍禽。

湖水向东流入雅碧江，最终汇入金沙江，属长江水系。湖水水平如镜，波光粼粼，清澈幽深。晶莹的湖水下，可以清晰地看到湖底绿的、黄的和紫红色的小草。湖水一日四时，各具姿色。清晨，朝霞初露，湖水如染，一片彤红；朝阳缓缓上升，湖水则变为翠绿色；待夕阳西下，又呈一片墨绿之色。

泸沽湖周围峰峦起伏，像一围翠屏环护着它的珍宝。东北面是雄伟挺拔的肖家火山，海拔3787米；湖东面有条山梁蜿蜒直下，恰似苍龙汲饮甘泉，形成泸沽湖上一个美丽的半岛，它几乎已把广阔的湖面分成两半。湖西北为形如雄狮蹲踞的格姆山，又称狮子山，海拔3755米。这座山雄伟高耸，如雄狮在湖边蹲伏静息，狮头面湖，倾斜的横岭似脚，如细观之，还可看出口耳鼻眼，使人越看越觉得惟妙惟肖。相传山上有一位名格姆的女神，她保护着山下的各族人民，让百姓平安幸福，多子多孙；让少年健康，姑娘美丽；让庄稼丰收、牛剃巴硕。狮子山在环湖摩梭人心中是座美丽的山，又是座神圣的山。他们在山脚为它建立神龛，将格姆女神掌为众神之首，每年农历七月二十五日，这里都要举行一次盛大的祭祀活动。届时，附近村寨的人们，特别是青年们，都穿上节日的盛装，带着美味的食品，有的还骑着骏马，到狮子山朝拜。还要举行盛大的野餐、赛马、对歌等节庆活动，以纪念格姆女神。

岛屿

在泸沽湖内，共有5个岛屿，云南境内的3个，四川境内的2个。它们像一只只绿色的小船，漂浮在湖面上。最小的岛其实只是一块岩石，上面密布灌木和青苔。位于湖西北部的土司岛，又叫永宁海堡。岛上有断垣残壁，相传原永宁土司曾在此岛上建有精美的别墅，能依栏凭眺全湖风景。永宁土司并非是第一批在这个岛上居住的人，在他们的建房处，就曾从地下挖出雕刻精美、神态生动的石狮。乾隆时编撰的《永北府志》就已将"泸沽三岛"列为胜景之一。谢秉肃以《泸湖三岛》："何处来三岛，苍茫翠色流。嶙峋吞海气，缥缈壮边陲。叠嶂临波动，连峰倒景浮。清寒猿啸月，汀冷雁鸣秋。雨后烟鬟净，云中螺碧幽。乘槎如有约，即此识仙洲。"来赞美泸沽三岛。如今，湖畔没有楼台水榭，没有拱桥画舫，有的只是蓝天、碧水、白云、轻鸥。

永宁温泉

永宁温泉又称瓦拉片温泉，位于永宁镇北10千米外的温泉村。温泉处在距泸沽湖 30 千米的地方，温泉水从山脚的岩缝里涌出，水温恒定为 37℃，四季清流。相传永宁温泉起初水温很高，泉水沸滚，甚至可以用来煮蛋烫猪，后来，随着水温逐渐下降至 37℃ 的恒温，最适宜人洗浴。水中富含硫化氢，对人体极有益处，尤其对皮肤病、风湿性关节炎等病症疗效显著。永宁温泉数百年来闻名天下。原来只有一个泉塘，附近的摩梭人有在这里男女共浴的习俗。20 世纪 60 年代又建为男女两个浴池，浴池间隔一块 1 米高的土墙，至此游人方可在此畅浴。

扎美寺

扎美寺位于宁蒗彝族自治县，是藏传佛教寺院。它东面与格姆山遥相对应，始建于明嘉靖年间。建筑雄伟壮观，藏式庙宇分正殿、偏殿、禅房等。寺庙外围东、西、南各有扇门。正殿流光溢彩、气势辉煌，有三丈金佛通连偏殿，满寺佛光辉映、堂皇大气。寺内壁画艺术性极高，各种宗教题材的绘画令人目不暇接眼花缭乱，虽年代已久，但仍色调浓烈，充满了浓郁的印藏风格。金顶彩绘的寺院大门在阳光下耀眼生辉，寺内有一幢大殿，北侧还有一组壮观的活佛殿建筑群。大殿门两侧的墙壁上均绘着精美的宗教壁画，壁画前是金色的转经筒，殿内供奉宗喀巴像、达赖和班禅，还有格姆女神及其他佛神。偏殿内塑一金身弥勒坐像，高约 12 米，头戴五佛冠，手持如意宝珠，为典型藏式泥塑风格。四面墙壁绘六铺壁画，描绘佛教经变内容，线条精细，颜色明丽，造型生动，系清代作品，有很高的艺术价值。

重 庆 市

缙 云 山

茫茫三万顷，日夜浴青葱。
骨立风云外，孤撑涛浪中。
若令当略出，应作一关雄。
朱勔真多事，荆榛满故宫。

——顾璘《石公山》

【名山初识】

缙云山初时称作巴山。据《蜀中名胜记》记载："此山出于禹别九洲之前，黄帝时有缙云氏不才子，曰混沌缙云氏"，来此居住"以御魑魅"，由此得名缙云山。还有一说，缙云山缙是赤色的意思，缙云也是因山头带有赤色云霞而得名。虽然说法不同，但都反映此地已为人所熟知了。

缙云山在重庆西北，距市区约60千米，是华蓥山的一个分支，素有"小峨眉"之称。山势雄伟，丛林茂盛，古寺辉煌，风光秀丽，是著名的旅游避暑胜地。

缙云山也是蜀中佛教圣地之一。从南北朝时刘宋景平元年（公元423年）开始建寺以来，已有1500余年的历史。从缙云山麓到山上曾有白云寺、温泉寺、绍隆寺、复兴寺、转龙寺、缙云寺、石华寺、杉木寺等许多庙宇。现保留有缙云寺、温泉寺。

历代帝王对缙云寺均十分重视，多次赏赐命名。唐代赐匾"相思寺"；宋代赐太宗读过的24部经供览；宋景德四年（1007年）又赐匾"崇胜寺"，并封寺僧为"慈印大师"；明天顺六年（1462年）又赐匾"崇教寺"。至今仍存《效赐迎叶造场》、《重修崇教寺碑》等，记述了当年重修寺庙和迎经的概要。

缙云寺背靠蛙岭，前临幽谷，位于"狮子"、"聚云"二峰之前，四周古木参天，翠竹林立，是一座气势雄伟的深山古寺。原有寺庙，明末清初毁于兵火，现存庙宇为清康熙二十二年（1681年）重建。寺内大雄宝殿，雄伟壮观，殿内供奉的佛像，雕工精致，高达丈余。花园深处的池子，深数丈，凿石而成。相传宋代有个冯状元，常洗砚于此，故得名"洗墨池"。出寺后可见大路正中立一牌坊，横额刻有四字"缙云胜境"。两旁伏卧石狮。路旁有高达丈许的照壁，相传为六朝文物，壁上雕刻兽形图案，栩栩如生。

【名山传说】

缙云山还有一处寺院是白云寺，白云寺也有非常悠久的历史，寺内更有一处奇景——韦驮坐像。按佛教规矩，护法神韦驮原应站立。对此有两种说法，一说明初燕王起兵，建文帝被迫出家，四海云游。当他来到白云寺的时候，韦驮认出了他，并热情款待。韦驮还驾云至南京夫子庙买回一笼建文帝爱吃的小笼蒸饺。建文帝在吃饺时，见韦驮还侍立在侧，就对他说："你辛苦了，坐下、坐下！"从此韦驮就遵此"金口玉言"而坐下了。另一说，白云寺和尚请石匠塑一尊韦驮像。老石匠精雕细刻，依然得不到老和尚的厚待，每天只能以玉米红薯充饥。老石匠无奈地雕刻好了韦驮的上半身，老和尚对着石像称赞不已。晚上，老石匠塑完了坐着的韦驮像，悄然离去。第二天早晨，老和尚见到了坐在大殿旁边的韦驮像，明知是老石匠报复他，也有苦说不出。

【名山览胜】

缙云山共有九峰，主峰叫狮子峰，海拔980米。由缙云寺登狮子峰，要走680级石阶。从狮子峰向右望去，依次为聚云、猿啸、莲花、宝塔、玉尖、夕照等峰。众峰之中以玉尖峰最高，海拔951米。远眺九峰，各具特色。

九座山峰，以狮子峰最雄伟，香炉峰最秀丽。狮子峰顶岩石经多年风化剥蚀，被分割成大小不一的球状石垛，远眺如雄奇的狮头，故名狮子峰。峰头上还有两个足印，相传是真武祖师立于山头一跃而至在真武山留下的足迹。旁边有一座青石览胜台，可供游人登台俯视山下，嘉陵江和北碚风光尽收眼底。早晨日出时，红霞满天，光彩夺目，可与峨眉日出媲美。

狮子峰对面是香炉峰。香炉峰脚下有一块峭岩，名为相思岩。岩旁原有相思寺是缙云寺的前身，由于古时候此处长满成片的相思树、相思竹并有相思鸟栖身其间而得名。相传那雌雄相应、形影不离的相思鸟是缙云山上一对年轻夫妇所化。

缙云山有森林13.3平方千米，有1700多种亚热带植物，是全国闻名的植物宝库和森林公园。有伯乐树、银杏、红豆杉、飞娥树等较珍贵的树种。还栽种有号称"活化石"的世界珍稀杨树种水杉，这种树是1945年首先发现于四川万县的。

缙云山旁的北温泉公园，面临嘉陵江，依山而建。园林小巧秀丽，崖堑幽深，是缙云山必游之地。园内景色，以四大殿为中心，由下而上依次为关圣殿、接引殿、大佛殿、观音殿四殿。

四大殿东侧有古香园、石刻园、观鱼池、荷花池。古香园为温泉寺旧址。内有历代和尚墓塔，并有石山堆砌的盆景园，精巧奇异。石刻园内有明代盘龙墙，高2米有余，用整石雕成，分5层，塔顶为一条龙，是珍贵文物。有明清石碑散落附近。

四大殿北侧，有乳花洞。洞深70余米，迂回曲折，纵横交错，阔处可容十余人，窄处一人还需侧身而行。洞内钟乳悬垂、石笋直立，最深处可闻地下流水之音。据考查，一万年之前这里原是温泉河道。

五潭映月就在乳花洞旁。有形态各异、大小不一的5个水池，层叠相连。泉水自乳花洞悬岩倾泻而下，银帘飞挂，水花飞溅，形成小飞泉胜景。泉水注入第一池后，再依次下到其他四池。飞泉出口处，有听泉亭供游人闻听泉水之音，别有情趣。

四大殿附近，建有室内游泳池、儿童游泳池、浴室及800平方米的露天游泳池等。泉水温度在32℃以上，含石灰质，治疗风湿性病症和皮肤病疗效显著。游人四季都可在此游泳沐浴，以解旅途之劳，缓病痛之苦。

缙云山于1982年被列为国家级风景名胜区。

金佛山

岭路盘盘行欲迷，晚来霜霰忽凄凄。
林间风过犹兼叶，涧底寒轻已作泥。
马足蹩时疑地尽，溪云多处觉天低。
倦游莫讶惊心数，岁暮空山鸟乱啼。

——赵执信《山行杂诗四首（选一）》

【名山初识】

金佛山也称金山，坐落在重庆南部，由金山、箐坝、柏枝山三山108峰组成。主峰为风吹岭，海拔2251米，是大娄山脉的最高峰。金佛山因植物种类繁多，故有"植物王国"、"天然植物园"的美誉。

金佛山为亚热带季风气候，是我国亚热带常绿阔叶林森林生态系统保存最完好的地区之一，有多种野生动植物。金佛山有各种植物333科共5800余种，其中古老、特有、珍稀、濒危植物多达1200余种，国家重点保护的植物有71种，其中列为国家一级保护植物的有银杉、水杉、红豆杉、珙桐、栎乐树等10余种。金佛山还有其他地方所没有独有品种，如南川秃房茶、南川桤叶树等200余种植物。这里有"金山三精"即人参、竹米、天竺黄；"金山三宝"即珙桐、粗榧、小虫草；还有"金山五绝"即银杉、方竹、杜鹃王、大叶茶、古银杏。

  银杉，属松科针叶常绿乔木，曾于100多万年前曾密布于欧亚大陆，受第四纪冰川袭击后，现仅我国还有生长，全国仅1万株，金佛山就占近2000株。银杉生长缓慢，20年时间胸径才长到20厘米，100年以上才开花结果，所以极为珍贵。金佛山的银杉，为研究植物进化及古生物、古地质、古气候、古地理等提供了活化石，从而愈显宝贵，有"树海珍珠"、"植物熊猫"的赞誉。方竹的竹杆略呈方形，唐代宰相李德裕称其为"难得的奇特之物"，在金佛山却浓郁成林，面积超过10万亩。大叶茶是一种原始的古老的茶种，它充分地证实了唐代陆羽在《茶经》中记载的我国是茶的发源地的论述，对固有的"我国茶叶是从印度引进"的定论发起了挑战。杜鹃王，生于金佛山牵牛坪，胸径1.2米，胸围3.3米，高20余米，与云南腾冲贡山"杜鹃王"相比，胸径超出约0.7米，可称"王中之王"。野生古银杏高26米，主干四围11.6米，有2500年树龄，被称为"银杏皇后"，金佛山是目前能寻找到的野生银杏的唯一原产地，金佛山野银杏的发现证明了银杏发源于中国。

  金佛山良好的生态环境，使这里成为动物理想的栖息之所。原始森林中有动物150科共523种，目前发现国家保护动物40种，其中有一级保护动物金钱豹、云豹、华南虎、白冠鹤、红腹锦鸡、白颊黑叶猴、金丝猴等12种，有二级保护动物猕猴、穿山甲、毛冠鹿等28种，这些珍稀动物除华南虎近年难得一见外，其余常可在山林中看到。

  金佛山气势磅礴，群峰耸峙，层峦叠翠，洞壑幽深，融山、水、林、石、洞于一体。主要景区有龙岩城、锦屏峰、烟云洞、桥长河坝、金山夕照、石板沟景区和山王坪生态石林景区等。金佛山山形秀美，峰石极具个性。以锦屏峰、烛台峰、母子峰、鹰嘴岩为最佳。

  金佛山位列巴蜀四大名山之一，于1988年被列为国家级重点风景名胜区。

贵 州 省

梵 净 山

> 梵净实为郡祖龙，平地突起凌苍穹。
> 自恨缘悭不一到，夜梦每与山灵通。
> 却登尖岩日正午，烟霭散尽天微风。
> 二百余里青难了，一峰秀插白云中。
> 有似丈夫拔剑起，卑卑左右莫能从。
> 群峰培楼新罗列，俯视一一如儿童。
> 浮生浪迹半天下，宇宙壮观无比雄。
> 何时攀跻登绝顶，藐尔嵩华泰岱万千重。
>
> ——张简臣《登尖岩望梵净山》

【名山初识】

梵净山坐落在黔东北边陲，是一座充满玄幻色彩而又雄奇伟岸的山峰，位于贵州省铜仁地区。它像一个图腾，高傲俯视着苍穹而藐视群峰；它像一个巨人，欲与五岳比高低；更像一首风情诗，有着丰富的文化内涵和一腔热情而质朴的民族风情，吸引着世人的观望。

梵净山处在铜仁地区江口、印江、松桃三县交汇处，海拔2493米，面积419平方千米，它是绵亘楚蜀大地、蜿蜒数百千米的武陵山脉的主峰。梵净山古老的山体距今已有10亿～14亿年，是黄河以南最古老的山地，古老的地层和优良的生态环境，使它集石、树、云、风之极致，构成了令人陶醉的自然风光，素有"武陵源"之源的赞誉。

梵净山山体雄奇深邃，峰峦巍峨壮观，集天下名岳之奇特，莽林幽壑，人迹罕至，群峰耸立，气象万千，是矗立于云贵高原向湘西丘陵过渡的大斜坡上的巨人。

明代时，梵净山就开辟成为古佛道场，佛山一体，闻名全国。《铜仁府志》曾称它"不独为黔中之胜概，亦宇内壮观"，明万历四十六年（1618年），万历皇帝诏令而立一块石碑，上面写道："此黔中间之胜地有古佛道场，名曰梵净山者则又是天下众名岳之宗也。"可见此山在当时的地位。

【名山览胜】

梵净山的山体核心由三大金顶构成，昂首苍穹，各具雄姿，十分壮观。新金顶处在海拔2200余米的崇山峻岭上，高约100米，一柱擎天，风雷不动，似巨笋出土，如玉龙啸天，红云缭绕，直指苍穹。由于山高峡深，疾风狂号，近山仰视，活像一条巨龙仰天长啸，故又称此峰为"啸天龙"。清末诗人廖云鹏有诗赞云："舞凤昂头翔蔽日，游龙仰首啸吞烟；金刀劈破佛分地，铁索牵扶人上天。"

大自然造就了梵净山的优美风光，而佛教徒则让梵净山的灵山秀水闻名于世。自古以来，以弥勒道场梵净山、文殊道场五台山、地藏王道场九华山、普贤道场峨眉山、观音道场普陀山齐名，并一起被被誉为中国五大佛教圣地。据《汉书地理志》记载：明代万历年间梵净山便已开山建刹，当时寺庙很多，香火旺盛，"古佛道场"被比作"极乐天宫"，善男信女如云流水涌，连王公大人都对此地十分向往。

梵净山曾作为佛文化载体，文化内涵深厚，人文景观较多。山上建有释迦殿、弥勒殿、承恩寺等庙宇，还有明神宗皇太后捐资重修金顶庙宇立的"敕赐碑"，贵州巡抚和按察使建的"禁硕山林碑"和金顶摩崖石刻。梵净山这个名字就有浓厚的佛教色彩，因整座山体上大下小，其形若甑，人们曾称它为"饭甑山"，后来称为"古佛道场"，因山上寺庙众多，所以根据谐音，又从"梵天净土"点化，人们便以"梵净山"为名。

梵净山上有许多与佛教有关的景观，如金刀峡、释迦殿、弥勒殿、定心水等。

金刀峡处在金顶正中处，深约90米，最狭窄处不足1米，仅容一人通过，可谓"一夫当关、万夫莫开"。相传此峰原来为一整体，释迦牟尼带领弟子弥勒来到此山，观其地势险妙，是修行说法的好地方，于是就想在此设置道场。燃灯古佛知道他的意思后，便手执金刀，朝金顶一刀劈下，将一峰分成二顶，释迦居左，弥勒归右，师徒说法，各修其道。后人依据传说于左建释迦殿，右建弥勒殿。

释迦殿和弥勒殿均始建于明代万历年间，殿堂呈正方形，面积近30平方米，分别供奉释迦、弥勒二佛。因为两殿孤峙重霄，罡风激烈，于是殿宇均用方块料石浆砌而成，顶上铸铁瓦以盖。两殿前均立一座屏风，挡风遮雨；两殿后均耸一座石台，天然生就，分别为"说法台"和"晒经台"。

天仙桥将释迦殿与弥勒殿相连，凌空飞架，势若长虹，使人会有"转眼风云相会处，平空移步作神仙"的感慨。相传此桥是由八仙之一的李铁拐提供的铁拐作拱架，女娲补天剩下的石头作石料修砌而成。天仙桥的设置是为了连接金顶释迦、弥勒二殿，但妙在人们从峡口而上，唯一路径先通左顶释迦殿，再过天桥方可至弥勒殿。而释迦是现在佛，弥勒为未来佛，人们通常先拜现在佛，再拜未来佛，这种设置不知是巧合，还是冥冥之中自有定数。

金刀峡悬壁上还有一个眼泉，涓涓细流缓缓渗出，终年不枯不溢，人称"定心水"。相传这线神水由燃灯古佛点化而来，供释迦、弥勒专用，以断其凡欲，定其妄心。游人如果能饮一口清泉，的确有舒心爽目、气定神闲之感，以至惊惶顿消，凌绝顶当然就坦然无畏了。

梵净山不仅是佛教名山，还以原始森林风光著称，是一个原始古老的生态王国。从山下至山上，生态呈梯级演变，极为丰富，形成了一个生物多样性的自然生态园。这里拥有黔金丝猴、大鲵、白颈长尾雉、云豹等珍稀动物，以及世界上仅存的"贵州紫薇"和中国鸽子花树等珍稀植物，具有极高的科学研究价值和观赏价值。它不但是中国的国家级自然保护区，也是中国八个加入联合国"人与生物圈"世界性自然保护区网的成员之一，可见其重要性。

美丽的梵净山雄伟险峻，奇秀多姿，那独立撑云的蘑菇石、依山望母的太子石，那状若册籍的万卷书、俊美而陡峭的冰瀑奇观，还有行止飘忽的金丝猴、漫山遍野的杜鹃花，构成一幅天然画卷，置身于此山，宛如身在画中，令游人流连忘返，叹为观止。

东 风 湖

客舟系缆柳阴旁，
湖影侵篷夜气凉。
万顷波光摇月碎，
一天风露藕花香。

——黄庚《临平泊舟》

【名水大观】

1994年4月6日，国家重点水利工程"东风水电站"落闸蓄水，标志着东风湖在乌江干流鸭池河上诞生，为贵州高原最年轻的湖泊。

东风湖位于贵州省会贵阳市80余千米处，是通往闻名中外的织金洞景区的一个美丽的高原平湖。湖水澄清，湖长37千米，湖面最宽处有250多米，最窄处70~80米。水域面积19.7平方千米，蓄水量10亿余立方米，湖水最深处达100余米是一个风景秀丽的淡水湖。

湖以大坝为界分为上下两个风景区：其上为东风湖风景区，其下为鸭池河风景区。东风湖景区，湖水烟波浩渺，山峰雄奇秀丽，溶洞幽深神奇，苗寨风情质朴浓郁，自然风光与少数民族风情融于一体，是一个集湖光山色、岩溶地貌、峡谷风光、溶洞奇观于一体的水上旅游胜地。沿湖而下依次为神女峰、倒挂石莲、小山峡、半壁山岩、五彩飞瀑、千仞黑岩、卷洞门、波光峡影、二龙岩、猫儿岩、化屋基、笋子岩、八仙洞、仙水温泉、仙水湾、东风电站大坝、索桥、红军两进桥等景观。沿岸还散布有星星点点的苗族村寨。湖两岸千仞峭壁高耸，鬼斧神工，雄奇峻秀，气势磅礴。把三峡的雄奇壮丽和漓江的婉转秀丽集于一身。

东风湖约40千米长，湖水曲折九道弯，峻峭的崖壁，多变的峡谷，时浓时淡的碧水。两岸峰峦叠翠，湖水悠长，沟壑溶洞，岩穴飞泉，无穷韵味。平湖在山峦峰岭中随势而转，曲曲折折有11道弯，每段弯狭窄处都有风姿各异的峡谷景观。水因山而风情万种，山因水而灵气弥漫。河段景致最佳处为大河边、小三峡、点葫芦、甲卧、三叉河、卷洞口。东风湖的山势虽不如长江三峡的险陡，却兼有三峡的雄奇和桂林的秀丽。在这幅长长的峡谷中漫游，可尽情领略奇异的喀斯特风貌；时而山峦连亘，秀岩簇生；时而悬崖矗立，峭壁横列；时而石坡困卧，孤峰高耸；时而钟乳悬附，怪石嶙峋，集雄浑壮丽、玲珑精致于两岸。山色青翠，因水光相映，因朝雾夕晖，因阴晴风雨，或山岚条条、或雾气缭绕、或云蒸霞蔚变幻莫测，姿态万千。

东风湖上最迷人的景观要算岸上的崖壁。崖壁上青山远衬，层次纷繁。崖壁美在浩繁，美在造型各异，美在色彩缤纷。整个东风湖岸除时有峰峦石坡隔断，崖壁如一幅又一幅的画卷展开去，石壁一般三五十米高，其中大河边后数十米长的石壁一片青黛色，由于千万年风雨琢蚀，横竖层叠，轮廓清晰，皱褶分明，极富韵味。卷洞门段石壁长近千米，壁面或突兀俯偃，或嶙峋错落，多呈青、灰、红三色，斑驳陆离，壁缝间有铁扫把，廊头树等绿色植物丛生簇长，如带缠附，给人遐想。过卷洞门后一片白色石壁，或层层竖列，或层层横叠，或无规则地陡生峭长，极有特色。与白色石壁相连的是一段红色石壁，红白对比，反差较大，浓烈而明艳。集崖壁画大成的最佳处，要数化屋基了，绕过奇异耸秀的笋子岩，环顾四周崖壁如四面屏风把灵透的湖面围住。崖壁一般在50米以上，崔嵬雄峻，气势磅礴，崖顶群峰连亘，错落有致，其状如相拥、相吻，或平坦缓和如刀削割，壁面红色杂以青灰几色，绿耸横斜交织，其中 100 余米长的石壁中部，如长长的绿丝带，仿佛横腰而拴，蔚为壮观。

阳光在湖波中拉出长长的金色光带，岸边湖水因山色不同而变换颜色，时而呈深黛色，时而淡黄色，时而翠绿色，时而银灰色，而峡谷口湖面因山势错综复杂而色彩纷呈。游至江圆段，湖波由碧色变为深蓝色，蓝得那么纯、那么静，叫人不忍心把它打破。到了丰水的夏季，悬泉飞瀑时时跌入湖中，飞鹰盘旋，山花烂漫，把东风湖打扮得明艳闪光，更加醉人。

红 枫 湖

> 翠湖潇洒秀黔州，岭岛天然景色柔。
> 红浪枫留游客意，碧波水洗美人眸。
> 桃花岛上桃花灿，春剑楼前春剑幽。
> 短句彩笺说不尽，情投笔墨势难收。
>
> ——佚名《红枫湖》

【名水初识】

红枫湖被誉为高原明珠，位于贵州高原中部清镇市和平坝县交界处，是贵阳红枫湖、百花湖和东风湖这"西三湖"中最著名的一个湖，距贵阳市区仅 32 千米。红枫湖建于 1958 年，是为修建大型水电站而建，于猫跳河水域挖成的人工湖。因湖边有座红枫岭，岭上及湖周密布枫香树，每逢深秋时节，枫叶红艳似火，倒映水中，红叶碧波相映成趣，故得此名。

红枫湖面积 57.2 平方千米，相当于 10 个杭州西湖。蓄水量多达 6 亿立方米。湖面南北长达 22 千米，东西依地形起伏有宽有窄，最宽处近 5 千米，水天相接，烟波浩渺；最窄处只有数十米，两山夹峙，峭壁耸立。虽为人工湖，却集险峰、危崖、幽谷、石林、碧水、岛屿、溶洞诸景为一体，号称"山里有湖，湖里有岛，岛中有洞，洞中有湖"四绝，一点儿也没有人工的痕迹。红枫湖又是岛屿最多的高原岩溶湖泊，共有 192 个大小岛屿及半岛，镶嵌在碧波清粼的湖面上，被称为"高原岛国"。

【名水览胜】

红枫湖具有四大特点"阔、秀、奇、爽"，即"湖面宽阔而弯曲，水湾清秀而翠绿，溶洞神奇而丰富，气候凉爽而温和"。蜿蜒绵亘的群山环抱一湖绿水，湖水清澈纯净，湖畔绿草茵茵，山林青茂，繁花似锦，满目秀色。将军山、大扁山雄伟险峻，莲花山、观景山、观音山、小钟山亭亭玉立均映于湖中，山环水曲，形成山外有山、水外有水的胜景。红枫湖空气清爽，湿度较大，气候宜人，年均气温14℃，夏无酷暑，冬无严寒，四季如春，风光如画。无论哪个季节来游湖赏景，都别具情趣：春来观花，迎春、樱花、玉兰、桃花姹紫嫣红，争芳吐艳；夏日望水，碧波浩渺，青山绿树倒映湖中，随波荡漾；秋季看树，火红更胜二月花的枫叶遍布山野，染红如练秋水；冬时赏鸟，各种候鸟长途跋涉来此越冬，可谓是鸟的天堂。

红枫湖由四部分组成，分别为北湖、南湖、中湖、后湖，四大湖区各具特色。北湖烟波浩渺，岛屿星罗密布，鸟岛、蛇岛、龟岛……似珍珠成串。沿岸错落有致分布着滴云轩、恩园、花渔洞大桥、雄伟的红枫大坝以及西汉时期的古墓群、明代的"苗王营垒"等名胜古迹。

南湖以洞闻名。将军湾的溶洞景观丰富而奇异，有各种类型的大小溶洞20多个，水洞、旱洞均有分布，其中将军洞为最佳。它与湖面相连，水涨时湖水回灌于洞中，形成3个奇特的"洞中湖"，湖、岛、山、洞巧妙结合，可谓"山里有湖湖里岛，岛中藏洞洞中湖"。泛舟于洞中，洞内白而透明、千姿百态的钟乳石柱倒映水中，光彩纷呈，琳琅满目，仿佛置身于水晶宫殿；尽头处有一幅宽30余米、高10余米的晶莹闪烁的大石幔，恰似一巨瀑从半空直泻而下，极为壮观。将军山是红枫湖周围最高的山峰，海拔1397米，登高俯瞰，湖区景色尽入眼中。北湖与南湖之间，有中湖连接。进入中湖，盆景山正如一个大型盆景，独立于湖中，山势险峻，两岸峭壁森严，悬崖如削，山上松柏苍劲挺拔，二石伫立山巅，一似仙女亭亭玉立，一若罗汉含笑远眺。

后湖素以田园风光著称。众多湾汊纵横交错，看似山穷水尽，船头一转，忽又柳暗花明，豁然开朗，如画山水映入眼帘。

北湖的岛、南湖的洞、中湖的山、后湖的湾，各具有景，异趣横生，的确令人赏心悦目、流连忘返。

红枫湖周围，依山傍水建有苗、侗、布依等民族风情村寨，集侗寨的鼓楼和花桥、苗家吊脚楼和美人靠以及布依石头城和护寨堡等独具民族风情的景致。在村中，能欣赏上刀山、下火海等民族歌舞及表演，感受侗族拦门酒、敬酒歌以及苗家拦路酒等少数民族待客风俗，品尝色香俱全的苗家酸汤鱼、侗家腌鱼、血酱白斩鸡等当地风味小吃，尽情领略少数民族风俗。

1988年，红枫湖风景区被定为国家级重点风景名胜区，后又被评为4A级旅游区。秀美神奇的湖光山色、清爽宜人的自然条件、质朴浓郁的民族风情以及便利的交通设施，红枫湖以其得天独厚的优越条件，成为人们旅游、避暑、度假和疗养的绝佳去处。

黄果树瀑布

> 断岩千尺无去处，银河欲转上天去。
> 水仙大笑且莫莫，恰好借渠写吾乐。
> 九龙浴佛雪照天，五剑挂壁霜冰山。
> 美人茹花玉胸滑，神女佩带珠囊翻。
> 文章之妙避直露，自半以下成霏烟。
>
> ——郑珍《白水瀑布》

【名水初识】

黄果树瀑布是我国最大的瀑布，也是世界上著名的大瀑布之一。黄果树瀑布位于贵州省西南镇宁布依族苗族自治县境内。它集山、水、瀑、洞、峰、林为一体，有"喀斯特岩溶瀑布博物馆"之称。黄果树瀑布以其巨大的规模、壮观的景色，悠久的历史和独特的成因闻名中外；又因该区喀斯特地貌景象众多，奇峰异洞，怪石丽水与飞水惊涛，激雾凝虹浑然一体，互相辉映，故成为贵州省最瑰丽的游览胜境。

黄果树瀑布高74米，上段瀑上瀑6米，宽81米。飞瀑跌落处掀起轩然大波，浪花飞溅，水势激荡如千人击鼓、万马奔腾，动人心魄。瀑布激起的水雾可飞溅100余米，飘洒在黄果树街上，故有"银雨洒金街"的美誉。喷溅而起的迷蒙细雾在阳光折射下，又化作一道道彩虹，幻景绰绰，妙趣无穷。黄果树瀑布的形态随季节而变化，冬天水小时，她妩媚秀丽，轻轻下泻；夏秋水量大增，那撼天动地的磅礴气势，令人无法驻足，有时瀑布激起的水雾，最高可达数百米，漫天浮游，使其周围经常处于纷飞的细雨之中，更添情趣。

【名水览胜】

黄果树瀑布的景色独特，在于地面、地下、水上、水中的组合景致。正面看黄果树瀑布，景色雄伟壮观，而在瀑布背后的洞穴里观瀑，却别具一番滋味。全国有水帘洞的景点很多，但黄果树瀑布这样的水帘洞却是绝无仅有。水帘洞处在瀑布半腰背后，长达134米，由6个洞窗、5个洞厅、3眼洞泉和6个通道组成。在水帘洞里看彩虹，给人一种玄幻的感觉，而且每个洞窗各有不同的景象。置身其中，水帘漫顶而下，雷霆轰响，魂惊神悚，令游人叹为观止。

　　黄果树瀑布前面有一个很深的峡谷，呈不多见的喀斯特地貌峡谷之中有一连串跌水潭，分别为犀牛洞、三道滩、马蹄潭、冒水潭等。这些潭各具特色，居前的犀牛潭，常为溅珠覆盖，雾气氤氲，并常挂缤纷彩虹，与雪白瀑布交相辉映，有"雪映川霞"的美称。马蹄潭形如马蹄故而得名，是喀斯特瀑布的一种地质形态，水漫其上，美妙绝伦。峡谷两侧壁立苍翠，各类水生植物枝叶繁茂，各种山花野草点缀其间，并有望水厅、观瀑亭、茶楼、铁索桥、缆车等建筑物以及片片竹林，如同一幅妙不可言的大自然立体山水画。

　　天星桥景区被人们赞为"天然大盆景"，距黄果树大瀑布6000米。从黄果树瀑布下来的水几经曲折，精力几乎耗尽，遂流入白水河环绕于群山之间，穿行于峡谷之间。它动中有静，静中有动，形成了天星桥山水这一完美的结合。取名天星桥是由于这里峡谷的陡峭石崖间有一巨石如天星飞落，充塞峭崖，架起一座窄桥，令人称奇，故称天星桥。

　　天星桥景区一步一景，三步一画，山、石、水、林、洞、瀑无不奇妙异常。"有水皆成瀑，是石总盘根"、"风刀水剑刻就万倾盆景，根笔藤墨绘制千古绝画"，形象的描述了天星桥景区的景致。

云 南 省

梅里雪山

冲雨苦爱帽檐斜,
历尾无多感岁华。
却向东蒙看霁雪,
青天乱插玉莲花。

——厉鹗《蒙阴》

【名山初识】

梅里雪山坐落在云南迪庆藏族自治州德饮县和西藏的察隅县交界处,北与西藏阿冬格尼山相连,南接碧罗雪山,处于世界闻名的金沙江、澜沧江、怒江"三江并流"地区。怒山山峦从西藏进入云南后,分为三段,北段为梅里雪山,中段为太子雪山,南段为碧罗雪山,人们习惯把北、中段统称为梅里雪山。梅里,藏意为"药王",因山里盛产雪莲而得此名。

梅里雪山平均海拔在 600 米以上山峰的便有 13 座,有"太子十三峰"之称。由于垂直气候显著,梅里雪山的气候变化无常,雪雨阴晴全在瞬息之间。梅里雪山兼具高原的壮丽和江南的秀美。蓝天之下,洁白壮丽的雪山、湛蓝柔美的湖泊、莽莽苍苍的林海和广阔无限的草原,在感觉上和色彩上,都给人带来强烈的冲击。这里植被茂密,物种繁多。属于青藏高原高寒植被类型,在有限的区域内,便有多个由热带向北寒带过渡的植物分布带谱。海拔 2000～4000 米,主要是由各种云杉林构成的森林,森林的旁边,有着延绵的高原草甸,一望无际,使人心胸舒畅。

梅里雪山又称太子雪山,源于格萨尔神话。相传卡瓦格博是格萨尔王的太子,随格萨尔王征讨恶罗海国。恶罗海国将美丽的公主缅楚姆假意许配给卡瓦格博,想蒙蔽他们,不料卡瓦格博与缅楚姆一见钟情,从此双宿双飞永不分离。后来格萨尔王派卡瓦格博来此坐镇一方,派缅楚姆带小儿来此教化子民。于是太子化为主峰卡瓦格博峰，太子麾下的文官武将化为主峰左右的众峰。缅楚姆化为最左侧羞答答的美女峰，雪峰总有云雾缭绕，人们将其比喻为缅楚姆含羞而罩的面纱。

梅里雪山是大自然创作的一座鲜活变幻的艺术之山，是一幅气势磅礴的水墨写意，是一座神奇的圣洁之山。曾有人以诗赞美它"梅里壮美十三峰，圣洁月照神山雪"，似乎也不足以描绘梅里雪山无限的高洁与神圣。

【名山览胜】

卡瓦格博峰

梅里雪山位列藏区八大神仙之一，被称为"胜乐宝轮圣山极乐世界"的象征。藏区宗教气氛浓郁，藏传佛教的信徒们历来就把梅里雪山当做朝圣之地。主峰卡瓦格博峰在藏民更充满宗教意味，位列藏区八大神山之首。藏文经典中称其为"绒赞卡瓦格博"，即"河谷地带险峻雄伟的白雪山峰"。

卡瓦格博峰被美国学者洛克博士誉为"世界上最美之山"，积雪终年不化，常常云雾缭绕，酷似洁白如玉的水晶佛塔，玲珑剔透，举世无双。这里特有的雪域奇观堪称一绝，峰下遍布冰壁冰川，尤其是世界稀有的低纬、低温、低海拔的现代冰川"明永冾"和"新冾"，如一对银龙双双奔向江岸，由海拔5500米向下延伸至海拔2700米的森林地带，离澜沧江面仅800多米。卡瓦格博峰终年云遮雾罩，诸多朝圣者无缘谒见圣山真面目，然而众多有缘者即使下雨天气，也能在云隙中拜谒圣山雄姿，解此奇缘。

在藏传佛教里，相传卡瓦格博赞神传说是噶举派的保护神。元代噶玛噶举派黑帽系第三世活佛让迥多杰曾来到卡瓦格博山脚下，为雪山加被开光，作圣地指南，从此卡瓦格博山便为泫教派一大修行圣地。藏族英雄史诗《格萨尔王传——加岭》中，卡瓦格博原管辖的只有密宗本尊胜乐轮的一片刹土和宁玛巴祖师莲花生的藏经地。后来，格萨尔王收服卡瓦格博神，并受了居士戒，使他成了佛教的保护神，统领许多地面之神，掌管雪山脚下人们的幸福和死后的归宿。其塑像供奉在山下的寺庙里，位于佛祖释迦牟尼像的左侧，形象为英武战将。每逢农历三月十五，德钦县城附近的藏民在山对面的贡卡湖边燃烧柏枝、杜松子枝，以期袅袅香烟引来巡游的卡瓦格博神，相传他会在燃烧尽的香灰里留下马蹄印，藏民可以依此预测一年的吉凶祸福。

1986年10月，卡瓦格博曾得十世班禅大师的礼拜。十世班禅大师来到迪庆，到飞来寺垂询藏民朝拜圣山的盛况。当时，班禅大师向圣山行朝拜仪式，当时，已缠绕山峰多日的云雾竟然从卡瓦格博峰散去,卡瓦格博峰显出了圣姿。

卡瓦格博还有许多绝世奇观,如雨崩神瀑、五树同根、石篆天书等。卡瓦格博峰南侧,有瀑布自千米悬崖倾泻而下,犹如玉龙天降,喷珠溅玉,烟雨蒙蒙,飘飘洒洒。若逢阳光返照,云雾蒸腾,便可见彩虹出现,美如天上仙境。这个瀑布被当地人称为"神瀑",四季有人朝拜。相传每当有人烧香磕头,瀑布就水花四溅,喷洒在人身上,人们认为这是吉祥的洗礼。

五树同根更具玄幻色彩,传说为佛祖所植。石篆天书则附会佛祖飞升时留下的墨宝,极似形体奇异的梵文。卡格博峰下的取登贡寺、衮玛顶寺,分别又称白转经寺、飞来寺,为朝拜神山的香客煨桑之地。还有太子庙、莲花寺遗址,相传说为宁玛派祖师驻足处,至今香火鼎盛,信徒及游客络绎不绝。

秋末和春初的上午八九钟点观卡瓦格博峰,能见到雪峰下针叶带有一条白的云带,当地藏民称为"卡瓦格博南哈达"。随着太阳不断升高,云带也不断上升,中午时分云朵飘浮于卡瓦格博峰顶上,当地藏民称为"卡瓦格博打伞"。能领略此种景致的机会不多,相传只有有缘之人才能有此福分。夏秋多雨季节,若能一睹卡瓦格博的风采,那是难得的福气。

明永冰川

梅里雪山冰川、冰瀑令人痴迷,冰斗、冰川随处可观,其中最长的冰川为明永洽(藏语)。"明永"是冰川下一村寨之名。"洽"是冰川融化的水之意。"明永"即火盆,由于该村四周山峦起伏,气候温暖而得名"明永"。明永冰川从海拔6740米的梅里雪山向下呈现弧形,一直延伸到2600米的原始森林地带,长11.7千米,平均宽度500米,面积为13平方千米,年融水量为2.32亿立方米,是世界罕有的低纬度、低海拔季风海洋性现代冰川。

明永冰川曲折蜿蜒,居高临下俯瞰大江。在强烈的阳光直射下,吐焰喷光,灼面夺目,气势壮观。冰川景致光怪陆离,有飞架的冰桥,有纤细的冰芽、冰笋,还有大小不一的冰凌、冰洞,千奇百怪,趣味隽永,让游人有置身于仙境的感觉。每逢骄阳当空雪山温度上升,冰川融化,成百上千巨大的冰体轰然崩塌下移,响声如雷,地震山摇,令人震撼,是不可多得的奇景。

玉龙雪山

未是峨眉境，何来入座看？
蛮中晴亦雪，徼外暑偏寒。
云散千峰白，霜凝万壑丹。
鳞鳞望不尽，指点是松潘。

——方象瑛《望雪山》

【名山初识】

玉龙雪山气势雄伟，造型峻秀玲珑。随着气候的变化，雪山景观也随之变幻，呈现出多姿多彩的画面。有三春烟笼、六月云带、晓前曙色、螟后夕阳、晴霞五色、夜月双辉、绿雪奇峰、银灯炫焰、玉湖倒影、龙甲生云、金沙壁流、白泉玉液等"玉龙十二景"，均为清代纳西族学者木正源为其命名。从不同的角度生动描绘了雪山景色，体现了不同节令、不同时辰、不同空间玉龙景致的变幻莫测与万千姿态。玉龙雪山被称为纳西族的象征。

【名山传说】

纳西族民间流传着一个关于玉龙雪山的神奇故事，相传玉龙和哈巴原是一对孪生兄弟，兄弟俩相依为命，在金沙江淘金度日。突然有一天，从北方来了一个凶恶的魔王，他强行霸占了金沙江，不许人们淘金。玉龙、哈巴兄弟俩挥动宝剑与魔王拼杀，弟弟哈巴不幸被恶魔砍断了头，哥哥玉龙继续与魔王大战三天三夜，一连砍缺了十三把宝剑，终于把魔王赶走了。从此，弟弟哈巴化成了无头的哈巴雪山，为了防止恶魔再次侵扰，哥哥玉龙日夜高举着十三把宝剑，后来，宝剑化成了十三座雪峰。而哥哥玉龙力战恶魔时流下的汗水化为了黑河水、白河水。

【名山览胜】

自古以来，玉龙雪山被纳西族人民赋予了许多动人的神话传说，被纳西族及周围各民族人民奉为一座神山；纳西族的保护神三朵就是玉龙雪山所化。元朝初年，忽必烈统一全国，就曾封玉龙雪山为"大圣雪石北岳安邦景帝"，现在丽江还每年举行一次盛大的三朵节。

扇子陡为玉龙雪山的主峰，位于一马平川的丽江坝子北端，山脊呈扇面展开，故得此名。它与丽江古城相隔15千米，落差却达3200米。山上万年冰封，山腰森林林立，山下四季如春，构成世上稀有的"阳春白雪"奇景。由于主峰山势陡峻，雄伟异常，目前仍是无人登顶的处女峰，引起人们无限的遐想和猎奇的愿望。在扇子陡海拔4500米以上的山间，分布着19条冰川，冰川有悬崖冰川和冰斗冰川两种类型，冰斗之间的角峰和梳状刃脊，似一把把利剑直插云端，这些由玄武岩组成的高峰，被切蚀成巨大的金字塔状，气势无比雄壮。

玉龙雪山索道是我国海拔最高的游客客运索道，长2911米，落差1150米。索道站和云杉坪之间有一条穿行于原始森林的栈道。栈道长近700米，宽约1.8米，均由木料铺就，共铺设木板3596块、枕木962根，依山就势，拾级而上。沿途置有以圆木搭建的方亭和六角亭等供游人休息。游人漫步古色古香的栈道，可尽情观赏寂静神秘的原始森林景色。出森林后，豁然开朗，大块的高山草甸展现在游人眼前。夏天，这里是理想的牧场，四周被深绿色的丽江云杉坪所环绕，棵棵大树如座座宝塔，外形异常美观，景色格外壮丽。大面积的雪海是天然的优良滑雪场。据专家考证，这里是世界上最大的滑雪场，又是最温暖的滑雪场。玉龙雪山还是花的海洋，这又是一雪山奇观。花卉矮的只匍匐地面，一旦花开，连枝条都看不见一根，成为花的海洋；高处枝条矫捷地与乔木缠绕，细细碎碎地开成了"满天星"。红的如火，白的似雪；有满斛明珠的、有艳若桃花的、有冷若冰霜的；大花如牡丹，小花如丁香，无一不是人间庭院的奇珍，它们却在这个寂寞的雪山上任意开放，令人惊叹。

鸡 足 山

<blockquote>
陡峻鸡足山，杂树漫凝霜。
荫掩石阶斜，金顶塔高立。
溪奏瑶台曲，风敲天籁钟。
极目乡关路，回望石上松。
</blockquote>

——佚名《游鸡足山有感》

【名山初识】

鸡足山又称青岭台，坐落在云南西部的宾川、大理、邓川、永胜、鹤庆等县的交界处。主峰天柱峰海拔3240米，因山势面向东南背对西北，前伸三趾后纡一趾，形状酷似鸡足而得名。鸡足山左靠金沙江，右临洱海，与大理苍山遥遥相望，气势雄伟，方圆百里。全山共有37座山、30座险峰、34处绝壁、45个幽洞及百余处流泉，危崖嵌寺，群峰如屏，前赞曰"鸡足山奇秀天下，与峨嵋、九华、天台、雁荡为伯仲"。鸡足山还是著名的佛教名山，被称为五台、峨眉、九华、普陀后的"中国五大佛教名山"之一，山上有大小寺庙、庵院百余座，寺僧500余众，香客络绎不绝。

【名山览胜】

天柱峰

天柱峰是鸡足山的最高峰，又名"四观峰"。登临其上，西望苍山洱海，北眺玉龙雪山。因天柱峰又名金顶峰，故寺称金顶寺，因原有金殿。这座铜殿，原在昆明鸣凤山太和宫，崇祯丁丑年黔国公沐天波，指使云南巡抚张凤翮将昆明金殿移至鸡足山。沐天波觉得金殿"克沐"，使他官场失利、家境衰落。明铸金殿在20世纪60年代被毁，现仅保存金顶寺大门和1934年建造的楞严塔，塔高42米，13级，上装1千多公斤重的葫芦宝顶，直插云霄。游人内经72级螺旋木梯盘旋而上，至第二层塔心楼，四周设有铁栏可供游人远眺俯瞰。

鸡足山风光随季节变更，景致亦随之变化，每逢夏秋季节，阴雨初晴之后，白云便会从两边聚过来，遍布山岭，这时就会有一轮圆光现于云中，外晕五色，中虚如镜，此景为"天柱佛光"是鸡足山的一大奇观。游人会清楚地看见自己的身子置身于光环之下，举手投足，与己无异，妙趣横生。

华首晴雷

天柱峰岩壁中部有一道高40米，宽20米的直裂天然石痕，名为"华首晴雷"，游人立于华首门，头上的千仞悬岩摇摇欲坠，脚下不能见底的万丈深谷荡荡缥缈，此时犹如身悬九霄。因岩壁高大陡峭，远处传来的雷声在这里碰壁回音，这就是晴天也有雷鸣，故而得名。

祝圣寺

鸡足山寺庙中最负盛名的要数祝圣寺，也是现存最完好的寺。似僧尼在念经，人们按照它们的叫声，称其为念经鸟。相传念经鸟是由摩伽陀国传过来的，当年佛祖释迦牟尼的大弟子迦叶尊者，抱金襕袈裟，携舍利佛牙，肩上落着一雌一雄两只小鸟，云游四海来到鸡足山。正巧洱海里有蛟龙作怪，兴风作浪，淹没田庄，危害百姓。迦叶为制伏蛟龙水怪，以舍利三颗定点苍山中麓，遂建大理三塔，将佛牙经文储藏于千寻塔顶以永保安宁。选鸡足山华首门做道场，后来又相继建起了迦叶殿、饮光寺、金烂寺。至此，念经鸟就成了鸡足山特有的鸟，在鸡足山僧尼的保护下，一代代繁衍生息，数量逐年增多。

鸡足山是我国著名的佛教圣地之一。据《五灯会元》、《大藏一览调》、《曹溪一滴》、《滇释记》等佛教典籍记载，释迦牟尼佛"十大弟子"之一的迦叶尊者，持金缕僧衣在鸡足山等待慈佛下生，设置宣讲佛法的道场，后入定于华首门，因此山上的岩、桥、石、亭、庵多有迷人的佛教传说，令人神往。

徐霞客曾两上鸡足山，第一次住了1个月，日日出游，还未将全山游遍；第二次住了近4个月，应丽江木土司之邀，撰写《鸡足山志》，共2万余字，称鸡足山为"四观山"。

滇 池

赤藤为杖世未窥，台郎始携自滇池。
滇王扫宫避使者，跪进再拜语嗢咿。
绳桥拄过免倾堕，性命造次蒙扶持。
途经百国皆莫识，君臣聚观逐旌麾。
共传滇神出水献，赤龙拔须血淋漓。
又云羲和操火鞭，瞑到西极睡所遗。
几重包裹自题署，不以珍怪夸荒夷。
归来捧赠同舍子，浮光照手欲把疑。
空堂昼眠倚牖户，飞电著壁搜蛟螭。
南宫清深禁闱密，唱和有类吹埙箎。
妍辞丽句不可继，见寄聊且慰分司。

——韩愈《和虞部卢四酬翰林钱七赤藤杖歌》

【名水初识】

滇池古称"滇南泽"，处在云南省昆明市西南，是断陷构造湖。滇池是昆明风景名胜的中心。滇池四面环山，东有金马山，西有碧鸡山，北有蛇山，南有鹤山。众多山脉连绵起伏，构成了昆明坝子的天然屏障。滇池景区景点内容丰富，既可追寻古滇王墓的踪迹，环湖探访石器时代的遗址。探索云南文化摇篮的奥秘；又可在岸上观玩西山、郑和故里、盘龙古寺、官渡金刚塔等十余处名胜古迹；还可深入环湖城镇考察风俗民情，以海口、昆阳、晋宁、呈贡、官渡、黑林铺等城镇为佳。五百里滇池的岸边，还有西园别墅、龙门村、观音山、白鱼口等景点供游人游览。

【名水览胜】

滇池风光秀丽，波光帆影，湖光山色；田园村舍，风姿逸秀，令人痴迷。自古以来无数文人墨客为滇池的神美景色所倾倒，撰写过大量诗篇赞其美景，如："万顷空青逼素秋，环金绕碧俯沧州。"

西山龙门

龙门是一段完全在石壁上开凿出来的工程，是整个西山最让人称奇叫绝的部分。包括石道、石阶、石坊、石窟、石雕、石刻等，最顶端就是称为龙门的一个石窟，即为世人所熟知的"龙门石窟"。龙门地势挺拔高耸，雄奇壮观，上接云天，下临绝壁。整个龙门的工程始于1781年，于1853年完工，历时72年。工程浩大又艰巨，集奇异与精湛为一体，在世界上享有盛名。观赏了龙门精湛的石刻艺术后，过龙门隧道，沿石阶而上，即至龙门新平台。在这里能看到五百里滇池的全景。遥看水天一色，白帆点点，群山驰骋，顿觉海阔天空。如有兴致，沿着石阶向上登至比龙门高100米、海拔2200米的西山最高点，山顶有一片玲珑秀气的"小石林"，它虽然没有路南石林雄伟壮观，却也如清水芙蓉，小巧别致。

大观公园

大观公园位于昆明城西约3000米，隔滇池与西山龙门遥遥相望。300多年前这里是一片芦苇丛生的浅滩，是滇池草海的一部分。清康熙二十九年（1690年），云南巡抚王继文等见这里视野开阔、山水相依、白帆点点，湖光山色一览无余，于是挖塘筑堤、种花栽柳，并建"大观楼"。后来又建了华严阁、催耕馆、观稼堂、涌月亭、澄碧堂等亭台楼榭。从此，大观楼便成为一个游览胜地。大观公园以大观楼为中心，周围以池水环抱，池水之外有长堤与滇池相隔。园内假山、亭台、楼阁、长廊、花木等无所不有，使人观之不尽。黄昏登上大观楼，远处良田万顷，阡陌纵横，滇池白帆点点，暮色茫茫，映衬于晚霞下显得格外壮美。

大观楼

大观楼共三层，气势雄伟，正面临水，背靠花园。整座楼雕梁画栋，金漆彩绘。下层正中有一块巨大匾额，上面楷书"大观楼"三字，上层是清咸丰皇帝亲自撰写的题为"拔浪千层"匾。

大门两侧有一副长联，是清乾隆年间著名文士孙髯翁所写。长联180字，为海内第一佳长联。长联为蓝底金字，流光溢彩。

上联：五百里滇池，奔来眼底，披襟岸帻，喜茫茫空阔无边。看东骧神骏，西翥灵仪，北走蜿蜒，南翔缟素。高人韵士，何妨选胜登临。趁蟹屿螺洲，梳裹就风鬟雾鬓；更苹天苇地，点缀些翠羽丹霞，莫孤负四围香稻，万顷晴沙，九夏芙蓉，三春杨柳。

下联：数千年往事，注到心头，把酒凌虚，叹滚滚英雄谁在。想汉习楼船，唐标铁柱，宋挥玉斧，元跨革囊。伟烈丰功，费尽移山心力。尽珠帘画栋，卷不及暮雨朝云；便断碣残碑，都付与苍烟落照。只赢得几杵疏钟，半江渔火，两行秋雁，一枕清霜。

上联描述登上大观楼后向远处眺望，滇池旖旎风光皆可尽收眼底；下联概括云南的千年沧桑历史、风云变幻。长联由清朝著名学者、书法家、剑川人赵藩所题，字迹娟秀，笔力遒劲，为书法珍品。长联才华横溢，气势恢宏，对仗工整，脍炙人口，令人叫绝，被称为不朽之作，被誉为古今第一长联、天下第一长联。毛泽东对长联极为赞赏，能吟哦背诵，并高度评价它是："从古未有，别创一格。"

洱 海

数年不作海天游，今夕乘风一泛舟。
似箭灵槎穿巨浪，如霜皓月映高秋。
钟鸣断续隋唐寺，渔唱沧浪芦荻洲。
欲问前朝争战事，恐惊波底老龙愁。

——虚云《夜泊洱海》

【名水初识】

洱海位于大理城东，是云南省仅次于滇池的第二大淡水湖，因湖形似一只线条分明的耳郭而得名，古时又称洱河、西洱河、榆水、叶榆泽、弥河、昆明池等。洱海是由于地层断陷而形成的高原湖泊，北面为洱源县江尾乡，南面为大理市下关镇，南北长41千米，东西最宽处达9千米，窄处也有3千米，周长116千米，平均水深10余米，湖面海拔在1972米左右，面积为250多平方千米。自空中俯瞰，洱海宛如一弯新月，静静地躺在苍山和大理坝子之间。

洱海有高原明珠之称，风光旖旎绚丽，气候温和宜人，一年四季皆风景如画。

因所受污染少，湖水清澈碧透，古时就被誉为"群山间的无瑕美玉"。湖面开阔，碧波万顷，显现出海的气势，浩渺湖光中，洲岛错落，水鸟飞掠；岸边绿柳成行，青山屹立。月夜泛舟海上，皓月当空，水面上粼粼银光，橘红色的渔灯如繁星点点，远处如玉的青山，此刻也只见其清瘦的轮廓。

【名山览胜】

苍山与洱海紧紧相依，形成绚丽的"玉洱银苍"风光。苍山，又称点苍山，因山石如玉、林木苍苍而得名，由西北向东南依次并列着19座山峰，高耸入云。诸峰雄奇峻秀，悬崖千仞，峰顶终年白雪皑皑，云遮雾罩，形成"苍山雪"胜景，与"洱海月"齐名；山腰以下却是松柏苍翠，繁花似锦，生机勃勃，这里分布有我国三大名花，即山茶、杜鹃、报春花。山麓有千寻塔、观音堂、罗刹寺、无为寺、山神祠等诸多名胜古迹。19座山峰，每两座山峰间夹有一条小溪，共18处，处处雪泉飞泻，或形成深谷碧溪，或形成陡崖飞瀑，或穿行于修竹鲜花之间，叮咚有声，东奔洱海。各具特色，别有妙趣。

洱海已被评为国家级风景名胜区和自然保护区。有三岛、四洲、五湖、九曲之胜景，在岛屿、沙洲、湖光、港湾中徜徉，品味山海奇观，金梭烟云、海镜开天、岚霭普陀、碧波渔舟、海阁风涛、海水秋韵、洱海映月等八景秀色，仿佛置身于画中，令人心旷神怡，流连忘返。

洱海中最大的岛屿是金梭岛，位于洱海东部。南诏时称"中流岛"，白族语称"串诺"，即为海岛之意。岛由石灰岩构成，面积约74万平方米，呈长锥形，两头高阔，中部低狭，形似一把织布的梭子；岛上有几处溶洞，其中最长的一处有500多米，贯通东西两岸，洞内有钟乳石如白练垂挂，姿态万千，琳琅满目。金梭岛不仅自然风光秀丽，而且有着悠久的历史和动人的传说。相传它是观音菩萨背来的一块巨石。据唐朝樊绰所著《蛮书》中记载，南诏王在岛西临港湾处曾修筑避暑行宫，取名"舍利水城"，与南诏王都太和城隔水相望，景致优美，成了南诏王族的避暑之地。岛的东岸中部是天然的避风良港，并有一个"海岛村"，共200多户白族渔民在此居住。

洱海南端建有洱海公园，由团山和毗邻的洱海滩涂构成，是游览苍山洱海风景区的第一站。公园由6大区域组合而成，分别为山顶游览区、动物观赏区、海滨游览区、植物游览区、儿童游乐园、情人湖游览区，其间有望海亭、地质亭、樱花亭、海心亭长廊、望海楼长廊、植物园、动物园、钓鱼台、情人湖、风铃塔、游乐场等景点及游乐设施，是游客在大理必游的一处景区。即使在冬季，洱海水温也在

7℃左右，特别适宜冬泳，园中近海浅水地带也为绝佳的游泳场所。

公园内有一座椭圆形的小山，因而被称为"团山"。团山林木茂盛，海拔2049米，可在此观赏"玉洱银苍"景观。沿着环绕团山顶部的望海路，可见东、南、西、北多处凉亭，可在亭上朝不同方向、从不同角度眺望苍山洱海，山海之间，古塔、楼台、亭阁、寺宇、城池依稀可见，使人仿佛回到中世纪的妙香古国。园中的望海楼和观海长廊亦是观海的好去处，可尽情观赏整个苍山洱海的景色。

小普陀位于从下关至双廊和蝴蝶泉景区的海面，被人们称为海中的"袖珍小岛"，周长有200多米。岛虽小，但名气极大，有特别浓郁的佛教文化。小普陀全由石灰岩构成，形状如一颗圆形的印章，因此又名"海印"。明崇祯年间在岛上修建了一座两层歇山式楼阁，一层供奉如来佛祖，二层供奉观音菩萨，即为"观音阁"，后又改为"小普陀"，小岛也因此得名。

洱海富产鱼类，有油鱼、弓鱼、大理鲤鱼、四须鱼、细鳞鱼、丙穴鱼、鳔鱼、武昌鱼、桃花鱼、小花鱼、银鱼等30多种珍贵鱼类；并有多种水禽，为云南省诸湖泊之冠，其中有棕头鸥、翘鼻麻鸭、灰鹤、红胸田鸡、彩鹬、凤头麦鸡、灰鹬、银鸥、红嘴鸥等34种珍稀水禽。

洱海是大理风景区的主要旅游资源之一，也是白族的发祥地之一。至今为止，已在洱海及其周围发现了海东金梭岛、双廊玉几岛、洱海沿岸文化遗址、鹿鹅山遗址等30多处古代遗址，分别为新石器时期、青铜器时期及秦汉时期的文化遗存和居住、墓葬遗址。这些多个时代的历史遗迹，印证着白族祖先从蒙昧时代逐步走向文明的足迹，可以说洱海是白族成长的摇篮。

翠　湖

瑶池灵璧落红尘，关关鸥语天籁音。
五华山映婀娜姿，七彩虹飞玲珑心。
风摇柔丝荡碧波，夜笼娇俏醉清芬。
闹市岂解静湖意，洗却浮梦共月魂。

——佚名《昆明翠湖》

【名水初识】

翠湖占地0.21平方千米，湖面约18平方千米，位于昆明圆通山、五华山西麓。是历史文化名城昆明的一颗绿宝珠。相传，古代的一天晚上，九龙池的9条小龙与圆通寺的两条巨龙为争夺明珠而鏖斗，明珠掉在地上，化为碧波澄澈的翠湖。现在还有"九龙戏珠"的遗迹，即西仓坡、先生坡、小吉坡、贡院坡、丁字坡等环湖的9个坡，犹如9条虬龙，直扑翠湖，意在抢珠。清代著名文人赵藩的诗句："城中楼阁枕烟波，城外峰峦点黛螺。"形象地描写了翠湖的概貌。在车水马龙、人声喧闹的城市之西北，竟有这淡淡清波，依依堤柳，水映莲荷，飞鸟掠水的境界，实在是一个让人们修身养性的理想之地。

翠湖原是滇池的"女儿"。以前滇池的水位很高，翠湖是滇池的一个湖湾。自从元代以后，滇池水位逐渐下降，翠湖才脱离了"母亲的怀抱"，娇羞问世。明代，她被围入城内，因周边多种菜蔬，故名曰"菜海子"；又因其东北部有眼泉水，亦名"九龙池"。

【名水览胜】

翠湖根据方位分为5个景点，中有莲华禅院，东为"九龙池"即竹林岛，东南为"水月轩"，西南为"葫芦岛"，西北为观鱼楼。莲华禅院前植有郁金香，明黄姹紫，色彩纷呈。更在湖东扩建"春晓广场"，为三个石砌大花坛，上有歌咏翠湖历史和美景的浮雕和诗词、楹联。南门也可以看到石壁上镌刻着前辈名家的诗。丰富了翠湖的文化内涵。

翠湖的景色秀美，给人以美的享受和诗意。因此，历代文人雅士均与翠湖结下奇缘。云南的文人甚至把翠湖视为身心最好的归宿之地。赵藩在会试科场失意之时，多次到翠湖寻求慰藉，并曾邀集诗友在翠湖"集萃轩"成立诗社以畅心怀。陈荣昌的《渔歌子·思翠湖》："停着湖居似在家，垂杨怪我忍离它。风不定，日初斜，水禽珍重白莲花。"写得深情眷眷，视翠湖为家，反映了云南文人的真情。我国著名的文人、学者朱自清、闻一多、沈从文、吴晗、冯友兰等也曾在此游湖，漫步于湖滨。

"翠堤春晓"也是昆明的著名景观。堤柳是春天的使者，在北方风雪余威犹烈之际，它悄然嫩黄、翠绿了。于阮堤、苏堤的波光柳影之间漫步，徜徉于竹林岛、水月轩，聆听枝头娇鸟的吟唱，诗人、艺术家会得到无限的诗意和灵感。现代音乐家聂耳被翠湖美景所感，创作出《翠湖春晓》的优美乐曲，今天似还在碧波翠柳中回绕。

翠湖的夏天最美，清代著名学者袁嘉谷的集句楹联："荷风送香气，竹露滴清响；山光悦鸟性，潭影空人心。"形象地描绘了翠湖之夏的静态美；李霆锐的楹联："赤鲤跃碧波，吞却三分明月；红莲开翠海，托来一瓣馨香。"充分表现了翠湖之夏月夜的动态美，令人迷醉。

初秋的翠湖,莲花脱去艳丽红衣,水面上立着一个个饱满的莲蓬,清香幽然,只见成熟,不显衰败。

冬天的翠湖,因为并非严寒,别具风韵。翠湖每年都有几千只海鸥来越冬,人鸥嬉戏成为翠湖一道最亮丽的风景。每年11月,人们就开始准备迎接这些远道而来的"朋友"。当它们俏丽的身影闪现时,引起人们莫可名状的惊喜。男、女、老、少如痴如狂,集聚湖边,争相投食。海鸥爱昆明,昆明人更爱海鸥。

"水不在深,有龙则灵"。翠湖一汪碧水,既有"九龙",又有群鸥,更丰富了滇中的历史文化,灵矣,美哉。

抚 仙 湖

岑参兄弟皆好奇,携我远来游渼陂。
天地黯惨忽异色,波涛万顷堆琉璃。
琉利汗漫泛舟入,事殊兴极忧思集。
鼍作鲸吞不复知,恶风白浪何嗟及。
主人锦帆相为开,舟子喜甚无氛埃。
凫鹥散乱棹讴发,丝管啁啾空翠来。
沈竿续缦深莫测,菱叶荷花净如拭。
宛在中流渤澥清,下归无极终南黑。
半陂以南纯浸山,动影裊窕冲融间。
船舷暝戛云际寺,水面月出蓝田关。
此时骊龙亦吐珠,冯夷击鼓群龙趋。
湘妃汉女出歌舞,金支翠旗光有无。
咫尺但愁雷雨至,苍茫不晓神灵意。
少壮几时奈老何,向来哀乐何其多!

——杜甫《渼陂行》

【名水初识】

抚仙湖又名"澄江海",地处滇中高原,位于玉溪市的澄江、江川和华宁三县交界处。抚仙湖是云南省5个高原湖泊风景区的中心点,西南与星云湖连接,西北距滇池17千米,北距阳宗海27千米,南距杞麓湖18千米。

抚仙湖为云南第三大湖,南北长31.8千米,东西平均宽度为6.7千米,最宽处11.5千米,最窄处仅有3.2千米。抚仙湖形似一个倒葫芦,北部宽阔而深邃,南部狭小而浅显,中部细长如颈。湖岸线总长90.6千米,湖面广阔,水域面积212平方千米。平均水深约80米,最深处达150余米,是我国仅次于长白山天池的第二深水湖。由于湖水较深,水容量多达185亿立方米,占云南省湖泊蓄水总量的三分之二,相当于6个洱海或12个滇池的容水量。

抚仙湖是高原断层陷落湖。湖面海拔1720余米,三面环山,湖水清澈碧透,水质极优,纯净度达99.5%,达国家地面水质一类标准和景观娱乐用水A类标准,是我国淡水湖中水质最好的湖泊之一,附近的居民常从湖中取水直接饮用。泛舟湖上,可以清晰地看到湖底色彩缤纷的鹅卵石和左右摇曳的水草。目前,抚仙湖周围自然环境还没有遭受到破坏,仍是无污染的湖泊。立于湖边居高远眺,只见青山环抱中,浩瀚碧绿的湖水如一张巨大的地毯,一直铺展到遥远的天际;青山碧水,洲岛错落,令人感觉如同置身仙境,清新舒爽,心旷神怡。明代旅行家徐霞客曾在此游湖为其景色作诗赞道:"百里湖光小洞庭,天然图画胜西湖"。

【名水览胜】

抚仙湖沿岸山川秀美,有禄充、孤山、明星、新河口、海口五大景区,近百处佳景点缀其中,犹如一颗颗璀璨的明珠,把抚仙湖装点得分外妖娆,以禄充和孤山两地风光最美,景点最为集中为游玩之最佳去处。

抚仙湖畔的笔架山处在禄充景区中央,三峰鼎立,形如笔架,故而得名主峰建有观音寺,每年农历二月十九,当地居民在此举行庙会,十分热闹。山脚处的波息湾,宁悠迷人,柔软细腻的沙滩更令人心迷。湖西面的尖山拔地而起,壮如玉笋,直入云天,被称为"玉笋擎天"。东北面的回龙山如大象长鼻,故亦称象鼻岭。东部有温泉,当地居民称为热水塘,泉口甚多,是沐浴、疗养的绝佳之所。

孤山岛被誉为"潇湘洞庭"之"不夜岛","云南第一岛"矗立于湖中西南部。孤山岛呈椭圆形,面积约半平方千米,有山峰、岩洞、怪石,风光旖旎。岛上有元、明时期建成的建筑群,还有一座铜塔,塔基宽约1.7米,共13层,高达30米,塔上有佛像、铜铃、匾额、对联,精奇至极。孤山岛为此地胜景,历代文人墨客流连忘返,所留诗词、碑记不可胜举,供后人赏析。

海门河位于抚仙湖南面,长仅1千米多,隔山与江川的星云湖相连。河中段有一堵伸到水面的赭色石壁,石上刻有"界鱼石"3个大字,相传是乾隆皇帝的手笔。虽然抚仙与星云两湖相通,但生长于星云湖的大头鱼,如顺流而下至"界鱼石",便掉头逆流而归;而栖息于抚仙湖、一向以抗浪逆水而行著称的抗浪鱼,到此也是掉头返回。两种鱼以石为界，彼此知禁，从不过界。明代云南巡抚姜思睿题刻一首描述奇景的诗于界鱼石旁的《界鱼记》碑上"星云日向抚仙流，独禁鱼虾不共游；岂是长江限天堑，居然尺水割鸿沟。"古往今来，到"界鱼石"观玩的游人络绎不绝，两湖相通、鱼不往来的原因也引得众家学者争论不休！清代铁龄祝兆鹏题刻有"鱼各有性"四个大字，对这一奇景来说可能是最好的解释。

抚仙湖冬夏温差不大，年平均水温18℃左右，水质又好，为理想的天然游泳池。湖畔沙滩洁净细软。还可在波息湾、新河口浅滩、禄充、明星、阳光海岸等地嬉水游泳、赛艇、滑水，可在沙滩上享受日光浴。青山叠翠、湖水碧透、风光绚丽且旅游度假设施完备的抚仙湖，已成为人们观光、休闲、娱乐的好去处，更是夏日度假旅游的绝佳之地，被人们称为"滇中北戴河"。

抚仙湖除了界鱼石之谜，还有许多怪物怪事，以下为其中难解之谜。

鲭鱼阵之谜：每年5～8月间，风和日丽之时，于孤山东南大约一两百亩的水域，经常能见到由成千上万大小不等的鲭鱼列队组成的"鲭鱼阵"，黑压压的一大片，场面极为壮观。鱼群时而停住不动，时而排成几列纵队缓缓游移，时而大鱼在前领队，众鱼前呼后拥，此为其一。

海马之谜：相传抚仙湖中有"海马"。据道光《澄江府志·杂异》中记载："在抚仙湖中，有物如马状，浑身洁白，背负红斑，丈尺许，时出游水面，迅速如飞，见者屡获吉应。"据说当地人也曾看到过像马一样大的动物，浑身白色，在湖岸上晒太阳，在水面上行走如飞，此为其二。

水下古建筑之谜：在澄江和江川，当地人一直流传着一种说法。抚仙湖所在原是一个很大的坝子，坝子里有一座繁华的城池，有一天，突发大水淹没了这个坝子，城池就此沉入水底，在风平浪静时，人们还能在湖中看到城墙。2000年11月，经考古工作者水下勘测，证实抚仙湖里确实有一片古建筑存在。2001年3月，初步断定这是一处规模宏大、具有大型城市特征的古建筑群遗址，分布在南北长2千米、东西宽1.2千米的水域中。被人们称为中国的"庞贝古城"。这片极具规模的古建筑群很可能是古滇文化时期的城市遗址，因大约2000年前的一次巨大的自然灾变而沉没湖底的。要想彻底解开古滇王国千古之谜，还需要大量科学考证工作，其价值也必将不断凸显，此为其三。

这些至今无法解释的景象，神秘莫测，虚实难辨，加之诸多幻化神奇的美丽传说，不禁令人心驰神往。神奇美丽的抚仙湖，何时才能向世人尽情展现它的幽雅、纯真的风姿呢？何时才能揭开那神秘的面纱呢？

西藏自治区

珠穆朗玛峰

咏雪诗魂耀宇寰,
拨开迷雾换新天。
珠峰纵使削千尺,
仍是中华第一山!

——引自吴万利《伟人毛泽东》

【名山初识】

珠穆朗玛峰位于尼泊尔与我国西藏的交界处,是喜马拉雅山脉的主峰,珠穆朗玛藏语意为"圣母",海拔 8844.43 米,是世界第一高峰。珠穆朗玛峰山体呈巨型金字塔状,威武雄壮,昂首天外,地形险峻,环境复杂。东北山脊、东南山脊和西山山脊中间夹着北壁、东壁和西南壁,在这些山脊和峭壁之间有 548 条大陆型冰川,平均厚度达 7260 米。冰川上有姿态各异、瑰丽罕见的冰塔林,又有数十米高的冰陡崖和暗藏陷阱的明暗冰裂隙,还有险象环生的冰崩、雪崩区。珠穆朗玛峰以威严、雄伟的印象留在每个人的心中,是经历了沧海桑田变幻、兼备高山雪海气魄的地区。在珠峰以北地域,能找到来自南半球的巨羊齿植物化石,于雅鲁藏布江沿岸,能看到不同时期、不同地层中的岩块挤压在一起而形成的板块缝合带,这一切均证实珠穆朗玛峰是从遥远的南半球经印度板块撞挤,经 2400 千米漂洋过海而来。在漂的同时,又因受到欧亚板块反作用力的阻挡,逐渐地抬高升起,因此形成傲视群山的世界最高峰。

【名山览胜】

珠穆朗玛峰不仅山势雄伟,并有独具特色的旗云景观,有时像迎风招展的旗帜,有时像波涛汹涌的海浪;时而变成袅袅上升的炊烟,时而又似万里奔腾的骏马。这一切,给珠穆朗玛峰增添了不少变幻莫测绚丽壮观的景象,堪称世界一大自然奇观。珠穆朗玛峰产生旗云是由于珠峰海拔极高,太阳辐射又强,因此各地受热不均。吸热快的地区,表层气温高于同一高度空气的温度,因而形成沿山坡向上的气流。另外，在冰雪面上，反射掉很多的热量，地表气温要比空气的温度低些，冷空气下沉，热空气上升，就形成了两个方向不同的局部环流，使峰顶附近常有对流性积云生成，所以白天经常能见到形如旗状的云挂在峰顶。随着高空风、上升气流和天气系统的不断变化，旗云的形态也随之不断变幻着。有经验的登山队员和气象工作者，可根据珠穆朗玛峰旗云的高度和飘动位置，预知峰顶高空风力的大小。由于旗云的变化可以反映出高空气流的变动及强弱，因此，又被人们称为"世界上最高的风向标"。

珠穆朗玛峰巍峨壮观，气势磅礴，方圆20千米的范围内，群峰耸立，重峦叠嶂。有40多座海拔7000米以上的高峰，南面的洛子峰和卓穷峰、东南面的马卡鲁峰、西面的努子峰和普莫里峰、北面的章子峰均闻名于世。在这些巨峰的外围，东南方向有世界第三高峰干城章嘉峰，西面有格重康峰、卓奥友峰和希夏邦马峰，形成了群峰来朝会，峰头汹涌，波澜壮阔的奇景。

珠穆朗玛峰有世界上发育最充分、保存最完好的冰川分布于5300~6300米的广阔地带。在海拔5800米左右的冰川上，一片洁白，奇景接踵而至，让人目不暇接。悬岩如古代城堡，层次分明；岩石经风雕雨琢形成的高大石柱、石笋、石剑、石塔，成群结队，千姿百态，绵延数千米。珠峰由于海拔高，景色奇幻，甲于天下，因此被登山探险者们誉为世界上最大的"高山上的公园"。冰塔林是珠峰冰雪世界的标志性景观，也是珠峰地区和喜马拉雅山脉北侧冰川独有的特色。在低纬度、气候干燥的高海拔地区，由于日光强烈且光线入射角度大，几乎直射入冰川裂隙，引起从上到下的消融，才形成个体高耸、陡峭，从而成林的冰塔。因为只有珠穆朗玛峰的北侧才有这种条件，故以此处的冰塔林最为俊美。

以前珠穆朗玛峰地区的中绒布冰川冰塔林从5300~5400米开始出现，由于气候变暖，现在只有在5600~5700米高处才能看见，冰塔林的高度也只有20~30米，比原先缩小了10米左右。但冰清玉洁的水晶世界却没有改变。那水晶宫似的冰洞是由冰川内部的排水道干涸或改向后形成的。"冰桌"是最为奇特的景象，一个冰柱上顶着一块大石头，恰似结构奇妙的桌子。因为被石块盖住的冰块得到保护，减少了消融，所以高高擎起，而周围未受到保护的冰面因消融很快而变低，就这样形成了冰桌。

珠穆朗玛峰还有一胜景"冰川风"。在珠峰北侧，因为海拔在5300~7000米处为冰雪覆盖，日出后表面气温仍然低于山谷中同高度的大气温度，所以几乎终年盛行下山风，这种因冰川分布而形成的下山风便为"冰川风"。冰川风最盛时在当地时间下午14~18时，在离地1000米以下的平均风速可达10米/秒，阵风能达到7

~8级，极为壮观。

　　雨季的起始与结束时间、7000米以上的高空风变化情况以及不同海拔的地面风速的日变化情况决定了珠穆朗玛峰的山区气候。珠穆朗玛峰地区及其附近高峰的气候变化无常，即使在一天之内，也往往翻云覆雨。大体说来，每年6~9月为雨季，受强烈的东南季风影响，形成暴雨频繁、云雾弥漫、冰雪肆虐的恶劣气候。11月中旬至次年2月中旬，因受猛烈的西北寒流控制，气温可达-60℃，平均气温在-50℃~-40℃之间。瞬间风速可达90米/秒。每春季为每年3~5月，风季逐渐过渡到雨季；而秋季为9~10月，则是雨季过度至风季。在此期间，因有可能出现较好的天气，所以最适宜登山。

　　珠穆朗玛峰国家自然保护区成立于1989年。区内生态系统类型多样，有极为丰富的珍稀、涉危生物物种，其中有长尾灰叶猴、熊猴、喜马拉雅塔尔羊、金钱豹等8种国家一级保护动物。同时，保护区还有水能、光能和风能等丰富的自然资源。每当旭日东升，巨大的山峰在红光照耀下多姿多彩。此外，许多奇特自然景观，也吸引国内外大量的游客。

纳木错

一

四望浑无岸，洋洋信大观；
舟疑飞鸟渡，山似毒龙蟠；
万派潮声迥，千峰云际攒。
茫茫烟水里，乡思入眉端。

二

水天同一色，突兀耸孤峦。
望远胸襟畅，凭窗眼界宽。
争涛疑壁立，青海逼人寒。
咫尺皇州近，休歌《行路难》。

——秋瑾《轮船记事二章》

【名水初识】

　　纳木错是新生代第三纪因喜马拉雅山凹陷而与珠穆朗玛峰一起形成的，最初面积很大，以后因气候变化，湖泊面积逐渐缩减。据传说，纳木错是神山念青唐古拉美丽温柔的妻子。纳木错也是西藏著名的朝圣地,湖中有18座岛屿,最大的扎西半岛10平方千米,最小的岛屿仅1平方千米。岛上有溶洞、石林、天然桥等奇特的岩溶地貌景观和众说纷纭的动人传说供游人猎奇。

【名水览胜】

纳木错湖水清澈碧透,矿化度低,湖岸平直,水草丰美,峰林奇异,熔岩地貌巧夺天工;湖岸地形开阔,有广大的湖滨平原、沙滩和沼泽地。扎西半岛与念青唐古拉山由湖岸线连在一起。旭日东升湖边一片翠绿,夕阳西下两岸满地金黄,湖水轻轻拍击着岸边,形成了一条白色的弧线;西面水天一色,烟波浩渺,远山近水,令人心旌摇荡,仿佛整个身体都化在这天水之间。纳木错最美丽的时光当数晨昏。清晨,一抹金色的阳光射到念青唐古拉山上,白色的雪峰立刻被染成金红色,弧形湖岸线上光影交错,一片片白云如吉祥的哈达,献给念青唐古拉山,献给蔚蓝的天际。傍晚,夕阳从云缝中喷射出道道烈焰,此刻云在燃烧,山在燃烧,湖面也似在燃烧,并泛起层层金红色的火光,此时整个世界仿佛都在演绎着一样的篇章。一日之中,气候迭转,云彩与光影变幻无穷,令人叹为观止。

纳木错湖万顷碧波之中矗立5个岛屿,当地藏民传说它们是5个佛的化身,去神湖朝佛敬香的人们,都虔诚地顶礼膜拜。另有5个半岛深入湖心,最著名的要数扎西半岛,它像是湖岸伸入湖中的一只拳头,也有人说它是个睡佛,短的一段像脑袋,长的一段象躯干,腿则伸入湖中隐而不见。其实,这是个由石灰岩构成的半岛,由于长期受湖水侵蚀,形成许多幽静的岩洞,及独特的喀斯特地貌。有的洞口呈圆形而洞浅短,有的溶洞洞口窄而洞狭长,有的岩洞上面塌陷成自然的天窗,有的洞里密布钟乳石。岛上到处怪石嶙峋,峰林耸立,其间还有自然连接的石桥,岛上地貌奇异多姿,巧夺天工,可谓奇观。一踏上半岛,首先映入眼帘的是两尊并列的大石柱,人们称为"天门石"。据专家考证此地很久以前为海底,岛上的这些石柱、溶洞是经海水多年冲刷、侵蚀而形成的。扎西岩画在扎西半岛的另一侧岩洞中,在此洞中还曾发现许多原始岩画,这里已成为西藏重点岩画保护地。岩画是用红色矿物作颜料,在岩洞的内壁上描绘而成的,有牛、羊、鱼、野兽以及树木、太阳等自然景物,也有狩猎、放牧、征战等生活画面,内容丰富作画手法简洁粗犷。据专家考证,岩画绘于西藏文字记载的史前时期到藏传佛教的前弘期之间。岩画的发现具有极其重要的意义,不仅填补了西藏古代洞穴绘画的空白,且极大地丰富了我国古代岩画艺术的内容。在扎西半岛除岩画以外,还有许多自然和人文景观组成的图腾供人们探究,如由刻满经文的玛尼石砌成的玛尼墙、洞穴内天生的岩缝与玛尼堆共同组成的"阴阳崇拜"等。在西藏，几乎所有的雪山、湖泊都被当地藏民视为有生命的神灵，若雪山和湖泊在一起，则雪山被奉为男神，湖泊为女神。念青唐古拉山就被视作一位坚毅勇猛的男神，纳木错则是柔情万种的女神。念青唐古拉山的雪山冰川是纳木错源源不断的水源，而纳木错则滋润着雪山山麓，使念青唐古拉山更显勃勃生机。

如遇羊年，在扎西寺乃至漫长的湖岸线上，转湖的朝圣者和游客络绎不绝，人多如潮，歌如海浪，哈达、经幡遍野，盛况空前。西藏历来有三大朝山拜湖活动，即马年转山，羊年转湖，猴年转林。每至羊年藏历的四至五月萨噶达瓦节期间，纳木错附近的寺庙就会人潮如流，热闹非凡，转经的人群仿佛一条蜿蜒的河，川流不息。由于湖岸地形复杂，湖面辽阔常人一个多月才能转一圈，所以许多转湖的朝圣者以转扎西半岛来代替，据说，转扎西半岛7圈就等于转纳木错1周。

班 公 湖

湖天光景入空濛，
海立云垂瞑望中。
记取僧楼听雪夜，
万山如墨一灯红。

——易顺鼎《丙戌十二月二十四日
雪中游邓尉三十二绝句（选一）》

【名水初识】

班公湖处在喀喇昆仑山麓，是中国与克什米尔地区共享的国际湖，湖面海拔4242米，是地球上海拔最高的淡水湖。班公湖湖面东西长155千米，最宽处15千米，最窄处只有5米，平均宽度仅有2~5千米，平均水深70多米，水域面积近600平方千米。

班公湖是一个内陆湖，分为东班公湖和西班公湖。

东班公湖，处在我国西藏阿里地区北部的日土县境内，与西藏通往新疆的219国道相临，水域面积为413平方千米，约占全湖总面积的三分之二，平均水深22米。西班公湖，位于克什米尔地区，约占三分之一。奇怪的是，同为一湖，班公湖的湖水由东向西分为淡水、半咸水、咸水。我国日土县境内的400多平方千米的湖水主要为淡水，少部分为半咸水；而克什米尔地区的100多平方千米的湖水，则为苦涩的咸水，不能饮用，也无鱼类。

班公湖在藏语中称"错木昂拉仁波湖"，意为"长脖子天鹅"意为"明媚而狭长的湖"。湖水清澈明净，蓝得令人心醉。蓝天碧水，白云轻扬，远处，层峦叠嶂的雪山依稀可见。景色秀丽醉人。

【名水览胜】

班公湖上分布有鸟岛、乳峰岛、月亮岛、老鼠岛等大小数座岛屿。众多岛屿，景色各异，最为奇特壮观要数鸟岛，被称为候鸟的天堂。鸟岛面积不足1平方千米，岛上遍布石灰石碎块，没有大树，只有一些低矮的灌木及一些草科植物。每逢春天，孟加拉湾的温暖气流吹入阿里高原，去年冬季从高原飞往南亚大陆越冬的鸟群，又从喜马拉雅山的皑皑雪岭飞回来，在岛上自由自在地筑巢产卵，繁衍生息。每年5~9月是观鸟的最佳季节。湖中丰富的鱼类和湖滨丰盛的水草，吸引成千上万的鸟儿在此聚集，最多时有10万只左右，常年也有5万~6万只。其中多数为鸥鸟，还有20余种珍贵鸟类，如斑头雁、黑颈鹤、小天鹅、凤头潜鸭、蓝点颏、朱雀、灰鸭等。数量最为的为地中海棕头鸥，数以万计，湖面上白茫茫的海鸥绕岛盘旋时极具遮天蔽日之势。岛上的岩石上、草丛间、湖岸边，也无处不有，覆盖于整个小岛。

水鸟们自由自在地于湖滨和鸟岛周围觅食、嬉戏，5~6月为产卵期，岛上遍地鸟蛋，犹如卵石布地。这些鸟蛋形状各异，有的比鸡蛋还大，有的较鸽蛋还小；有的洁白无瑕，有的则呈淡黄色。

班公湖是鸟的王国，是自然界的一块净土，这里的天然大屏障将鸟岛与外界隔开，鸟儿自由地生活其中，没有天敌，没有干扰，只有祥和与宁静，充满了鸟类的友爱和亲情。在这个世界海拔最高的鸟的世界里，上有蓝天白云，下有雪山湖水。在"世界屋脊"上，能有这样的奇观，是阿里高原的特殊自然景观，是一个美丽的奇迹。

班公湖生有丰富的水生植物，成为鱼类良好的繁殖栖息场所。这里生有西藏特有的裂腹鱼，这种鱼的排泄生殖孔和臀鳍两侧，具有排列成行的大鳞片，乍看如腹部裂开一条口似的，因此而得名。

陕 西 省

华 山

西岳出浮云，积雪在太清。
连天凝黛色，百里遥青冥。
白日为之寒，森沈华阴城。
昔闻乾坤闭，造化生巨灵。
右足踏方止，左手推削成。
天地忽开拆，大河注东溟。
遂为两峙岳，雄雄镇秦京。
大君包覆载，至德被群生。
上帝伫昭告，金天思奉迎。
人祇望幸久，何独禅云亭。

——王维《华岳》

【名山初识】

西岳华山坐落在陕西华阴县城南，又称太华山，东临潼关，南接秦岭，北面有黄河、渭河、洛河景色壮美。

华山在五岳中以"险"闻名。它高耸陡立，挺拔峥嵘，犹如长剑插天，因而唐代著名诗人张乔的《华山诗》中就有"谁将倚天剑，削出倚天峰"这样的精彩描绘。清代诗人魏源在《衡山吟》中写道："恒山如行，岱山如坐，华山如立，嵩山如卧，惟有衡山独如飞。"至此，人们就流传开"华山如立"的说法。这种说法基本上说明了华山的地貌形态特征。

华山的山势险峻与华山形成的地质历史有密切的关系。在距今8亿~10亿年的远古代，这一带地壳大面积隆起基底，形成大体呈东西方向的狭长陆地，是由前古生代的变质岩组成。华山的太华峰还能看到这种古老的岩石。后来在中生代晚期地壳又发生剧烈变动，大量花岗岩岩浆侵入地壳，构成了后来华山的主体岩石即斑状黑云母花岗岩。地壳运动时，伴随发生强烈的断裂作用，尤其是华山的北侧，就是现在陇海铁路经过的地方，形成了巨大的华山山前大断裂，断裂的北侧下陷，形成渭河地堑；南侧上突，形成秦岭山脉。与华山的相对高差达1000多米。在漫长地质年代里，南部的隆起区表面的盖层岩石被剥蚀殆尽，华山花岗岩就暴露出来；由于在不断地抬升挤压的过程中，花岗岩体遭受破裂，发育了大量垂直的裂隙和节理，以至产生众多峻峭的悬崖峭壁和危岩奇峰，也就是后来人们所说的"华山如立"的奇观。

华山山名早在《山经》和《禹贡》里就有记载，就是说早在公元前3世纪就有这个山名了。华山的东西南北中五峰环峙，雄奇险峻，高擎天空，远观之，状如盛开的莲花，古时"花"和"华"通用，故名华山。华山以"险"闻名天下，被誉为"奇险天下第一山"。

【名山览胜】

华山的直入云霄，山峰峻秀，峭壁如削，险不可攀。在魏晋南北朝以前，无路登山，至唐代才有一条茅径，而且异常难行。大约五代以后，在华山险处修建了简陋的铁索链，并增筑庙宇，山上大都是道士和樵夫，罕见游人。到明代时，游览华山的人逐渐增多，大体上形成了今天的游山路线。清代以后，盘山道虽重新安装防护索链，对石阶整理加固，但这条路仍极为险峻。登山道路多由峡谷、深沟及岭坡、岭脊中开辟出来。从山麓到顶峰，名胜古迹、奇特景观随处可见。即千尺幢、百尺峡、金真岩、单人桥、鹞子翻身、擦耳崖等险道，令人胆战心惊。华山有南峰落雁峰，西峰莲花峰，东峰朝阳峰，北峰云台峰和中峰玉女峰。

落雁峰

落雁峰也称南峰，为华山最高峰，海拔约2200米，似石柱直插云天。南峰为驼形山峰，一峰二顶，东为落雁峰，西为松桧峰。西顶之上，有仰天池，池水清澈，终年不竭，池旁有众多石刻，妙点佳景，引人遐想。东顶之上有黑龙潭，高山池潭别具神韵。登顶后极目远眺，秦岭主峰耸立西南，渭北群山逶迤于北，中条、崤函环卫于东，八百里秦川一览无余。东侧有花岗岩球状风化形成的奇特地貌景观，几个馒头状山头间平台处有一座三间两进的建筑，依山傍险，即闻名遐迩的南天门。南面万丈陡崖，腰部有"长空栈道"，旁有木栏，下临深渊，栈道摇晃，极其惊险，令人惊心动魄。顺栈道前行可至"贺老洞"，据说为元代道士贺元希所凿，其下临深渊，惊险奇绝。距洞旁10米的崖壁上镌有"金真岩"三个大字，每字大

2米有余,遒劲俊逸,技艺精湛。长空栈道、贺老洞和金真岩并称华山顶峰的三大奇迹。

莲花峰

莲花峰也称西峰,是华山奇峰之一,因峰顶石簇酷似莲花瓣而得名。山峰有一巨石,三面临空,绝壁千丈,其势如削,名冠群峰。莲花峰顶有翠云宫,又称圣母宫,宫旁有一中间有裂缝的巨石,形如斧劈,故称斧劈石,相传为《宝莲灯》中华山三圣母之子沉香劈山救母处。蜿蜒向北,岩壁空绝万丈,名舍身岩,峰顶有石,即摘星石,登石四顾,星辰似伸手可得,奇妙至极。

朝阳峰

朝阳峰居华山之东,故又称东峰,峰顶有朝阳台,可观日出,是华山奇峰之一。朝阳峰西距落雁峰约700米,峰东北悬崖上有黄白相间的石髓凝结,远观酷似巨掌,五指参差,故称仙掌崖。相传古代河神巨灵,左手托起华山,右脚蹬平中条山,辟出一条入海的河道供黄河排放出洪水,拯救了万民,仙掌即巨灵推山时留下的手印。峰北建有杨公塔,塔东面有杨虎城将军亲笔题写的"万象森罗"四字。峰东侧有小孤峰,峰顶平坦如台,名"博台",也称"下棋亭",传说是陈抟老祖和赵匡胤弈棋的地方。此外还有甘露池、清虚洞等胜迹和鹞子翻身等险景。鹞子翻身是一块上凸下凹三面凌空的巨石,上垂一条铁链,游人只有双手紧握铁链,脚踏石窝,面壁挪步,才能到石崖尽头,有两处互不相连的石罅,阻断了去路,一根横木又在石缝中,游人要像鹞子一样翻一个身,才能迈上对面的峭壁,下到博台继续游览。

云台峰

云台峰又称北峰,它的高度远低于其他四峰,但山石嶙峋,三面环绝,白云绕顶,巍然独秀。峰顶地势较为缓和,依山建有庙宇。山顶同南面的苍龙岭、五云峰、玉女峰等连成一道长岭,岭脊东侧为黄埔峪,西侧为华山峪,峪底与岭脊高差在500米以上。工匠巧妙地利用谷地和岭脊的有利地形,开辟了登山的道路。它是游览"天外三峰"的唯一险道,故有"自古华山一条路"之说。

玉女峰

玉女峰也称中峰,相传秦穆公的女儿弄玉,爱慕吹玉箫的萧史,毅然放弃宫廷生活，与萧史一起到此隐居，故名玉女峰，又名神女峰。围绕这个诱人的传说留下了玉女祠、玉女洗头盆、玉女室、玉女梳头台等许多胜迹。峰下西侧有一山间洼地，附近有玉井、二十八宿潭、镇月宫、莲花坪、水帘洞等许多独特名胜。玉井在镇月宫前，它直径不到 1 米，水深不到 10 米，虽是一口小井，但由于它上承细辛坪下的溪水，每逢雨季井水涌溢，经二十八宿潭，奔流于东西两峰之间，形成千丈瀑布，奔腾之处，中间为水帘洞，下为青柯坪。玉井东北的二十八宿潭，其实是洼地上数十条石沟，形状奇特，口小腹大，状若串珠，共 28 条，上应天上星宿，故而得名。

华山山路奇险，登华山自古只有一条路，登山的起点是华山脚下的玉泉院。由玉泉院出发，沿清凉的山泉而上，依次经过五里关、石门、莎罗坪、药王洞、毛女洞、云门到青柯坪，坪东有一巨石，名"回心石"，正处在华山第一道险境天井下，只见峭崖悬垂，崖壁上有槽状大裂缝，从石缝处仰望，有如井底观天，其尽头有铁盖，如盖上，登山道路被就堵死了，因此被人们称为"太华咽喉"。北行一里，又有一险，名叫百尺峡，亦叫百丈崖，两壁高耸，一块巨石夹于其中，人由石下过，惊心动魄，抬头望去。石上刻有"惊心石"三个大字。出百尺峡后再过仙人桥、俯渭崖、车厢谷、黑虎岭等小险处，就来到了第三道险关——老君犁沟，这是在陡峭石壁间的一条沟状险道，沟深不可测，相传太上老君到此见无路可行，夜遣青牛犁成此沟，作为登山通道。沟的尽处是一处陡峭崖壁，被称为"猢狲愁"，再向前进，就到了北峰云台峰。从北峰继续前进，就到了第四险关——擦耳崖，这里坡陡脊窄，于岭脊旁的陡坡上开凿出一条极窄的小道，攀山者必须面壁挽索贴身而过，常有擦耳的情况，再经上天梯、日月崖等险道便至著名的苍龙岭，它是通往华山东、南、中、西诸峰的必经之路，长不到 1 千米，宽仅 1 米左右，两边是万丈深渊，奇险令人胆寒。据《唐国史补》中记载，"韩愈好奇，与客登华山绝顶，行此顾视其险绝，恐栗，度不可下，乃发狂恸哭，欲遗书以为绝，华阴令百计之乃下"。现在崖壁上还刻有"韩愈投书处"。越过苍龙岭，便至金锁关。金锁关是通往东、西峰和南峰的咽喉要地，这里分两条登山的路，一条路向南，经中峰、东峰、南峰而至西峰，另一条路则是直达西峰。一般来说，以第一条路线为佳，可游遍华山诸峰。如循第一条路线，还可从西峰的东面沿小道而下，经莲花坪回金锁关，再循来时山路返回玉泉院，并可再去西岳庙一游。

西岳庙位于岳镇东端，距华山 5 千米，距华阴县不足 2 千米，据县志记载，建于汉武帝时代，后来经历代多次修葺。西岳庙建筑极为雄伟，自古以来，历代帝王多在此祭祀华岳且作为巡幸行宫。庙内有北周时期的华阴庙碑，北宋程琳谒祠题刻，明嘉靖重刻唐玄宗御制华山碑铭，明刻华山图等众多碑石。

【名山人文】

道教在华山一段时期内也比较盛行，相传道教始祖老子曾到这里。自汉代以来，不少名道隐士居住过这里，喜欢和他们交往的文人雅士亦多来此游览，如李白、杜甫、王维、崔颢、韩愈、贾岛等，并为其下了意境优美的诗文。杜甫在《望岳》中写道"西岳崚嶒竦处尊，诸峰罗立似儿孙"。韩愈在《答张彻》中有"依岩睨海浪，引袖拂天星。悔狂已咋指，垂诫仍镌铭"之名句。李白以"西岳峥嵘何壮哉，黄河入丝天际来"来赞美华山雄壮、奇美的景色。

华山有丰富的植物资源，属针叶林、落叶阔叶疏林区，据专家统计，各种植物有200多种，100多属，近80科。其中以华山松、油松、橡树、核桃树最多。

春、秋是游华山最好的季节，尤以秋季为佳，如果凑巧，在深秋时节，寒潮南下之际还可看到美丽的雾凇，另具一番情趣。

华山于1982年被列为国家级重点风景名胜区。

吴　　山

秋林无静树，叶落鸟频惊。
一夜疑风雨，不知山月生。
松门开积翠，潭水入空明。
渐觉天鸡晓，披衣念远征。

——屈大均《摄山秋夕》

【名山初识】

吴山又称吴岳，古称西镇，为我国历史上著名的"四大镇山"之一，它位于陕西省宝鸡县新街乡西北，雄伟壮丽，直入云霄。据先秦史书记载，吴山为历朝历代帝王封禅祭祀之地，并被奉为镇国靖朝之灵山，故被称为"西镇吴山"，乾隆《敕修陕西通志》将华山、吴山绘于陕西名山绘图卷首。

【名山览胜】

吴山山势险峻，奇特秀丽，大小峻峰17座，更有两山对峙的三女峰、笔架山。吴山有镇西镇、望辇峰、大览峰、灵应峰、会仙峰五大主峰为主体，五峰突兀，状似莲花，凌空并峙，为诸峰之首，故有康熙皇帝饮宴翰额曰"五峰挺秀"金匾。郦道元在《水经注》中赞道:"叠秀云天,崩恋倾返,山顶相捍,望之常有落势。"

远观五峰,云雾缭绕,峥嵘排空。于峰顶远眺,群山如大海波涛,巨浪滚滚。沿五峰步步登高,峰回路转,有大锦屏、小锦屏、一天门、牛心石、手板崖、栖霞岛、王砭、仙庵遗迹、古城遗迹、将军石、回心石、日近云低、凤凰石巢、穿山洞、王婆洞、雷神洞、空山洞、仙人洞、九天圣母洞、飞云洞、判官池、晴岩飞雨、西镇灵湫、玉皇湫、真人湫等50余处古载景点。灵应峰下有栖霞岛,晨光中温霞流彩,格外醒目,故称为栖霞。吴岳老庙下一股涓涓细流悬挂在70余米的凹型石壁中,飞泻飘落,犹如晴天洒下万斛明珠,形成又一胜景——"晴岩飞雨"。

吴山文物古迹丰富,历史悠久,远有战国时期的李家崖古战场,从周代开始,就作为国之西镇,隋开皇十六年(公元596年)设立吴山神庙。后历代皇帝对吴山之神屡次加封,吴山之下的吴山庙规模也越来越大。吴岳庙内有三大殿,卷棚穿廊,大门楼建有会仙宫、都司、布政司、按察司、圣寿观、钦差大公馆、珍珠娘娘庙、道院、石坊两座。还建有御香亭、仰止亭、振衣亭、激玉亭、啸月亭、望海亭、倚云亭、鼓楼、钟楼等。这些古代建筑宏伟壮观,碧殿红楼,雕梁画栋,金碧辉煌,飞檐走兽,更有通朝觐碑130余块,四周墙镶嵌有文人留下的颂诗赞词。至今在山间石壁上,还留有古人摹刻的"云根雨脉"、"五峰挺秀"等多处岩刻。

这里还流传着很多的古老而神秘的传说,如二郎担山、三女峰、水吹华家沟等,近来一些道教洞观也开始复兴,奇景迭生,美不胜收。冈峦嵯峨、高峻秀异的吴山,自古为文人墨客聚集之地,堪称中华名胜之宝山。

王 顺 山

> 江头不断山,山腰不断枫。
> 衣裳染云碧,门巷铺霞红。
> 居人淡然忘,我乃画中行。
> ——潘德舆《镇江至江宁山行杂述》

【名山初识】

王顺山古称玉山,中国古代二十四孝之一——王顺担土葬母就在此山,故而得名。王顺山坐落在陕西境内秦岭中段北部,是秦岭群山中最为奇特的景色之一。其山势雄伟壮观,峰峦叠嶂,巨石盘陀,苍柏森然,碧波流韵。俯瞰王顺山,宛如一条巨龙盘踞在天地之间。

【名山览胜】

王顺山主峰为玉皇顶，海拔2239米，有6大景区，150个景点。唐代诗人杜甫在《玉山并秀》中称赞道，"蓝水远从千涧落，玉山高并两峰寒"。这里不仅有华山之险的阳刚之美，还有黄山之秀的阴柔妩媚，登上玉皇顶，可东瞩西岳华山，北望渭水连天，南眺群山蜿蜒，西观古都长安。

王顺山峰岭姿态万千，有姐妹峰、孔雀梁、独秀峰等20多座山峰。惟妙惟肖，有的如端坐的罗汉，有的似飞翔的候鸟，妙趣横生，使人浮想联翩。一线天天光一丝堪称奇景，由山中的30多块怪石天工巧成，有的状似奔马骆驼，有的形如石狮观日、老鹰觅食。有松石、七彩、龙虎等7个池潭，绿莹见底，有潺潺不息的东羊小河，弯弯曲曲地穿流于山谷之间，化为多处悬流瀑布。山中林木繁茂，老藤飞挂，崖头青松秀立，枝叶扑展。

王顺山空间层次重重，景物深远不尽，四季赏山景、天景、林景、水景各有诗意。春天山花烂漫，百草斗艳；夏天浓荫蔽日，凉爽宜人；秋天满山红遍，色彩斑斓；冬天冰雕玉琢，银装素裹，令人心逸神往，怡然自得。

【名山人文】

王顺山人文历史悠久。早在110万年前，人类祖先就在此生息繁衍，走向黄河，开创了中华文明光辉的历史篇章。王顺山作为"秦楚之要冲，三辅之屏障"，自古以来便为兵家必争之地，历代王朝皆在此留下了金戈铁马的遗迹。文人墨客，览物抒怀，遗诗三百，留下了优美的华章。王顺山也是佛教圣地，有汉、北魏、隋唐时期的庙宇、摩崖石刻，现存碧天洞、舍身崖、成仙岭、林英嘴、铁瓦庙、王顺孝母祠、蓝关古栈道等遗址。

王顺山有很多文物古迹，内涵丰富，在中华民族发展史、交通史、军事史、宗教史等方面都占有一席之地，具有极其重要的科学、文化和观赏价值。韩愈遭贬潮州时，途经蓝关被大雪所阻，写下"云横秦岭家何在，雪拥蓝关马不前"的不朽绝句，蓝关古道、蓝关古栈道，至今遗迹依稀可见。悟真寺始建于隋朝，至唐朝时最为兴盛，在日本享有盛名，历代文人墨客多到此探幽览胜，徜徉忘返。八仙之一的韩湘子相传于王顺山的碧天洞中修道，现留有舍身崖、成仙岭。白居易也曾来此畅游，留下130韵的长诗《游悟真寺》。此外还有《蓝桥相会》的发生地"抱柱处"、"拾玉杵臼处"，桃花砭、主峰玉皇顶则有唐玉皇殿、铁瓦庙遗址，可见王顺山悠久的人文景观历史。

王顺山奇峰耸立、怪石嶙峋、沟谷幽深、清潭点点，具有独特的自然风光和远古的人文胜迹历代文人墨客踏青寻幽抒发情怀，留下了"万峰交掩一峰开，晓色常从天上来"等千古流传的名句，明朝诗人刘玑写下"天下名山此独奇，望中风景画中诗"的诗句，精辟描述了王顺山景色之奇。

骊　　山

骊山飞泉泛暖春，
九龙呵扩玉莲房。
明皇每幸长生殿，
不从金舆唯寿王。

——李商隐《骊山有感》

【名山初识】

骊山坐落于西安东 20 千米处，最高海拔 1200 多米，是秦岭山脉的一个支脉，因满山一片苍郁，远看像一匹青色的骊马，因此而得名为"骊山"。骊山是中国名山之一，这里林木茂盛，森林景观独具特色，有千亩侧柏林。骊山山势险峭，断层地貌别具一格，中华上下五千年的人文历史在骊山留下了多处烙印，相传在洪荒时代，女娲"炼石补天"就在此地，西周周幽王"烽火戏诸侯"的闹剧也在这里。骊山历史文化博大精深、古迹遗址星罗棋布，有很多皇家离宫别苑，特别是唐玄宗与杨贵妃的离宫更是别致。骊山的地热资源极为丰富，温泉也极具魅力，水温四季在 43℃，"骊山云树郁苍苍，历尽周秦与汉唐，一脉温汤流日月，几杯荒冢掩皇王。"这首诗恰到好处地讲述了骊山的历史。

【名山览胜】

石瓮谷是骊山东、西绣岭之间一处秀丽幽深的峡谷，沟宽谷深，两侧都是悬崖峭壁，古人这样形容东西绣岭："绿阁在西，红楼在东"，形象地描绘出了东西绣岭的特征。石瓮谷很深，蜿蜒曲折，形状如一个石瓮，因此得名，这里最奇险迷人，相传是八仙上天入地的通道，因此也称"登天道"，有一天门、二天门和三天门等。谷首有一处悬崖峭壁，壁石有点点红斑，好像上面滴满人的鲜血，因此这个悬崖被称做舍身崖。石瓮谷中还有一座单孔石拱桥，这就是遇仙桥，长 5 米，宽 2.4 米，高 5 米。站在桥上，可以观赏骊山优美的景色。在石瓮谷遇仙桥的下面，有一块高 5 米左右，上小下大，状如秤砣的大石头，千百年来，无论遇到任何磨难，它都屹立不动，相传此石即是"二郎神杨戬"称骊山的秤砣，被人们称为"骊山秤砣石"。

东绣岭上有一个石槽，形状就像瓮一样，泉水注入瓮中，当水溢出来时则会成为瀑布，等到瀑水力竭时，刚好瓮中的水又一次满溢，便又一次形成瀑布，又一次飞流而下，然后再形成瀑布，形成三级瀑布，令人称奇。石瓮北侧有个18盘石阶，唐代名刹石瓮寺便在石阶之上。石瓮寺是骊山东绣岭的佛教名刹，唐玄宗为其命名并亲笔题寺名，石瓮寺由此成为皇家佛刹。从石瓮寺西侧或南侧蜿蜒而上，就到达了周幽王烽火戏诸侯的地方，此处也是周幽王与褒姒避暑的举火楼遗址，当年周幽王为了博褒姒一笑，烽火戏诸侯，后来敌人真的来了，他再举烽火求救诸侯也不相信他的信号了，从而丢掉了自己的国家，可谓"不爱江山，爱美人"。

从石瓮水潭旁攀援西行可至鸡上架，这里是从东绣岭通往西绣岭的一段险道，游人至此，必须手足并用，才能盘旋而上，姿势如同鸡上架，因此这一段险途就此得名。山上有一个大石槽，相传唐时有驯鹿在此饮水。

骊山西绣岭第二峰上有一座庙宇，名老母殿，这座庙宇是为了纪念传说中人类的创造者女娲氏而修建的，相传女娲"攥黄土做人"创造了人类，三皇五帝都是她的子孙，女娲又在骊山炼石补天，劳苦功高，后人便尊她为"骊山老母"，女娲死后，人们将其葬于骊山的南面，并且在骊山上修建庙宇来纪念她。每年农历六月十三日，当地人们便会携带床单与干粮，夜宿骊山，祭祀女娲，现在民间仍有此类风俗。

明圣宫位于骊山西绣岭老母殿南侧，始建于1992年，它是中国台湾的道教徒、著名的爱国人士颜武雄等人为报答映登仙祖保佑之恩，而捐钱修建的，是一座极具规模的道观。明圣宫占地面积40000平方米，建有殿堂房屋300余间，宫内有三清殿、仙祖殿等景观，里面供奉着道教的三清始祖、四御天尊、三宫大帝和映登仙祖等。明圣宫是我国极少的大型纯木古建筑群之一，是西北规模最大的道教宫观。神像用的则是江西小叶重樟木，雕工精细，整个建筑风格为明清风格。

骊山山腰还有一座老君殿，是华清宫朝元阁遗址，原本是供奉太上老君的地方。老君殿下面为三元洞，这几孔清静幽雅的空洞里供奉着道教所尊的"天宫、地宫、水宫"三元，这里最奇异的地方是洞内有五个茶杯口大小的天然通风圆洞，由于骊山属于大倾角断层岩，断层之间的空隙遥遥相通，于是逐渐形成了自然的风洞，成为骊山特有的一大自然奇观。山腰上还有一个小石洞，这就是西安事变中，蒋介石曾藏身于此，洞边有一座小亭子，是当年张学良、杨虎城两位将军发动兵谏，要求蒋介石联共抗日的地方，因此这个亭子曾称"捉蒋亭"，现称"兵谏亭"。

骊山温泉色温俱佳，居中国温泉之冠，《古迹志》云：骊山"崇岭不如太华，绵亘不如终南，奇险不如龙门，然而三皇传为旧居，娲圣既其出治，周、秦、汉、唐以来，多游幸离宫别馆，绣岭温汤竟成佳境。"骊山的水色清澈，水温宜人，因此周、秦、汉、隋等朝帝王都在此地建过离宫。开元年间，唐玄宗李隆基在此修建了规模宏大的华清宫，华清宫的亭台楼阁从山脚一直排到山顶，同时还在此设置了许多政府部门和公卿府第，温泉池也大大增加，帝王嫔妃、文武百官不同的身份有不同的汤池。最著名的为唐玄宗所用的九龙汤和杨贵妃所用的贵妃池，此外还有常用的汤泉16所。华清宫内的汤池由美玉宝石镶砌，汤池中央雕刻有玉莲花，温泉水从莲花中喷出，显示了皇家的高贵与优雅。但其奢华，古今也属罕见，唐代陈鸿在《长恨传》中说："时每岁十月，驾幸华清宫，内外命妇，熠耀景从，浴日余波，赐以汤沐，春风灵液，淡荡其间。"在铺张扬厉刻画唐玄宗的奢靡后面，隐含着无奈的讽刺。在安史之乱时，大部分宫殿被叛军烧毁，现在的华清池又经多次修葺。

骊山北麓有闻名中外的秦始皇陵，1987年，秦始皇陵被联合国教科文组织列入世界文化遗产保护名录。秦始皇陵规模宏大，分为内外两城，内城方形，外城长方形。陵园南部为墓葬区，墓冢呈四方锥形，底部南北长515米，东西宽485米，高55米。墓内设有机关重重，有大量的珍品陪葬。目前没有被挖掘。

骊山于1956年被国务院公布为重点文物保护单位，1982年被列为首批全国重点风景名胜区，2001年10月批准为国家级森林公园。

甘 肃 省

麦 积 山

麦积峰千丈,凭空欲上天。
最宜秋雨后,兼爱莫时烟。
境胜端由险,梯危若未连。
钟声路何处,遥想在层天。

——吴西川《麦积烟雨》

【名山初识】

麦积山坐落在甘肃省天水市麦积乡境内,也称麦积崖,是秦岭山脉西端小陇山的一座独立山峦,山高142米,状似圆锥,又像是农家的麦垛,因此又被称为"麦积山"。

【名山览胜】

麦积山地处秦岭西南侧,属东南湿润气候,故植被茂密,山峦叠嶂,群峰耸峙,风景优美,特别是烟雨笼罩之际,仿佛进入海市蜃楼的幻景,被称为"麦积烟雨"。为古时秦州十景之首。麦积山处于丝绸之路上,自北魏开始开凿石窟造像,是著名的石窟艺术宝库,有极高的研究、观赏价值。

麦积山有麦积烟雨、仙人送灯和石门夜月等景观。

麦积山石窟是闻名世界的艺术宝库,是我国著名的四大石窟之一。据历史记载,麦积山石窟是从十六国后秦时期开始凿窟造像、创建佛寺的,初称无忧寺,后称石岩寺。后来经过历代的不断开凿、重修,遂成为世界闻名的大型石窟群。大约在唐开元二十二年(公元734年),天水一带发生强烈地震,崖壁中间石窟塌毁,整个窟群被分为东崖和西崖两部分。东崖现存54个洞窟,西崖现存140个洞窟。在这194个洞窟中,保存了我国从公元4世纪末至19世纪初的各代泥塑、石雕7200多件,壁画1000平方米,是丝绸之路上的一颗明珠。

麦积山是我国现存石窟中地势最险峻的。石窟的布局、规模别具一格,颇有特色。洞窟大都在二三十米乃至七八十米高的悬崖峭壁上，层层叠叠。洞窟最宽者30余米，最小者仅能容1人。洞窟之间全靠架设在崖面上的凌空栈道联结。游人攀上蜿蜒曲折的凌空飞栈，惊心动魄。石窟工程的艰巨和宏大，充分反映了我国古代劳动人民坚韧不拔的毅力和高超的创造才能。

麦积山还有较多的塑像，大的高达10余米，小的仅10多厘米，系统地反映了我国泥塑艺术地发展和演变过程。泥塑可以分为四类：突出墙面的高浮塑为第一类；立体的圆塑为第二类；粘贴在墙面上的模制影塑为第三类；壁塑为第四类。这四类作品，虽然表现方法和塑作技巧各有不同，但都栩栩如生。数以千计的与真人大小相仿的圆塑，极富情趣，被众多学者视为珍品。塑像多采用"以形写神"和"形神兼备"的传统技法；上彩不重彩，或者直接用泥表现质感。精巧细腻，神采飞扬，表现出浓厚的生活气息。东崖有一泥塑大佛，体态丰满，面孔慈祥，高达15米多，于隋代修建，距今已1400年。大佛头上15米高处有座七佛阁，是我国典型的汉式崖阁建筑，建在距地面50米以上的峭壁上，开凿于公元6世纪中叶。七佛阁的天花板残存多幅壁画，有一车马人行图，造型独特，在不同角度看，画上的马所行走的方向亦不同。阁内的彩塑力士像，肌肉健美，神态威武，塑于北周时期，宋代又重修。这些泥塑都充分展现了我国古代雕塑艺术的独特魅力。

麦积山石窟虽多数为泥塑，但也有一定数量的石雕和壁画，数量虽然不多，但那精细巧妙的构图布局和生动优美的艺术形象，以及熟练的制作技巧，在我国现存南北朝同期作品中属极品。

在我国众多的石窟中，以麦积山石窟周围风景最为秀美。这里地处秦岭余脉西端，气候宜人，冬暖夏凉，汉水的源头就在附近，因而山清水秀，空气清新。山上密布着苍松翠柏，花草繁茂。石窟开在这种天然公园般的"洞天福地"，也属罕见。攀上山顶，有一座舍利塔，魏文帝时修建，高约9米多。极目远眺，只见青松似海，重峦叠嶂。

麦积山还有很多动人的传说故事。相传在南北朝时期，西魏的开国皇帝魏文帝娶乙弗氏为皇后。魏文帝想征东魏。为了稳固柔然国，故用相亲之计，废乙弗氏，娶柔然国公主，立为后。乙弗氏愤然削发为尼，后去秦州投靠太子。但文帝又有悔意。后来柔然国举兵来犯，文帝只得派人去秦州，令乙弗氏自尽。太子于麦积崖葬母，号寂陵。魏文帝死后，按其遗愿，将乙弗氏迁出麦积山，与他于永陵合葬。至今，麦积山第43窟仍可清楚看到墓葬的痕迹。现在麦积山新架并修复了1300余米的凌空栈道。新架设的40余米长的"天桥"，又把千百年来因中间塌毁而分成东西的两崖重新联结起来。40多窟完整如新，并全部建立了档案资料，供作临摹和研究。东崖现有54个洞窟，最著名的有涅架窟、千佛廊及散花楼上七佛阁等。上七佛阁是一座七间八柱的巨型殿堂，位于距地面50米处的崖壁上，是北周时秦州大都督李允信为纪念其亡父所造，设计巧妙，雕琢精致。据传说七佛阁修好后，释迦牟尼曾在此现身说法。住在这里的28位飞天仙女为测试众信徒，从空中向坐在地上的众徒散花，结果一瓣也没有落在众徒身上。因此，又叫散花楼，至今，从"上七佛阁"散下花来，花瓣仍不会落地。与上七佛阁紧连的五号窟，名牛儿堂，在东崖众多洞窟里最高，堂里有一尊威武天王，双脚踩在一只"金蹄银角"的牛犊身上。相传这尊天王像本在窟东头的踏垫上。这头卧牛很不一般，是头神牛，动一动，就会地动山摇，吼一声，就会引起地震。有一天，这头牛犊突然昂首耸肩，想要站起来，天王纵身跳过去，双脚踏在神牛的脊背上，避免了一场灾难，此后牛犊便再没动过，而天王也一直踩着它。

西崖有140个洞窟，最著名的为万佛堂和天堂洞。万佛堂开凿于北魏晚期，重修于五代、宋、元，是麦积山众多石窟中，造像最多、最丰富的一窟。天堂洞位于西崖最高处东端，栈道顶点，也是麦积山规模最大的洞窟之一。窟内有始建于北魏晚期的大型石刻造像，造型壮美，雄浑有力。麦积山顶还有舍利塔，高9.4米，隋文帝仁寿二年（公元602年），在全国救葬"神尼舍利"，秦州使将舍利葬于此塔。

距麦积山石窟10余千米，有一"仙人崖"，相传此崖常有神仙出没，故而得名，原名叫灵应寺。殿宇全部修建在月牙形的崖坎之内。据专家考证，仙人崖始于北魏晚期，南崖现存的泥塑神像，还可见北魏晚期的痕迹。西崖内建殿亭楼阁，共36间，可容万人。东崖内有莲花寺、塑像、十八罗汉等胜迹。东西两崖之间孤峰突起，由羊肠小道攀登可至峰顶。仙人崖历史上曾是个避难之所。当明朝灭亡后，明朝在甘肃境内的封王——朱元璋第19子朱松的后人，曾逃到仙人崖潜藏。清朝初期，曾有反清的义士因不甘心明朝的失败而居于此地习武练剑，以图东山再起。这些都为仙人崖增添了丰富的内涵。

麦积山附近还有座石门山。石门山有南北两峰。两峰对峙，拔地而起，形成天然的一道石门，故称石门山。石门山峰峦奇秀，云海茫茫，素有小黄山之称。山上庙宇多数为明代建筑，古雅的殿阁台榭掩映于白云烟海之中，别具一番情趣。登石门山顶远眺，在蒙笼间隐约可见麦积山，其余诸峰犹如云海中的岛屿。每逢十五，明月从石门中间缓缓升起，远远望去，整个月亮似乎被安置在石门湾上，有"石门夜月"之称。

麦积山于 1982 年被列为国家级重点风景名胜区。

崆　峒　山

其一

风尘问道欲如何，二月崆峒览胜过。

返照自悬疏陇树，浮云初断出泾河。

长城雪色当风尽，大漠春阴入塞多。

已负清樽寻窈窕，还将孤剑倚嵯峨。

其二

谁道崆峒不壮游，香炉春雪照凉州。

浮云半插孤峰色，落日长窥大壑愁。

万乘车还灵气歇，诸天西尽浊泾流。

萧关只在藤萝外，客子风尘自白头。

——李攀龙《游崆峒二首》

【名山初识】

崆峒山坐落在甘肃省平凉市西 11 千米处，属于六盘山支脉。

崆峒山山峰巍峨壮观，林海一望无垠。它兼有南北山的特点，所以自古就被誉为"西镇奇观"、"西来第一山"、"崆峒山色天下秀"。

【名山览胜】

崆峒山的景观奇幻多变，著名作家贾平凹说："回首路又不复再见，一层群木涌波，满世界的杂色。一步一景，步步深入，每每百步之处，其景则异变，令人不知身在何处。"在崆峒山五台中，以西台的地势最高，却面积最小，道路最崎岖，崆峒山五台寺之一的栖云寺就位于西台峰顶。

崆峒山中台建有众多的佛教寺庙，其中最有名的是法轮寺，始建于唐代，据《崆峒山志》记载：法轮寺"在中台高阜上"。法轮寺位于塔院东侧，后面是凌空宝塔，西边是舒华寺，东边是陡峭的山坡和一些林木。北宋建中靖国元年（1101年）在寺中竖立了陀罗尼石经幢，这座八棱柱形的经幢高 131 厘米，基座高 18 厘米，表面刻有陀罗尼经文。

中台西北部的幽谷中有一灵龟台，顶部平台周长 100 米，因为它的形状像一只大龟，故而得名，灵龟台左侧有一座与北台毗邻的山峰，人们称为小北台。小北台前面为"磨针岩",磨针岩是一块半圆柱形的巨石,高为3米,顶部是一平台,周围长5米,它的东、南、北三侧悬空,只有西面与上山崆峒山隍城古刹路相连接,与绝顶隍城相通。大磨针岩平台上有磨针观,观里面供奉着无量祖师和骊山老母。

在五台周围的丛林中,有不少大大小小、形状各异的塔。正如清朝人杨应琚所说:"崆峒中台以上多浮屠。"凌空塔是中台气势最壮观的一座塔,它位于崆峒山塔院中心,于明万历年间修建,是一座空心楼阁式砖塔,塔身共分7层,呈平面八角形,高31.2米,每个塔角都有雕工精巧、线条流畅的佛像以及浮雕。塔顶有几株生长数百年的小松树。这些松树扎根于砖石缝中,枝叶繁茂,四季常青,显示了顽强的生命力,也给宝塔平添了不少景色,更增情趣。

崆峒山北台周围树木茂密,蝼蚁岭位于北台北侧,中间被两条断涧隔开,涧上架有修渡桥和朽木桥与北台相接。北岭独峰耸立,四周是悬崖和陡坡。

崆峒山有两座寺庙都供奉道教始祖老子,一是老君殿,也称老君楼,是明朝建筑,分为上下两层,上层为正殿,殿内供奉有老子坐像,左右两侧分别为迎喜、白骨化身神像,两侧墙壁上是老子81化图,是全国罕见的关于老子化身的明代壁画。另一处老君殿位于笄头山巅,古时称老君炼丹台,相传老子曾在此炼丹。

凤凰岭位于崆峒山后山,它呈南北走向,两端略低,中部隆起,东西两侧各延伸出两座山峰,犹如鸟之双翼。俯瞰凤凰岭,宛如一只展翅高飞的凤凰,凤尾连接主峰,凤头指向胭脂河,因此而得名。

雷声峰是主峰马鬃山向南延伸的一条支脉,长200米,最高处只有5米,雷声峰岩壁陡峭,下临深渊,因此地势十分险要。

棋盘岭也称作铁棋坪,位于雷声峰南侧,它的东、西、南三面均为绝壁,只有北侧沿着石级而上可至雷声峰,也可沿东北方向一条小径,过龙君殿,至上天梯和中台。棋盘岭地势平缓,南侧有眼光殿。南侧平台上原有一块铁棋盘和玉石棋子,遗憾的是均在战乱年代遗失了,现有一块石刻象棋棋盘。在南侧崖畔上,有一株松树傲然而立,远观如凤凰展翅,近看似孔雀开屏,又仿佛一位静神观棋者,因此得名"观棋松"。

在崆峒山五台中,以南台地势最低,它三面是悬壁峭壁,只有北面的山梁小径可通往中台,台上古木参天,两面的峡谷中浓荫蔽日,环境十分幽静。

月石峡是崆峒山景点最集中的地方,由饮月石沿林间小道拾级而上,就会看见山势更加险峻,山路更加陡峭,这里东西两侧都是悬崖峭壁,也是月石峡最为狭窄的地方。

1994年1月崆峒山被列为国家级重点风景名胜区。

鸣 沙 山

隆隆白昼轻雷鸣，阿香呼起驱车行。
又闻殷殷奋地出，渔阳插急声难平。
惊风吹沙沙做雨，古潭老鱼立波舞。
掀颠山谷轰喧阗，游人忽欲凌飞仙。
须臾沙阑转寂静，山容对我仍怡然。
西极地荒秘奇怪，六鳌昂首伸沙外。

——朱凤翔《鸣沙山》

【名山初识】

鸣沙山坐落在甘肃敦煌市西南5千米处的莫高窟西侧，东起莫高窟崖顶，西至党河水库，海拔达250米，它是一处奇幻的沙漠奇观。东汉时鸣沙山被称做沙角山，也称神沙山，因为登上沙丘，山上就会发出嗡嗡隆隆的声音，犹如鼓鸣，又似闷雷，因此晋代时改名鸣沙山。据史书记载：鸣沙山"四面皆沙垄，背如刀刃，人登之即鸣，随足颓落，经宿风吹，则复还旧。"在晴朗的天气，即使风停沙静，人们在鸣沙山也会听见丝竹管弦之音，叫做"沙岭晴鸣"。清代诗人苏履吉有诗形容此景："雷送余音声袅袅，风生细响语喁喁。"鸣沙山是由流沙积成的，整个山体由红、黄、绿、黑、白等色彩的沙粒堆积而成，登山时留的脚印，第二天又会平整如初，浑然又是鸣沙山的原始状态，似无人来过，令人称奇不已。鸣沙山由于其独特的构成，故而整座山的形状细腻、光滑、柔美。虽是如此，但是鸣沙山的山峰还是很峻峭的，可谓是柔美中现雄壮。鸣沙山的五色沙明暗相间，色彩缤纷，是不可多得的奇景。

自古以来，因为不能解释鸣沙山的沙为什么会响，相应地就有了许多关于鸣沙山的动人传说。相传这里原本水草丰茂，汉朝有位将军带领军队西征路过此地，见此地丰饶美丽，就在此安营。不巧当天晚上就遭到了敌军的偷袭，混战中，突然刮起了暴风，刮来无尽的黄沙，混战的军队都被埋在沙中，形成了鸣沙山。于是有人说鸣沙山沙响其实是军队的厮杀之声。据《沙州图经》记载：鸣沙山"流动无定，俄然深谷为陵，高岩为谷，峰危似削，孤烟如画，夕疑无地。"其实所谓鸣沙，并非自鸣，而是因流沙滑落而产生的沙鸣，它是一种自然现象，也是一种奇观，有"天地间的奇响，自然中美妙的乐章"的美誉。

1994年1月，鸣沙山被列为国家级重点风景名胜区。

敦煌月牙泉

晴空万里蔚蓝天，
美绝人寰月牙泉。
银山四面沙环抱，
一池清水绿漪涟。

——佚名《月牙泉》

【名水初识】

月牙泉位于甘肃敦煌南面，鸣沙山北麓，东西长约100米，南北宽约50余米，平均水深约5米，泉形酷似一弯新月，故而得名。泉被鸣沙山四面环抱，但并不为流沙所掩，始终碧波荡漾，清澈明丽，久雨不溢，久旱不涸，风景优美。这种沙泉共生、泉沙共存的独特地貌，是自然界的一大奇观。

月牙泉泉水清凉澄明，味美甘甜，在黄沙的怀抱中娴静地躺了几千年，虽然常常受到狂风凶沙的袭击，却依然碧波荡漾，清澈见底。其实，清泉不被沙石掩没，是因为泉被四周沙山环围，地势南北高，东西低，水流多由西山入口，东山出口，风随山转，从东南口吹入，急旋上升，挟带细沙飞上山头，又由西北口吹出去了。正是因为这种常年特定的风向造成了沙粒上升，绕泉而过，从不落入泉内，因而保证了月牙泉千年来一直不干涸。月牙泉边，沙枣花香气袭人，丛口芦苇摇曳，对上黔鸟飞翔，风景如诗如画。泉内水草茂盛，清澈碧透，呈蔚蓝色。泉南岸建有娘娘殿、龙王宫、药王洞、玉泉楼、雷音寺等古建筑群。月牙泉内游鱼成群。相传有鱼叫做"铁背鱼"，能医治疑难杂病；有草叫做"七星草"，有催生壮阳作用。吃了鱼和草，可以长生不老。所以月牙泉又叫"药泉"。铁背鱼、七星草，连同沙鸣山的五色沙，被誉为三宝。每逢五月的端阳节，敦煌县城的青年男女纷纷结伴到此游玩，登沙山、观泉景、吟诗作画。

月牙泉千百年来不为流沙所淹没，不因干旱而枯竭，如梦一般的谜。在茫茫大漠中有此一泉，在狂风暴沙中有此一水，在满目荒凉中有此一景，深得造化之神奇，令人神醉情驰。古人赞道"晴空万里蔚蓝天，美绝人寰月牙泉，银山四面沙环抱，一池清水绿漪涟"。

1994年，月牙泉被评为国家级重点风景名胜区，并被誉为天下沙漠第一泉。

青 海 省

青 海 湖

蓝天诱惑览神峰，白云契合意相通。
牦牛横斜银雪里，绵羊觅食草香中。
日月山高情未已，文成往事愿非空。
青海湖畔传神韵，一行白鹭驭天风。

——佚名《青海湖行吟》

【名水初识】

青海湖位于我国西北青海省，古称西海，湖区四面群山环绕，北面和东面是祁连山脉，南面和西南为青海南山。周围高山环峙，峰峦叠嶂雄伟壮观，中间是青海湖盆地，盆地最低处便为青海湖。

青海湖形状如梨，东西长 106 千米，南北宽 63 千米，周围长 360 千米，面积为 4583 平方千米，是我国最大的内陆咸水湖，也是全国第一大湖。湖水深处为 28.7 米，平均深度为 18.6 米，容积为 854.5 亿立方米。据专家根据古湖岸线分布和高度的考察，推算出青海湖的演变过程，发现此时青海湖的大小只有古青海湖的三分之一，水位下降了大约 100 米。

青海湖以前是一个烟波万顷的淡水湖。那时，有数条河流的水注入湖盆，湖水再由湖东的两个缺口流出，经倒淌河流入湟河，最后汇入黄河。新中国成立后，在湖东倒淌河地区钻井勘探发现，那里的早在距今约 300 万年前的沉积物都是淡水湖泊相关的，充分证明了当时青海湖为淡水湖。

青海湖变成咸水湖与当地的构造活动有关。原来，青海湖是在第三纪喜马拉雅运动时因地壳隆起及断裂作用而形成的断陷湖。青海湖形成后，到了第四纪时期，湖东面的日月山急剧抬升，湖盆相对下降，出水口便被封闭，青海湖也就变成了内陆湖。原先湖东流向黄河的出水河道的水流被迫流回青海湖。因为我国的地形总体是西高东低，几乎所有河流都是由西向东流淌，倒淌河水的流向由东向西，使它成了名副其实的倒淌河。

青海湖蒙语叫做"库诺尔",藏语叫做"错温布",也就是"蓝色的湖"的意思。北魏时便得名青海湖,青海省也由此得名。这里气候凉爽宜人,即使在烈日炎炎的盛夏,平均温度一般也在15℃左右,是绝佳的避暑胜地。景区以高原湖泊为主体,并有草原、雪山、沙漠等景观。中部有海心山、鸟岛、沙岛等几个形态各异的岛屿,最著名的要数鸟岛。附近还有许多佛教寺院,为众多藏民的精神圣地。

鸟岛

鸟岛位于青海湖的西北部,距入湖第一大河布哈河三角洲不远,是两座大小不等、形状各异的岛屿,东西各一,左右对峙,傍依在湖边,远远望去,宛如一对相依为命的姊妹,在湖畔相向而立,翘首遥望着对方。因岛上栖息着十万计的候鸟,故而得名。

鸟岛两岛中,东边的大岛叫"海西皮",岛上地势平坦,密布的野葱、豆科禾、芦苇和许多色彩缤纷的野花。其东侧为悬崖绝壁,仅隔10余米处有一巨石突兀嶙峋,矗立于湖中,在其顶部不足30平方米的平地上,筑满了数不清的鸬鹚窝巢,成千上万的鸬鹚在这里栖息,俨然是"鸬鹚的世界",故又称"鸬鹚岛"。

鸟岛中的另一座小岛就是西边的"海西山",形似驼峰,岛上鸟类数量极多,约有八九万只。这里是斑头雁、鱼鸥、棕颈鸥的领地。飞鸟遮天蔽日,数千米外就能听到鸟儿的鸣叫。每逢春季,斑头雁、鱼鸥、棕颈鸥等一起飞到这里,在岛上各占一方,筑巢垒窝,全岛密布鸟巢。到产卵季节时,岛上的鸟蛋一窝连一窝,密密麻麻数也数不清,所以,又被人们称为蛋岛。

牧场

青海湖岸边有肥沃的大片良田,有丰富的矿产资源,有辽阔的天然牧场。这里一年四季水源充足,对发展畜牧业和农业有着得天独厚的条件和广阔的前景。古时,这里就是马、牛、羊等牲畜的主要产地。青海湖一带所产的马在春秋战国时代就很闻名,当时被称为秦马。《诗经》曾描写到秦马的雄壮和善驰。隋唐时期,这里的马经过与乌孙马、汗血马交配改良,进化成为独具特色的良马,它不仅神骏善驰,而且以能征惯战而著称,为历代将帅所爱之物。

青海湖不仅湖中景色美,湖岸风光更佳,湖滨地势开阔平坦,水源充足,气候温和,是水草丰茂的天然牧场。夏、秋季的大草原,绿茵如毯。金黄色的油菜,香飘十里；牧民的帐篷，星罗棋布；成群的牛羊，在浮云下悠然地吃着青草。朝晖夕霞的迷人景色，更充满了诗情画意，使人心旷神怡，流连忘返。

白雪山

青海省有丰富的冰川资源，全省冰川面积达 5225 平方千米，储量 3702 亿立方米，可谓天然固体水库。这里还是我国及亚洲一些著名江河的源头。在这冰雪的世界里，冰峰屹立、人迹罕至、奥秘无穷。青海湖地区的雪山有着高原雪山一脉的磅礴雄浑，同时也具其特有的妩媚。藏民族文化习俗里的哈达、经幡，在青藏高原连绵起伏的山脉中柔美的飘逸。纯净的白色，溶入湛蓝的天空，与雪山、青草、清澈的河水相映成景，构成了清秀俊逸的雪山意象，使人陶醉在这白色的世界。

日月山

日月山位于湟源西南40千米，属祁连山支脉，长90千米，海拔4877米，青藏公路通过的日月山口处海拔为 3500 米，为青海湖东部的天然水堤。日月山峰峦起伏，峰岭高耸，兀峰白雪皑皑。低处则红土覆盖，红岩垒垒，故唐朝时称赤岭。日月山天下闻名的原因有 3 个，首先是文成公主进藏成亲的美好动人传说，给日月山增添了传奇色彩；其次日月山还是农业区和牧业区、季风和非季风、外流河湖区和内流河湖区的分界线，也是黄土高原的最西边缘，登山环眺，东西两侧的自然景观截然不同；最后日月山历来是由内地去青海西部和西藏的咽喉要塞，唐时为唐蕃的分界岭，是处在唐蕃通道上的重要边防关隘和贸易集市，也是汉族与少数民族友好往来的见证。现日月山立有日月山石碑，并修了日月亭；彩绘壁画描述了文成公主的故事，使日月山更加神奇动人，令人神往。

海心山

海心山也叫湖心岛，相传山上出产龙驹，故又有龙驹岛、仙山之称。位于青海湖中心偏南，是花岗岩体在青海湖中隆起而形成，长约1000米，宽约600米，山顶与湖面相对高低77米。受湖水的侵袭，岛缘多为悬崖峭壁。海心山上环境优雅，轻风吹拂，风景宜人。岛上建有庙宇、佛堂，内有佛像和壁画，建筑物与湖光山色融为一体，布局合理生动飘逸，极富韵味。登上海心山，放眼环眺，海阔天空，鱼儿跳跃，鸟儿欢唱，一幅美丽的自然画卷，令人流连忘返。岛上，夏季绿茵一片，山花争艳，宜于养马，相传隋炀帝时曾在此设牧马官。

塔尔寺

塔尔寺位于青海省湟中县鲁沙尔镇之南隅莲花山中,是中国喇嘛教格鲁派创始人宗喀巴大师的诞生地,因此在藏族信徒的心目中极为神圣。经历代高僧整修扩建,寺院形成了由众多殿宇、经堂、佛塔、僧舍等构成的融合藏汉艺术风格的建筑群。塔尔寺藏有众多文物,典籍浩如烟海。壁画、堆绣、酥油花堪称塔尔寺艺术三绝。其绚丽壮观的建筑风格闻名遐迩,是民族文化艺术宝库中的奇葩。自古以来,塔尔寺以其特有的魅力,不断吸引着海内外大批朝圣者和旅游观光者前来朝拜、游览。

宁夏回族自治区

六 盘 山

天高云淡，望断南飞雁。
不到长城非好汉，屈指行程二万。
六盘山上高峰，红旗漫卷西风。
今日长缨在手，何时缚住苍龙？

——毛泽东《清平乐·六盘山》

【名山初识】

六盘山古称陇山，位于宁夏南部重镇固原县城西南，主峰为米岗山，海拔2942米。六盘山纵贯南北，山势雄奇，自南而北倾斜，峰峦起伏，蜿蜒数百里，如巨龙腾跃。《山海经》中将其南段称为"泾谷之山"，将其北段称为"刚山之尾"。《汉书·地理志》又把南段称"洛畔道"，便是现在的六盘山。古时上山只有羊肠小道，俗称"络盘道"或"鹿道"，据说还要沿山势折曲六重才能登顶，因此称为"六盘山"。

【名山览胜】

六盘山风光秀丽，久负盛名，景区内凉殿峡、二龙河、秋千架、荷花沟、老龙潭、泾河源等处是干旱荒漠地区仅有的避暑胜地。这里春来碧树杂花，天地清澄；夏时凉爽宜人，风光独特；秋季红叶遍山，层林尽染；冬令白雪皑皑，银装素裹，景色美不胜收。

老龙潭

老龙潭处在泾原县以南20千米处，是横贯陕甘宁三省的区泾河的源头。老龙潭得名，魏征梦斩泾河龙王有关。临潭观望，可见峭壁上花繁林茂，鸟雀啼鸣于灌丛之中，潭水聚集在不足1米宽的罅隙里，水急而涛声骤起，如玉的碧潭波光涌动。

二龙河林区

二龙河林区的景色优美，山增水秀、水因山活，林潮涌动、碧海泛波的山林因为泾河水而更像一幅泼墨山水画。相传，泾河龙王家族在老龙潭居住，安排了两个儿子迁居至此。从地域和泾河支流观察，这里恰好是二水汇合之处，因此得名二龙河。

秋凉殿

秋凉殿位于六盘山中，是群山挟持下的一道峡谷，长达20余千米。谷岸奇峰绝石姿态万千，谷内林荫葱郁，泾河水穿峡而过，峡谷东侧有一块约200平方米的平台。

秋千架

秋千架位于向阳河上，与崆峒山相连。向阳河谷十分狭窄，深数十米，两壁山峰如柱。在一处河谷间，两岸柱石高耸对称，样子宛如秋千，秋千架因此而得名。相传穆桂英曾在此地荡秋千，神仙广成子在此修道时也被这里的奇景所倾倒。

红军长征纪念亭

六盘山不仅风光优美，还是中国革命史上的一座丰碑。1935年10月，毛泽东率领的红一方面军经长途跋涉至六盘山，修整一夜后，顺利翻越此山，打开了通往陕北的最后通道。毛泽东登上六盘山，临风寄景，气贯长虹，回顾红军走过的艰难历程，展望革命的未来前途，有感而发，即兴写下了气壮山河的光辉辞章《清平乐·六盘山》，至今六盘山下还树有毛泽东手书的全词石碑。1985年，为纪念红军长征50周年，于红军当年走过的六盘山顶修建了"六盘山红军长征纪念亭"，由胡耀邦亲笔题名。

六盘山地势险要，自古以来就是皇家屯兵的军事重地，昔日曾在此立有牌坊，上书"陇干锁匙"。它南控关陇，北扼灵武，西通河湟，东走庆环，是古代交通的要塞咽喉，清代有人曾题联赞之："峰高太华三千丈，险阻秦关百二重。"

【名山人文】

六盘山是中原文化、草原游牧文化与西域文化的交会处，西北地区发生的不少历史事件都与六盘山有关。秦始皇曾在这里建筑行宫、祭拜山岳；汉武帝曾六临六盘山，在此观览和眺望过苍茫悲壮的固原河山。从古至今，六盘山见证了西北历史的进程以及中原与边地民族的迁徙和融合。

成吉思汗奠定了元代六盘山的政治格局，成吉思汗不仅在六盘山避暑，而且带有军事目的，从此确立了六盘山在蒙元统一过程中的地位。此后，宪宗蒙哥、忽必烈均先后驻跸六盘山，尤其是忽必烈时期，六盘山已成为当时政治、军事的中枢之一，在客观上充分体现其相当重要的"行宫"地位。

1227年，成吉思汗率众攻打西夏都城兴庆府，进攻数月未能破城，于是领军南下抵达六盘山避暑。7月，一代天骄成吉思汗于六盘山病逝，现在六盘山凉天峡里尚存有成吉思汗避暑行宫的遗址。成吉思汗死于六盘山后，太宗窝阔台即位，十分看重六盘山地区。1236年冬,皇子阔端已进入成都,这样一来,由北方"和林"往南方"成都"一线,六盘山地处中枢,其军事地理位置更显突出。

忽必烈奠定了六盘山在蒙元时期的历史地位。忽必烈与阿里不哥汗位之争,从军事上讲始于六盘山,也终于六盘山,双方均以六盘山为争夺目标。忽必烈胜利了,确立了忽必烈的统治地位。宪宗三年秋,忽必烈"受京兆封地",预示着六盘山地区将大规模开发。就连迎请藏传佛教高僧一呈也在六盘山,后来被尊为国师的八思巴与忽必烈第一次相见又在六盘山。

自成吉思汗到蒙哥、忽必烈,他们的军事行动或征伐,或北归,均以六盘山为驻跸之地。六盘山地区不但是当时金人牵制南宋西蜀和陇南的要地,而且是蒙元军队南下用兵的天然屏障。

六盘山气候凉爽宜人,历来有"春去秋来无盛夏"之说,景色带有明显的高原雄壮之美,而满山苍翠浓密的森林和偶然可见的潺潺流水又为六盘山平添了几许妩媚秀气。它集名胜古迹、自然奇观于一体,山光水色雄奇、峻秀,汇集了北国风光之雄浑,兼具江南水乡之靓丽,南山的清秀和北山的壮美在这里融合为六盘山秀美,壮丽的景致。

贺 兰 山

贺兰之山五百里,极目长空高插天。
断峰迤逦烟云阔,古塞微茫紫翠连。
旷野旌旗鸣晓日,高风鹰隼下长川。
昔年僭伪具尘土,犹有荒阡在目前。
——金幼孜《出郊观猎至贺兰山》

【名山初识】

巍峨险峻的贺兰山位于内蒙古和宁夏的交界处,连绵180千米,东面是辽阔的银川平原,西面为浩瀚的阿拉善大沙漠。贺兰在蒙语中意为"黑色的骏马",贺兰山也如骏马般雄伟、峻峭,最高峰海拔3556米,平均海拔2000多米。这里峰峦叠翠,崖壁险峭,森林茂盛,早在西夏王朝时期,就已被人们当做避暑胜地,民族英雄岳飞曾写下"驾长车,踏破贺兰山缺"的壮美诗句。

我国古代北方少数民族广泛分布于贺兰山区。春秋战国时期,这里为羌戎所占据。西晋时期,随着国家的统一,居住在漠北的13万匈奴人南迁,其中有一个部落叫贺赖部,在"流沙"以东水草丰盛的群山中游牧,贺兰山故以此部落而得名。到隋唐时贺兰山曾彼突厥和回纥族作为其游牧之地。

宋朝时期,这里成了西夏同蒙古争夺的要地。到了元朝,据意大利旅行家马可·波罗在游记中记载：宁夏是吐蕃族的一部分，首都是贺兰山。清代康熙年间，蒙古族将领和罗理归顺清廷及出征西藏、青海功劳显著，朝廷为表彰其战功，划贺兰山以西为牧场，将其所属部落列入内蒙古四十九旗之列，名为阿拉善额鲁特旗。贺兰山呈一钩弯月状，地势险要，有头关、大武口等多处交通孔道，易守难攻，为历代帝王所重视。千百年来，四季交替，大地运行，世事变幻，贺兰山默默见证着朝代更替和历史变迁。

【名山览胜】

贺兰山巍然屹立于西北黄土高原上，山势雄伟，峻峭挺拔，峰峦叠翠。蒙古语"贺兰山"即骏马之意。滚钟口、小滚钟口俗称小口子，距银川区33千米，是贺兰山观景和避暑的绝佳去处。此处三面环山，山口东开，地形宛如横卧的巨钟。钟铃山位于景区中央，似"钟之铃锤"，故而得名"钟铃山"、"滚钟口"。

滚钟口山峦起伏，岩石峻峭，树木葱茏，雄伟秀丽。在西夏时，就是"西夏古名胜地"。当时，西夏开国皇帝李元昊曾在山沟北部建造了一处规模宏大的避暑宫苑。现在还保留着参差错落的20多处建筑遗址，遗址散落的砖、瓦、器物残片遗物仍俯拾皆是。明清时，这里建造庙宇、楼阁，修建了贺兰庙、老君堂、斗母宫、大悲阁、小洞天、晚翠阁、兴隆寺、关帝庙、观音庙等14处庙庵台阁，这些建筑依山据险，随势自然，错落有致的点缀其中。

山内还建有三座造型优美、小巧别致的白色喇嘛式塔于三座山峰山。始建于清光绪十八年（1892年）的贺兰庙，庙宇位于半山之上，分为上中下三层台院，三座殿宇连成一体。主殿有泥塑彩像，两面绘有滚钟口全景图和贺兰庙全景图，殿宇雕梁画栋，极为壮观。据史料载：明清时期，每年六月，城镇村堡的善男信女多进香山寺，轮骑络绎不绝，名曰"朝山"，亦借以游览涤暑。

在滚钟口南面，有三峰峭立，形似笔架，故被人们称为"笔架山"。山下有人采佳石为砚，因而又称"砚石笔架山"。若顺台阶拾级而上，登临山巅"望海亭"，可凭高四览，向西远瞰，但见峰峦起伏，势若奔浪；极目东眺，又见千里平畴，像风平浪静的海洋，天地尽处，云烟浩渺浑然融为一体。在这里还能观赏到"日出笔架"、"月光别钟铃"、"石嶂穿白云"等自然景观。朝晖夕映时，还能观赏到"贺兰佛光"之景，可与"蛾眉宝光"相媲美。6月暑日，于景区西边沟尽头的青羊溜山巅上，蓝天晴空，白雪盖顶，这就是古宁夏八景之首的"贺兰晴雪"，可谓奇景。

滚钟口景区北部有一条忽宽忽窄、蜿蜒曲折的深沟，因多有寺庙遗址，故称"大寺沟"。沟内林木苍翠，泉水清澈，怪石鳞峋，神态各异，令人叹为观止。顺沟向西而下，沟间立一巨石，上刻"西爽亭"三个大字，这里山势开阔，泉水叮咚，绿草茵茵，景色宜人，令人流连忘返。

苏峪口森林处于贺兰山的腹地。苏峪口位于银川市西北约20千米处，有丰富的森林资源。苏峪口森林有数十万亩林区，墨绿的林海盖满高坡深谷，于登山路上，望美丽的风景，听满耳的松涛，犹如置身尘世之外。经一二架坡，至三架坡的坡顶，人已处于林海之中。低头看百丈悬崖，放眼望苍翠的葱郁的森林，古松立于峭壁，残雪留存山顶。雄伟险峻的景致，明代金幼孜有诗赞之："贺兰之山五百里，极目长空高插天。断峰迤逦烟云阔，古塞微茫紫翠连。"

贺兰山在古代北方少数民族驻牧游猎、生息繁衍的地方，主要有匈奴、鲜卑、突厥、回鹘、吐蕃、党项等。他们把生产生活的场景，凿刻于贺兰山的岩石上，来表现对美好生活的憧憬与追求，反映了他们当时的审美观、社会习俗和生活情趣。在贺兰山腹地200多千米内，就有遗存岩画20多处，是我国岩画较集中的地区之一。

贺兰口位于贺兰山中段的贺兰县金山乡境内，距银川50余千米，山势险峻，海拔1448米，俗称"豁了口"。山口景色幽雅，峰峦叠翠，在沟谷两侧绵延600多米的山岩石壁上分布有千余幅个体图形的岩画。画面艺术造型粗犷浑厚，构图朴实，神态自然，写实性较强。人首像为主的岩画占总数的一半以上。其次为牛、马、驴、鹿、鸟、狼等动物图形。

根据专家考证，贺兰口岩画是不同时期先后刻制的，多数为春秋战国时期的北方游牧民族所刻，还有其他朝代和西夏时期的画像。有凿刻和磨制两种刻制方法，凿刻痕迹清晰，较浅；磨制法是先凿后磨，线条粗深，凹槽光洁。贺兰口岩画的题材、内容与表现手法都十分富有想象力，让人有一种真实、亲切、肃穆和纯真的感觉。众多岩画为了解和研究古代游牧民族的历史、文化、经济状况、风俗人情提供了极为珍贵的文物资料，可谓一处珍贵的民族艺术画廊，有极高的考古、艺术价值。

贺兰山在漫漫沙海之中如横卧一条绿色的巨龙，形成一道绿色屏障，阿拉善大沙漠狂风沙砾暴戾东进，在它面前却止步难行。贺兰山有悠久的历史，它不愧为我国北方少数民族的摇篮。明代诗人王逊写有："贺兰西望矗长空，天界华夷势更雄。岩际云开青益显，峰头寒重白难融。清光绚玉冲虚白，秀色拖岚映夕红。胜概朔方真第一，徘徊把酒兴无穷。"的诗句来赞美贺兰山的美景。

震 湖

碧水丹山映杖藜，
夕阳犹在小桥西。
微吟不道惊溪鸟，
飞入乱云深处啼。

——沈周《题画》

【名水初识】

震湖位于宁夏回族自治区西吉县城西南 30 千米处，地震时，山体滑坡堵塞沟道而形成的天然水堰。1920 年 12 月 16 日，宁夏海原地区发生了 8.9 级的强烈地震，山崩地裂，当时被称为"环球大震"，地震过后，西吉出现了一条狭长的裂谷，即现在的震湖，也叫党家岔堰塞湖。震湖形状狭长，长 3110 米，最宽处仅 600 米，水域面积约 2 平方千米，湖水平均深度为 12 米，最深处 27 米，透明度 0.75 米，蓄水量 1120 万立方米。是世界第二大震湖，更是宁夏最大的地震堰塞湖。震湖是一处珍贵的地质运动遗迹，堪称一座地震博物馆。

震湖堪称西北塞外奇观。震湖出现后，使得西吉西南干旱的荒原变成了江南水乡。碧绿的湖水，清澈秀明，四周青山环绕，青峦拔翠，幽谷深壑，构成了一幅山清水秀、山环水抱、山重水复、山水交融的天然山水画。两岸是黄土高坡，坡上绿草如茵，沿岸长满了丰茂的芦苇。修长细密的芦苇随风摇曳，景色秀美，令人赞叹。

震湖因水质特异，矿化度每升 9.4 克，人畜不能饮用，然而水草丰茂，却成为富产鱼类的天然鱼塘。湖内生有鲢、鲤、草鱼等近 10 种鱼类，尤其是西吉彩鲫，身形小巧玲珑，极为珍贵，被誉为稀世珍宝。数十种珍稀鸟类栖息湖岸，其中有国家一级保护鸟类 3 种，二级保护鸟类 10 种，中日候鸟保护协定种类 27 种，中澳协定种类 6 种。每年春季，南去越冬的候鸟纷纷飞回，于湖畔安家落户，繁衍生息。现在，湖区已经发展为震湖湿地保护区，被列入回族宁夏自治区级自然保护区。

震湖不仅风光秀丽，还有神秘的传说。自 1998 年起，不断有报道说在震湖中发现神秘水怪。据说早在 20 年前就有人曾目睹过"水怪"，最近几年共有七八十人见过"水怪"。据目击者的描述，湖中怪兽为黑色，有两只船那么大，身体极长，露出水面部分呈弓形，有 1 尺多高，水怪缓缓地顺水游动，还有咕咕的响声发出，受惊吓后就迅速沉入湖中，湖面上泛起很大的旋涡。关于湖中水怪的传说，最著名的莫过于近 200 年前发现的尼斯湖水怪，据专家推测，可能是距今 6500 万～7000 万年前的水生爬行动物蛇颈龙的后代。吉林长白山天池、新疆喀纳斯湖、阿勒泰塘巴湖、西藏文部湖等处都宣称有"水怪"出没，震湖水怪到底为何物？众说纷纭，有人说是一种吃人畜的怪兽，有人说是苍龙下凡。专家认为，震湖形成时间较短，不可能有这么大型的动物；而且震湖水面狭窄、湖水较浅，不具备大型动物生存的条件，所谓的水怪极有可能只是人们的一种错觉。有的科学家认为很有可能是水獭，因为光线折射使其尺寸放大，使得人们产生了视觉上的错觉，误以为是神奇的怪兽；也有人认为可能是几百公斤甚至上吨重的大鱼。现在，震湖引起了游人、各方面专家、探险者的极大兴趣，相信在不远的将来会解开震湖水怪之谜。

新疆维吾尔自治区

天　山

博岭千秋雪，消融注此池。
水清须濯手，气冷欲添衣。
起伏山为幔，青葱树设帏。
临湖抬望眼，云下玉峰依。
池水出天山，水深六月寒。
传言五母命，开凿在人间。
幽谷悬明镜，清空荡碧缥。
瑶宫原可到，游侣竞乘船。

——吴丈蜀《游天池》

【名山初识】

雄伟的天山，把新疆分成了南疆和北疆。古诗有云："却出长城万余里，东西南北尽天山。"道出了天山的广大。新疆境内的天山长近1700千米，宽300余千米，西段高峻雄险，托木尔峰、汗腾格里峰均在海拔7000米以上；东段山势较低，最高的博格达峰海拔5445米，耸立在乌鲁木齐以东的碧空中，终年积雪，银光闪耀。博峰融雪会聚山腹，形成高山湖泊天池。池水澄碧，云气缭绕，飞瀑悬空，跳珠溅沫。天山山脉有山岳冰川6800多条，是我国最大的冰川区。莽莽雪山下，巍巍丘壑间，银龙游舞，蜡象竞逐，熠熠生辉，蔚为隆观。每逢春夏，溪涌泉潺，浇灌平畴万顷，迎来果粟丰登，因而又有"固体水库"之誉。

【名山览胜】

天山最高峰为托木尔峰，维吾尔语"铁峰"之意，海拔7435米，坐落于中苏界峰汗腾格里峰西南约20千米的温宿县境内。它周围有十余座海拔6000米以上的高峰相伴而立，簇成一个高峰群。除汗腾格里峰之外，较著名还有形似花朵的雪莲峰、洁白的"大理石"上覆盖着白雪的阿克塔什峰、形似卧虎的却勒博斯峰以及台兰峰、科其卡尔峰、吐盖别里峰等，座座高峰似利剑，直插入云。

天山的冰川地貌形成于1万多年前，天山几次被冰雪覆盖，冰川延伸到海拔

1000米以下的地方。因此，天山地带古冰川侵蚀与堆积地貌众多，如V形谷、冰斗、悬谷、角峰、冰漂砾、冰围场、冰碛垄等，比比皆是。天山是现代冰川最集中、规模最大的中心之一。天山在海拔4000米以上白雪皑皑，是银装素裹的冰雪世界。在阳光的照射下，山舞银蛇，景色分外妖娆。一些山谷冰川的冰面上，密布着大小不等的碎石，人行其上，竟不知脚下为巨大的银龙。冰川上经常可见水深莫测的冰面湖、数百米深的冰裂隙，还有晶莹的冰蚀洞、冰钟乳、水晶墙等，姿态万千，令人目不暇接。天山境内有近7000条高山冰川，冰雪覆盖面积近1万平方千米。天山最高峰托木尔峰地区，冰川的规模、数量，冰雪资源的丰富，均可与号称"冰川之父"的慕士塔格山一较高低。这一地区有800多条冰川，以托木尔峰北部的汗腾格里冰川最长，达60千米，位列世界八大冰川之一。

天山盆地

在天山宽阔的区域里，有伊吾盆地、巴里坤盆地、哈密盆地、吐鲁番盆地、托克逊盆地、鄯善盆地、拜城盆地、尤鲁多斯盆地、伊犁盆地等，许多大型的盆地镶嵌其中。这些山间盆地东西长、南北窄，与天山展开方向大体相同。这些盆地分布的高度比较悬殊，如尤鲁多斯盆地，海拔2400米以上，而吐鲁番盆地最低点在海平面下15千米。

盆地是风化物质的堆积之地，也是地表水、地下水的归宿地，土地肥厚，水草丰茂。著名的巴音布鲁克草原就在尤鲁多斯盆地，为全国第二大草场，养育着近百万头牲畜；同时，又是鹅的栖息地。还有体质结实的伊犁马、焉耆马，体形优美，敏捷善驰。

天鹅湖

天鹅湖处于巴音布鲁克区的巴音乡，由许多大大小小的湖荡连接而成。东西长30千米，南北宽10千米，湖面海拔2500余米。四周冰封雪岭环绕，草繁花盛，景色迷人。山脚无数清泉流注湖中，湖水清澈透明，在阳光下显示得格外晶莹夺目。天鹅湖拥有1万只天鹅，种类繁多，有大天鹅、小天鹅、疣鼻天鹅等。当地蒙古族牧民把天鹅视为贞节之鸟、美丽天使和吉祥的象征，并有许多动人的传说。

天鹅湖曲折透迤的河流仿佛一条条迎风飞舞的飘带，星罗棋布的水泊又似银链上镶嵌的粒粒珍珠。河流、湖泊和草原正是天鹅的乐园。由于天鹅湖一带清泉密布，环境清幽，饵料丰富，使之成为水禽类动物繁殖栖息的理想之地，因而天鹅以及灰鹤、白鹭、金雕、斑头雁、野鸭等众多水禽，都把它当作家园。每年春季3~4月，以大天鹅、小天鹅、疣鼻天鹅为主的1万多只珍禽便飞到天鹅湖繁衍生息，

10~11月飞回南方越冬，居留期长达半年以上。

天山石林

天山石林也称"奎克乌苏石林"，长约9千米，宽约5千米，面积约50平方千米，平均海拔3200米。据专家考证，石林为风蚀半胶砂砾岩层结构，是典型的石质雅丹地貌。石林姿态万千，或如玉柱擎天，或如苍龙卧地，或相互掩映，或孤立一隅，或如丛林，或如石堡，或如飞禽走兽，参差错落，形态各异。石林上面有石窟，幽深奇险，一线溪水从石林中潺湲流过，沿溪生长着许多党参、贝母、冬虫夏草等名贵药材。

天山宝库

天山的气候有多样性、垂直分带的特点，随着气候的变化，形成植物的明显分带。在天山的深山幽谷中，草木繁茂，据不完全统计，仅禾本科植物就有五六十种，其中多为优良牧草，使天山形成了一个天然牧场。天山有数量丰富、种类繁多的药用植物，在森林草原带，有采之不尽的贝母、天仙子、白芍、赤芍等；在云杉林中，党参浅蓝色的吊钟花，喷吐芳香；高山草甸带，片片金莲花，迎风吐蕊；雪线附近的乱石丛中，洁白的雪莲花傲雪绽放，花色醉人，美不胜收。

天山雪莲是新疆最著名的特产，清人赵学敏著的《本草纲目拾遗》就有"雪中有莲，以天山峰顶者为第一"的记载。相传这雪中之莲花，是瑶王母娘娘到天池洗澡时由仙女们撒下来的，对面海拔5000多米的雪峰就是一面漂亮的镜子，供王母娘娘洗澡后梳妆。雪莲被视为神物，饮过苞叶上的露珠水滴，便可以驱邪除病，强身健体，延年益寿。

昆 仑 山

阴云解驳朝暾红，黄河直与昆仑通。
不驾鸾凤骖虬龙，径蹑香烟上空中。
吾行忽过日月宫，下视积气青蒙蒙，寒暑不分昼夜同。
嵯峨九关常烈风，凛然萧森变冲融，不悸不眩身如空。
尘沙浩劫环无穷，讵须更觅安期翁！

——陆游《昆仑行》

【名山初识】

昆仑山，又称昆仑虚、昆仑丘或玉山。地理观念上的昆仑山是指西起帕米尔山原东部，横跨新疆、西藏、青海三省，全长约2500千米。昆仑山山势雄浑，形如巨蟒，被誉为"莽昆仑"、"亚洲脊柱"，它平均海拔5500～6000米，宽130～200千米，包括帕米尔高原、喀喇昆仑山和阿尔金山，山势高峻，山体宽广，山脊线超过海拔6000米。众多山峰均超过7000米，中巴边界上的乔戈里峰海拔8611米，是仅次于珠穆朗玛峰的世界第二高峰。

玉树琼花神仙地——昆仑相传古人尊昆仑山为"万山之宗"、"龙脉之祖"、"龙山"，因而有许多美丽动人的神话故事流传。

相传昆仑山，既高且大，为中央之极，也是连接天地的天柱，仙人往返于天地，这是绝妙的歇脚之处。昆仑又是黄河源头，黄河是母亲河，古人出于这种崇拜心理，顺理成章地将昆仑由神山转化为仙山。《西游记》、《白蛇传》及"嫦娥奔月"等都与昆仑山有关，它是中华民族神话传说的摇篮。

据《淮南子·地形训》中记载，昆仑有增城九重，其高一万一千一百一十四步二尺六寸。上有木禾，其修五寻。珠玉树、璇树、不死树在其西，沙棠琅玕千好在其东，绛树在其南，碧树、瑶树在其北。旁有四百四十门，门间四里，里间九纯，纯丈五尺。旁有九井，玉横维其西北之隅。北门开以纳不周之风。倾宫、旋室、县圃、凉风、樊桐，在昆仑阊阖之中。疏圃之池，浸浸黄水，黄水三周复其原，是为丹水，饮之不死。"

昆仑山在神话中有着极高的地位，《山海经·海内西经》中说：昆仑山是海内最高的山，在西北方，是天帝在人间的都城，方圆八百里，高达七八千丈。山上面长着一种树，高四丈，五个人才能合抱。山的每一面有九口井，每口井都用玉石作栏杆，每一面又有九重门，每道门都有开明兽在那里守护，昆仑山是百神所在的地方。

《山海经》提到过几十座山，以昆仑山为冠。它为天帝统治的都城。相传这位天帝便是黄帝。黄帝派去守护昆仑山的神叫陆吾，也是半人半兽形，人首、虎身、虎爪，共有九条尾巴。民间神话中昆仑山上的主角是穆王，他乘坐八匹马拉的车子与西王母约会。周穆王继承皇位时已经50岁了，在位55年而崩，是一位长寿的帝王。也许因为他长寿，后世便相传在周穆王游行四海之时，遇见了帝台的西王母。传说中他对西王母恭恭敬敬，手执白圭和玄璧，献上彩绸三百吨。西王母设宴款待他，双方用歌对答。穆王离开后，把这段会面的经过用铭文刻在山上，并改名为"西王母之山"。

【名山览胜】

昆仑山口

昆仑山口又称"昆仑垭口"，处在格尔木市西南165千米处，海拔4787米，地势险峻，气候寒冷潮湿，生态环境独特，自然景观壮丽。临登昆仑山口，山峦起伏，雪峰兀立，草原广袤。这里到处是突兀嶙峋的冰丘和千奇百怪的冰锥，以及千年不化的高原冻土层。冰丘有的高几米，有的高十几米，冰丘下面是永不枯竭的潺潺潜流。冰层一旦揭开，地下水常常喷涌而出，形成喷泉。而冰锥有的高一二米，有的高七八米。这种冰锥不停增长，不断爆裂。爆裂时，有的喷浆高达二三十米，并发出巨大的响声，蔚为壮观。

昆仑山口有终年不化的大片高原冻土层；地下虽终年不化，但冻土层表面的草甸上却生长着青青的牧草。每逢盛夏，草丛盛开着各种鲜艳夺目的野花，煞是娇艳。当年陈毅来到这里，满怀激情地吟诵："昆仑魄力何奇大，不以丘壑博盛名，驰遣江河东入海，控制五岳断山横。"

昆仑山口标记碑

昆仑山口标记碑分五个部分，分别为主碑、副碑、陪碑、雕塑及底盘，均为汉白玉雕制。主碑高4.767米，是昆仑山口海拔高度的千分之一，碑底座为花岗岩块石砌成，有9.6平方米，象征祖国960万平方千米的坚实土地上，而昆仑山则屹立之上。碑南侧立有昆仑山口纪念碑及杰桑·索南达杰纪念碑，纪念这位保护可可西里野生动物藏族英雄。

玉珠峰

玉珠峰海拔6178米，峰顶积雪终年不化，有很多冰川，在盛夏6月依然银装素裹，分外妖娆。冰川雪山在阳光照耀下变幻莫测，演示着一幕幕赏心悦目的自然景观。

玉虚峰

玉虚峰处在格尔木市区160多千米的昆仑山中段，海拔近6000米。峰顶挺拔雄伟，山体通坡冻封，常年银装素裹，形成了天下闻名的奇观——昆仑六月雪。山间云遮雾罩，山峰亭亭玉立，看上去犹如一位圣洁的女子昂然俏立在群山之上，相传是玉皇大帝下凡到人间的妹妹的化身，因其妹名为玉虚神女，故而得名。

玉虚峰两侧有6个神洞，右面三洞为佛家"三宝洞"，左面三洞为道家"三清洞"。六洞之上，还有一天洞，道家称为"圣洞"，佛家称为"未来佛洞"。洞内像一间大居室，有石桌一张，石凳三只，排列有序，洞顶终年为冰雪覆盖，洞的下面有如玉石砌就的天墙似玉石砌就。天墙正对六洞有一眼喷泉，喷出1尺多高的水珠，晶莹如玉，日夜不息，气温－30℃时，亦不冻结，可谓奇观，泉下有3个小瑶池，盛夏鸟语花香，池水淙淙细流，汇入玉泉河，如锦似绣，美不胜收，令人流连忘返。

瑶池

相传昆仑山的主人是西王母，有多处传说中的西王母瑶池，其中：最大的瑶池——青海湖，最古老的瑶池——德令哈市褡裢湖，美丽神秘的瑶池——孟达天池，神妙而又海拔最高的西王母瑶池，便是昆仑河的源头黑海。这是一座天然高原平湖，海拔4300米，东西长约12千米，南北宽约5千米，湖水最深度107米，碧波粼粼，清澈透亮。湖畔水草丰美，野牦牛、野驴、棕熊、黄羊、藏羚羊等野生动物经常出没，气象万千。

西王母瑶池旁，立有"西王母瑶池"纪念碑石，不远处便是《封神演义》中描写的当年姜子牙修行的地方。

昆仑山岩壁画

地处昆仑山野牛沟，有藏经、佛教、花草、野兽，还有农牧民生产、生活的情景。这些岩画大的有一间房子大，露天而建，深约100米，宽50米。据专家考证，该画为藏经、藏文，神秘玄幻。

昆仑六月雪

昆仑山地势高耸，连绵起伏，雪峰林立，景色十分壮观。每逢六月，昆仑山下的格尔木市春意正浓，大街两旁已是绿树成荫，百花争放，而昆仑山口则飞舞着雪花，"昆仑六月雪"成为这里独特的自然景观。七八月盛夏季节，昆仑山口处处绿草茵茵，高山野花鲜艳夺目，令人如置身画中。

昆仑泉

纳赤台有一眼终年突突翻涌的泉水，被当地人称为"圣水"，此泉，便是昆仑泉。即便是隆冬时节，四野里冰天雪地，昆仑泉水却依然喷涌不止，成为自然界一大奇观。形成昆仑六月雪奇观，水量大而稳定，相传是西王母用来酿制琼浆玉液的泉水，为优质矿泉水凌。

【名山人文】

昆仑山藏语称"阿玛尼木占木松"，意为祖山，在中华民族的历史上具有"万山之祖"的重要地位。在我国古代著名的经典《山海经》、《禹贡》、《水经注》中均有记载，带有非常神秘玄奇的色彩，被人们认为是具有"宣气"、"散生万物"

的特殊功能,是一座神山。

相传古时这里是道教昆仑宗派的发源地,是西王母开蟠桃宴之地,是姜子牙、济公活佛修行之地。据专家考证,这里是明末道教混元派道场的所在地。考古中曾挖掘出大量珍贵的古藏文、岩画,形象逼真传神,文字清晰可辨。千百年来,昆仑山留下许多动人的传说和难解之谜,吸引着世界各地道教弟子、游人前来超度、修炼、登山、观光。

巍巍昆仑犹如一柄玄铁重剑,直插霄汉,巍峨地挺立在中国的西部,古往今来受到无数人的推崇。1935年10月,毛泽东为其景色所感欣然写下了《念奴娇·昆仑》:"横空出世,莽昆仑,阅尽人间春色。飞起玉龙三百万,搅得周天寒彻。夏日消融,江河横溢,人或为鱼鳖。千秋功罪,谁人曾与评说?"

火 焰 山

火山突兀赤亭口,火山五月火云厚。
火云满山凝未开,飞鸟千里不敢来。
平明乍逐胡风断,薄暮浑随塞雨回。
缭绕斜吞铁关树,氛氲半掩交河戍。
迢迢征路火山东,山上孤云随马去。

——岑参《火山云歌送别》

【名山初识】

在新疆东天山博格达山脉与库鲁克达克山脉之间有100余千米的红色砂岩山峦即火焰山。它横卧在戈壁大漠,因处于高温、干旱、多风的吐鲁番盆地,因此整个山体火红片,荒山秃岭,寸草不生。每当盛夏,7月流火,烈日当头,地气蒸腾,云雾缭绕,赭红色的山体如火焰四起,火龙飞腾。

火焰山上高温干燥。但是,其山体却又是干旱沙漠中一条天然的地下水库堤坝。与火焰山荒山秃岭形成鲜明对比的是那一条条穿过山体的沟谷,沟底多数清泉潺湲,绿树成荫,葡萄满沟,形成条条绿洲。火焰山脚下便是葡萄沟,绿树葱茏、景色优美、瓜果飘香。火焰山处在丝绸之路北道上,至今仍留存许多文化古迹和历史佳话。

【名山探源】

火焰山是天山支脉之一,自东向西,横贯吐鲁番盆地中部。火焰山是天山东部博格达山南坡前山带一处短小的褶皱,于喜马拉雅造山运动期间形成,距今约有2000万年。地壳横向运动时推挤出无数条褶皱带和大自然的风雕雨琢,形成了火焰山起伏的山势和幽邃的沟壑。在烈日照射下，赤褐砂岩熠熠闪光，炽热气流滚滚上升，云烟缭绕，犹如整座山都在燃烧。此外，热风对火焰山的形成起了相当重要的作用。山的石质是红的，经过岁月的洗礼，风将岩石的表面雕刻成缕缕火苗以及借着风威正在燃烧的熊熊大火。可谓是独具特色、绝无仅有的奇观。

【名山传说】

火焰山有许多美丽的传说。相传当年美猴王孙悟空大闹天宫，斗得兴起，一脚蹬倒了太上老君炼丹的八卦炉，有几块火炭，从天而降，恰巧落在吐鲁番，就化为火焰山。山上本来有熊熊烈火，孙悟空取经途中用芭蕉扇三下扇灭了大火，冷却之后才成了今天这般模样。关于火焰山的传说还有很多，相传天山深处有一只恶龙，专伤百姓。当地最高统治者沙托克布喀拉汗要为民除害，特派哈拉和卓去除掉恶龙。经过三天三夜的激战，恶龙在吐鲁番东北的七角井被哈拉和卓所伤。恶龙带伤西走，鲜血染红了整座山。所以，维吾尔族人把这座山叫做红山，即火焰山。

【名山览胜】

火焰山自然面貌独具特色，加上明代晚期吴承恩将唐三藏取经火焰山受阻、孙悟空三借芭蕉扇的故事都写进《西游记》，把火焰山与众神魔联系在一起，从而使火焰山神奇色彩愈加浓郁，成为天下奇山。游人到火焰山，能看到唐僧路过时的拴白龙马的马桩，一柱凌空的山石仍然矗立在胜金口内；远处一片平顶的山坡，则是唐僧上马时用的踏脚石；拴马桩东，隔峡谷有一高峰顶着一块酷似长嘴的巨石，被人们称为八戒石。进入火焰山腹地还能看到唐僧师徒四人的群塑。只见孙悟空腾云驾雾，肩扛芭蕉扇在前开路，唐僧气宇轩昂带着八戒和沙僧，牵着白龙马，徐徐而行。唐僧取经群塑形态生动，表情逼真，神态传神，为火焰山游览胜景之一。

葡萄沟处在火焰山西端，沟长 8000 米，宽 500 米，沟中铺绿叠翠，景色秀美，别有洞天，同火焰山光秃秃的山体形成强烈的对比。葡萄沟内，两山夹峙，形成坡洼沟谷，中有溪流奔涌。沟间全为果园和葡萄园。这里世代居住着维、回、汉等民族的果农，主要种植无核白葡萄和马奶子葡萄等著名品种，还有玫瑰香、喀什哈尔、比夫干、黑葡萄等优良品种。年产鲜葡萄产量逾 6000 吨、葡萄干 300 余吨。沟中的无核白葡萄晶莹如玉，号称天下最甜的葡萄。这里 2 米多高的葡萄架形成绿色长廊，藤蔓交织，曲径通幽，串串葡萄夜空繁星触手可及。崖壁间渗出的泉水，汇聚成池，池中养鱼，供游客观赏。近年来，这里又建了人工湖。湖畔广植桑榆，遍栽花卉，宛若江南园林，别具一番滋味。

天　池

天山有雪常不开，千峰万岭雪崔嵬。
北风夜卷赤亭口，一夜天山雪更厚。
能兼汉月照银山，复逐胡风过铁关。
交河城边飞鸟绝，轮台路上马蹄滑。
暗霭寒氛万里凝，阑干阴崖千丈冰。
将军狐裘卧不暖，都护宝刀冻欲断。
正是天山雪下时，送君走马归京师。
雪中何以赠君别，惟有青青松树皮。

——岑参《天山雪歌送萧治归京》

【名水初识】

我国青藏高原和西北地区多数湖泊均属于冰川湖。著名的天池就是一个冰川湖。在距今约1万年前的第四纪冰期，新疆阜康一带的高山由于第三期古冰川的刨蚀作用形成天池冰盆，而在冰川的前缘沉积形成了冰川终碛垄，实际相当于一道高大的冰碛坝。后来，气候逐渐转暖，冰川消融，天池冰盆内积水逐渐增多，最后形成粼粼碧波、风光迷人的天池。

【名水览胜】

天池风景优美，是神话传说中的西王母瑶池。古代时又称神池或龙潭。大约在清乾隆年间，取"神池浩渺，如天镜浮空"之意，故名"天池"。天池外形呈狭长的葫芦状，曲折幽深，景色秀丽。南北长3.5千米，东西平均宽800米，面积为2.8平方千米；湖面海拔1980米，属高山湖泊。天池一泓碧水，群山围绕；万顷松杉，遍布四野。极目遥望，博格达雪峰冰雪皑皑，亭亭玉立，仿佛雪肤花貌的仙女在含情脉脉地俯视着碧波澄池，美得如诗如画，如临仙境。这里又是避暑胜地，夏日炎炎之际，置身天池湖畔，清风徐来，凉爽宜人，直觉远离尘世。

天池俗称"天山海子"，古时称"冰池"、"瑶池"，相传是西王母日常梳洗、游玩的人间别墅，曾在此设宴款待西巡的周穆王。唐代著名诗人李商隐曾就此传说作诗一首："瑶池阿母倚窗开，黄竹歌声动地哀。八骏日行三万里，穆王何事不重来？"四大名著《西游记》中，西王母宴请群仙举行盛大的蟠桃盛会便设于此处。有的传说天池为西王母的沐浴池，山间缭绕的云雾是西王母沐浴后忘记的霓裳羽衣。这些美丽的神话传说，给天池的自然风光平添了一层神秘的色彩。

天池的水由四周高山上融化的冰雪汇流而成，清澈透明。奇怪的是，不论是久旱无雨，还是阴雨连绵，池水始终保持在一个水位上，不涨不落。据专家考证，这是因为池内有泉眼相通，凭借水压可以自动调节水位。天池大体分为4个自然景观带，于一日之内、一山之间可见气候各异、四时景色同现的奇观。首先低山带，谷底山花烂漫，蜂飞蝶舞，如时处三春；其次山地针叶林带，丘岭苍翠，青松白桦葱茏挺拔，显仲夏风景；再次高山、亚高山带，重峦叠嶂，茂林蔽日，是晚秋景致；最后冰川积雪带，雪峰白雪皑皑，雪鸡、金雕、雪豹、马鹿、扫雪、北山羊等珍禽异兽隐现，显出隆冬风光。天池湖水深邃清澈碧绿如玉。银波粼粼的水面上，鱼翔浅底、水鸟飞掠，可谓"一池碧水似玉汁，可消千古游子愁"。四周遥望，远处常年皑皑冰雪的博格达峰，在阳光的照射下发出耀眼的银光，水中的雪峰倒影更显妖娆；苍茂的松柏、云杉，参天挺拔，郁郁葱葱。雪山、森林、碧水、绿草、繁花，构成一幅湖光山色的优美画卷。于浩渺的湖水中泛舟横渡，如置身画中，别有一番情趣。

天池这个高原湖泊最显著的特点就是冬暖夏凉，既没有炎热的夏季，也没有寒冷的冬天。盛夏时节，天山戈壁滩到处热浪滚滚，暑气蒸人，最高气温达40℃以上；而天池附近却空气清新，山风习习，凉爽宜人，气温总保持在20℃左右，是世界闻名的避暑消夏胜地。七八月份，夜里还要生火取暖，故此地常有"早穿皮袄午穿纱，抱着火炉吃西瓜"的场景。整个冬季，天池的平均气温为-10℃，最冷的时候也比山外气温高出五六摄氏度，和长江流域的冬季气温相近，故有"塞外江南"的美誉。

天池的自然风光，最著名的为八大景观，分别为石门一线、龙潭碧月、顶天三石、定海神针、南山望雪、西山观松、海峰晨曦、悬泉飞瀑。

石门一线

石门又称"石峡"，为一道峡谷，是进入天池风景区的门阙。其门石壁雄伟，高达数十米，宛如两扇敞开的巨大门板。石门上题刻有"石门天开，有兴重来"8个大字，借喻传说中王母惜别周穆王时"祝君长寿，愿君再来"的依依情怀。门道长约100米，宽窄不一，最宽处仅10余米，两侧石壁夹峙，青天一线中通，取其"山势两崖对，天门一线通"之景观，故定名为"石门一线"。天工河从石门内一侧奔腾急流而下，水道折转，水声轰鸣，震荡峡谷，雄伟峻拔，气势逼人。

龙潭碧月

龙潭位于天池下方约2千米处，盘山公路西边的西小天池即是。西小天池水面状如圆月，池水清冽幽深，相传是西王母的洗脚盆，又说是王母娘娘的梳妆明镜，其实也是在远古冰川运动中造成的堰塞湖。天池湖水经由地下石洞注入此处，形成了积水深潭。每逢月夜，皓月当空，清辉洒地，山峰、苍松和明月一齐倒映碧莹的潭中，静影沉璧，偶有涟漪泛起，月影随波微颤，朦胧醉人。池侧悬挂着一道瀑布，如玉龙天降，吐珠溅玉；池上山巅建有闻涛亭，玲珑别致，秀巧典雅。

顶天三石

天池向西4千米处的峡谷中，有三块巨大的山石峥嵘伫立。它们的来历，也与西王母有关。相传西王母降伏了在天池兴风作浪的恶龙后，恶龙野性不改，拼命挣扎，把西天都撞得摇摇欲坠，西王母率众用这三块巨石顶住了即将倾倒的西天。"顶天三石"因此得名。

定海神针

天池北岸生有一棵百年古榆，枝叶繁茂，冠大如帝王的金舆华盖，孤自面南傲立。这株大榆树，百年来挺立于海拔1910余米的天池北岸，成为镇池之宝，人们称为"定海神针"。这棵榆树从来没有被天池湖水淹没过，即使丰水年成，湖水最多也只能漫到其根部。后来，人们将古榆根部与湖水水面的距离作为测量湖水涨落的标志，以此判断是丰水年、平水年还是旱水年。

南山望雪

天池东南面是博格达峰，号称"东部天山第一峰"，海拔5445米，"博格达"是蒙古语，意为"神灵"，因此博格达山也称灵山、圣山或福寿山。矗立于天池北岸冰碛堤坝上，翘首南望博格达雪山，峰顶的冰川积雪，常年不化，一年四季铺琼砌玉，闪闪银光，与清波碧水相映成趣，组合成高山平湖仙境般的景致。

西山观松

天池西侧山势平缓，土质疏松，蓄水条件好，特别适宜林木的生长。成片的塔松遍布山坡，密密匝匝，层层叠叠，松涛起伏，无边无际，形成一片浩瀚的林海。"西山松"，主要是雪岭云杉和雪松，葱葱郁郁，冠盖如伞，形如宝塔，苍劲挺拔，直入云天，令人赏心悦目。

悬泉飞瀑

天池之水由东北方向下倾泻时经过一处断崖，形成一道壮观的百米瀑布。瀑布沿峥嵘绝壁直泻而下，白练垂空，声如奔雷，于谷底冲出一方碧潭。瀑布溅落时激起的水花烟雾迷离，在阳光的照耀下，流银泻玉，如跳跃着无数珍珠，水雾弥漫，彩虹飞舞，形成"悬泉飞瀑"胜景。

海峰晨曦

清晨观赏日出时的天山与天池，也是一件畅人胸怀的美事。晨光中，起伏的天山披上了金红的薄纱，漫山的杉林变得色彩斑斓，连沉睡着的满湖清水也和遥远的东方一样富丽堂皇起来，令人赏心悦目。

另外，天池的云雾奇观，也令游人叹为观止。天池云雾初起时，如袅袅炊烟，缠山绕峰，穿岩漫壑，云海之中隐约可见四周山峰；刹那间，天气骤然变冷，云雾聚结，由白变青，凝结成絮，一团逐一团，前铺后涌，遮没峻峰峭岭；霎时，又由青变黑，铺天盖地，如怒海狂波，上下翻滚，令人生畏；人们心神尚未安定，却又云开天朗，骄阳似火，偶现虹桥凌空，飞跨瑶池。人间罕景，幻化神奇，堪称奇景。

博 斯 腾 湖

湖边嫩苇绿阴长，
鹭鸟翩翩出梦乡。
五彩龙舟曾戏水，
船夫撒网捕鱼忙。

——佚名《博斯腾湖》

【名水初识】

博斯腾湖位于新疆巴音郭楞蒙古自治州和硕、博湖两县之间。古时称"敦薨浦"，唐朝时谓"鱼海"，清朝定名为博斯腾湖。蒙古语称"博斯腾淖尔"，意为"站立"，因三道湖心山伫立于湖中而得名。

博斯腾湖清澈透明，由开都河、清水河、黄水河、乌什塔拉河4条河流穿越戈壁荒原，流经田园绿洲，将天山雪峰融化的冰川积雪汇流入湖。相传《西游记》中唐僧收服沙和尚的"流沙河"，就是主支流开都河。湖水自西南角流出，成为孔雀河的源头，流过著名的铁门关山隘，滋润着库尔勒绿洲大片的肥田沃土，最后消失在塔克拉玛干沙漠之中。因博斯腾湖是开都河和孔雀河的中继湖，故又是一座天然的大型调节水库。

【名水览胜】

博斯腾湖是一个地壳断裂后形成的湖泊，海拔1048米，东西长55千米，南北宽25千米，呈扁平碟形。湖区风光秀丽，集雪山、碧湖、绿洲、沙漠、奇禽、异兽于一体同生共存，相互映衬，构成绚丽多彩的风景画卷。北望巍峨高山，兵盔雪甲；南观沙山起伏，沙波浩渺；远眺金波银浪，阳光、沙滩、海浪、水鸟尽入眼中。在新疆荒漠环境中竟有如此秀丽的湖光山色，宛如沙漠瀚海中镶嵌了一颗明珠，不禁令人感叹大自然造化之神奇。

博斯腾湖分为景色各异的大湖区和小湖区。大湖区面积988平方千米，水面开阔，碧波浩荡，遥望对岸，水天相接。风起时，波浪惊天，狂涛拍岸，宛若怒海；风静时，波光潋滟，平滑如镜，鸥鹭翱翔，悠然自得，令人有置身于秀美的江南水乡之感，而忘却了还在天山荒漠中的汪洋大湖！小湖区位于大湖西南，面积240平方千米，分布有大小不一的小湖数十个。星罗棋布的小湖，既互有岔流相通，又各自相对独立，河道蜿蜒，湖中芦苇丛生，荷花、睡莲等争相开放，芳香沁脾。泛舟湖中，天鹅、沙鸥、鸳鸯、鹭鸶、野鸭等各种水禽，或于船前船后追逐嬉戏，或展翅飞翔，禽鸣鱼跃，如江南水乡一般。有人以诗赞之："雪融博湖芦莲，四色一体连天，游之消暑忘倦，居之世外桃源。"这里最美的时候是夏秋季节，芦苇、香蒲正当茂密，放眼眺望，密密麻麻的芦苇如雨后春笋般万笏朝天地从湖中伸出头来，一直铺向水天相接的远方。人们的视线完全被四五米高的茂密苇林遮住了，一旦误入苇湖深处，便像走入"迷魂阵"，不久就会迷失方向，一时半刻别想转出来。

博斯腾湖有丰富的芦苇资源，是我国四大芦苇生产基地之一，苇林总面积达400平方千米，年产40万吨干苇。苇林中还大量放养珍贵的毛皮动物麝鼠。麝鼠具极高的经济价值，其毛皮制成高级裘皮衣物，既轻且暖，美观耐用，可与海豹皮、貂皮相媲美，被誉为"软黄金"。博斯腾湖水草丰茂，水位稳定，是麝鼠生长繁殖的理想场所。20世纪80年代，就大量引种繁殖。如今，博斯腾湖已成为"麝鼠之乡"，年产10万~20万张麝鼠皮。博斯腾湖还有极为丰富的渔业资源，是新疆最大的渔业基地，盛产青、草、鳊、鲢、鲫、鲤、武昌、五道黑等24种鱼类，年产鱼1000多吨。如今，游博斯腾湖时品尝烤鱼和原汁原味的博斯腾"鱼宴"，已成为一项重要的旅游项目。

喀 纳 斯 湖

一帘幽梦入冰川，
沼苇云林伴雪眠。
中有红鱼撇波出，
漂移铁脊似游船。

——佚名《喀纳斯湖》

【名水初识】

喀纳斯湖是中国新疆阿勒泰地区布尔津县北部一著名淡水湖，位于阿尔泰山脉中，面积45.73平方千米，平均水深120米，最深处达到188.5米，蓄水量达53.8亿立方米。外形呈月牙状，被推测为古冰川强烈运动阻塞山谷积水而成。

喀纳斯湖的景色以色彩多变最为著名。夏季，湖水平静如少女，宛如一块晶莹碧玉镶嵌在山谷中，绝无半点瑕疵；入秋，白桦林金黄树叶的倒影和苍翠的千年古松，为喀纳斯湖平添诗意；冬季和初春，湖水泛白，映有青黑的森林倒影，更显深沉和幽静。该湖不但四季色彩变幻，而且阴雨、晴天、清晨、傍晚，均各具特色，绝不雷同。旭日东升时，湖面银光闪烁，涟漪轻起，林间云雾缥缈，亦真亦幻，五光十色。喀纳斯湖景色多变的原因众多，有的说是云、阳光和湖面水汽相互作用的结果，形成神奇的光和亮丽的色彩；有的说是由于季节变化的缘故，周围群山植物随季节变化，不同色彩便映于湖中；有的说与哈纳斯河流域的石灰岩风化有关。

【名水览胜】

神仙湾

神仙湾是一片河边草坪，两岸树林繁茂。清晨的神仙湾，水面上有袅袅的雾气飘浮，像一条白色的玉带在晨雾中隐藏着神秘，而阳光则在一层层解开这种疑惑，此后仰望天空无比蔚蓝。神仙湾的景色时时刻刻都在发生着变化，让人不忍离去，偶尔会飞来几只水鸟，徘徊在云雾莫测的气息里。

卧龙湾

卧龙湾是一连串曲折的河湾，远看形如蛟龙嬉水，故得此名。相传很久以前，一条巨龙腾云驾雾在此戏水，突然天气骤变，顷刻间冰雪狂降，将巨龙冻僵在此，化作湖心岛。河流东西两岸草坪开阔，四周森林浓茂，繁花似锦，绿草如茵，可休息、赏景，也可于湖中泛舟或河边垂钓。而湖进水处巨石抵中流，激浪拍巨石，玉珠飞溅；湖的泄水口有座木桥凌驾东西，站在桥上北通一平如镜的卧龙湾，南达奔腾咆哮的哈纳斯河。风景如画的卧龙湾，秀丽神奇，与独特的喀纳斯湖风光融为一体，更增奇秀，玄妙。

月亮湾

从卧龙湾沿哈纳斯河北上约1千米，就会在峡谷中看到一如弯月的蓝色小湖，即月亮湾。月亮湾的颜色会随喀纳斯湖水的变化而变化。每逢秋天，绚丽的丛林和蓝色的月亮河水，让人迷醉。此处水流碧绿宁静，宛若一弧弦月，中间的小岛形如脚印，相传是嫦娥奔月时留下的一对脚印。美丽恬静的月亮湾是喀纳斯湖的标志性景点之一。

观鱼亭

观鱼亭处在喀纳斯湖西岸骆驼峰顶，海拔2030米。于观鱼亭上极目远眺，喀纳斯湖尽入眼中。只见它左缠右绕逶迤而去，形成一道又一道湾、一座又一座湖，犹如一只只飞龙遨游于浩瀚泰力口林海。郁郁云杉、亭亭白桦、芊芊草原，红木屋、白毡房，参差错落，繁花一样点缀在湖的两岸。更有澄湖绿波蒸腾的云雾，似絮如锦，袅袅娜娜，云蒸霞蔚，让人如临仙境！照相机、摄像机根本无法捕捉它的美丽，只能用心灵去体会它的容颜和风韵。骆驼峰西侧缓坡，则是百花争艳的草甸，置身花草中，沁人心脾的花香怡人，将人与大自然融为一体。

喀纳斯湖岩画

喀纳斯湖东岸高大的陡崖旁，有长几十米的羊背石，是经第二次大冰川期的巨大复合山谷冰川刨蚀而形成的。石上密布丁字形冰川擦痕，见证了冰川活动造成喀纳斯湖。更神奇是，石上还留有古代游牧民族的岩画、石刻。岩画共分两处，间隔50余米。一处岩画在羊背石磨光的刻蚀槽内，图案可别有刺猬、野猪、山羊、雪鸡等动物造型。另一处岩画在羊背石后面的小陡坡上，图案清晰，分上下两排，以动物图案为主；最大的一幅为梅花鹿图案，鹿角向上，眼睛凝视前方，其余多为马、羊、狼、鹿等动物图案。岩画雕刻手法拙朴、造型逼真，是游牧民族生活的真实写照，也是一部供人们游览的"史书"。

枯木长堤

喀纳斯湖面四周的原始森林繁茂，树木迭代更换，朽木交错，枯树纵横，一般这些枯木会随水流漂至下游浅滩处堆积；但在神秘的哈纳斯湖，倒浮在水中的枯木竟逆流而上，至北端上游处会聚起来，天长日久，垒起了一道枯木长堤。枯木长堤既保持了其原始的风貌，又平添了几分神奇的诱惑。有专家认为，喀纳斯湖周边的森林于冰河期以后形成，越往湖源以北形成得越晚。因为林地土质较薄，在山洪、雪崩及谷风的恶劣条件下，许多树就会被连根拔起，顺哈纳斯河自喀纳斯湖源飘入喀纳斯湖。这些树在进入喀纳斯湖之初，由于回水、谷风的作用，被搁置在源头，混以泥沙，越积越多，便堆起了一座枯木森林。

阿克库勒湖

在喀纳斯湖上游约 40 千米处还有一个面积约 10 平方千米的湖,由冰川剥蚀而成,名叫"阿克库勒",为蒙古语,意为"白色的湖"。湖面水平如镜,四周峰峦叠翠,湖的周围多石灰岩,而且冰川表积和内积含有大量的风化岩石粉,冰川融水和雨水混有这些粉末一起流入湖中,阿克库勒的湖水便呈白色。阿克库勒湖水汇入喀纳斯湖,在阳光的照耀下,在云团的掩映下,又将周围山色反射在湖中,使湖水颜色青、蓝、绿、紫,变幻莫测,五彩斑斓。

艾 丁 湖

坐看倒影浸天河,
风过栏干水不波。
想见夜深人散后,
满湖萤火比星多。

——何绍基《慈仁寺荷花池》

【名水初识】

艾丁湖位于新疆吐鲁番盆地的中南部最低处,觉洛塔格山北麓,北距吐鲁番市 40 余千米。艾丁湖是中国最低的湖泊,古代文人墨客叫它觉洛浣,而极富想象力的维吾尔族人民,则称它为艾丁库勒,意为月光湖、月亮湖,因为它的形状酷似月亮。艾丁湖海拔 –155 米,仅次于约旦死海的 –391 米,是世界第二低地。

艾丁湖为内陆咸水湖,是由喜马拉雅山造山运动形成的,湖东西长约 40 千米,南北宽约 8 千米,面积约 152 平方千米。水深 1～5 米,湖阔水浅,据记载,以前湖面面积有 152 平方千米,1958 年湖面缩小至 20 平方千米;到 1978 年夏季,仅西部有水,面积约 5 平方千米,东部已干涸。由于吐鲁番盆地深处内陆,四面群山环屏,地面的热量很难得到散发,很像蒸笼中的热气,而且翻过山体下沉的空气使盆地温度愈加增高。这里是全国最热的地方,6～8 月平均气温在 38℃ 以上,雨量极少,每年平均降雨量是 16.6 毫米。气温高,降水少,蒸发量极大,再加上人口猛增,农业灌溉,艾丁湖水面缩小。现湖面以外湖盆区均露出沙质黏土和盐壳,无比坚硬,盐壳下 1 米为卤水层。艾丁湖已变为盐湖,湖泊矿化度极高,主要有石盐、芒硝、无水芒硝等矿物,此外还有少量石膏、钙芒硝等,其蕴藏的盐和碱硝,储量在 3 亿吨以上,是天然的化学工业原料基地。

艾丁湖水,主要由西部喀拉乌成山 42 条现代冰川融水汇流而成的阿拉沟河和北部博格达山南坡 183 条现代冰川融水汇流而成的白杨沟河、大河沿沟河、塔尔朗沟河等 7 条河流，以及盆地北沿涌出的天山雪水潜流补给。当地居民为了水源得到充分利用，修建了独特的地下渠道，叫坎儿井，这种井既能防止水分蒸发，又能汇积地下水，与万里长城、京杭大运河一起被誉为我国古代三大工程。坎儿井灌溉着吐鲁番盆地 70% 以上的耕地，再加上种植固沙林带，建立层层绿色防风林带，使吐鲁番变成了沙漠中的"绿洲"。

艾丁湖在亿万年前曾是个近 5 万平方千米的内陆海，碧波荡漾，湖光山色，美丽诱人。现在湖畔看不到成群的牛羊，也看不到耕地阡陌的良田，地面几乎没有任何植物，湖盆四周已变成寸草不生的盐渍沼泽地。在荒漠的环境中，一泓碧水，微风轻拂，碧波涟涟，也着实令游人惊奇。

气候干旱的艾丁湖湖区，景观极度荒凉，地表盐壳形态独特，构成了一幅未开垦的壮观的原始画面，这种特殊的地理形态和典型的荒漠景观，对游人具有特殊的诱惑力，每年世界各地的游客到此游览、摄影、探奇者人潮如涌，络绎不绝。

赛 里 木 湖

湿云鸦背重，野寺出新晴。
败叶存秋气，寒钟过雨声。
半檐群鸟入，深树一灯明。
猎猎西风劲，湖心月乍生。

——蒋士铨《湖上晚归》

【名水初识】

赛里木湖处在古丝路北道，是一个以神奇秀丽的自然风光享誉古今中外的绝妙佳境。赛里木湖位于新疆西北部博乐市境内，古时称"天池"、"西方净海"，又称"三台海子"。"赛里木"是哈萨克语，意为"祝愿"，蒙古语称"赛里木淖尔"，意为"山脊梁上的湖"。

赛里木湖是高山湖泊，处在我国的最西端，高悬于天山西段的高山盆地中，四周群山环绕，远远望去，宛如一颗晶莹剔透的蓝宝石镶嵌在崇山峻岭中。湖面呈椭圆形，东西长约 30 千米，南北宽约 20 千米，湖底极深，最深处达 92 米，湖面海拔 2073 米，水域面积有 457 平方千米，蓄水总量为 210 亿立方米，是新疆海拔最高的湖泊。

【名水览胜】

赛里木湖自然风光壮美，这里是历史上著名的丝绸之路中天山北道的必经之地，自古以来就引来无数文人雅士赞叹吟咏，有元朝的丘处机、耶律楚材，清朝的徐松、洪亮吉、林则徐等名士。丘处机应正率兵西征的成吉思汗的邀请，从山东过蒙古、新疆前往撒尔马罕时，就曾路经赛里木湖，并为其取名为"天池"。洪亮吉称为"净海"，并有诗赞曰："西来之异境，世外之灵壤"。

赛里木湖水面广阔，湖水清澈，从近岸的淡蓝至湖中心的深蓝，由浅蓝、湛蓝，变为钴蓝、银蓝，再到深蓝、灰蓝，层次纷繁，深浅变幻，不禁令人感叹蓝色竟然也能有如此多的变化。如海般辽阔的蓝色湖水，加上白色的浪花，如果不是能看见远处连绵的雪山，真会误认为它是蔚蓝色的茫茫大海。湖水清澈湛蓝，有如色染，可谓奇观。

赛里木湖风景区以赛里木湖为中心，包括湖周风光秀美的山地森林和湖滨草原，景区总面积为133112平方千米，自然风光和人文风景名胜各具特色。为国家级风景区。主要可分为以下5个部分。

赛里木湖水上游乐区包括整个赛里木湖水域和湖心四岛，为赛湖景区中的核心景区。在湖边举目遥望，看到的是水天一色的蓝，浩渺蔚蓝的湖水浓得如同蓝靛缸一般。在清澈的水中，几十种冷水性鱼类怡然于水底潜游；辽阔的湖面，成群的天鹅、斑头雁、白眉鸭等水禽，有的悠闲自得地游弋，有的掠水追逐嬉戏，轻快的游艇，时而划破寂静的湖面，荡漾在碧波蓝天之间；美丽的野生天鹅，静静地栖息在湖边。碧水与蓝天一色，白云与天鹅共舞，秀美的景色令人心醉神迷，流连忘返。

湖东湖光山色旅游区中，蔚蓝的湖水边，绿草如茵，野花烂漫，蜂飞蝶舞，毡房星点，成群的牛羊悠然地啃着青草。漫山遍野的松柏、云杉，苍翠墨绿，林海叠嶂。青山雪峰环围，绿色的大草原拥抱，雄奇、秀美幽静，给人一种如梦如幻的感觉，仿佛迷醉于童话般的仙境。

海北名胜古迹旅游区号称"亚欧大陆桥第一关"的阿拉山口，西连中哈霍尔果斯口岸，自古以来就是丝绸之路北道必经之地。自清乾隆二十八年（1765年）起，人们便将赛里木湖列入每年都要举行祭祀的名山大川之一。现在，湖畔有乌孙古墓群、碑刻、岩画、古驿站遗址、靖海寺、龙王庙遗址等名胜古迹，反映了草原先民们悠久的历史和灿烂的文化。

海南幽林秀草度假疗养区。每逢夏季，牧民们都会聚集到这一水草丰美的湖畔放马牧羊。湖周广布草原和森林，林荫之内，以墨绿的云杉数目最多，树干笔直，苍劲挺拔，伴有桦林、花楸、山楂等树种，层层叠叠；林下浅草平铺，野菇丛生，林中安然栖息着雪鸡、马鹿、金雕、啄木鸟等珍禽异兽。湖边的草场、山坡上毡房错落，牛羊成群，悠悠牧歌，袅袅炊烟，好客的牧民们，拿出飘香的奶茶、诱人的羊肉，热情地招待每一位客人。山水、草木和民族风情融为一体，构成了一幅充满诗情画意的古丝路画卷，令人充分体验回归自然的浪漫情怀。

海西草原风情登山游猎区中一面临湖，三面环山，地势剧烈起伏，景区内有最浓郁的民族风情，每年一度的国家级节庆活动——赛里木湖"那达慕"大会就在这里举行。每年7月底、8月初，草原方圆百里的蒙古族、哈萨克族牧民相继而来，云集湖畔，载歌载舞，欢庆丰收，祈福求祥，并参加摔跤、赛马、叼羊、姑娘追等少数民族传统体育比赛，进行大规模的物资交流、集市贸易。五彩缤纷的民间娱乐活动为风光秀丽的赛里木湖平添了无限的情趣与活力。

台 湾 省

阿 里 山

> 百道飞泉喷雨珠,
> 春风窈窕绿蘼芜。
> 山田水满秧针出,
> 一路斜阳听鹧鸪。
>
> ——姚范《山行》

【名山初识】

阿里山坐落在中国台湾中南部的嘉义县东北,是尖山、塔山、祝山等18座山的总称,东面靠近台湾最高峰——玉山。阿里山有"阿里四景",即森林、晚霞、云海和日出。这里出产有极为珍贵的高级建筑木材,如台湾杉、铁杉、红桧、扁柏和小姬松,称为阿里山特产"五木"。山上建有高山博物馆,陈列多种奇木异树,高山植物园内有数百种热带、温带、寒带植物。阿里山云海有时连绵起伏的冰峰从谷中冒出,有时像波涛汹涌的大海从天外滚滚而来,蔚为壮观。

【名山览胜】

云海

阿里山云海变幻莫测,常出现于日出或薄暮的天气晴朗而有浮云时,在黄昏时最为壮观。此时,山谷涌起白云,迎风荡开,如汪洋一片,淹没崇山峻岭,露在云海上的峰林、树木仿佛一座座浮屿。有时又如波涛汹涌,高潮迭起,还如大地铺絮,足下一片白雾茫茫。有时又像低谷堆雪,林海中山头忽隐忽现,颇似海市蜃楼。若是晴天,夕阳的万道金光照射在云海上,反射出千万种色彩,杏黄、茶色、艳红、宝蓝、碧绿……变幻无穷,更显神秘迷人。秋天仍是观赏云海的最佳季节。观看云海的最佳之地为塔山。

日初

在阿里山祝山之巅的平台上,建有一座漂亮的观日楼,是观看日出的最佳位置。凌晨登临楼台，山中空气清新宜人，头上点点晨星，四周连绵群山，林涛声声。东方微露一抹红晕，淡若无有，却又似弥漫天空。一刹那，红光蓦地冲出，远方苍茫的玉山突然镶上耀眼的金边，一瞬间，太阳似跳跃般地腾空悬在玉山上，万丈光芒四射，道道彩霞纷呈，青山翠谷，万千气象。

森林

阿里山具有热带植物、亚热带植物、温带植物和寒带植物。从高大挺拔的桉树、椰子树、槟榔树等热带树木，到四季常青的樟、楠、槠、榉等亚热带阔叶树，再到茂密的红桧、扁柏、亚杉和姬松等温带针叶树。海拔3000米以上为寒带林，以冷杉为主。这些奇木异树，在阿里山上簇成一片绿色的海洋。劲风时，山林如惊涛骇浪，声若轰天雷鸣，形成阿里山的又一奇景——"万顷林涛"。

神木

阿里山天然森林区有一株树龄达3000年的老红桧——阿里山神木。红桧属柏科常绿乔木，质地细密，宜作桥梁、家具等，是极珍贵的木材。桧树一般生长缓慢，百年后方可成材，所散发的馥郁气息，经久不衰。阿里山神木的寿命和体积均属罕见。树身高53米，树围粗约20米，是阿里山之宝。神木历尽沧桑，而能不毁于雷火斧斤，故又被人们尊为树神。神木四周有木拦围护，旁有木亭一座，内置有神木颂诗碑游玩。

森林铁路

通往阿里山的森林铁路与阿里四景一起被称为五奇。阿里山森林铁路是世界上仅存的三条登山铁路之一。去阿里山游玩，可由嘉义县乘森林铁路列车至阿里山林区的眠月。铁路由海拔30米蜿蜒上升到2450米，坡度之大世所罕见。沿线有66处大小隧道，最长的有800米。火车由山脚登峰，似沿螺旋梯盘旋而上，绕山跨谷钻隧洞，鸟儿在火车轮下飞翔，十分奇异有趣。

日 月 潭

瀛洲见海色，潮来如风雨。
初日照寒涛，春声在孤屿。
飞帆落镜中，望入桃花去。

——高棅《峤屿春潮》

【名水初识】

日月潭位于台湾省南投县鱼池乡。日月潭是玉山和阿里山间的断裂盆地积水而成的一座高山天然湖泊,四周为群山所环抱,林木葱茏,湖光山色,相映似画,奇景幽绝,有"岛内仙境"的美誉,是台湾省八大胜景之冠。

日月潭景色优美是台湾最大的天然湖泊,湖面海拔740米,面积7.73平方千米,湖,岸长35千米,平均水深19.1米。潭中有一小岛,远观犹如碧玉盘中托着的一颗珠子,故而得名珠仔屿,亦名珠仔山。为了庆祝抗日战争胜利后台湾光复,当地群众把它改为光华岛。并以此岛为界,北半湖形如日轮,南半湖状似弦月,日月潭因此而得名,"双潭秋月"也由此而来。日月潭原来是两个独立的湖泊,后来因为发电需要,在下游筑坝,水位迅猛上升,两湖就连为一体了。湖形变得像一张枫叶,珠仔屿的面积也缩小至1万平方米。正因其小,方更增"一屿孤浮四面空"之旷朗。美丽的小岛既是镶嵌在碧湖的翡翠明珠,又是观赏湖中景致的绝佳地点。

【名水览胜】

日月潭的风景是十分迷人的。在碧黛的峰头山腰间,片片白云缭绕飘动;湛蓝的湖心水面,叶叶扁舟,四季不断;每当夕阳西下,先是烟霞四起,薄雾弥漫,湖面似披上了一层轻纱,继而月眉东升,又是清辉满湖。日月潭的古迹众多,北山腰有文武庙,潭西有孔雀园、潭南山麓有玄光寺,其后还有玄奘寺,潭的东畔是高山族聚集之地。

玄光寺地处潭南青龙山麓,日潭与月潭陆地的交界处,于1956年建成,寺内供奉天下闻名玄奘大师,上悬"民族家师"的匾额,临潭背山,寺下有一座古老的码头,游客先搭船至码头,再拾级而上参观。由寺背后滑石砌小径拾级而上,走过1300多级台阶,就来到玄奘寺。寺貌巍峨,金碧辉煌。寺前有一座门楼,白色的柱子,画栋雕梁的楼顶,飞檐挑角,富有民族特色。寺中三楼有一小塔,供奉着唐代高僧玄奘大师的一份遗像。玄奘寺后山,青龙山峰顶,有一座九层、八角的慈恩塔,塔高45米,是仿照辽宋古塔式样建造的。登塔鸟瞰,日月潭景色,尽收眼底。

在日月潭北部的山腰上,有一座建于1933年的文武庙。庙中间是孔子像,左右分别是文昌帝君和关羽神像。由山脚至庙门,共有笔陡石阶365级,称为"登天路",抬阶而上可至文武庙。登上文武庙后殿山坡,举目远眺日月潭景,峰峦叠嶂,静影沉璧,湖光山色,赏心悦目。

日月潭西边是建有一座孔雀园林,饲养着数十对孔雀。日月潭东畔,水社大山高2000余米,朝霞暮霭,青峰倒影,风光旖旎。

日月潭不仅风光优美,还盛产各种名鱼。其中有一种鱼叫奇力鱼,据说此鱼雌雄相守,形影不离,假如一方落入渔网,另一方一定也追到网中,不愿独生,被人称为"水中鸳鸯"。

古人称日月潭景色"但觉水环山以外,居然山在水之中","山中有水水中山,山自空凌水自闲"。环湖峰峦叠翠,郁郁葱葱,湖光山色,交相辉映。一年四季,晨昏晴雨,四时景致各具特色。这里不但风光旖旎,而且气候宜人,7月平均气温在22℃左右,1月略低于15℃,夏季清爽宜人,是理想的避暑胜地,适宜旅行、蜜月、休闲、度假。

1985年,日月潭被评为中国十大风景名胜。